焦润明 主编

近代辽宁全史

政治卷

朱 昆 著

JINDAI
LIAONING
QUANSHI

ⓒ 朱　昆　2024

图书在版编目（CIP）数据

近代辽宁全史. 政治卷 / 朱昆著. — 沈阳：东北大学出版社，2024.1
　　ISBN 978-7-5517-3497-4

　　Ⅰ. ①近… Ⅱ. ①朱… Ⅲ. ①辽宁—地方史—近代②政治制度史—辽宁—近代　Ⅳ. ①K293.1

中国国家版本馆 CIP 数据核字（2024）第 032978 号

出 版 者：	东北大学出版社
	地址：沈阳市和平区文化路三号巷 11 号
	邮编：110819
	电话：024-83683655（总编室）　83687331（营销部）
	传真：024-83687332（总编室）　83680180（营销部）
	网址：http://www.neupress.com
	E-mail：neuph@neupress.com
印 刷 者：	辽宁新华印务有限公司
发 行 者：	东北大学出版社
幅面尺寸：	170 mm×240 mm
印　　张：	29.5
字　　数：	526 千字
出版时间：	2024 年 1 月第 1 版
印刷时间：	2024 年 1 月第 1 次印刷
策划编辑：	郭爱民
责任编辑：	杨世剑　孙德海　张　媛
责任校对：	汪彤彤
装帧设计：	潘正一　初　茗

ISBN 978-7-5517-3497-4　　　　　　　　　　　　定　价：118.00 元

总　序

焦润明

近代辽宁史，是中国近代史的重要组成部分。因辽宁地处东北地区的政治、经济、文化中心地带，故其近代史在中国近代史的演进发展中占有重要地位，具有独特的文化品格和象征意义。从世界史角度看，近代社会实质上就是资本主义产生、发展并确立的社会；从中国史角度看，中国步入近代社会是在西方列强坚船利炮的胁迫下加速进入的，在一系列不平等条约的束缚下，形成了半殖民地半封建社会。近代辽宁史是一部转型史、变迁史、进步史，即从封闭的传统社会向近代社会的转型，从农业社会向工业社会的变迁，从落后、封闭的社会向开放社会的进步，反映了近代辽宁地区历史演进的基本趋势。作为东北政治、经济、文化中心地带的近代辽宁地区，其城市化、工业化最为显著，即使在近代中国城市化、工业化的变迁史中也占有独特的地位。同时，在世界列强对中国东北的侵夺中辽宁罹祸最深，其殖民化程度深重，其所遭受的资源被掠夺、人民被奴役的状况，在近代中国都是最典型的。

19世纪末20世纪初，随着中国通商口岸的开放，东北地区也被迅速卷入世界资本主义的冲击中，辽宁首当其冲。一方面，中日甲午战争、日俄战争都曾在辽宁境内发生，而辽宁的大连地区更有被俄日两国长时间殖民的历史，辽宁人民有着遭受十四年日本殖民统治的痛苦经历，辽宁地区有多处类似租界的"满铁"附属地，比中国其他地区更具殖民地化色彩。另一方面，辽宁人民也是英雄的人民，从九一八事变那天起就开始了长达十四年的抗日斗争。在十四年艰苦卓绝抗战期间，这里既有东北军北大营突围战，也有中共满洲省委发表的抗日宣言书；既有最早举起义旗的抗日义勇军，也有长期奋战在辽东、辽北山地密林中的东北抗日联军；既有"特殊工人"的抗日斗争，也有民族资本家的抗争，还有爱国知识分子的地下抗战。中国人民十四年抗日战争从辽宁开始，这里有太多可歌可泣的抗战故事，这里有关押和改造战犯的抚顺日本战犯管理所，还有 1956 年审判日本战犯的军事法庭。抗日战争的最后胜利，也是在这里画上了一个圆满的句号。

近代以来中华民族在辽宁区域的融合与发展，特别是满族、锡伯族等少数民族文化在近代辽宁文化中的融合与发展，在中国多民族文化中具有典型性及象征性。近代辽宁也是清末实施"新政"的重点地区，清末"辽宁新政"及"立宪运动"在东北乃至全国的立宪运动中都有举足轻重的作用。辽宁还是奉系军阀长期重点经营之处，近代辽宁的城市与工业发展备受全国瞩目。日俄在辽宁的殖民渗透与扩张，辽宁民族资本与外国资本的竞争与抗争，奉系军阀在辽宁的经营，九一八事变后东北军旧部、东北抗日义勇军在辽宁的抗战，中共领导的东北抗日联军的抗战，都是近代辽宁史所包含的丰富内容。

近代辽宁史具有四大地域历史文化标志：一是工业文化。晚清时期的盛京将军府和奉天省政府，民国时期的奉系军阀，都对辽宁工业建设和发展做过不少努力。中国的民族资本家也致力于发展辽宁地区工商业。外来的日本、沙俄及其他如英、美等列强也在此办工厂、开矿山，掠夺中国的自然资源和财富。这里除了殖民性特征外，辽宁工业文化也吸收了外来先进技术、移植了国外先进经验，在一定程度上树立了产品竞争意识、品牌意识，逐渐形成了工匠精神和爱国精神等优良传统。二是抗战文化。中国十四年抗战的第一枪首先在辽宁打响。东北抗日义勇军、东北抗日联军的抗战，主要集中于辽宁地区。抗战文化集中反映了辽宁人民不惧牺牲、保家卫国的爱国主义精神。三是红色文化。辽宁的抗战文化是与红色文化相交织的。九一八事变第二天，中共满洲省委发

总　序

出了《中共满洲省委为日本帝国主义武装占领满洲宣言》（即《九一九宣言》）批评国民党政府及东北地方军政当局的不抵抗主义，明确指出日本帝国主义发动九一八事变，是企图独占东北为其殖民地，号召全国民众一致抗战，显示出中国共产党领导东北人民抗战的决心，是中国共产党和东北人民共同抗日的明证。九一八事变后，中共从关内向东北派出了大批干部组建抗日部队，组织抗日游击队、人民军，直至组织建立东北抗日联军。在这期间涌现出一大批东北抗日民族英雄。此外，中共地下党组织在东北沦陷时期还从事地下统一战线工作，为光复东北做了大量工作。日本投降、东北光复后，东北地区更是成为中共的大后方。中共中央派出数万名干部赴东北建立根据地，为争取解放战争胜利、夺取全国政权发挥了重要作用。四是中外各种文化碰撞交融后形成的文化。随着近代关内移民的大量涌入，以及日本人、俄国人、朝鲜人、欧美人等的大量进入，近代辽宁呈现出多元并存的文化特征，留下了大量历史遗存。

近代辽宁历史文化资源极为丰富，因为它是近代东北历史巨变的中心舞台，要讲近代东北史则必以近代辽宁史为中心，近代辽宁历史文化中的工业文化、抗战文化、移民文化都极具特点。近代辽宁工业文化中的进取精神、契约精神、工匠精神、民族意识和爱国精神，抗战文化中的民族不屈精神、保卫家园的勇敢精神、不惧牺牲的民族精神，移民文化中的坚忍不拔精神、奋斗精神、落地生根精神，都值得很好地挖掘、系统地开发。《近代辽宁全史》即本着这一宗旨，从政治、经济、军事、思想文化、社会风俗等不同角度对近代辽宁历史文化进行系统阐述，形成政治卷、经济卷、军事卷、思想文化卷、社会风俗卷等五卷，全面展现近代辽宁地区政治、经济、军事、文化和社会风俗演变的全貌，是一部全景式论述1840—1949年间辽宁区域发展变迁史的系列丛书，是对近代辽宁历史文化一次较为完整的学术总结，也是对辽宁历史文化发展演变的一次重要的阶段性的学术呈现。更重要的是，近代辽宁历史所包含的工业文化、抗战文化具有全国性，它是中国近代工业文化及十四年中华民族抗战精神最重要的组成部分。这方面历史内容的开发和传承，对于中华优秀传统文化完整建构具有极其重要的历史价值。

《近代辽宁全史》（以下简称《全史》）具有重要的历史文化价值。

一是它的学术继承价值。从学术继承性维度看，《全史》是对20世纪30年代王树楠、金毓黻等主编的通史类著作《奉天通志》、东北文化社年鉴编印处编纂的《东北年鉴》的学术继承。《全史》对相关史实内容都作了认真的学术梳理，有价值的内容均已融入《全史》的著述之中。同时，也总结吸收了近年来出版的各种史志，进行融汇贯通，按专题吸收到《全史》的相关分卷之中。

二是它的学术创新价值。《全史》所涉内容丰富、问题复杂，许多学术问题都需要面对并给予回答，例如辽宁地域文化与中华主体文化的融合问题，工业化与殖民化的理论阐释问题，民族资本与外来资本的抗争与合作问题，十四年抗战在辽宁问题，沦陷时期日伪统治与辽宁民众中国意识的坚守问题等。这些问题意识是《全史》撰写的灵魂，并因此而提升了它的学术创新性。

三是它的史料价值。《全史》注重材料搜集，爬梳了大量的有关近代辽宁的历史文献资料，同时注重文献与考古、传说、口述资料的结合，采用了大量地方档案史料，吸收了地方文史资料中的精华部分，并对相关资料进行了考证，保存了新的地方史料，在充分占有大量历史资料的基础上进行学术撰述工作，开展开创性的近代辽宁史研究。

四是它的文化精神价值。《全史》对近代辽宁历史文化的论述中，重点围绕着近代辽宁的工业精神、抗战精神、文化包容精神等进行架构及阐释，从而具有传承中华优秀传统文化的重要历史文化价值。

《全史》作为辽宁地方史著作，重点在于捍卫历史文化主权，戍卫文化边疆，同时力图讲好近代辽宁故事、提升辽宁文化自信、助力辽宁文化振兴，重点要讲好近代以来辽宁历史文化发展的故事，宣传辽宁自近代以来演变发展的辉煌历史，了解先辈在建设民族工业、反抗外来侵略、构建地区文化等方面的奋斗足迹，把近代辽宁在政治、经济、文化、军事和社会风俗等方面的故事讲清楚，为辽宁老工业基地全面振兴、全方位振兴提供文化资源，这也是《全史》的重要使命。其作为填补空白、惠及当代、普惠后世的学术工作，有助于扩大辽宁社会文化影响力和文化品牌效应，增强辽宁文化软实力，提升辽宁人民对本乡本土的认同意识和家乡文化的自豪感，有助于弘扬辽宁文化的先进元素，为辽宁经济腾飞、社会发展、文化繁荣提供有益的借鉴。

目 录

第一章 鸦片战争前后的辽宁政治治理

第一节 清前期辽宁行政建制及治理体系 / 002
　　一、盛京将军与府州设置 / 002
　　二、盛京五部与盛京内务府 / 004
第二节 鸦片战争对辽宁政治治理的冲击 / 007
　　一、鸦片贸易进入辽宁 / 007
　　二、营口开关与东北门户开放 / 009
第三节 咸丰同治时期辽宁农民大起义 / 012
　　一、辽宁农民大起义历史背景 / 012
　　二、辽宁农民大起义经过及影响 / 014
第四节 清政府在辽宁的军政革新 / 016
　　一、崇实出任盛京将军 / 016
　　二、整顿行政，改革事权 / 018
　　三、开放关禁，设立州县 / 019
　　四、剿抚并用，镇压"马贼" / 020

第二章　中日甲午战争时的辽宁

第一节　甲午战争爆发 / 022

一、朝鲜政局变化与中日交涉 / 022

二、中日两军在朝鲜的较量 / 023

第二节　日军入侵辽东 / 028

一、日军突破鸭绿江防线 / 028

二、日军攻陷金州、旅顺 / 030

三、旅顺大屠杀惨案 / 031

四、中日辽河平原会战 / 035

第三节　中日媾合与《马关条约》签订 / 036

一、中方遣使求和 / 036

二、《马关条约》签订 / 037

第三章　日俄两国在辽宁的政治角力

第一节　三国干涉还辽 / 043

一、三国干涉备忘录提出 / 043

二、日本接受劝告，被迫还辽 / 045

第二节　沙俄侵占中国东北 / 047

一、中俄签订《中俄密约》《中东铁路合同》 / 047

二、俄国强占旅大 / 050

三、俄国对旅大的殖民统治 / 053

第三节　辽宁义和团兴起与抗俄运动 / 056

一、义和团运动传入辽宁 / 056

二、军民抗击俄国入侵 / 058

三、中俄东北交涉与杨儒拒约 / 061

目录

第四节　日俄战争 / 064
 一、日俄两国战前谈判 / 064
 二、海陆决战，俄军惨败 / 066
 三、《朴次茅斯和约》签订 / 072

第四章　边疆危机与清政府东北政治治理变革

第一节　均势外交与清政府东北救亡之策 / 077
 一、联合列强以求均势的外交政策 / 077
 二、清政府实施"局外中立"政策 / 079

第二节　日俄瓜分东北边疆危机凸显 / 082
 一、日本辽东殖民机构成立 / 082
 二、日俄签订密约瓜分东北 / 084

第三节　辽宁建省与清末东北新政 / 086
 一、徐世昌东北考察与筹划新政 / 086
 二、东三省政治治理近代化开启 / 089
 三、实行开放外交抵制日俄 / 093

第五章　奉系集团形成与崛起

第一节　奉系集团发轫 / 097
 一、张作霖发迹 / 097
 二、抓住时机控制奉天 / 100

第二节　张作霖谋取奉天军政大权 / 103
 一、投靠袁氏扩张势力 / 103
 二、驱逐段芝贵，全面控制奉天 / 106

第三节　奉系集团控制东北全境 / 108
 一、掌握黑龙江 / 109

二、控制吉林 / 110

第四节 王永江治奉与政务革新 / 115

一、军警之争 / 115

二、财税改革 / 118

三、实业兴省 / 120

第六章 奉系集团对北京政权的争夺

第一节 奉系集团进入北京 / 122

一、皖系控制北京政权 / 122

二、助直倒皖，奉系入京 / 125

第二节 第一次直奉战争中奉系野心受挫 / 127

一、奉直矛盾激化 / 127

二、奉系失利退回关外 / 130

第三节 奉系集团整军经武 / 133

一、整顿军纪 / 133

二、发展军事工业 / 136

第四节 奉系集团再次入关 / 138

一、反直三角同盟形成 / 138

二、北京政变，奉系再度入京 / 141

第七章 奉系控制北京政权后的内外矛盾

第一节 奉系入京后的势力扩张 / 145

一、操纵北京政权人事任免 / 145

二、奉系势力范围扩张 / 148

第二节 郭松龄反奉 / 153

一、郭松龄反奉的起因 / 153

二、郭松龄起兵前的准备 / 154

三、郭松龄反奉的政治影响 / 156

第三节 奉系与国民军政治联盟瓦解 / 162

一、奉系与国民军矛盾激化 / 162

二、三角同盟瓦解与直奉同盟建立 / 164

第八章 奉系集团北京政权的失败

第一节 奉系北京政权的困境 / 169

一、奉直相互猜忌 / 169

二、反奉同盟形成 / 172

第二节 奉系北京政权的高压政策 / 173

一、奉系集团在北方的"反赤"活动 / 173

二、"安国军"政府成立 / 175

三、第二次北伐 / 177

第三节 皇姑屯事件 / 179

一、皇姑屯事件经过 / 179

二、关东军策划"皇姑屯事件"的阴谋 / 182

第九章 奉系易帜与张学良东北治理

第一节 奉系易帜与东北地方政权重建 / 187

一、皇姑屯事件后奉系集团核心变化 / 187

二、奉系集团和南京政府的政治谈判 / 189

三、日本政府对东北"易帜"的阻挠 / 192

四、奉系正式"易帜" / 195

第二节 "杨常事件"对东北军集团的政治影响 / 199

一、"杨常事件"经过 / 199

二、张学良对"杨常事件"的处理 / 201

第三节 张学良与东北政治治理体系转变 / 204
    一、东北政务委员会成立 / 204
    二、张学良整顿东北财政问题 / 206
    三、张学良东北金融改革 / 208

第四节 中原大战与东北军入关 / 209
    一、中原大战爆发 / 209
    二、"和平通电"与东北军入关 / 212

第十章 中国共产党在辽宁的创建和发展

第一节 辽宁地区早期党组织建立 / 218
    一、五四运动对辽宁的影响和马列主义在辽宁的传播 / 218
    二、中国共产党在辽宁地区的早期活动 / 219
    三、中国共产党在辽宁各地建立党组织 / 222
    四、领导民众进行反帝反军阀斗争 / 228

第二节 中共满洲省委建立和发展 / 233
    一、中共满洲省临委建立 / 233
    二、中共满洲省委建立初期领导的工农革命运动 / 240
    三、中共满洲省委在挫折中艰苦奋斗 / 246
    四、中共满洲省委领导革命斗争的新形势 / 250
    五、"左"倾错误路线对满洲省委的影响及其纠正 / 254

第十一章 九一八事变与辽宁沦陷

第一节 九一八事变爆发 / 263
    一、不抵抗政策的确立 / 263
    二、九一八事变与沈阳沦陷 / 265

三、不抵抗政策的严重后果 / 271

　第二节　锦州抗战失利与辽宁全境沦陷 / 281

　　　一、锦州抗战时期中日政局的变化 / 281

　　　二、锦州抗战失败的政治影响 / 284

　第三节　国际联盟对九一八事变的处理 / 288

　　　一、中国在国联的抗争与《白里安决议草案》出台 / 288

　　　二、李顿调查团成立与满洲调查 / 291

　　　三、《李顿报告书》发表 / 294

　　　四、中日双方对《李顿报告书》的反应 / 295

第十二章　辽宁伪政权建立和法西斯统治

　第一节　辽宁伪政权粉墨登场 / 299

　　　一、"奉天地方维持会"成立 / 299

　　　二、臧式毅附逆与伪奉天省成立 / 301

　第二节　关东军筹划成立"满洲国" / 302

　　　一、日军内部关于"满洲建国"争议 / 302

　　　二、关东军炮制"满洲国"计划 / 304

　　　三、"四巨头"会议与"满洲国"成立 / 307

　第三节　辽宁沦陷时期行政治理 / 309

　　　一、伪奉天省行政机构 / 309

　　　二、辽宁沦陷时期伪公署法西斯统治 / 310

第十三章　党领导的民众反日斗争和抗日武装

　第一节　中国共产党领导民众反日斗争 / 318

　　　一、中国共产党发出抗日救亡号召 / 318

　　　二、中国共产党领导的工农群众反日斗争 / 322

三、中国共产党加强对义勇军的领导 / 324

第二节　中国共产党抗日武装建立与发展 / 327

一、中国共产党创建党直接领导的抗日武装方针的确立 / 327

二、南满地区抗日游击区建立 / 328

三、"北方会议"对辽宁抗日斗争的影响 / 331

第三节　抗日斗争在辽宁的发展 / 334

一、"一·二六"指示信在满洲省委的传达和贯彻 / 334

二、南满地区抗日统一战线初步形成 / 337

三、南满地区党组织发展和根据地建设 / 340

四、奉天党组织在挫折中坚持反日斗争 / 346

五、中共冀热察（冀热辽）区党委在辽宁的根据地建设 / 350

第十四章　国共在东北的政治较量与辽宁解放

第一节　抗战胜利后中国共产党进军东北 / 357

一、关内先头部队奉命挺进辽宁 / 357

二、"向北发展，向南防御"战略形成 / 362

第二节　解放战争初期国共双方在辽宁的角力 / 365

一、国民党的东北战略与对苏交涉 / 365

二、国共双方在山海关及北宁路沿线的争夺 / 369

三、美苏战略考量对国共双方的政治影响 / 372

第三节　辽宁人民政权建立和根据地建设 / 380

一、迅速开展建党建政工作 / 380

二、抵制国民党接收大连的斗争 / 384

三、确立建立巩固东北根据地的发展方针 / 388

四、打击反动势力，开展反奸清算 / 393

五、发动人民群众进行土地改革 / 394

第四节　国民党东北政权建立及其反动统治 / 397

　　一、国民党各派系在东北人事安排上的争斗 / 397

　　二、国统区的政治统治危机 / 399

　　三、辽宁人民反抗国民党统治的斗争 / 402

第五节　辽沈决战胜利与人民政权建立 / 404

　　一、辽沈战役前国共双方态势 / 404

　　二、辽沈决战胜利和辽宁全境解放 / 406

　　三、城市面貌改造和社会秩序重建 / 412

　　四、深入开展新区土地改革 / 417

　　五、支援关内解放战争 / 419

第十五章　近代辽宁政治人物传略

第一节　晚清辽宁政治人物 / 422

第二节　北洋时期辽宁政治人物 / 424

第三节　东北军集团中的辽宁政治人物 / 430

第四节　中国共产党早期在辽政治人物 / 435

第五节　解放战争时期中国共产党在辽政治人物 / 438

第六节　解放战争时期国民党在辽政治人物 / 443

参考文献 / 448

第一章 鸦片战争前后的辽宁政治治理

第一节
清前期辽宁行政建制及治理体系

一、盛京将军与府州设置

顺治元年（1644），清军入关，迁都京师顺天府（今北京市）。因为盛京是满洲发祥地，所以仿效明朝"两京制"，将盛京设为留都，以示隆重。清廷"以正黄旗内大臣何洛会为盛京总管镇守盛京等处，左翼以镶黄旗梅勒章京阿哈尼堪统之，右翼以正红旗梅勒章京硕詹统之"。① 顺治三年（1646），镇守盛京城总管改为昂邦章京级。随后，清廷为其颁发了"镇守盛京总管官印"，"镇守盛京总管"的官称正式确立。康熙元年（1662），由于驻防将军的设置及总管治所迁往辽阳，"镇守盛京总管"改称"镇守辽东等处将军"。康熙四年（1665），将军治所迁回盛京，进而"改辽东将军衔为镇守奉天等处将军"②。乾隆十二年（1747），又将"镇守奉天等处将军"改称为"镇守盛京等处将军"③。可见，盛京将军是由入关之初的盛京总管演变而来的。

---

① 《清世祖实录》卷七，载《清实录》第三册，中华书局，1985，第75页。
② 《清圣祖实录》卷十五，载《清实录》第四册，中华书局，1985，第227页。
③ 永瑢等：《钦定历代职官表》，载纪昀等编《钦定四库全书》，上海古籍出版社，1987，第114页。

第一章　鸦片战争前后的辽宁政治治理

图 1-1　清光绪三十一年（1905）盛京（今沈阳市）城内的盛京将军署

清朝之所以设立盛京将军，是因为盛京的重要性及其特殊的战略地位。明代初年，朝廷认识到，"沧海之东，辽为首疆，中夏既宁，斯必戍守"①。早在洪武年间，朱元璋就在这里设立辽东都指挥使司，下辖 25 个卫所和 2 个自在州，并设置了为数不多的府、州、县，意图加强朝廷对辽东地区的控制。后金时期，努尔哈赤迁都于此，利用这里便利的地理优势，向北降伏蒙古、女真各部，向东降伏李氏朝鲜，向西经过辽西走廊朝关宁锦防线发起进攻。特别是顺治时期，清军从盛京出发，在吴三桂献关后，得以越过山海关进入北京，进而统一全国。盛京是清朝的"龙兴之地"，自然受到清廷格外重视。特别是努尔哈赤及其先祖，以及皇太极及其皇后、妃子的陵寝都在盛京地区，清朝入关后，多位皇帝曾到此拜谒祖陵。盛京对于清朝皇室具有特殊的意义。此外，对于清朝统治者来说，一个少数民族政权入主中原，统一天下，控制一个疆域如此广大的帝国，难免心怀忧惧，担心有朝一日会重新退回关外，所以对东北地区特别是盛京地区格外重视，为了更加有效地治理和经营盛京地区，设立了盛京将军。

清政府在盛京地区的政治治理与关内截然不同。盛京地区既有满洲人、蒙古族人、汉军八旗人（被编入旗籍的人统称为旗人），又有未被编入八旗的汉人（统称为民人）。对旗人和民人采取截然不同的管理体制，由盛京将军管理旗务，而由奉天府尹管理民政。专门管理旗务的官员称为"旗官"，治事之所为"旗署"。在盛

---

① 台湾研究院历史语言研究所编《明太祖实录》卷一〇三，上海书店，1982。

图 1-2 清乾隆十二年至光绪三十三年（1747—1907）盛京将军使用的满汉合璧的"镇守盛京等处将军印"

京将军及副都统下设城守尉等旗官。而为了管理民人，设立奉天府尹，专理民政（后因关内流民数量剧增，遂仿效关内置州县进行管理），治事的官署称为"民署"，治民的官员称为"民官"，从而与"旗署""旗官"并立。旗人与民人的田土划分明确，并各自向旗署、民署完税纳粮，互不干涉。

盛京将军下设副都统，初设 2 员，后增至 3 员。顺治元年（1644），清政府仿唐、宋"二京"之制，以内大臣 1 员留守盛京的同时，设副都统 2 员协助镇守。自雍正五年（1727）分出 1 员移驻锦州，盛京仍置副都统 1 员。盛京副都统分辖兴京城、辽阳城、牛庄城、开原城、铁岭城、抚顺城；熊岳副都统分辖盖平城、复州城、宁海城、旅顺城、岫岩城、凤凰城；锦州副都统分辖小凌河城、宁远城、中前所城、中后所城、广宁城、巨流河城、白旗堡城、小黑山城、闾阳驿城、义州城。① 各重要城堡、关之门，由城守尉、协领、佐领、防御等官率兵防守。在奉天与吉林、内蒙古边界上，设有法库、威远堡、英额、旺清、碱厂、叆河、凤凰城、松岭子、新台、梨树沟、白石嘴、明水塘、彰武台、白土厂、清河、九关台等 16 处边门，皆派官兵把守，分别统属于当地驻防官，而总辖于盛京将军。

二、盛京五部与盛京内务府

顺治皇帝入关后，各部院衙门迁移至京师顺天府，而盛京地区以总管大臣镇守，总理盛京户、礼、兵、刑、工各项政务。《清史稿》记载："初，缔造沈阳，建六部，置承政、参政各官。世祖奠鼎燕京，置官镇守，户礼兵工四曹隶之。十五年（1658）设礼部；明年（1659），设户、工二部；康熙元年（1662），设刑部；

---

① 辽宁省地方志编纂委员会办公室编《辽宁省志·政府志》，辽海出版社，2005，第 29 页。

三十年（1691），复设兵部；并置侍郎以次各官，五部之制始备。"① 因盛京五部官员均由京师吏部铨选，故不设吏部，形成户、礼、刑、工、兵五部的体制。盛京五部官员规格与中央各部相比降一等，主官为侍郎，完全为满额，各部司员也基本上为满额。盛京五部归京师各部节制，并具有一定的独立性，可直接向皇帝奏事；但涉地方事宜时，还需与盛京将军、奉天府尹会商。这种体制是盛京作为留都的特别设置。

盛京内务府是盛京作为留都的重要标志。盛京内务府又称盛京总管内务府，是清政府在留都盛京特设的国家机关，主要职能是掌管盛京上三旗包衣与宫禁等有关事务。顺治三年（1646）设正黄旗、镶黄旗佐领各1员，顺治八年（1651）增设正白旗佐领1员，总称盛京上三旗佐领。顺治十三年（1656），清廷铸造了关防，称"盛京上三旗关防佐领"，从三佐领中选出一人为掌印理事，实际上为盛京内务府前身。乾隆十七年（1752），由盛京将军兼管，盛京内务府正式成立。盛京内务府设总管大臣1人（由盛京将军兼任）、协同管理大臣1人（由盛京五部侍郎兼摄）、佐领3人、堂主事1人、委署主事1人、司库2人、笔帖式15人、领催18人、催长10人、库使16人、内管领1人、骁骑校3人。②

盛京内务府除了负责盛京的宫殿和上三旗包衣的政令外，另一个重要职能是管理东北的物产和盛京地区的皇庄。东北地区物产丰饶，人参、东珠、鹿茸等珍贵特产很多为清皇室专供之物。这些贡品都由盛京内务府负责征收，以供皇室之需。同时，东北地区很多皇庄及宗室王公的庄园也由盛京内务府管理。

图1-3 清顺治十五年（1658）至光绪三十一年（1905）盛京礼部使用的满汉合璧的"盛京礼部之印"

图1-4 清顺治十六年（1659）至光绪三十一年（1905）盛京工部使用的满汉合璧的"盛京工部之印"

---

① 赵尔巽等撰《清史稿》卷一百十四《志九十八·职官一》，中华书局，1977，第3296页。
② 崇厚辑《盛京典制备考》卷三，清光绪四年（1878），奉天督署刻本。

图1-5 清顺治十六年（1659）至光绪三十一年（1905）盛京户部使用的满汉合璧的"盛京户部之印"

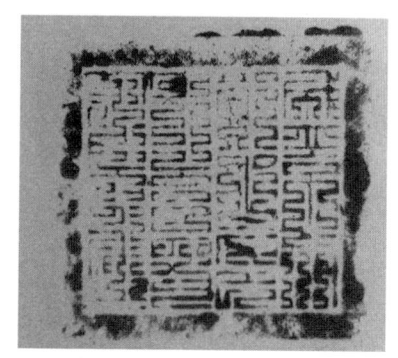

图1-6 清康熙元年（1662）至光绪三十一年（1905）盛京刑部使用的满汉合璧的"盛京刑部之印"

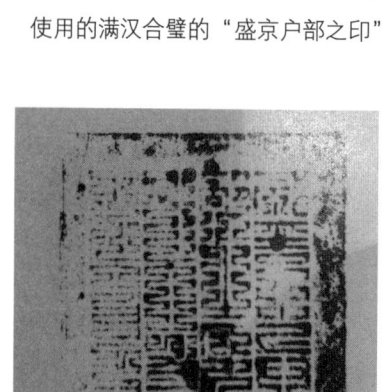

图1-7 清康熙三十年（1691）至光绪三十一年（1905）盛京兵部使用的满汉合璧的"盛京兵部之印"

盛京地区这种二元管理体制，政出多门有其特殊性。盛京将军统摄旗员，与管理民人之奉天府尹实行旗民分治的二元管理。满洲统治者入主中原后，在全国各主要地区都设置了驻防将军，不仅在边疆，在内地同样设置，如杭州将军、江宁将军等。但内地驻防将军只为统兵，并不直接参与地方行政事务管理，这与盛京将军的权限截然不同。东北，特别是盛京，是清朝发源地和祖陵所在地，清政府对这一地区怀有特殊的感情，这从清朝皇帝历次东巡可以看出。由于常有危机意识，清廷对于盛京这块"龙兴之地"尤其是盛京将军的简派和任命十分慎重；而盛京将军直接管理当地的旗务，其权限比内地所设驻防将军要大很多。

盛京五部仿京师六部制创立，按其职掌不同，分为理赋税、礼仪、军事、刑名和工程等事务。这种安排是出于行政合理性的考虑，使其互相配合，会同办理。盛京五部的设立，分散和弱化了盛京将军的权力，如户部拿走了财权，刑部拿走了司法审判权，兵部拿走了部分兵权，这导致五部与将军的权力相互制衡。

第二节
鸦片战争对辽宁政治治理的冲击

一、鸦片贸易进入辽宁

爆发于1840年的鸦片战争，是近代中国与西方列强的第一次正面碰撞，从此中国逐步滑入半殖民地半封建社会的深渊。中国的社会性质和政治形态都发生了极大的改变。鸦片战争是中国近代史的开端，带来了深远的历史影响。

鸦片经过两条路径进入辽宁：一是通过水路，由东南沿海的走私商船，以到东北进行贸易为名，私自运输鸦片到盛京地区各海口进行销售；二是通过陆路，从山海关进入盛京地区。自道光十二年（1832）开始，英国商船从东南沿海北上，直至盛京地区盖州等海口，登岸私自销售鸦片。除了英国，美国也从事鸦片走私贸易。盛京地区奸商伙同洋人，在盛京地区各地以"药铺"为幌子开设烟馆，暗地囤积鸦片，招引吸食者，从中牟利。鸦片在盛京地区渐成蔓延之势，已经严重威胁到清政府在盛京地区的统治根基。鸿胪寺卿黄爵滋所上的奏折就指出："盛京等处，为我朝根本重地，沾染恶习日深，几成积重难返之势。"[1]

由于鸦片危及国计民生，白银外流造成民困国乏。道光皇帝不得不下旨严斥各地官员，查禁鸦片。道光十八年（1838）十月，严令盛京将军查禁进入盛京地区的

---

[1] 黄爵滋：《严塞漏卮以培国本疏》，载中国第一历史档案馆编《鸦片战争档案史料》第1卷，天津古籍出版社，1992，第255页。

鸦片。但盛京将军耆英的态度非常消极，多次以"洋船多由天津起碇，并未到口"① 加以搪塞。在道光皇帝怒斥后，耆英才同山海关监督多龄等地方官，到营口、盖州、复州等地调查，总共查获烟土不过 2954 两，而直隶禁烟查获烟土 13 万余两，可见盛京地区禁烟的成效不大。

鸦片战争爆发后，因辽东半岛重要的战略地位，吸引着英国侵略者。早在 1831 年，殖民者冈特斯拉夫曾经沿海北上，在锦州、盖州、金州等地进行勘察刺探。1832 年，曾有英国船只闯到盖州连云岛，并登岸进城。1840 年 6 月鸦片战争爆发后，英国远征舰队先封锁珠江口，随后北上，于 8 月 11 日到达天津海口。他们一方面与清政府代表琦善谈判，另一方面派遣分舰队到渤海湾和辽东半岛进行侦察活动。

道光皇帝在得知英军侵犯辽东半岛后，为保护好"龙兴之地"，要求盛京将军耆英进行充分防御，阻止英军登陆辽东。耆英随即向各海口派员增兵，准备武器装备，密切监视英国舰队的动向。

1856 年 10 月，英国以"亚罗号事件"、法国以"马神父事件"为借口，挑起第二次鸦片战争。战争第一阶段至 1857 年 12 月，英法联军攻陷广州，建立地方傀儡政权。1858 年 5 月，英法联军进攻大沽口炮台，进而攻陷北京。1860 年 10 月，清政府被迫签订《北京条约》。在第二次鸦片战争期间，英国舰队侵入大连湾。

1860 年 2 月，英法联军先在舟山群岛集结。经过策划，法军沿海北犯，攻入烟台；而英军则离开舟山驶入大连湾，伺机攻占大沽口。英国舰队司令何柏派遣海军军官恩德带领小队赴大连湾进行军事侦察。恩德率领几艘军舰到达大连湾，并和 6 名士兵乘小艇在金州的和尚岛登陆。二月七日（2 月 28 日），又有 4 艘军舰"分趁甘井子等处"侦察。② 英国舰队一路北上，在航行途中不断劫掠中国商船。至 3 月下旬，英舰共劫掠中国商船 30 余只、漕船 8 只。他们从 8 只漕船上共劫走 11800 石漕米，57 名中国水手坠海后下落不明。③

咸丰十年五月十三日（1860 年 7 月 1 日），金州附近先后聚集外国船舰 60 余艘，在和尚岛、青泥洼、大孤山海口停泊，并登岸肆扰，拆毁民房、抢掠牲畜、施放枪炮。是日，清廷命盛京将军玉明责令副都统西拉布将防兵扮作民团，加强防

---

① 耆英：《盛京将军耆英奏复遵旨饬查违禁货物并驱逐英船》，载中国第一历史档案馆编《鸦片战争档案史料》第 2 卷，天津古籍出版社，1992，第 2 页。
② 《筹办夷务始末》（咸丰朝）卷四十八，中华书局，1979，第 1825 页。
③ 同上书，第 1937-1938 页。

范，并通告商民不得与之贸易，禁止向英军出售食物和马匹。① 英法联军侵占大连湾期间，中国的领土被占领、领海被控制、百姓房屋被拆毁、财物被劫掠。五月和六月间，英法侵略军在辽南沿海登陆抢劫，旅顺口、羊头洼等处聚集民众两三千人，手持器械，奋起反抗，将英法侵略者逐出口外。②

二、营口开关与东北门户开放

咸丰八年（1858）六月签订的中英《天津条约》规定："在牛庄……等府城开口，嗣后皆准英商可任意与无论何人买卖，船货随时往来。"③ 根据《天津条约》和《北京条约》，通商口岸由东南5处增加到16处，北方开放烟台、天津和牛庄。牛庄由此成为东北地区第一个通商口岸。

牛庄原属海城县的一个古镇，明代初年为驿站，称为"牛庄驿"。清初设章京管理，后添设巡检治理。牛庄自明清以来，一直是南北贸易的重要城镇。南方客商乘船渡海入口后，从三岔河航行至梟姬庙河口登岸，在牛庄卸货出售。随着南北客商逐渐聚集，牛庄成为一个闻名中外的商品贸易中枢。西方列强在进行充分的情报工作后，对控制牛庄进而打通东北贸易通道有着细致的考量。从商业利益出发，英法强迫清政府将牛庄开辟为通商口岸。

咸丰十一年二月十日（1861年3月20日），盛京将军玉明拟定牛庄通商章程上奏清廷被驳回，清廷指出："其中允许英法以货兑换大豆，尤其与约相悖。命玉明在牛庄通商时，如外人不遵守条约，应据约辩驳，命办理牛庄通商委员乌勒洪额于开河后，前往牛庄驻扎，不准法国自行择地修建天主教堂。"④ 由此可见，虽然清政府同意将牛庄开辟为通商口岸，但是对英法的渗透高度警惕，不仅限制通商交易，而且决不允许英法利用通商口岸进行传教活动。

咸丰十一年二月二十四日（1861年4月4日），牛庄正式对外开埠。四月十四日（5月23日），英国首任牛庄领事托马斯·泰勒·密迪乐乘舰船到牛庄考察水

---

① 辽宁省地方志编纂委员会办公室主编《辽宁省志·大事记》，辽海出版社，2006，第38页。
② 同上。
③ 辽宁省地方志编纂委员会办公室主编《辽宁省志·海关志》，辽宁人民出版社，2002，第19页。
④ 同①。

文。他在实地走访后发现,"牛庄河身淤塞,大船难以通航,且距辽河口较远"①。以此为由,他与负责牛庄通商事务的山海关监督福瑞进行交涉,强行以牛庄下游的没沟营(今辽宁省营口市)代替牛庄为通商口岸。英国政府明知牛庄和营口是两个商埠,两国签订的条约无法更改,但是在同清政府交涉该问题时,英国领事密迪乐坚称牛庄就是营口,把条约规定开发的牛庄改成了营口。咸丰十一年五月四日(1861年6月11日),英国驻牛庄(营口)领事馆在三义庙附近(今营口站前区中兴里)租借民房开馆,这是外国在辽宁设立的第一个领事馆。此后,法、德、瑞、荷、日、美、俄等国相继成立驻牛庄领事馆。同年,应直隶总督王文韶奏请,清政府将山海关监督衙署及山海关海局迁至营口。②

图1-8 清同治三年(1864)设在营口的山海关税务司公署

营口位于大辽河入海口处。清康熙年间,朝廷准许蒙古巴尔虎人在此放牧。巴尔虎人的窝棚连接成片,远看就像军营一般,于是人们称这一带为"营子"。又因此地在潮落时潮沟干涸,潮涨时潮水没沟,故取名"没沟营"。"营口"是早期清政府官文中所称"没沟营口岸"的简称。同治五年(1866),清政府在营口设立奉锦山海关道,管辖西起山海关、东至鸭绿江口整个辽东地区的涉外、厘税等事务。同治六年(1867),清政府增设营口海防同知厅,管理海疆治安,是首个以"营口"字样命名的官方机构。嘉庆、道光时期,沿海广东、福建、浙江、江苏和山东等省的商船交卸之后,都驶向营口和奉天各海口,贩运豆麦南归。外国通过以货易

---

① 辽宁省地方志编纂委员会办公室主编《辽宁省志·大事记》,辽海出版社,2006,第38页。
② 辽宁省地方志编纂委员会办公室主编《辽宁省志·海关志》,辽宁人民出版社,2002,第195页。

货的方式，也来营口买卖大豆，营口迅速发展成为东北重要的贸易口岸。

营口重要的贸易地位和便利的港口及航行条件，是英国侵略者放弃牛庄而选择营口的重要原因。营口开埠，使东北门户大开，开启了西方货物和资本进入东北的通路。为了有效地控制营口，西方列强牢牢地掌控海关大权。承担营口进出口事务监督管理责任的海关机构——山海关，于同治三年四月（1864年5月）设立并开关，办理通关业务。

山海关，亦称"山海新关""山海洋关"，后期称"营口关"，俗称"东海关"。与之相对应的"山海旧关""山海常关"则专指咸丰十一年（1861）从今河北省山海关迁来营口的清廷户部所辖"山海钞关"，俗称"西海关"。[①] 山海关主要办理监督、征税、统计和缉私等海关业务，同时兼办邮政以及港务、海务、海事工程、船舶检疫、气象观测等非海关业务。该关税务司一职始终由外国人（统称为洋员）担任，高级职员也多为洋员。在洋员税务司主持下，山海关成为西方列强侵略中国的工具，不仅使中国海关自主权受到侵犯，而且加重了中国东北的殖民危机。

图1-9 建于宣统二年（1910）的山海常关（西海关）办公场所

随着营口开关，英法美等国商人凭借特权，开始对盛京地区和全东北进行商品倾销。第一次鸦片战争前在中国市场上毫无销路的棉纱、粗布、绫布等棉纺织品，在第二次鸦片战争后，如潮水一样通过营口港源源不断地输入东北市场。中国本土的土产品和手工产品受到严重排挤，盛京地区的民族工商业遭到扼杀。据统计，1864年山海关监督营口港进口货物为740966海关两，出口货物为1710398海关两，此时中国还保有贸易顺差；而到1866年，进口货物为2328367海关两，出口货物

---

① 辽宁省地方志编纂委员会办公室主编《辽宁省志·海关志》，辽宁人民出版社，2002，第3页。

为1919930海关两，中国由出超转为入超；到1868年，经营口港进口货物为5079194海关两，而出口仅为1591619海关两，中国在进口剧增的同时，出口日渐萎缩。① 这表明，盛京地区已经沦为资本主义国家商品倾销的重要市场。

第三节 咸丰同治时期辽宁农民大起义

一、辽宁农民大起义历史背景

随着清政府的统治日益腐朽，内外矛盾逐步激化。1851年，太平天国运动在广西桂平金田村爆发。太平天国运动是中国近代全国规模的农民起义，坚持斗争14年，发展到18个省，有力地打击了清王朝的封建统治和西方殖民主义侵略，加速了中国封建社会解体，延缓了中国半殖民地化进程。与之相呼应的是，在清王朝的"龙兴之地"盛京地区，同样爆发了声势浩大的农民起义，成为19世纪中国农民运动的重要组成部分。

面对危局，咸丰帝开始抽调东三省八旗兵进关剿除太平天国。此时，东三省遭受的外部威胁还不严重，被清政府视为"后院"。咸丰帝认为，东三省的旗兵尚称劲旅，可以一战。咸丰三年二月（1853年3月），咸丰帝下谕旨"调吉林、黑龙江兵各两千名赴北京，加强防守"②。同年三月（1853年4月），咸丰帝再次下旨"调

---

① 辽宁省地方志编纂委员会办公室主编《辽宁省志·海关志》，辽宁人民出版社，2002，第62页。
② 章开沅主编《清通鉴》第3册，岳麓书社，2000，第875页。

盛京兵八千名来北京，调察哈尔兵赴张家口"①。短短数月间，盛京驻防八旗官兵入关作战的有近万名，造成了盛京地区防务空虚。

在调兵的同时，清政府对东北财源进行了搜刮。连年战争，清政府战败赔款，国库早已空虚。太平天国运动兴起后，定都南京（命名为天京），阻断了江南的赋税，造成清政府财政支出愈加困难，用来镇压太平天国的湘军、淮军的军饷主要依靠自筹，来源是厘金、捐输。盛京旗兵入关作战，不能像湘军、淮军那样就地抽捐，为了支撑军队，只能从盛京地区勒逼捐纳。与盛京八旗军队同时被征调的还有军饷和粮食。咸丰帝多次下旨谕令盛京将军和奉天府尹，要劝谕商民捐输，将应纳支粮饷尽快运抵京津："此系万不可缓之事。该将军等务须实力奉行，断不可借词推诿。"② 在这种情况下，盛京将军庆祺于咸丰六年（1856）十二月奏报朝廷："盛京兵饷待用孔亟，现试办厘捐铺税，两月以来办理已有成效。"③ 咸丰帝于是谕令即照该将军所拟办理，并令吉林将军景淳体察该处情形，亦仿照办理。庆祺的办法是，"店商于买货之家，照所买价值，每东钱百千，抽捐东钱一千；每粮十石，捐东钱一千。不及者以次递减；商贾铺户则量其生意大小，分析等第，按户逐日捐东钱十文至一千余文不等。"④

咸丰三年（1853），江北大营为筹措镇压太平军的军饷，在扬州里下河设局劝捐，其亩捐按地亩肥瘠和业田多寡，照地丁银数分别抽捐，大致每亩起捐自八十文至二十文不等。同时，对米行商贾推行捐厘之法，向扬州附近的仙女庙、邵伯等镇米行，规定"每米一石捐钱五十文"助饷。四年（1854）三月起，此法推行到里下河各州县米行，并对其他各业大行铺户，一律照捐抽厘，大致值百抽一。捐厘行业渐次增多，遍及百货，抽捐地区也渐次扩展到扬州和通州（今江苏省南通市）两府所属各地。当年下半年，江南大营在镇江、丹阳等县相继设卡抽厘。这种厘金制度很快传遍大江南北。盛京地区的厘金制度也参考了南方各省的办法。虽然厘金制度拓宽了清政府的财源，缓解了政府财政的一时之急，但这一做法无疑是饮鸩止渴，沉重地打击了刚刚开始发展的近代民族工商业。"厘捐铺税"之名一出，地方官员和胥吏便以此为名，明目张胆地向工商业者敲诈勒索，由此造成盛京官场贪污

---

① 章开沅主编《清通鉴》第3册，岳麓书社，2000，第876页。
② 王树楠等纂《奉天通志》卷四十，东北文史丛书编辑委员会，1983，第803页。
③ 同①书，第999页。
④ 《清文宗实录》卷二百一十五（第43册），中华书局，1987，第379页。

敲诈成风。奉天官吏"招摇纳贿,词讼之大小,以钱之多寡为曲直"①。

此时直隶、山东等地的贫苦农民由于不堪忍受战乱和灾荒之苦,纷纷开始艰苦跋涉,从古北口、喜峰口进入盛京地区,或从天津、烟台乘船横渡渤海前往辽南。"闯关东"的滚滚洪流,浩浩荡荡,不可阻挡。而第二次鸦片战争中俄国蚕食我国领土,英法多次从海上侵扰辽东。在民族危机日益加深的时刻,东北边疆形势空前严峻。一些深谙边务的官员主张招募流民,开垦东北,重申边防。考虑到东北地广人稀,土地开垦缺乏劳动力,咸丰七年(1857),大凌河牧场开禁招垦。奉天地方政府向领垦农民征收"押租",一方面用来解决盛京财政紧张的问题,更重要的是用来"接济京饷"。而流民不断进行抗租抗粮暴动,奉天地方政府和农民之间的矛盾不断尖锐。咸丰五年(1855)三月,昌图厅北双树子地方,以霍义为首的贫苦农民举行抗租武装斗争。清廷派兵镇压。九月,霍义等被捕入狱,抗争失败。② 类似的抗税抗粮暴动此起彼伏,清政府则进行血腥的屠杀,但是镇压没有吓倒盛京地区的穷苦民众,终于爆发了辽宁近代史上第一次农民大起义。

二、辽宁农民大起义经过及影响

咸丰十年(1860)五月,朝阳王达"因贫难度"率众起义,并联合刘珠(朝阳县七道沟牌人)等人,在义州一带进行反清活动。十一月十三日(12月24日),义州人蒲厢"聚众数百,抗粮拒捕",发动起义,并派人向王达部起义军求援。③

咸丰十一年二月四日(1861年3月14日),李凤奎、刘珠率起义军六七百人进攻朝阳县城,攻入巡检衙署,打开监狱,释放监犯300余人。随后,砸开三座塔税衙银库,知县富昌越墙逃跑,起义军随即占领了朝阳县城,后又攻占凤凰山。附近农民、手工业者、矿工纷纷响应,起义军迅速发展到数千人。李凤奎被拥立为"皇帝",封刘珠为"领兵元帅"、才宝善为"军师"等。二月五日(3月15日),清廷命春佑派兵500名前往镇压起义军,并命哲里木盟官兵500名前往协剿。二月

---

① 《清文宗实录》卷二百九十(第44册),中华书局,1987,第248页。
② 辽宁省地方志编纂委员会办公室主编《辽宁省志·大事记》,辽海出版社,2006,第36页。
③ 同上书,第38-39页。

十二日（3月22日），清廷命热河道福原等督兵前往镇压起义军。二月十四日（3月24日），清廷调黑龙江马队1000名、盛京马队500名，驰援朝阳镇压起义军。李凤奎、刘珠、才宝善率起义军进攻热河行宫，攻占赤峰县城，并在今喀左水泉重创清军。三月十五日（4月24日），李凤奎率起义军在朝阳东北桃花吐遭清军夹击，伤亡惨重。翌日，李凤奎被当地地主武装俘获，英勇就义。不久，起义军相继被镇压。

同治三年（1864）五月，马国良（马震龙，外号"马傻子"）在奉天梨树县（今属吉林省）率饥民百余人发动武装起义，联合王达等起义军，先后攻克开原、铁岭、兴京、广宁、新民、朝阳等地。七月十三日（8月29日），因清帝陵寝所在地兴京被起义军洗劫，清廷下令将盛京将军玉明、奉天府尹德椿等人交部议处。八月二十一日（10月3日），因奉天起义军蜂拥而起，玉明、德椿疏于防范，弹压不力，清廷下令将二人革职。此前已调任吉林将军恩合代理盛京将军。八月二十二日（10月4日），又调山东按察使恩锡任奉天府尹。十二月七日（1865年1月23日），"马傻子"起义军从盛京小南门进入省城，打出"替天行道""杀恩合，坐盛京"的旗号，打开了盛京刑部狱、奉天府狱、承德县狱三级大牢，毁牢房、毁卷宗，杀逐官吏，释放全部囚犯300余名，火烧盛京刑部、礼部和承德县衙。恩合急忙调官兵镇压。"暴狱"犯人200余名遇害，余者随起义军杀出天佑门，向新民厅转移。十二月二十四日（1865年2月9日），因恩合调署盛京将军以来，赏罚失当，对"马贼猖獗"一筹莫展、无所作为，清廷下旨革职，留营效力，以观后效。次日，调都兴阿任盛京将军。同治五年四月三日（1866年5月16日），"马傻子"、齐海等起义军首领在新民黄旗堡被户部尚书文祥所部捕获后杀害。历时6年的辽宁农民大起义逐步走向低潮。

辽宁农民大起义与太平天国运动和捻军起义相呼应，是19世纪中国农民大起义的重要组成部分。其人数最多时有3万之众，分为20余部，遍及奉天大地。辽宁农民大起义纵横于热河行宫和盛京之间，攻城略地，劫牢反狱，清朝地方官员闻风丧胆。清廷前来镇压的官兵大多不堪一击，盛京将军玉明、恩合都先后因"弹压不力"被免职，丧命、丢官的地方官吏不计其数，清廷在东北的统治地位受到沉重打击。辽宁农民大起义迫使奉天和吉林的驻防八旗军不敢轻动，而京津部队不得不出关作战，从而牵制了清政府用于剿灭太平天国和捻军的兵力，让清政府顾此失彼。

在辽宁农民大起义过程中，起义的农民将清廷在东北的旗地、官荒、围城、牧场、参山、珠河、陵寝、墓地扫荡一空。起义军从热河到奉天来去自由，边门、藩篱、柳条边都被冲破，流民出关已成大势所趋，清政府再无力限制，关内农民如潮水一般涌入东北地区。辽宁农民大起义客观上加速了东北开禁，促进了东北地区的开发。

第四节

清政府在辽宁的军政革新

一、崇实出任盛京将军

辽宁农民大起义严重地动摇了清政府在辽宁的统治。虽然大规模农民起义被官兵镇压了下去，但是"边匪""马贼""金匪"蜂拥而起，让清政府疲于奔命、无暇应对，加之吏治败坏、贪腐成风，清廷在东北的政治治理已经有崩坏之象。

19世纪70年代，在经历了第二次鸦片战争的惨败后，清政府统治集团内的有识之士痛定思痛，决心学习西方先进的军事工业和生产技术，在"自强""求富"口号下，掀起了改革浪潮，这就是著名的洋务运动。在这场变革浪潮中，辽宁也深受影响，开始了军政改革，以救危局。

由于盛京的特殊地位和根深蒂固的历史因素，行政治理上弊端重重，官员贪腐，军务废弛，马贼横行。要整治顽疾，必须选用干练之臣加以整顿，于是慈禧太后选定崇实担任盛京将军。

崇实，完颜氏，满洲镶黄旗人，是金章宗完颜璟后裔。他出身名门，祖辈、父辈在清朝都身居高位。崇实勤奋好学，于道光三十年（1850）考中进士，"获殿试二甲，朝考二等，引见，钦点翰林院庶吉士"。在满洲贵族子弟中，以科举入仕者凤毛麟角，崇实就是其中的翘楚。此后崇实仕途顺利，累迁至内阁学士兼礼部侍郎。咸丰十年（1860）署理四川总督。后出任成都将军，兼署四川总督。在四川期间，崇实大力整顿吏治，镇压农民起义，显示出过人的政治能力。同治十二年（1873），崇实出任刑部尚书。在盛京地区吏治腐败、民乱丛生的时候，素以干练果决著称的崇实成为清政府选任盛京将军的不二人选。

光绪元年正月二十四日（1875年3月1日），清廷命崇实巡查奉天、吉林。次日，崇实上朝谢恩，慈禧召见他时叮嘱道："奉天乃我朝根本重地，现在该处吏治败坏，营务废弛，以致马贼充斥。……盛京将军一缺，不日补授于汝，汝好为之所有应办事宜，不必拘定例，一切均有我与汝作主。"崇实答道："奴才才疏学浅，实在不称其职，唯恐辜负天恩。且现在奉天官吏皆习于贿赂，事无皂白，人无廉耻，兼之马贼充斥，伏莽甚多，只身前往，必受挟制，若以钦差兼行将军，事或可望其挽回，然必须容奴才具折奏调文武各员以及亲兵，方可去办，而向来出差沿途均有预备，若丝毫受之，则难于措手。恳请天恩，照阅兵大臣例，日发薪水，一切自备，不用该地方一草一木，方可彻底根究。"这段对策说明，崇实对于如何解决盛京吏治的难题已经有所考虑，为避免同流合污，必须自带亲随，参考阅兵大臣的惯例，避免使用盛京地方的粮饷，以此断绝盛京官员行贿的通路，以保持随行官员的清正。

到达盛京后，崇实"先谒昭陵，后进盛京城，各官除在善缘寺请圣安公见后，余则一概免见"，随后"封门办案"。崇实治奉，首先从吏治入手，罢黜贪污无能之辈，选贤任能。经过调查，他弹劾奉天府尹恭镗、吉林将军奕榕等官员，"请分别治罪"。七月一日（8月1日），崇实上奏："今后奉省各厅州县可否仿照热河之例，不拘满汉，一律补用，州县各官均加理事同知、通判衔，以便旗民事件统归办理。"① 是日，清廷命交部议奏。七月二十四日（8月24日），崇实上奏《变通奉天吏治章程》七条，提出一系列改革措施："窃以兴利不难，难于除弊，弊之习于下者易除，而弊之倡于上者难除，故整饬官常，必由大吏而始。伏查奉省将军之设，迄于地方各员，国初至今，屡有增易，在朝廷因时制宜，原无历久不变之法，惟是陪都重地，根本所关，若使建置规模不同各省，殊不足以重维系而示尊崇。目下习染所趋，未便再拘成格。……惟有仍存五部之名，以隆体制，兼仿督抚之例，以一事权。救弊补偏，大纲已立，然后筹经费以资办公，则贿赂之风可息；专责任以防

---

① 辽宁省地方志编纂委员会办公室主编《辽宁省志·大事记》，辽海出版社，2006，第43页。

推诿，则盗贼之源可清。"①

二、整顿行政，改革事权

政出多门以及旗民分治的二元体制，导致盛京各行政机构互相推诿，无人勇于任事。所以，崇实从现实情况出发，决定改革将军事权。盛京将军、五部衙门、奉天府尹三官并重，各自为政，互相掣肘。长期以来，对于旗民纠纷，三官衙署的官吏先存偏见，难以秉公执法。崇实认为，革除弊政的关键是增大将军权柄，由盛京将军独揽奉天全省的军事、民政和财税大权，事权一统于将军，则政出多门的问题自然解决。

九月二十九日（10月27日），崇实再奏请奉天州县官满汉兼用，指出："人才贤否，政令得失，不在满汉，而在择人。"清廷命军机大臣、六部、九卿将此折连同《变通奉天吏治章程》一并会议具奏。② 十二月二十二日（1876年1月18日），清廷准崇实等奏请《变通奉天吏治章程》等折，谕令：盛京将军管理兵刑两部并兼管奉天府尹，准其仿照各省总督体例加衔，盛京刑部及奉天府旗民一切案件均归其总理。奉天府尹准加二品衔以右副都御史行巡抚事。该处各厅、州、县等缺，准满汉兼用，州县各官均加理事同知、通判衔。所有旗界大小官员，只准办理旗租，缉捕盗贼，不许干预地方公务。③

崇实的改革使盛京将军近于具有总督之权，使盛京地区的行政体制由将军辖区体制与留都体制并存向行省体制转变，这为之后东北建立行省制度打下了基础。

---

① 朱寿朋编《光绪朝东华录》第1册，中华书局，1984，第112页。
② 辽宁省地方志编纂委员会办公室主编《辽宁省志·大事记》，辽海出版社，2006，第43页。
③ 同上书，第43-44页。

三、开放关禁，设立州县

清政府自第二次鸦片战争结束，对东三省开始局部开禁，关内流民潮水般涌入东北，而此时东边外尚未开禁。所谓东边外，是指盛京自东边门外至浑江，东西宽百余里至二三百里不等，南北自东沟至通沟县约1000里的广阔地带。这里是清王朝"祖宗发祥重地"，是清政府封禁的重点地区。但流民出关后，不管此处是不是封禁重地，前往私垦者，虽遭驱逐杀戮，却屡禁不止，依然趋之若鹜。

崇实主持盛京大局后，向清政府上奏："至边外善后计，自东沟至通沟，绵亘千有余里，历年以来，聚处之众，垦种之多，不特各处流民趋之若鹜，即旗散闲丁亦多藉地营生，赖以为活，大有剿之不可、驱之不能之势。"因此他建议："因时制宜，亦只有就地升科，设官分治之一法。"光绪元年七月（1875年8月），清廷批准了崇实的建议，发出上谕："所有大东沟一带，已熟地亩，著准其一律升科。无论旗民，凡认地开垦者，一律编入户籍。"① 清政府封禁200多年的东边外开禁。

光绪二年正月二十四日（1876年2月18日），崇实奏请在凤凰城设立凤凰直隶厅。改奉天府属地岫岩厅为岫岩州，增设安东、宽甸两县，皆属凤凰厅。② 随后，清政府决定在东三省新垦区增设州县，派员前往丈量土地、升科和编户。1876年，设立凤凰厅，改奉天府属岫岩厅为岫岩州，在大东沟新垦区设置东沟县。1877年，设置宽甸县，同归凤凰厅管辖。1877年，把奉天府属兴京厅升为兴京直隶厅，新设通化县、怀仁县，归兴京直隶厅管辖。同年，设东边兵备道，辖凤凰厅、兴京直隶厅及所属州县；将奉天所属昌图厅升为昌图府，并设奉化县，同归昌图府属。1880年，设康平县，亦归昌图府管辖。1879年，设海龙厅，隶属奉天府。中日甲午战争爆发前，辽宁共设4府、3厅、5州、12县、1兵备道、1抚民同知，共计26个行政区。新州县设置为辽宁由盛京将军制度向行省制度过渡奠定了基础。

---

① 《清德宗实录》卷二十，中华书局，1987，第315页。
② 辽宁省地方志编纂委员会办公室主编《辽宁省志·大事记》，辽海出版社，2006，第44页。

四、剿抚并用,镇压"马贼"

崇实作为钦差大臣,首要任务是解决盛京地区"马贼"成患问题。他对起义军采取的策略是"剿抚并用":一方面调兵遣将,请求山东和直隶派兵协助,对拒不投降的起义军严厉镇压;另一方面攻心为上,能抚则抚,减少杀戮。

同治十三年(1874),安东伐木工人宋三好率众起义,"盘踞大东沟,党羽甚众"。翌年春,得到金州高希田等人响应,活动于长山岛及凤凰城北井子一带,队伍发展到1000多人,成为当时辽宁最大的农民起义军。为了清剿起义军,崇实奏请派兵"协剿"。清廷急调直隶步军洋枪队1000名、马队500名,乘船在大东沟登陆,镇压起义军。五月,起义失败,高希田阵亡,宋三好被俘后在盛京就义。[①]

崇实除了强力弹压外,还非常重视安抚,"但有可原者,实亦必原之。施法于前,加恩于后",其目的在于"抚孤贫、养鳏寡、儆凶顽、劝良善"。这说明,崇实用兵并不是为了滥杀,而是为了保境安民。进剿东沟时,崇实认为,只要起义军能够弃械投降,加以安抚,予以自新,就能化盗为民。崇实不一味地使用武力,注重安抚和善后的处理方式,对于稳定辽宁社会、恢复生产都起到了积极的作用。

---

① 辽宁省地方志编纂委员会办公室主编《辽宁省志·大事记》,辽海出版社,2006,第44页。

第二章 中日甲午战争时的辽宁

第一节
甲午战争爆发

一、朝鲜政局变化与中日交涉

1894年，朝鲜爆发了由全琫准领导的东学道农民起义。5月，起义军占领全罗道首府全州，并很快控制了朝鲜南部三道，建立了政权机构。

全州失守之后，无力镇压起义的朝鲜正式请求宗主国清朝出兵，帮忙镇压农民起义。虎视眈眈的日本也引诱清朝出兵。6月，清朝应邀出兵朝鲜，清军聂士成部在牙山登陆，随即派人去全州招抚起义军。7月，东学道起义被平息。

就在清朝出兵的同时，日本也出兵朝鲜。6月2日，日本内阁召开会议，作出了出兵朝鲜的决定。当天，日本天皇召见参谋总长、陆海军大臣和海军军令部部长，敕令他们对出兵问题"充分协商、适当处理"，并特旨参谋总长"总裁陆海军之事宜"，命其组建由陆海军军官组成的战时指挥机关。6月5日，经天皇批准，在参谋本部设立了战时大本营，作为这场战争的日军最高统帅部。战时，大本营下设参谋部、军事内局、兵站总监部、管理部、陆军部和海军部。①

就在清军到达牙山的同一天，日军在仁川登陆。接着，日军又将7000人的混

---

① 关捷、唐功春、郭富纯、刘恩格主编《中日甲午战争全史》第2卷 战争篇（上），吉林人民出版社，2005，第165页。

成旅团派遣到朝鲜，占领仁川至汉城（今韩国首都首尔市）的战略要地。日本海军也调集军舰到朝鲜近海，监视朝鲜港口，侦察北洋舰队行踪及运兵情况，加强对中国的间谍活动，进行战争动员和准备。

图 2-1　日军第一军司令部和第三师团在朝鲜仁川登陆

为了避免争端，李鸿章建议双方同时撤兵；但日本出兵的目的就是武力控制朝鲜，不仅拒绝撤军，而且不断向朝鲜派遣和部署兵力。而清政府和李鸿章面对不断恶化的局势，依然寄希望于列强的调停来保全和局，并没有认真备战，以致贻误战机，处处被动。随着日军在朝鲜的兵力越来越多，已占到绝对兵力优势，李鸿章才匆匆租借"爱仁"号、"飞鲸"号、"高升"号三艘外国商船运送兵力增援在牙山的清军。

7月15日，日本大本营召开御前会议，正式决定对中国宣战。7月19日，日本政府通过英国驻日本公使楚恩迟转告清政府，如果继续增援入朝的清军，那么将被视为对日本表示敌意的行动。20日，日本大本营接到北洋舰队将赴牙山的情报。22日，日本驻朝鲜公使大鸟圭介向朝鲜政府发出照会，要求朝鲜下令清军退出国境，并以24日为期。同日，日本海军军令部部长桦山资纪下达了在朝鲜海面伺机进攻北洋舰队的命令。7月25日，日本不宣而战，突然袭击在丰岛海面的北洋舰队和运兵船，中日甲午战争爆发。

二、中日两军在朝鲜的较量

丰岛海战是日舰袭击北洋舰队"济远"号、"广乙"号和增援牙山的运兵船而在朝鲜丰岛海面上发生的海战。中日双方谈判破裂后，清政府意识到形势紧迫。

7月19日，李鸿章开始向朝鲜大举增兵。清军北塘、芦台、天津的吉字营、仁字副营、武毅军步兵1300名，于7月21日分乘英国商船"飞鲸"号、"爱仁"号从大沽出发，23日进入牙山湾。24日在白石浦登陆。天津练军、亲兵前营、护卫营炮兵计1200名，携炮12门，23日午后乘坐英国汽船"高升"号从大沽出发，途中与通报舰"操江"会合，前往牙山。

7月25日晨，"济远""广乙""威远"三舰在丰岛海域与日军"吉野""秋津洲""浪速"三舰相遇，双方展开激战。在激战过程中，"高升""操江"到达作战海域。"操江"是木质旧式炮船，难以与日舰作战，于是悬挂白旗投降，被"秋津洲"俘获。"高升"是运兵船，本无力反抗，但是统带官仁字军营务处帮办高善继率领全体官兵宁死不屈，与日舰周旋3个小时，冒着日军猛烈的炮火用步枪还击，直至轮船沉没。在丰岛海战中，中国军舰缺乏准备，敌强我弱，力量悬殊，而日军采取突然袭击的方式打响海战，占据了绝对优势。丰岛海战后，中日双方于8月1日正式宣战。

平壤会战是中日双方在朝鲜的关键一战。平壤牡丹台居高临下，是清军御敌的有利阵地，位于平壤城北角，筑有墙壁高五丈的坚固堡垒，台内配备野炮3门及加特林机关枪，步兵配备七连发步枪，火力强大。日军从三面向牡丹台发起进攻，皆被清军炮火压制。日军朔宁支队的炮兵中队和元山支队的炮兵大队，立即将向玄武门射击的炮口转向牡丹台，轰击牡丹台堡垒阵地。炮弹炸坏了牡丹台胸壁，清兵伤亡惨重，抵挡不住敌人的炮火。8时30分，清军放弃牡丹台阵地溃退。日军占领牡丹台后，将重炮移至台上，对玄武门及全城都造成极大威胁。当时左宝贵正在玄武门上指挥，见牡丹台陷落，知势不可挽，志在必死，"往日，他'每临敌，辄衣士卒衣，身先犯阵。至是，乃衣御赐衣冠，登陴督战。'"① 左宝贵换上御赐朝服，身先士卒，决意与敌人以死相拼，不幸被敌人榴散弹片击中身亡。左宝贵牺牲后，战斗仍然异常激烈，奉军的3个营官副将杨建春和都司徐玉生先后中弹身亡，守备杨建胜受重伤。日军连发炮弹，将玄武门城楼和城墙炸碎。日军乘势越过玄武门胸壁，但由于清军顽强抵抗，日军一时无法攻进城内。日军指挥立见尚文命令攻入玄武门的部队撤到城北高地，双方的战斗暂时停止。

---

① 戚其章：《甲午战争史》，上海人民出版社，2014，第106页。

图 2-2 清末著名爱国将领左宝贵（1837—1894）。右图为时人所绘的左宝贵牺牲时场景

此时，清军凭借堡垒的优势仍可一战，但是平壤清军主帅叶志超丧失了继续战斗的信心，召集众将商讨撤兵之策。在各路将领中，只有马玉崑主张抗敌，其余将官都同意弃城。16 时，平壤下起大雨，清军停止射击，玄武门、七星门、静海门、大同门都挂出白色降旗。朝鲜平安道监司闵丙奭派信使向日军传递书信，信中写道："平安道闵丙奭致书大日本领兵官麾下，现华兵已愿退兵，依照万国公法止战，伏俟回教，即扬白旌回国望勿开枪，立候回书。闵丙奭。"① 日军野津道贯师团长判断，清军投降或许是缓兵之计，为防清军逃出，命令各队保持警戒状态。

叶志超悬挂白旗已经预示了清军的全面溃败。9 月 15 日傍晚，大雨滂沱，清军各部兵勇开始擅自逃亡。当天 20 时，清军开始撤退，叶志超命令轻装持械，趁夜出城。但此时清军各部都急于突围，毫无秩序，人马从七星门、静海门涌出，夺路而逃。逃出的兵勇沿甄山大道一路狂奔，遭到早已埋伏于此的日军元山支队及第五师团伏击。"清兵在敌军的乱枪之下，混乱、践踏、被弹、哀嚎、悲凄之声通宵不绝。第二天早晨，透过薄雾观望，仅一个日军步哨线前就留下被击毙的清兵尸体 200 有余及众多马匹，各逃跑路口上被击毙者总数 1500 余人。次日凌晨，日军占领平壤城，只是这里已经变成一座空城。"②

平壤之战是近代以来中日双方陆军正规部队的第一次大规模阵地战，也是日本对清朝实力的试探。本来日军并没有十足的把握取得胜利，但是作战结果使清军的

---

① 宗泽亚：《清日战争》，北京联合出版公司，2014，第 43 页。

② 同上书，第 43—44 页。

疲弱暴露无遗。日本政府准确判断出这样的陆军是无法保卫国家的，进而坚定了将战火从朝鲜烧到中国本土的决心。朝鲜战役后，各国武官评价："作为远东大国的国家军队，显然不具备近代军队的素质。尽管清军拥有洋式精良装备，但战术陈腐，将官和兵士缺少军人应有的斗志，成欢和平壤之战一日即败，溃不成军，清军是一支不堪一击的军队。"①

在中日两国陆军激战之时，两国海军在黄海海域展开了决战。甲午战争爆发后，双方统帅都在考虑如何控制制海权的问题。作为中国海防近代化的积极倡导者，李鸿章是北洋舰队的缔造者。他很清楚，北洋舰队虽然号称亚洲第一，但实际战斗力堪忧，因此他提出的战略是"保船制敌"。在给光绪皇帝的奏折中，李鸿章提出了这一战略："海上交锋，恐非胜算，即因快船不敌而言。倘与驰逐大洋，胜负实未可知，万一挫失，即赶紧设法添购，亦不济急。惟不必定与拼击，但令游弋渤海内外，做猛虎在山之势，倭尚畏我铁舰，不敢轻与争锋，不特北洋门户恃以无虞，且威海、仁川一水相望，令彼时有防我海军东渡袭其陆兵后路之虑，则倭船不敢全离仁川来犯中国各口。"② 光绪皇帝的意见是北洋舰队主动出击寻歼日本海军或运兵船，而李鸿章的建议是舰队出去巡航一下作出象征性的威慑。李鸿章根据中日两国海军实力的对比，主张放弃海上决战，这正是"保船制敌"的核心。李鸿章的思想钳制了北洋舰队的作战主动性，把主动权拱手送给了日本海军。

图 2-3　集结在吴军港的日本联合舰队

---

① 宗泽亚：《清日战争》，北京联合出版公司，2014，第 45 页。
② 《直隶总督李鸿章覆奏海军提督确难更易缘由折》（光绪二十七年七月二十九日），载故宫博物院编《清光绪朝中日交涉史料》第 18 卷，故宫博物院，1932，第 28 页。

9月17日,中日双方爆发黄海海战。黄海海战,北洋舰队4艘军舰被击沉,1艘自毁,共损失了5艘军舰,共计7900吨。牺牲了包括优秀海军军官邓世昌、林永升在内的官兵600余名,实力大损。日本联合舰队伤亡约200人,4艘战舰被重创,其中3艘是弱舰,无一舰被击沉,舰队整体实力并未受到很大影响。北洋舰队经此一役,损失军舰和官兵无从补充,士气不振,只能依照李鸿章的策略"避战保舰",不敢与日本海军在黄海正面作战。从此,中国完全丧失了制海权。日本陆军在海军的掩护下,可以不受威胁地登陆中国海岸,而陆军又可以协助海军从海陆两个方面进攻中国海防要地,使中国在甲午战争中彻底陷入了日本的海陆夹击之中。

图2-4 清末北洋水师名将邓世昌(1849—1894)

图2-5 北洋水师"致远"舰

第二节
日军入侵辽东

一、日军突破鸭绿江防线

日本联合舰队在黄海海战中取得胜利，表明日本大本营的作战方针得以实现。日本政府决定将战火烧到中国领土上，扩大战争规模，以攫取更多利益："必须进入中国国境，攻占其首府，迫使中国签订城下之盟。"①

日本第一军在朝鲜打败清军后，大本营为了从辽东半岛南端攻入辽南，于1894年9月21日将第一师团、第二师团及第十二混成旅团编成第二军，任命陆军大将大山岩为司令官，与第一军配合，分两路侵入辽东半岛。日军的作战部署是：山县第一军团从朝鲜越过鸭绿江进攻辽东半岛北部，牵制集结在鸭绿江一线的清军主力；大山岩第二军团在第一军团掩护下登陆大连湾，占领金州，切断南北清军防御链，夺取旅顺。②

东北是清朝的发祥地，盛京是清朝祖陵所在地。清廷下令力保奉天，加强奉天一线的军事防卫。9月25日，在义州集结的清军渡过鸭绿江，进入九连城。9月29日，四川提督宋庆率领毅字军从旅顺口出发，10月11日到达九连城。黑龙江将军依克唐阿领命，于10月13日到达九连城。18日，清廷下旨："命除依克唐阿一军

---

① 《日清战争实记选译·辽东之役》，载戚其章主编《中日战争》第8册，中华书局，1993，第278页。

② 宗泽亚：《清日战争》，北京联合出版公司，2014，第62页。

外，所有北洋派赴朝鲜各军及奉省派往东边防剿各营，均著归宋庆节制。"① 宋庆收拢从朝鲜败退的清军，对各路部队下达备战命令，修筑工事，以阻止日军进入中国境内。10 月中旬，鸭绿江防线得到加强，清军增添大量兵勇，共计有 81 营 5 哨，兵员 3.4 万人，火炮 90 余门。

10 月 24 日，日军按照预定计划向清军鸭绿江防线发动了进攻。11 时 30 分，佐藤正支队到达水口镇东北的杜武谷后，立即向安平河口涉渡。防守河口的清军齐字练军春字营士兵举枪遥射。南岸的日军开始炮击，安平河口的清军炮垒发炮还击，东面鼓楼子的清军炮垒也发炮支援。最终清军弃炮而逃，日军顺利渡河。

随后，两军在虎山阵地展开激烈战斗，最终清军放弃虎山阵地。

山县有朋接到的战报称清军从虎山退入九连城，于是，下令 10 月 26 日攻占九连城。翌日 6 时，日军发起攻击，却发觉城内异常安静，毫无清军迹象。原来，25 日宋庆眼见各路军马败退下来，便带领毅军经蛤蟆塘向凤凰城撤退。铭军先自溃败，盛军十余营发生哗变，清军大乱，纷纷弃城而逃。大岛旅团不费吹灰之力占领鸭绿江防线重镇九连城，并获得大量辎重粮草。

鸭绿江防线之战，清军伤亡惨重，各种武器、弹药及军用物资也损失惨重。清军共战死 500 多人，被俘 15 人；日军战死 33 人，负伤 114 人，消耗炮弹 494 发、枪弹 95730 发，缴获清军大炮 78 门、枪支 4400 挺及大量的弹药和粮草。②

图 2-6　日军强渡安平河口，突破了清军鸭绿江防线

---

① 章开沅主编《清通鉴》第 4 册，岳麓书社，2000，第 699 页。
② 宗泽亚：《清日战争》，北京联合出版公司，2014，第 67 页。

二、日军攻陷金州、旅顺

1894年,黄海海战结束后,日本取得了制海权,确保了海上通路。日本大本营作出翌年春在华北平原决战的作战计划,要求在本年度占领旅顺,建立决战根据地。日本大本营认为,黄海海战后"因海战之胜利已归于我",因此日军应"为此决战进行准备之目的拟先占领旅顺半岛"。① 9月21日,日本大本营编成第二方面军,由第一师团、第二师团、第六师团混成第十二旅团及各附属部队组成,陆军大臣大山岩为第二方面军司令官。

日本近代史上第一次大规模登陆战在辽东半岛沿岸展开。为输送第二军3万余兵力登陆,日本动员国内军用、民用船只48条,登陆艇208艘支援作战。10月23日8时30分,日军第二军第一师团乘坐16艘运输船,在日本联合舰队16艘军舰护航下,在花园口北面登陆。11月1日,日军第二军全部登陆完毕。11月6日,日军辎重、军械、马匹也全部登陆。在长达14天中,日军共登陆2.4万余名士兵、2700余匹战马及其他大量的辎重武装。清朝海陆军竟无丝毫反应,任由日军在花园口从容不迫地实施登陆。

图2-7　1894年10月24日,日本第二军第一师团在花园口登陆

---

① 《日方记载的中日战争资料》,载戚其章主编《中日战争》第7册,中华书局,1993,第530页。

金州位于辽东半岛南部，东依大黑山，西濒金州湾，南临大连湾炮台，为半岛最狭窄处，是辽东半岛连接东北腹地与大连、旅顺的咽喉要地。清政府在旅顺、大连湾布防，金州作为旅顺军港的后路，具有重要的军事意义。金州一旦失守，则大连湾无所依托，旅顺后路大开。

日军登陆第二天，清军各将就得到了消息。金州各将判断，日军登陆后的行动有两种可能：或是袭击安东县后路，或是进攻金州和大连湾。不久，马队营官荣安捕获日军间谍，经审讯得到日军在花园口登陆后下一目标是金州和大连湾的确切情报。连顺立即告知大连湾镇守总兵赵怀业。意识到日军即将重兵压境，连顺、赵怀业、徐邦道联名致电盛宣怀，要求北洋速派援兵。10月29日，李鸿章复电赵怀业等人："倭匪尚未过皮（貔）子窝而南，汝等只各守营盘，来路多设地雷埋伏，并无守城之责。旅颇兵单，同一吃紧，岂能分拨过湾？可谓胡涂胆小！"① 连顺知道北洋援兵是远水难解近渴，因此致信盛京将军裕禄求援。裕禄来电告之无兵可援。连顺又请求赵怀业出兵，赵以奉中堂（指李鸿章）令守炮台，不与后路战事为理由而拒绝出兵。

11月6日日军第一师团占领金州后，第二天就马不停蹄地进军大连湾。11月6日午后，山地元治下达进攻大连湾的命令。大连湾炮台坚固，装备优良，军需储备充足，如果守军依托坚固工事，可以坚守一些时日，此时毅军、铭军已经从摩天岭回援金州、旅顺。但大连湾主将赵怀业贪生怕死，在日军进攻前一天晚上，不战而逃，奔向旅顺。日军兵不血刃占领大连湾。日军占领大连湾后，经过10天休整，于11月17日开始向旅顺口进攻。11月21日，日军攻陷号称"远东第一要塞"的旅顺口。

三、旅顺大屠杀惨案

日军占领旅顺之后，不仅杀害放下武器的清军士兵，而且肆意屠杀手无寸铁的平民百姓，制造了震惊世界的旅顺大屠杀惨案。大屠杀从11月21日至25日，持续了5天之久，共屠杀2万余人。这场由日本侵略军制造的惨绝人寰的惨案，究竟

---

① 《寄大连湾赵统领等》，载顾廷龙主编《李鸿章全集》电稿三，上海人民出版社，1987，第96页。

图 2-8 1894 年 11 月 6 日，部分日军士兵徒手攀登金州城西高墙，突破清军防线

是谁下达的命令，直至今日，日本仍讳莫如深，不仅不承认高级军官下达了屠杀令，而且多次否认存在旅顺大屠杀。日本对罪行始终采取不负责的态度，也没有明确的史料可以确认元凶，但是从屠杀的规模来看，绝非个别士兵的"违纪"行为，而是由日军第一师团师团长山地元治亲自下令并得到日本第二方面军司令官大山岩默许而进行的有预谋、有组织的屠城暴行。日军第一师团第二旅团第一大队士兵小野次郎回忆："11 月 20 日晚上，大山岩大将下达了进攻旅顺的命令。我们旅是主力部队，在攻占了椅子山炮台后师团长山地元治中将下达了命令：'除妇女老幼外，旅顺口的男人都格杀勿论。'"① 可见，旅顺大屠杀很可能是日本战场指挥官下达的命令。由于这严重违反战争法则和人道主义，因此日军采取了口头传达命令的方式；但是，无论有无明确的书面文件，日本侵略军都应当承担战争罪行。

图 2-9 日军制造的旅顺大屠杀现场

11 月 21 日，日军占领旅顺口后，大屠杀就开始了。屠杀从旅顺东部开始，逐步向西部推移。执行大屠杀命令的日军在旅顺挨家挨户进行搜查，见人就杀。城里

---

① 木森：《旅顺大屠杀》，警官教育出版社，1993，第 126 页。

杀完后，又到郊区杀。经过反复搜索，几乎将旅顺全城百姓屠杀殆尽。日军杀人，不分妇孺，男人遭枪杀、刀劈、火烧、水淹，妇女则在被强奸凌辱后杀害。日军的暴行将旅顺变成了一座空城、死城。在旅顺的外国人目睹了日军残杀平民、奸淫妇女、残杀儿童、残杀俘虏的暴行。中外人士，以及参与屠杀的日军都留下了许多详细的记述，从大屠杀中死里逃生、幸免于难的平民也有对大屠杀的回忆。

1894年12月3日，李鸿章在上奏的奏折中提到了日军在旅顺的大屠杀："倭自二十四日（公历21日）赴旅后，杀伤兵民甚多。二十八日（公历25日）自双岛、小平岛逃来弁、匠十人，今早供称，二十四日夜，倭自小平岛西老龙头另股上岸万人。目下大队皆扎水师旗营，住帐房。二十六日（公历23日）又复搜山，后面长墙以内及水师营，大加杀戮。墙外各村庄如有军衣军器者皆杀。逃跑者杀。"①

西方国家记者在目睹旅顺大屠杀的惨状后，以新闻报道的方式对大屠杀进行了真实的记录。最先报道这一屠杀事件的英国《泰晤士报》在11月26日的报道中提到："旅顺被攻占……据报告发生了大屠杀。"11月29日，美国《世界报》也报道了旅顺屠杀事件："中国逃难的难民说，日本人洗劫了旅顺，枪杀了无论老幼所有的人，劫掠和残杀长达三天。他们声称，死者被野蛮地残害，手、鼻子和耳朵被割掉。人们没有进行任何抵抗，但日本兵长达数日四处搜寻，杀害他们所能找到的所有中国人。难民说，旅顺街道和港口到处都是尸体。"②

日军侵占旅顺后，到底屠杀了多少中国同胞，已经很难作出准确的统计。因为日本政府和军方始终采取否认、隐瞒的态度，而西方记者也仅仅目睹了日军的暴行，根本无法说清日军屠杀中国人的准确数量，所以目前较为可信的统计是，根据抬尸队的鲍绍武与王文照的回忆，"当时是把尸体全部集中到岭南花沟，约一万八千多具，然后倒上煤油烧掉，其中不包括为数不少的尸体在大屠杀之后被亲友私自埋葬的。这场惨绝人寰的大屠杀，中国死难同胞的实际数字足有二万多人。"③

---

① 戚其章主编《中日战争》第1册，中华书局，1993，第657-658页。
② 刘文明：《甲午战争中的英美特派记者与旅顺大屠杀报道》，《社会科学战线》2014年第10期，第95页。
③ 曲传林：《甲午战争中日寇在旅顺大屠杀调查记实》，载辽宁省政协文史资料研究委员会编《辽宁文史资料》第9辑，辽宁人民出版社，1984，第76-77页。

图 2-10　《世界报》头版登载的克里曼撰写的通讯《日军大屠杀》

图 2-11　旅顺大屠杀纪念馆纪念碑

四、中日辽河平原会战

3月1日，日军第三师团师团长桂太郎从汤河堡进驻东烟台，混成第六旅团进犯甘泉堡。清军稍作抵抗，撤至汤河。随后，汤河被日军占领。3月3日，第三师团按照计划，自鞍山站向牛庄进军，当晚进至将军屯。野津道贯命令第三师团离开大道，进攻清军左翼，切断清军退路。第五师团自紫方屯一带，沿大道进攻清军的正面和右翼。日军分为南北两路包围了牛庄。

牛庄位于辽河以东、海城西北面，是辽河下游平原的古老重镇。该镇无城郭可守，仅市街出入口处修筑了30厘米厚的土墙为垒。① 此时，驻守牛庄的是新湘军武威军统帅、新疆布政使魏光焘。他在得知日军从鞍山站以大股骑兵乘虚直捣清军牛庄后路时，急忙从海城四台子率6营约3000兵力，赶到牛庄防守。3月4日，日军开始向牛庄进攻，双方在牛庄外围展开血战。日军遭遇清军的顽强抵抗，战至11时攻入街区。双方在牛庄展开了激烈的巷战，清军据民房抵抗，与日军展开一户一室的争夺，战斗极为惨烈。战至15时，魏光焘所部武威军已经精疲力竭，伤亡惨重。此时，江苏候补道李光久率领老湘军5营约2000人从海城三台子前线赶到牛庄增援，进入牛庄后，即与日军开始巷战，"血战竟日，毙贼无数"②。战至21时，魏光焘、李光久率部从牛庄西面突围，途中遭到日军第三师团混成第六旅团大岛久直的追击，双方发生激烈战斗。清军伤亡惨重，但还是击退了敌人，随后，退往田庄台方向，牛庄最后失守。

牛庄攻防战只有一昼夜，却是中日甲午战争开战以来最为惨烈的战斗，魏光焘在战斗中"以孤军血战，短衣匹马，

图2-12 湘军名宿魏光焘（1837—1916）

---

① ［日］黑田甲子郎：《牛庄占领记》，载戚其章主编《中日战争》第8册《日清战争实记选译·辽东之役》，中华书局，1993，第428页。

② 故宫博物院编《清光绪朝中日交涉史料》第36卷，故宫博物院，1932，第20页。

挺刃向前，督战苦斗，三易坐骑"①。李光久率部血战，至"子弹俱尽，不能不率队冲突而出"②。各方资料都认为，这一战清军打得十分勇敢顽强，绝不似之前一击即溃。

牛庄失守后，日军又于3月7日攻陷营口。3月9日，田台庄沦陷。牛庄、营口、田庄台在6天之内相继陷落，中日辽河会战暂告一段落。3月10日，宋庆率军经双台子退至石山站，"沿途毅军退勇如潮，几有不可收拾之势"。"湘军力战而败，死伤过多，人心不振。"③ 西至营口、田庄台，辽南的关隘都陷入日军之手，清军在辽南战场完全瓦解。此时，辽阳、锦州岌岌可危。日军已经打开了通往山海关的通道，对于中国而言，战局十分危急。

第三节 中日媾合与《马关条约》签订

一、中方遣使求和

面对步步紧逼的日军，清廷终于意识到自己已不是"蕞尔小国"日本的对手，国内主战派与主和派的矛盾日益尖锐。慈禧太后、恭亲王奕䜣、醇亲王奕譞，以及军机大臣孙毓汶、徐用仪都主张妥协议和，而翁同龢、李鸿藻和帝党官吏则主张抵抗到底。翰林院侍读学士文廷式、修撰张謇等38人联名上奏反对议和："道路传

---

① 故宫博物院编《清光绪朝中日交涉史料》第36卷，故宫博物院，1932，第9页。
② 同上书，第19页。
③ 王同愈：《栩缘日记》，载戚其章主编《中日战争》第6册，中华书局，1993，第265页。

闻，以为有赔款割地之举。朘生民有限之脂膏，蹙祖宗世传之基业，度圣明在上，必不肯出此下策。"①

12月20日，清政府决定派遣总理各国事务大臣、户部左侍郎张荫桓和湖南巡抚邵友濂为全权大臣，与日方代表议和。次年1月26日，张荫桓、邵友濂一行从上海出发，于31日到达广岛。

日本政府在获悉张荫桓等人从上海出发后，连忙研究对策。1月27日，在广岛大本营召开了内阁和高级幕僚参加的御前会议，就媾合条件提出方案。会议确定了朝鲜独立、割让土地、赔偿军费、获得在华通商航海等利益的媾合条件。1月31日，明治天皇任命伊藤博文和陆奥宗光为全权大臣。中国代表到达后，日方态度极为蛮横，连中国使节来往电文书信都要日方拆阅后送达。2月1日，双方代表在广岛会晤。双方互换敕书后，日方指责中方代表没有全权代表的资格。次日，双方再次会谈，伊藤博文指责中国无讲和诚意，提出中国如真心求和，应当确实委任重臣担任议和代表，必须由负有重望官爵并足以保证实行缔结条约的人员当此大任，并暗示中国代表，应派恭亲王或李鸿章来和谈。随后，日方以广岛为屯兵之地下逐客令。2月4日，张荫桓一行离开广岛。15日，从长崎回国。

日本之所以不急于议和，重要原因是希望等待日军占领威海及刘公岛，消灭北洋舰队。伊藤博文认为，如果日军消灭北洋舰队，就可以在议和中取得更为有利的地位，而迫使奕䜣或李鸿章来日和谈，取得对中国最大限度的掠夺。

二、《马关条约》签订

2月17日，日军占领刘公岛，北洋水师全军覆没，加之辽阳败绩，盛京危急，清廷已是焦急万状，走投无路。1895年2月10日（正月十六日），光绪皇帝召见军机大臣询问战事，"问诸臣，时事如此，战和皆无可恃，言及宗社，声泪并发"。军机大臣翁同龢等人一筹莫展，"流汗战栗，罔知所措"②。在这种情况下，清政府急于求和，满足日本的要求。1895年2月13日（正月十九日），清廷下旨命李鸿

---

① 《清光绪朝中日交涉史料》，载戚其章主编《中日战争》第3册，中华书局，1993，第137页。
② 翁同龢著、陈义杰整理《翁同龢日记》第5册，中华书局，1997，第2777页。

章为全权大臣，与日本商定和约。① 李鸿章作为全权大臣与日本所派全权大臣会商和约，便宜行事，予以签名画押之全权敕书赴日乞和。

图 2-13　中方全权代表李鸿章

图 2-14　日方全权代表伊藤博文

3月19日晨，李鸿章一行到达马关。次日，双方全权大臣在马关春帆楼进行了首次谈判。按照国际惯例，开始议和谈判的双方就应停战，因此李鸿章提出两国陆海军应一律休战的备忘录。伊藤博文则表示第二日答复。双方的第二次谈判于3月21日（二月二十五日）14时30分开始进行，这次谈判的核心问题是停战。伊藤博文提出了停战的条件：日本军队须占领大沽、天津、山海关以及在该处之城堡，在上述各处之中国军队须将一切武器、军需品交给日本军队。天津、山海关之间铁路须由日本国军务官支配。停战期限内日本国之军事费用须由中国承担。如对以上条件无异议，将立即提出实施停战日期及停战期限内日中两军之分界线以及其他细目。②

日本所提的条件无疑是狮子大开口，而日本政府之所以提出如此苛刻的条件，其本意就是不想停战。当时日军正准备攻占台湾，因而伊藤博文故意提出中国难以接受的停战条件，以迫使李鸿章撤回停战要求。李鸿章在听闻这个条件后，大惊失色，表示因事体极为重大，请允许作充分考虑后，再作明确回答。伊藤博文限定中国方面三天内做出答复。

3月24日15时，中日双方举行第三次谈判。李鸿章表示，不能接受这个停战条件。日本政府达到了胁迫清政府撤回停战要求、不停战而进行和谈的目的。就在

---

① 章开沅主编《清通鉴》第4册，岳麓书社，2000，第714页。
② 《日本休战条件提示》，载日本外务省编《日本外交文书》明治卷 第28卷第3册，日本外务省，1963，第289页。

中日双方进行和谈之时，日军向台湾行省所属澎湖列岛发起了进攻。就在第三次谈判当天，日军占领了澎湖列岛。日本政府企图通过军事上的胜利逼迫清政府割让台湾。

就在第三次谈判当日，李鸿章从会场春帆楼乘轿返回使节驻地途中，遭遇日本青年小山丰太郎的刺杀。子弹深入左目之下，李鸿章流血甚多，以致不省人事，所幸未中眼球，保住性命。李鸿章遇刺的消息让日方十分被动。伊藤博文闻信，"震怒惊天，并对左右言及，倪该犯以和为非，应将本大臣枪击，不应戕害中国使臣。盖议和一事，所有条款，专靠本大臣定夺，非靠中国行成使臣也。"① 在大本营的山县有朋"正值披览要公，一阅电文，不胜烦恨，立即离案大呼该匪罔顾国家大计"②。明治天皇得知李鸿章遇刺的消息也惊诧不已，并派医生、看护立即前往马关诊治和护理李鸿章。皇后还送来了御制绷带，以示优慰。当日，伊藤博文、陆奥宗光立即照会复文，对"凶虐狂悖之事"再次表示"万分忧愁""实深抱歉"，并同意与李鸿章之子、议和代表团成员李经方"知会一切"，"迅速照办"。显然，日方的态度有了很大的缓和。

图 2-15　中日双方谈判地点马关春帆楼

日本随后迅速对凶手进行了审讯和审判，判处小山丰太郎无期徒刑。日本政府之所以匆忙对凶手进行审判定罪，其目的是减轻日本政府对这一事件的责任和减少外交上的压力，向国内外表明这一事件完全是一个暴徒的个人犯罪行为，与日本政府或者日本国民没有丝毫关系。对此，陆奥宗光认为，如果李鸿章以负伤为借口中途回国，同时以此对日本大加谴责，从而诱使欧美各国从中周旋，由此引起欧洲列强干涉，那么日本将不得不对中国进行让步。

4月1日，日本政府派外务大臣书记官井上胜之助、外务大臣秘书官中田敬义前往中方代表团驻地引接寺，将日方所拟讲和条约稿日文、中文、英文各一份面交李鸿章，并声明限4日之内答复。日方的和约底稿共11款，其主要内容是：中国

---

① 蔡尔康：《中东战纪本末·使臣遇刺纪实》，载中国史学会主编《中国近代史料丛刊》第5册，上海人民出版社，1957，第385页。

② 同上。

图2-16 中日双方谈判时的场景

确认朝鲜国确为完全无缺之独立自主国家;将盛京省南部地方、台湾全岛及澎湖列岛永远让与日本国;赔偿日本军费库平银三万万两;中国再开顺天府、沙市、湘潭、重庆、梧州、苏州、杭州7处为通商口岸,日本国民运进中国各口货物减税,免除厘金,并得在中国制造一切货物。根据这个约稿,日本将夺取中国大片领土,勒索巨额赔款,同时获得在中国投资设厂的权利,其殖民势力将沿长江深入中国内陆,从而扩大日本货物在中国的倾销。

经过原案、修正案、确定案的谈判过程,在第五次、第六次谈判后,万般无奈之下,李鸿章与日方全权大臣签订了《中日讲和条约》(又称《马关条约》)。《马关条约》的主要内容如下:

中国承认朝鲜国确为完全无缺之独立自主。

中国割让辽东半岛(从鸭绿江口起,溯江抵安平河口,从此划线至凤凰城、海城及营口而止,折线以南地方;该线自营口的辽河口后,顺流至海口止,以河中心为界。辽东湾东岸及黄海北岸在奉天省所属诸岛屿)、台湾全岛及所有附属各岛、澎湖列岛给日本。

中国约将库平银二万万两交与日本,作为赔偿军费。该款分作八次交完,第一次赔款交清后,未经交完之款,按年加每百抽五之息。

日本人可以在中国通商口岸,任便从事各种工艺制造,得将各项机器任便装运进口,只交所定进口税。

开放沙市、重庆、苏州、杭州为商埠,日船可以驶入以上各口,搭客载货。①

光绪二十一年四月十四日(1895年5月8日),清政府钦差换约大臣联芳、伍廷芳与日本代表伊东美文治是夜亥时在山东烟台互换和约②,这标志着《马关条约》正式生效。

---

① 王铁崖编《中外旧约章汇编》第2册,生活·读书·新知三联书店,1982,第614-617页。
② 章开沅主编《清通鉴》第4册,岳麓书社,2000,第722页。

第二章 中日甲午战争时的辽宁

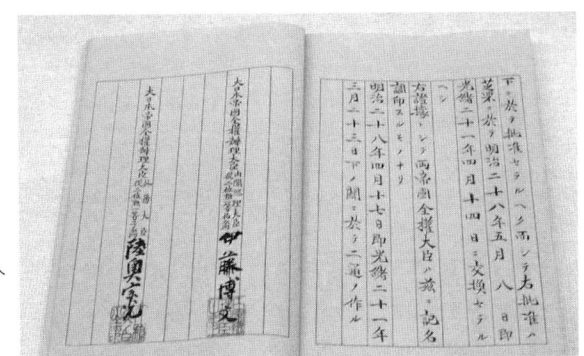

图 2-17 《马关条约》日方签字人为首相伊藤博文、外相陆奥宗光

图 2-18 《马关条约》中方签字人为头等全权大臣李鸿章、参议官李经方

《马关条约》中日本割占中国辽东半岛的条款,"损害"了急于在远东扩张势力的沙皇俄国的利益,与沙皇俄国的侵略野心产生严重的冲突。沙皇俄国决定联合德国、法国干涉中日和约,迫使日本归还辽东。

第三章 日俄两国在辽宁的政治角力

第一节
三国干涉还辽

一、三国干涉备忘录提出

1894年8月21日和1895年2月1日,俄国召开了两次特别会议,讨论远东形势,研究相应对策。在第一次特别会议上,俄国虽然提出了"争取以外交方式解决朝鲜问题",但是同时作出决定,不排除在必要时以武力干涉。在第二次特别会议上,会议主席亚历山大罗维奇大公公开表示,"由于目下中日战争的进程,并且由于中日正要进行和谈,为保卫我们在远东的利益起见,此次会议要讨论我们应采取的措施。"① 在第二次特别会议上,俄国政府进一步决定,如果日本的要求侵犯了俄国的重要利益,那么俄国将联合英、法等列强,通过外交途径,共同向日本施加压力;并决定增加太平洋舰队的实力,使俄国在远东的海军力量超过日本,以便必要时进行武力干涉。

随后,俄国主动与日本进行外交接触。1895年2月14日,俄国驻日本公使希特罗渥造访日本外务大臣陆奥宗光,提议俄日两国交换意见。陆奥宗光表示,"事至今日,我国根据战争之结果,已不能不向中国提出割让土地之要求。而日本政府

---

① 《俄帝国主义在远东的开端》,载中国史学会主编《中国近代资料丛刊》第7册,上海人民出版社,1957,第301页。

希望事先了解是否与第三国发生利害关系;特别与俄国利害有关之问题,希开诚相告。"希特罗渥表示,"现在日本向中国要求割地是当然之问题,俄国欲在太平洋沿岸获得自由通路亦非一日,因此,如果贵政府确能做到如过去所宣言的不妨碍朝鲜国之独立,俄国决无其他意见。"随后,希特罗渥以私人谈话的方式对陆奥宗光说:"日本要求割让台湾,俄国对此毫无异议。若日本放弃岛国之地位向大陆扩张版图,则决非上策。"① 希特罗渥的谈话带有明显警告的意味,表明了俄国的态度,坚决反对日本占有中国大陆的土地。

　　同年4月初,俄国政府得知日本政府提出的议和条件中包括割让辽东半岛的内容时,异常恼怒。俄国政府内重要官员纷纷上奏沙皇尼古拉二世,表达对中日和约的强烈不满和严重忧虑。4月6日,俄国外交大臣罗拔诺夫即谈道:"日本所提和约中,最引人注意的,无疑是他们完全占领旅顺口所在的半岛;此种占领,会经常威胁北京,甚至威胁要宣布独立的朝鲜;同时由我国利益来看,此种占领是最不惬意的事实。"② 如何应对日本占领辽东半岛,俄国并没有明确的办法。罗拔诺夫也提到,"假使我们决定要求日本放弃此种条件时,将发生一个问题:假使他们拒绝我们的要求,我们是否采取强迫措施,抑或在此种情况下,能指望和其他国家共同行动?"③ 可见,此时俄国对于联合其他欧洲强国干涉日本还没有十足的把握。4月8日,俄国政府将反对日本割占中国辽东半岛的意向通报给英、德、法等国,并提议共同干涉日本对辽东半岛的占领。虽然俄国向其他列强表明了自己的态度,但是俄国政府对事态的发展并没有抱太大希望。俄国只是希望弄清楚各方的态度和真实主张,以利于确定下一步的行动方案。

　　《马关条约》正式签订的4月17日,罗拔诺夫正式邀请德、法两国共同参加对日干涉行动。德国皇帝威廉二世下令将装甲舰1艘、巡洋舰1艘派往远东。德国外交大臣马沙尔向驻日公使哥屈米德发出了电报,内容是:"现在日本的和平条件是过分了些,这些条件损害了欧洲和德国的利益,虽然后者的利益关系尚小。因此,我们现在不得不参加抗议,必要时,我们知道怎样予以必要的压力。日本必须让

---

① 陆奥宗光:《蹇蹇录》,伊舍石译,商务印书馆,1963,第172页。
② 《外交大臣上沙皇(一八九五年三月二十五日)》,载中国史学会主编《中国近代史料丛刊》第7册,上海人民出版社,1957,第308页。
③ 同上书,第308-309页。

步,因为对三国斗争是没有希望的。"① 19日早晨,法国驻俄公使蒙德培罗将法国参加俄国干涉计划的决定通知了罗拔诺夫,并商定三国驻日公使于20日在东京"共同行动"。至此,俄、法、德在干涉日本占领辽东的问题上达成一致。

4月23日下午,俄、德、法三国公使一同去日本外务省,面见外务省次官林董,声明各自受本国政府训令,对中日讲和条约中关于辽东半岛割地的条款表示异议,并分别向日本政府提出备忘录。

二、日本接受劝告,被迫还辽

对于俄、德、法三国的干涉,日本不甘心轻易丢掉到口的"肥肉"。面对三国的军事压力,日本没有实力与之一战,只能采取步步退让的方法接受部分"劝告"。日本驻俄公使西德二郎主张,图此事件之和平结局,放弃永久占有辽东半岛,惟作偿金之担保,一时占领该半岛,而大增加其金额,使中国永久不能偿还清为上计。②日本政府经过考虑,认为这是一个可行的方案。1895年4月30日,陆奥宗光致电俄、德、法三国公使,答复三国"劝告"日本的备忘录,同意另以追加定约形式,于该条约中加以下条款:"第一,帝国政府对其于奉天半岛之永久占领权。除金州以外,同意一切放弃之。但日本对其所放弃之领土,可要求相当金额作为报酬,其金额可与清国商定之。第二,但帝国政府于清国完全履行条约上所规定对日本之义务以前,作为担保有权占领上述领土。"③

俄、法、德在拒绝了日本部分让步的方案后,立即开始军事威慑。俄国政府命令太平洋舰队在东海、黄海、日本海附近游弋,同时东西伯利亚总督调集5万现役和预备役兵员,集中在哈巴罗夫斯克(海参崴)待命。俄、法、德制造的紧张气氛,让三国与日本之间看起来似乎战争形势已到了一触即发的地步。

---

① 《马沙尔致哥屈米德(1895年4月17日)》,载孙瑞芹译《德国外交文件有关中国交涉史料选译文》第1卷,商务印书馆,1960,第30页。
② 《驻俄国西公使致陆奥外务大臣电(1895年4月28日)》,载日本外务省编《日本外交文书》(明治卷 第28卷 第2册),日本外务省,1963,第57页。
③ 《陆奥外务大臣致驻俄、驻德、驻法公使电(1895年4月30日)》,载日本外务省编《日本外交文书》(明治卷 第28卷 第2册),日本外务省,1963,第65页。

俄、法、德的强硬态度和英国袖手旁观的姿态，让日本政府一筹莫展。外交手段解决已经走入困境，而军事上难以一战。面对困局，日本政府担心一旦因为不接受三国"劝告"，久拖不决，则清政府抓住时机，拒绝和约，那么不仅辽东半岛得不到，而且《马关条约》不能批准换约，日本政府将异常狼狈。经过权衡利弊，日本政府最终下定决心，完全接受三国"劝告"，忍痛放弃对辽东半岛的永久占领权。

接到外务省训令的日本驻俄国公使西德二郎、驻德国公使青木周藏、驻法国公使曾祢荒助于5月5日当天分别向各驻在国递交了日本政府的照会，并提出保有向中国要求相应的赔偿和占领辽东半岛的权利。很快，各国就对日本政府接受"劝告"给予满意的答复。

10月25日，西园寺公望将归还辽东半岛问题业已与三国政府交涉完毕的通知分别致函日本驻俄、德、法、英、美、意、奥、荷、朝鲜各公使。至此，俄国主导的三国干涉正式结束，中日双方开始直接交涉。

1895年10月20日，中日两国全权大臣李鸿章和林董在北京总理衙门举行关于归还辽东半岛第一次直接交涉。李鸿章极力要求削减补偿金额，而日本因为已经和俄、德、法达成密约，坚持3000万两不让步。随后，双方于10月29日、11月4日进行了第二次和第三次谈判，最终达成协议。

11月8日，双方签订了《辽南条约》六款及"议定专条"一件。《辽南条约》签订和批准换约后，中日双方即着手磋商辽东、辽南各地的交收问题。至11月29日，被日军占领一年之久的辽东、辽南地区终于被中国全部收复，各地之相关官家物件也交接完毕。

第二节
沙俄侵占中国东北

一、中俄签订《中俄密约》《中东铁路合同》

在三国干涉日本退还辽东半岛的事件中,俄国起到主导作用。清政府由此对俄国产生了好感,并对俄国抱有相当的幻想,以为依靠俄国可以牵制列强,特别是遏制日本。而俄国认为,三国干涉还辽使自己有恩于清朝,这是扩大在华利益的最佳时机,因此努力向清政府索取干涉还辽的报酬,加快了侵华的步伐。1895年5月23日,俄国外交大臣罗拔诺夫在给俄国驻法国公使的信件中写道,俄国"为中国效劳之后","未来的计划"主要是"使中国处于依赖我们的状态,而不让英国扩大它在中国的影响"。① 为了控制中国,俄国政府逼迫清政府签订的《四厘借款合同》规定:借款总额为四亿法郎(折合银一亿两),由圣彼得堡万国商务银行、俄国国际贸易银行等四家俄国银行,霍丁盖尔银行等六家法国银行分摊出贷。这笔借款以中国每年的关税收入为担保,使俄、法得以插手中国海关管理,派人任职于中国海关税务司,任意扣留海关税款,干预中国财政,从财政上卡住清政府。为了加快建设从莫斯科到海参崴的铁路,从1895年开始,俄国未经中国政府同意,竟然派遣四批人员潜入中国境内勘察路线,其范围包括东北北部的齐齐哈尔、宁古塔、大兴安岭,以及辽东半岛的旅顺、大连等地,这是严重侵犯中国主权的行为。

1896年6月,李鸿章作为清政府专使赴俄国参加尼古拉二世的加冕典礼。俄国

---

① [英]菲利普·约瑟夫:《列强对华外交》,胡滨译,商务印书馆,1959,第176页。

软硬兼施，迫使李鸿章与俄国签订了《中俄密约》。这个密约表面上看是中俄两国的对日同盟，实际上是在共同防日的名义下，俄国通过修筑铁路，使其势力侵入中国东北地区。《中俄密约》共分六款，其核心的第四款是："今俄国为将来转运俄兵御敌兵并接济军火、粮食，以期妥速起见，中国国家允于中国黑龙江、吉林地方接造铁路，以达海参崴。惟此项接造铁路之事，不得借端侵占中国土地，亦不得有碍大清国大皇帝应有权力，其事可由中国国家交华俄道胜银行承办经理。至合同条款，由中国驻俄国使臣与俄银行就近商订。"① 这一密约使俄国以帮助中国防御日本为诱饵，取得了在东北修筑和经营中东铁路的特权，并为俄国陆海军入侵中国打开了方便之门。历史证明，俄国所谓"共同防御"完全是谎言，以此为借口，将中国东北划入其势力范围，才是俄国的真实目的。

图 3-1 李鸿章出访欧洲时与随员及幕僚合影

《中俄密约》只是关于中东铁路的原则性规定，具体实施还需要双方签订合同加以落实。1896 年 9 月 8 日，俄国强迫清政府驻俄公使许景澄与华俄道胜银行董事长乌赫唐斯基以及该行总办罗启泰在德国柏林签订了《中俄合办东省铁路公司合同》（简称《中东铁路合同》）。根据这份合同，设立了名为中俄合办实际上是俄国独揽大权的"中国东省铁路公司"，并把铁路沿线逐步变为俄国的势力范围。俄国还计划沿黄海一带取得一两个港口，再从东省铁路修筑支线，直达港口。1897 年 3 月，东省铁路公司正式成立，总公司设在圣彼得堡，分公司设在北京，俄国开始筹划工程浩大的中东铁路。1898 年 3 月《旅大租地条约》签订后，俄国又得到了修筑中东铁路支线的权利，从而形成一条长 2420 余公里的丁字形铁路。1898 年

---

① 王铁崖编《中外旧约章汇编》第 1 册，生活·读书·新知三联书店，1957，第 651 页。

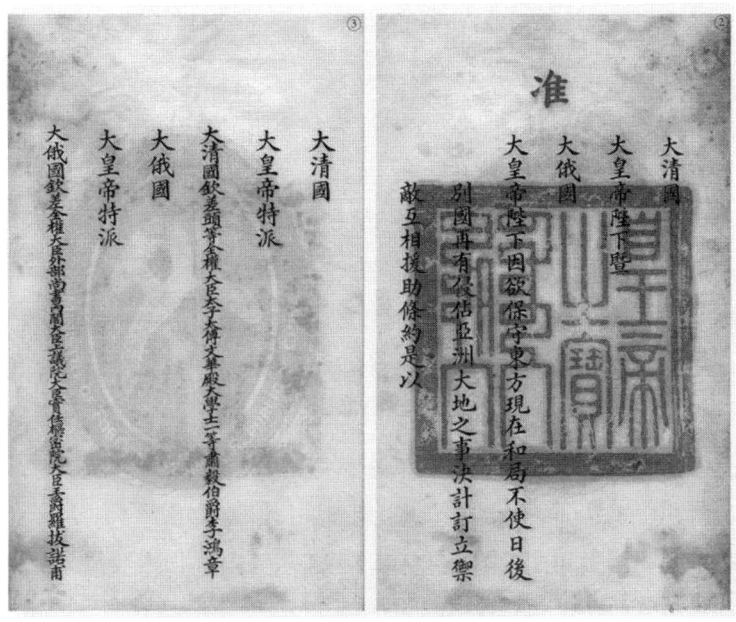

图 3-2 《中俄密约》

6月9日,中东铁路正式开始修筑。以哈尔滨为中心,分为东、西、南三条线,从六处同时相向施工,铁路工程进展迅速。1901年3月,从哈尔滨至绥芬河的铁路与俄国乌苏里铁路开始接通。1901年9月和1902年1月,第一松花江大桥、第二松花江大桥先后竣工。1902年3月,嫩江大桥竣工。与此同时,大连港一期工程竣工。1902年3月,大连至满洲里全线开始通车。1903年7月,中东铁路全线贯通并开始正式营业。

中东铁路的建成,极大地增强了俄国在远东争霸的力量。1902年,俄国财政大臣维特视察了中东铁路。回国后,他向沙皇递交了一份报告,列举了中东铁路通车后对俄国的战略意义:第一,欧亚大陆连成一气,便于俄国向远东各国倾销工业品和从远东各国取得原料;第二,便于俄国向东方移民开发西伯利亚和海滨广大地区的自然资源;第三,可打破黄种人的"此疆尔界之心",使俄国能对远东地区"朝发夕至,无所阻滞";第四,可使高加索等地"思乱之民",无论为农为工,经商营利,得有安置;第五,"万一中华再有乱事",俄国"调兵转饷神速无前"。① 可

---

① 哈尔滨铁路分局研究组编《中俄密约与中东铁路》,中华书局,1979,第28-29页。

见，中东铁路是俄国侵略中国、实施殖民统治、推行远东政策、称霸东亚的重要工具。

二、俄国强占旅大

在三国干涉还辽后，德国自恃对华有功，也想在中国沿海占得一块地或港口。德国一直对胶州湾虎视眈眈。不过，1896年俄国就强迫清政府同意其军舰到胶州湾碇泊过冬。因此，德国欲占领胶州湾与俄国产生了矛盾和冲突。1897年8月，德皇威廉二世访问俄国，寻求沙皇对德的支持。通过秘密交涉，德皇了解到沙皇有意侵占辽东半岛。德皇与沙皇在侵略中国问题上达成了默契，德国便决定采取行动。1897年11月14日，德国以传教士被杀为由，强占胶州湾。

12月1日，俄国外交部向中国驻俄公使杨儒提出："德事原效力而难于措辞，或请中国指定海口俾泊俄舰，示各国中俄联盟之证，俄较易借口，德或稍敛迹。"① 同时，俄国通知德国，自己将占领旅大，希望德国予以支持，德国表示赞同。12月14日，俄国军舰开进旅顺口。为了不引起清政府的怀疑，穆拉维约夫向清政府信誓旦旦地保证，"俄国军舰驶进旅顺口是为了帮助中国人摆脱德国人，只要德国人撤走，我们就撤走。"俄国对英、日等国表示，自己只是暂泊、过冬，并无他意。清政府也误以为俄国是在帮助中国，总理衙门指示旅顺口守将宋庆，"俄船在旅，所有应用物件随时接济，勿听将弁讹言，致启衅端。"宋庆则遵命"从优接待"②。

俄国占领旅顺口、大连湾后，马上背弃"暂泊"承诺，向清政府提出租借旅顺要求，其霸占辽东的野心暴露无遗。1898年2月中旬，俄国海军司令阿列克赛·亚历山德罗维奇主持召开特别会议。陆军大臣库罗巴特金在会上主张："我们不仅应该要求中国让出旅顺口和大连湾，而且还应该要它让出整个辽东半岛，作为我们的所谓'关东州'"，"此外还应该加速修筑从中东铁路通往旅顺口的支线。"③ 会议

---

① 王彦威、王亮辑编《清季外交史料》卷一百二十七，书目文献出版社，1987，第2136页。
② 同上书，第2138-2140页。
③ [俄]维特：《俄国末代沙皇尼古拉二世——维特伯爵的回忆录》，张开译，载马丽芬、韩悦行、傅敏主编《大连近百年史见闻》，辽宁人民出版社，1999，第120页。

决定，俄国租借从普兰店到貔子窝一线以南的辽东半岛南部；此线以北，自营口经大孤山到五道河口一线以南地区划为"中立区"；租借地内除警官外，不得驻扎中国军队。会议还决定从中东铁路至旅顺口修筑一条到港口的铁路支线。会议结束后，俄国政府从海参崴向旅顺增派舰艇，并派遣骑兵辎重部队。沙皇向舰队司令杜巴索夫少将下令：必要时，在旅大登陆，并占领整个辽东半岛。

　　清政府见俄国军舰占领旅顺口后并无退意，于是，派许景澄作为专使谒见沙皇，要求俄军退出旅大。尼古拉二世则狡辩称，俄船借泊，一为胶州；二为度冬；三为助华，防备他国占据。沙皇不仅对俄舰从旅大撤走一事只字不提，而且强硬地要求中国不得允许其他国家的舰船停泊。1898年3月3日，俄驻华代办巴甫洛夫向清政府提出租借旅大和修建中东铁路支线到黄海海岸两事，限五日内答复，并威胁道，如果清政府不同意，那么俄国将不履行《中俄密约》规定的援助中国御敌的义务。3月13日，巴甫洛夫代表沙俄政府向清政府提出最后通牒，限两周内答复。同日，俄外交部交给许景澄俄国拟租旅大地理范围图，"其线沿岸沿海划至貔子窝，线外复有界线，云此线内中国派兵须有定数，此直索地，非止海口，尤出意外"①。许景澄一再要求俄方降低要求，但都遭到回绝，谈判陷入僵局。与此同时，在北京，俄国不仅向清廷总理衙门提出了最后通牒，还从海参崴调动军舰、运送俄军，加强旅顺口的军事力量，随时准备全面武装占领。清政府无奈之下，派遣李鸿章、张荫桓为全权代表，与俄方代表巴甫洛夫进行协商。俄国通过外交上的阴谋诡计、军事上的武装恫吓、经济上的重金贿赂，迫使清政府于1898年3月27日签订了《中俄旅大租地条约》。5月7日，在圣彼得堡签订了《中俄续订旅大租地条约》。

　　《中俄旅大租地条约》（又称《中俄会订条约》）分为中俄两种文本。其主要内容如下：

　　　　第一款　大清国大皇帝允将旅顺口、大连湾暨附近水面租与俄国。惟此项所租，断不侵中国大皇帝主此地之权。
　　　　第二款　所租地段之界，经大连湾迤北，租借旱地若干。
　　　　第三款　租地期限，自画此约之日始，定二十五年为限。然期限满后，由两国相商展限亦可。
　　　　第四款　在俄国所租之地及附近海面，所有调度水陆各军并治理地方大吏

---

① 王彦威、王亮辑编《清季外交史料》卷一百二十七，书目文献出版社，1987，第2175页。

全归俄官,但不得有总督、巡抚名目。中国无论何陆军,不得驻此界内。

第五款 所租地界以北,定一隙地。此隙地之内,一切吏治全归于中国官,惟中国兵非与俄官商明,不得来此。

第六款 旅顺口专为武备之口,独准华、俄船只享用,而于各国兵商船只,以为不开之口。

第七款 俄国旅顺、大连湾两口,备资自行盖造水、陆各军所需处所,建造炮台,安置防兵。

第八款 中国允由中东铁路干线某一站起至大连湾,由该干路至辽东半岛营口、鸭绿江中间沿海较便地方,筑一支路。①

在谈判之初,许景澄和驻俄公使杨儒坚持金州城不能划入俄租界内,俄国只同意"在所拟租界内画出周环金州城距三俄里"②处。也就是说,金州城外三俄里以内归属清政府,三俄里外连同以西海岸均划给俄国租界。4月9日,俄方将有关条款交给许景澄,声明不容置疑。为了迫使许景澄和杨儒签字,俄国驻旅顺的部队借口清军向俄军开火而进兵到金州城下。清政府担心开战,于是电训许景澄和杨儒退让,并撤出驻扎金州的清军。于是,俄国直接入侵至三俄里之内,金州城完全成了一座孤城。

图 3-3 清末外交官
许景澄(1845—1900)

1898年5月7日,在俄国强迫下,清政府代表与俄方签订了《中俄续订旅大租地条约》,其主要内容是:

第一款 租与俄国之旅顺口及大连湾、辽东半岛陆地,其北界应从辽东西岸亚当湾(即普兰店湾)。

第二款 隙地,其北界线应从辽东西岸盖州河口起,经岫岩城北至大洋河,沿河左岸至河口,此河亦在隙地内。

第三款 俄国允西毕利铁路通接辽东半岛之支线末处,在旅顺口及大连湾海口,不在该半岛沿海别处。

---

① 王铁崖编《中外旧约章汇编》第1册,生活·读书·新知三联书店,1957,第741-742页。
② 俄里,俄制长度单位,1俄里约等于1.0668公里。

此支路经过地方,不将铁路利益给与别国人。

第四款　俄国允听金州城自行治理,并城内设立应需巡捕人等。中国兵应退出金州,用俄兵替代。

第五款　中国允许:一、非俄国应允,不将隙地地段让与别国人享用。二、不将隙地东西沿海口岸与别国通商。三、非俄国应允,不得将隙地地段内造路、开矿及工商利益让给别国人。①

《中俄续订旅大租地条约》签订后,辽东半岛南部大片陆地、海面和岛屿都被划为俄国的"租借地",半岛北部的营口、金州、盖州等地不允许中国驻军,因而也基本上被俄国控制。同时,修路、开矿、通商等权利都被俄国独自攫取,俄国实际上在旅大实行殖民统治。

三、俄国对旅大的殖民统治

俄国强占旅大,中国在旅大的主权丧失殆尽。为了有效地统治旅大地区,俄军进入旅顺后,即设立了军政合一的殖民机构——军政部。首任军政部长是俄国太平洋分舰队司令海军中将杜巴索夫。军政部通过旅顺警察署进行政治统治。1899年8月28日,沙皇不顾《中俄旅大租地条约》的规定,擅自颁布了《暂行关东州统治规则》,单方面将旅大租借地命名为"关东州",其意图就是将辽东半岛变为其新边疆领土,并将扩展到整个关东,即整个东北三省。

依照这一"规则","关东州"隶属阿穆尔总督管辖,设"关东厅"于旅顺口。"关东厅"设州长官,首任州长官为俄海军中将阿列克谢耶夫。"关东州"下设民政府、财政部、外务部、警察署、法院。民政府、财政部、外务部各设专员1人。"关东州"划分为5个行政区(旅顺行政区、金州行政区、貔子窝行政区、亮甲店行政区、岛屿行政区),由区长主管。各区区长由民政府推荐的军官担任。

与区平行,在人口密集的地方设立4个市,分别是大连市、旅顺市、金州市、貔子窝市。旅顺、金州、貔子窝3个市归"关东州"管辖,大连直接归俄国财政部

---

① 王铁崖编《中外旧约章汇编》第1册,生活·读书·新知三联书店,1957,第754-755页。

图 3-4 俄国强租旅大时期设在旅顺的"关东州"远东总督府

管辖,称为大连特别行政区。同时,为了便于"管理",俄国在大连成立了市议会,设议员 8 人,由市长兼任议长,其中中东铁路公司派代表 1 名,其余 6 人由选举产生。1901 年 9 月 15 日,阿列克谢耶夫批准实施《旅顺市暂行管理条例》,成立旅顺议会。议会由 10 名成员组成,其中议长由市长兼任;陆军部、海军部、财政部、东省铁路公司、警察署、卫生界各派 1 人为代表,由最高长官批准,任职期限不限;从市民中再推荐 3 人,这些代表均须经过最高长官批准,任职期限为 1 年。市议会成员有 7 名是俄国军政官员,其决议都需要经过最高长官许可才能实施,所以市议会就是俄国进行殖民统治的附属工具。

俄国殖民当局还设立"关东州"法院,隶属伊尔库茨克中级法院,分为旅顺地方法院、调解法院、中国人法院。"关东厅"下设的各市、区、乡、村都设有法院或分支机构,管辖权归"关东州"法院。在案件审理上,中东铁路南满支线附属地的诉讼案件由旅顺地方法院进行审理;有关契约、赔偿及其他有关动产的诉讼案件由调解法院审理;中国人法院则专门处理中国人的案件。法庭分别按照中俄法律审理案件,但实际上基本由俄国法官一手包办。

俄国殖民者还在"关东厅"各市区设立警察署和监狱,与在旅顺的军队和法院相配合,以便镇压"违反"殖民统治者颁布的"法令"的中国人。警察署设有署长,负责警察署的行政管理,下面还有警官、巡警,以维护各区的治安。在各主要路口都设有俄军的岗哨,随时检查来往的中国人。为监禁囚犯,俄国侵略者在旅顺、貔子窝、大连等地建造了监狱,还有各地警署设置的"笆篱子"(拘留所),随时随地抓人投进监狱,实施各种酷刑。1902 年,阿列克谢耶夫向沙皇申请了一笔经费，修建了能够容纳 120 人的监狱——旅顺大狱。众多爱国群众、革命志士在这里惨遭杀害。

俄国为了有效地控制旅大地区，同时将旅大作为其侵略中国的重要基地，开始向旅大调集大量兵力。1900 年，俄国参加八国联军镇压义和团运动时，在旅大的俄军已增至 23330 人，"有十八个步兵营、十三又二分之一的龙骑兵连和哥萨克骑兵连、五十六门大炮、六又四分之一的工程兵连"①。另有战舰 1 艘、巡洋舰 3 艘、驱逐舰 7 艘、水雷艇 4 艘，总吨位 3 万多吨。镇压义和团运动时，俄国从旅顺口调动了多达 9980 人的军队，前往大沽口和天津。②

图 3-5 旅顺日俄监狱旧址

旅大地区已经成为沙俄侵略军在远东最为坚固的军事要塞，成为沙俄入侵中国的军事基地。1900 年初，驻旅顺口俄军司令官阿列克谢耶夫奉俄国政府命令，派遣俄军到大沽口，会同各国陆战队占领天津。随后，开赴北京镇压义和团运动。6 月 27 日，沙皇任命阿列克谢耶夫为"战时独立军团司令官"，指挥南满和直隶地区的俄军。7 月，苏鲍季奇少将指挥俄军越过"关东州"，北上镇压盛京地区的义和团运动。这完全违背了中俄的约定，公然侵犯中国主权，充分暴露了俄国打算独霸中国东北的野心。

---

① 吉林省社会科学院历史研究所编《1900—1901 年俄国在华军事行动资料》第 1 册，董果良译，齐鲁书社，1982，第 75-76 页。
② [美]安德鲁·马洛泽莫夫：《俄国的远东政策（1881—1904 年）》，商务印书馆，1977，第 207 页。

第三节
辽宁义和团兴起与抗俄运动

一、义和团运动传入辽宁

义和团运动首先在山东兴起，数月间就传遍了山东、直隶两省。盛京地区与山东、直隶山水相连，1899年，义和团的声浪从海路和陆路传至营口、锦州。1900年2月，营口居民开始群起练拳，这是盛京地区义和团运动的开端。3月，锦州附近开始风传"神师降世"①，关内义和团拳师刘喜禄到达宁远、绥中一带教拳。一时间，宁远、广宁、新民的拳民相互联络，"土著良民之曾受教民欺凌者一唱百和，妇孺皆知"②。奉天出现义和团是在1900年6月初，山东义和团拳师刘喜禄在北关的天后宫、龙王庙、三皇庙设立神坛，教徒练拳，并提出"保国灭洋"口号。6月中旬之后，义和团开始遍布盛京地区，从铁岭、开原、海龙，中经奉天（今沈阳市）、辽阳、盖平、海城，南至旅顺，西起山海关，东至大东沟、安东（今丹东市）。从乡村到城镇，"扶清灭洋""保国灭洋"的揭帖到处都是，说明盛京地区义和团运动逐步进入高潮。

1900年6月，义和团到旅顺活动，向受沙俄奴役的华工散发揭帖，揭帖中写

---

① 符生：《辽宁义和团运动大事记》，《辽宁师范学院学报（哲学社会科学版）》1978年第1期，第33页。

② 北京大学历史系中国近现代史教研室编《义和团运动史料丛编》第2辑，中华书局，1977，第345页。

道:"庆王爷四月四日夜连得三梦:神明点化他,玉皇大帝不愿华人信奉天主爷、耶稣爷。凡吃了中国俸禄的人,应按中国办法,遵守神明公正旨意;如予外洋助力,必受严罚。天主教、耶稣教大悖圣道,从今以后,不准传播,应中国境内禁绝。今神明大怒,免去雨雪。降下八百万神兵,扶保中华,逐去外洋。倘有不遵,必受灾殃,祸及父母。神明指示,四月十八日莫坐火车,因为遍方铁道,俱将毁折。"[1] 此时,辽东半岛民众的抗俄热情已经不可抑制。

6月20日之后,奉天城大街小巷到处是"驱逐俄人"的标语。6月30日至7月1日,义和团拳民在刘喜禄、张海的带领下,烧毁大东门外英国耶稣教堂、城东南小河沿一带传教士住宅200余间,烧毁英国传教士施督阁开设的教会医院。随后,烧毁中东铁路支线铁路公司,俄国工程师和职员逃走。

驻奉天的清朝部分官兵也高举义旗,决定与义和团一起对抗外国侵略者。育字营统领、盛京副都统晋昌,对沙俄入侵东北有深刻认识:"俄欲得志于东三省,已非一日。彼来修筑铁路,是入据我心腹而制其手足,一旦修通,不伤一兵,不损一矢,而三省一时为敌有矣。"[2] 因此,晋昌认为,应该"联合拳会","勠力同心"对抗沙俄入侵者。自义和团运动在奉天兴起后,晋昌的军营就成了义和团的活动据点。

1900年7月1日,义和团火烧英国教堂,攻占沙俄铁路公司,晋昌派兵攻打奉天东站,俄国护路军中尉瓦列夫斯基率残部逃走。同一天,义和团攻打奉天小南关天佑门外、大十字街路西法国天主教盛京总堂。义和团300多人,在晋昌派兵协助下,进攻该教堂。教堂建筑坚固,主教纪隆指挥数百名武装教徒在此顽抗,双方战斗十分激烈。育字军携火炮与义和团并肩作战,最终将教堂焚毁,纪隆和教徒百余人全被烧毙。[3] 7月3日,奉天城内"大街小巷几乎都设有拳场和神坛"[4]。团民一部分开赴辽阳,将俄国人在茨儿山所开煤厂及德胜营子俄国车站小房尽数烧毁。7月4日,捣毁烟台煤矿。7月5日,盛京将军增祺给吉林将军长顺的电文中写道:

---

[1] 符生:《辽宁义和团运动大事记》,《辽宁师范学院学报(哲学社会科学版)》1978年第1期,第34页。

[2] 故宫博物院编《义和团档案史料》上册,中华书局,1959,第640页。

[3] 武育文、韩志锋、刘玉岐:《义和团运动在东北》,《社会科学辑刊》1980年第4期,第110页。

[4] 佟济生:《关于义和团运动馆的见闻》,载辽宁省暨沈阳市政协文史资料研究委员会编《文史资料选辑》第1辑,辽宁人民出版社,1962,第61页。

"奉省北至开原,南至海城,计五百里的铁路桥梁,均被拳民拆毁。"① 7月8日,奉天义和团练总局成立。7月10日,盛京户部侍郎清锐、刑部侍郎溥颐被任命为盛京督办义和团练大臣。至此,盛京境内奉天、铁岭、法库、新民、辽阳、盖平、牛庄、兴京、锦县、岫岩、朝阳、辽中等地的教堂被焚毁殆尽。义和团和育字军烧毁了奉天以南的两座大桥,焚毁了煤矿,断绝了中东铁路火车的燃料供应。7月10日,沙俄护路军中尉瓦列夫斯基在只身逃亡朝鲜途中被击毙。沙俄铁路工程师维尔霍夫斯基在向营口逃窜过程中被俘获后斩首。

二、军民抗击俄国入侵

义和团在奉天城内以及铁路沿线焚烧教堂、拆毁铁路、破坏桥梁,严重地威胁了俄国在满洲的侵略"权益"。俄国军方分别于6月20日和22日请求在"关东州"和阿穆尔边区宣布军事动员。但是,此时俄国政府主持大计的财政大臣维特还没有下定决心动用正规军来镇压义和团运动。

中东铁路是维特远东外交政策的最大成果,也是俄国在亚洲的"利益"所在,义和团破坏铁路的行为当然令俄国政府坐卧不宁。不过,此时俄国政府还是希望中东铁路护路军和东三省地方当局能够控制局势,自行镇压义和团运动来保护铁路。6月14日,维特电令旅顺口舰队司令阿列克谢耶夫,没有财政部或中东铁路建设当局的特殊请求,不能向满洲和中东铁路沿线派出军队。6月16日,维特致电中东铁路总工程师尤戈维奇:鉴于中国之民乱,须采取一切措施,避免造成与当地居民发生冲突的口实。② 7月1日,维特再次电令远东地区的俄军指挥官:不经财政大臣要求,军事部门不能向中东铁路区域派出军队。由于维特的态度,即使7月2日清兵开始破坏奉天车站的铁路,俄国护路队总司令格尔恩格罗斯仍告诫手下军官:在任何意外情况下,均不得与中国官军发生敌对行动。③

7月4日,尤戈维奇从哈尔滨致电维特,称满洲三将军保证,如果俄国人不采

---

① 武育文、韩志锋、刘玉岐:《义和团运动在东北》,《社会科学辑刊》1980年第4期,第110页。
② [俄]B. B. 戈利岑:《中东铁路护路队参加一九○○年满洲事件纪略》,商务印书馆,1984,第316页。
③ 同上书,第328页。

取积极的军事措施,他们也将保证在满洲的俄国臣民和铁路的安全①。但从6月底开始,破坏铁路和攻击铁路员工的事件频频发生,规模越来越大。到7月初,东三省部分清军也站在义和团一边,参与攻击铁路行动。

7月6日,盛京将军、吉林将军、黑龙江将军致电尤戈维奇,要求俄国首先撤离武装人员,避免敌对行动,俄国职员和居民将在中国士兵护送之下出境,并建议尤戈维奇下令将铁路财产交给中国官员保管,待秩序稳定之后,再重返施工。② 尤戈维奇则回电盛京将军增祺,希望他"立即以本省之兵力戡平暴乱,消灭袭击铁路之暴徒,使俄国人能安然继续其工程",并挑衅地提出:"如盛京将军力所不及,则应求助于友好之俄国政府,也即求援于驻旅顺口之关东省部队总司令。"③ 尤戈维奇随即请求财政大臣维特派兵支援。

1900年7月9日,维特奏请沙皇立即从乌苏里方向沿松花江派兵入侵中国。沙皇尼古拉二世宣布自任总司令,库罗巴特金任总参谋长,动员17万人大军在中俄边界集结。俄国下达正式出兵中国的命令,兵分七路向东三省进攻:从外贝加尔进攻海拉尔和齐齐哈尔,从海兰泡进攻瑷珲和墨尔根,从伯力进攻三姓和哈尔滨,从海参崴、双城子进攻宁古塔和吉林,从波谢特进攻珲春,从旅顺进攻熊岳、辽阳、奉天,从京津越山海关进攻锦州。

为了抗击沙俄侵略者,盛京地区军民与其展开了殊死战斗,其中以海城保卫战最为激烈。海城西通营口,北依辽沈,南接熊盖,可控旅大、奉天,战略地位十分重要。1900年7月15日,沙俄侵略军先占领距城十里的唐王山和距城五里的亮甲山,向城内开炮射击,城楼中弹着火。海城义和团2000余人坚守城池,刚上任的海城知县凤鸣奋力督战,俄军未能得逞。育字军分统承顺闻讯后,带队从后面袭击,毙伤俄军70余人,余者狼狈逃窜。义和团和育字军乘胜追击,直抵海城西南的大石桥后胜利收兵,"严扎扼守",防堵俄军北犯。④

7月27日俄军占领金州,7月29日占领熊岳,8月2日占领盖平,8月4日占领营口。8月5日,阿列克谢耶夫来到营口,策划成立临时政权机关,意图对营口

---

① [美]安德鲁·马洛泽莫夫:《俄国的远东政策(1881—1904年)》,商务印书馆,1977,第151页。
② [俄]B. B. 戈利岑:《中东铁路护路队参加一九〇〇年满洲事件纪略》,商务印书馆,1984,第343-344页。
③ 同上书,第328页。
④ 故宫博物院编《义和团档案史料》上册,中华书局,1959,第486页。

进行殖民统治。8月10日,俄军兵分三路进攻海城。爱国军民在虎庄屯进行顽强抵抗后撤出阵地。8月11日,俄军攻占邓家台阵地,爱国军民撤退至唐王山。双方在唐王山展开炮击,随后进行了激烈的战斗。海城的义和团战士与官兵手持大刀长矛向俄军发起反击,双方进行了激烈的肉搏战。8月12日,海城被俄军占领。

海城失守后,俄军基本上都攻入东三省。北路俄军准备从黑龙江、吉林南下,从山海关和旅顺登陆的俄军也迅速东进、北上,辽阳和奉天已经危在旦夕。盛京将军增祺致函各国驻营口领事,请求他们出面调停;并且直接向阿列克谢耶夫"照会停战",表示先行将俄军俘虏送还。为了表示自己的诚意,8月11日,增祺在奉天杀害了义和团首领刘喜禄、张海等人,同时下令捕杀义和团战士。① 与增祺的看法不同,晋昌始终坚持主战。当增祺亲派的官员到达辽阳"陈述停战之议"时②,锐意主战的晋昌听到增祺一系列投降活动后十分气愤,劝告增祺不要中了俄人的缓兵之计。因此,增祺没有贸然接受阿列克谢耶夫提出的只有投降才能停战的诡计要求;但是增祺妥协求和的主张,还是严重地影响了前线将士的士气。

9月中旬,沙俄政府调兵遣将加强俄军在辽南的实力,准备进攻奉天。9月21日,攻占瑷珲的苏鲍季奇率领一支俄军从旅顺口到达营口,辽南的俄军兵力达到2万人。同日,俄军开始向辽阳进攻。23日,攻占营口的俄军占领牛庄、大望台。26日,从旅顺北上的俄军攻击鞍山,在车站北面山坡遭到义和团与清军的阻击,俄国护路军两个中队被歼灭。27日,中国军民打算在沙河南八卦沟伏击俄军,与之决一死战;但是由于统帅寿长指挥不灵,虽经苦战,依然无法阻止俄军的进攻。28日晨,俄军攻陷辽阳。辽阳乃奉天门户,辽阳陷落,奉天已经是朝不保夕。29日夜,增祺从奉天逃亡新民。30日,晋昌组织溃军千余人转移至东库鲁王旗进行休整,并对部队加以整编。10月1日,俄军不战而取早已空虚的奉天。9月30日,俄军占领山海关,增祺派锦州知府章樾赴唐山与俄军谈判,希望俄军不要越过山海关;但是俄军不顾协议,于10月4日乘火车开赴锦州。10月6日,占领奉天的俄军北上进攻铁岭,与从黑、吉南下的俄军会师。至此,俄军几乎占领了盛京全境的主要城市。

---

① 故宫博物院编《义和团档案史料》下册,中华书局,1959,第913页。
② 故宫博物院编《义和团档案史料》上册,中华书局,1959,第711页。

俄军占领盛京地区过程中，其残酷暴行罄竹难书。在海城，俄军焚烧了民房8000余间，"城内外居民死者千余人"，学署所存书籍"俱已焚化殆尽"。① 在营口，俄军横行无忌，肆意抢劫，"见妇女无论老幼，即行轮奸，男子半为砍死，尸横遍地"。据报道，"商民死者数千名，沿河房屋大半击毁"。② 俄军攻占锦州后，城内仓库、军械库、军民住宅，皆被抢劫一空，还把守四门，搜刮过往行人。攻陷铁岭后，城内和周围房屋被俄军悉数纵火焚烧，城内手无寸铁的居民被俄兵四处追赶屠杀。俄军占领奉天后，抢劫了盛京户部银库，1000多家店铺被抢劫后焚毁。俄军还到处奸淫妇女，奉天民众流离失所，四散逃亡。沈阳故宫沦为俄军指挥部，俄军将沈阳故宫中珍藏的清皇室珍贵文物洗劫一空。东三省的行政中心、清王朝的留都盛京沦为人间地狱。

三、中俄东北交涉与杨儒拒约

俄军占领盛京地区后，为了让其侵略行为"合法化"，逼迫清政府签订条约，实现其"黄俄罗斯"计划。光绪二十六年九月十八日（1900年11月9日），俄国占领军司令阿列克谢耶夫胁迫盛京将军增祺所派代表周冕议定了"奉天交地暂且章程"，其主要内容是：奉天省城等地现由俄军驻防；省城清军一律缴械遣散，所存枪炮、军装等交由俄军处理，俄军未占之炮台、火药库一律拆毁；营口等处暂由俄国管理；奉天应设俄"总管"一员，凡盛京将军所办要事，该"总管"应当"明晰"等。九月二十五日（11月16日），增祺与俄军司令阿列克谢耶夫签订了该"暂且章程"。③ 此后，沙俄要求吉林、黑龙江也照此办理，但是这个"暂且章程"传出后，引起了中国人民的无比愤慨，清廷内有识之士也公开表示强烈反对。湖广总督张之洞在给总理衙门的电文中写道："增祺与俄国擅定暂约，事荒万状。果如斯约，东三省及直、晋、陕、甘沿北边一带，皆非我有矣。兵权、利权、政权全

---

① 管凤龢、张文藻：《光绪海城县志》第2卷，清光绪三十三年（1907）。
② 上海《中外日报》1900年8月14日。
③ 辽宁省地方志编纂委员会办公室主编《辽宁省志·大事记》，辽海出版社，2006，第64页。

失,所谓交还有名无实。"① 沙俄逼迫增祺签订如此丧权辱国的"暂且章程"被披露后,举国哗然,上下群起反对。清政府迫于舆论的压力,将增祺免职,任命驻俄公使杨儒与沙俄交涉接收东三省事宜。

杨儒是清末著名爱国外交官,1896年开始担任驻俄国、奥地利、秘鲁三国公使。1901年1月2日,清政府派他为全权代表,与沙俄交涉东三省事宜。此时,由于八国联军占领北京,慈禧太后和光绪帝逃亡西安,内无定见,外有强敌,杨儒进行谈判面临巨大的压力。此次谈判自1901年1月4日开始至4月6日结束。在圣彼得堡,杨儒与沙俄外交大臣拉姆斯道夫和财政大臣维特进行了22轮谈判。杨儒在谈判过程中,不畏沙俄的威胁,竭力维护中国的领土主权和国家尊严,以致最终心力交瘁,积劳成疾,次年在俄国去世,以身殉职。

图3-6 晚清外交官杨儒(1840—1902)

杨儒受命与俄国谈判之初,并不知道有"暂且章程"一事。1901年1月3日,李鸿章将暂章文本透露给英国《泰晤士报》记者莫理循。同日,《泰晤士报》即披露暂章的要点。1月8日,杨儒从维特处证实了暂章确实存在。1月10日,杨儒将《泰晤士报》所载暂章电告清政府正在与列强谈判的两位全权大臣奕劻、李鸿章,指出:"归地一节,彼既面允,绝无翻悔。但恐所谓交还,是吏治而非兵权,有空名而无实惠。"② 1月22日,清廷发出上谕,称阅杨儒来电后,"殊深骇诧。此事增祺始终并未奏明,周冕系已革道员,久已摈弃不用,即系暂且约章,该革员亦无议订之权。增祺擅行委员,妄加全权字样,殊属荒谬,着交部严加议处"③。杨儒根据电示据理力争,方将暂章作罢,但是暂章造成的恶劣影响,使其在谈判中始终陷于被动。

沙俄虽然放弃了"暂款",却提出签订"正约"的无理要求。维特口头提出了"十三条款",不仅包括"暂且章程"的所有内容,还扩大了有关"租借金州"、不

---

① 宋秀元:《义和团时期沙俄对我国东三省的侵略》,《历史档案》1982年第2期,第112页。

② 《电奕劻、李鸿章》,载近代史资料编辑组编《杨儒庚辛存稿》,中国社会科学出版社,1980,第66页。

③ 同上书,第69页。

许中国在东北修筑铁路、东三省将军署"俄派文武二员"等内容。对于俄方这些毫无道理的蛮横要求,杨儒坚决否认有讨论的必要,强调沙俄必须无条件地从东北撤兵,将其所侵占的城池尽数交还给中国。双方谈判陷入僵局,杨儒毫不退让,迫使沙俄代表放弃了这些要求。

1901年2月16日,拉姆斯道夫代表沙俄政府向杨儒提交了"十二款"正式条约,逼迫杨儒签字。"十二款"内容超过了"暂且章程"和"十三条款",除了以上两约的内容外,俄方又增加了东三省任免官吏须与俄国商定,俄国申诉,中国"即予革职";中国允许俄国修一条盛京直达北京和长城的铁路等内容。① 杨儒始终据理力争,让沙俄代表张口结舌。沙俄宣称"最后通牒",还希望李鸿章从中"调解",而杨儒坚持"未有旨批,断不画押"。

中俄谈判的内容传出后,舆论大哗。光绪二十七年(1901)正月二十五日,上海各界人士百余人在张园集会,力拒俄约。二月五日,上海各界人士近千人在张园再次集会,并致电各省联合拒俄。② 刘坤一、张之洞等地方大员纷纷致电杨儒,支持其拒签丧权辱国的条约。

《辛丑条约》签订后,八国联军撤出北京,俄军已经没有任何借口继续赖在东北。中俄重开谈判,于1902年4月8日在北京签订《交收东三省条约》,第一款规定:俄国"允在东三省各地归复中国权势并将该地方一如俄军未经占据以前,仍归中国版图及中国官治理"③。中国恢复在东北行使主权,导致维特设计的控制东北的种种阴谋全部破产。俄国人最终无奈从东北撤军。与此同时,1902年1月30日,英日联盟正式成立,俄国在远东陷入孤立的境地。此后不到两年,俄国吞下日俄战争惨败的苦果。

1902年2月17日,也就是在距离拒绝签约不到1年之际,身心俱疲的杨儒在圣彼得堡逝世。他以捍卫国家利益和民族尊严为己任,最终使沙俄吞并盛京地区以及东北的野心未能得逞。

---

① 王芸生编著《六十年来中国与日本》第4卷,生活·读书·新知三联书店,1980,第86-87页。
② 章开沅主编《清通鉴》第4册,岳麓书社,2000,第907页。
③ 王铁崖编《中外旧约章汇编》第2册,生活·读书·新知三联书店,1957,第40页。

第四节
日俄战争

一、日俄两国战前谈判

三国干涉还辽后,日俄两国矛盾空前激化,双方厉兵秣马,扩军备战;但是他们也清楚,一旦开战,将消耗巨大的物力和财力,并牺牲大量的士兵,从此兵连祸结,成为世仇。因此,双方打算先通过外交谈判的途径解决争端,即便谈判不成,也可以以"和谈"迷惑对方,为战争准备赢得时间。于是,1903 年 6 月 23 日,日本主动向俄国抛出橄榄枝。日本天皇召开御前会议,决定与俄国直接谈判。随后,日本政府向俄国政府递交了一份"协定草案",内容包括:互相尊重中朝两国的独立和领土完整;保持各国在该两国工商业的机会均等,俄国承认日本在朝鲜的优越利益,日本承认俄国在满洲铁路方面有特殊利益;俄国不干涉日本在朝鲜、日本不干涉俄国在满洲的工商业活动;俄国不阻挠朝鲜铁路延伸至满洲南部,与东省铁路、营榆铁路相接。①

对于日本的要求,俄国当然不会轻易让步。俄国在接到日本提出的谈判协定草案当天,即下令成立远东总督府,任命阿列克谢耶夫为远东总督,其用意就是宣示东北已经是俄国的一部分,决不允许日本染指。10 月 3 日,俄国驻日公使罗森向日本外相小村寿太郎递交了俄国的谈判方案,其内容基本上只涉及朝鲜问题:互相尊

---

① 董志正、田久川、关捷主编《日俄战争始末》,东北财经大学出版社,2005,第 139 页。

重朝鲜的独立和领土完整；承认日本在朝鲜的"优越利益"，互相承担义务不把朝鲜领土的任何部分用于战略目的，不在朝鲜沿岸进行任何可能威胁朝鲜湾航行自由的军事工程；把北纬39°以北的朝鲜土地作为中立地带，缔约双方均不应派兵进驻。而关于满洲这一要害问题，俄方则要求日本必须承认满洲及其沿岸在日本利益之外。①

谈判双方站在各自的立场上，从自己的殖民利益出发，牺牲中国和朝鲜的利益，都将自己打扮成中国和朝鲜的"保护神"。双方的立场针锋相对，双方的要求相去甚远，无法统一。10月30日，日本向罗森提出了第一次修正案，将提案修改为：尊重中国的独立及领土完整；承认日本在朝鲜有特殊利益，有权派遣军队入朝，在中朝边界两侧一定范围内，设立中立地带；日本不在朝鲜沿岸建立妨碍朝鲜海峡自由通航的军事设施；今后朝鲜铁路和中东铁路延伸至鸭绿江时，不妨碍其连接。这些条件暗示了日本放弃将朝鲜铁路延伸至南满的要求。在满洲问题上，日本作出了一些让步，日本承认满洲不属于日本特殊利益范围之内；俄国承认朝鲜不属于俄国特殊利益范围之内。日本承认俄国在满洲已经取得的特殊权益及保护这些权益所采取的措施。

俄方的态度极其傲慢，在收到日本提出的修正案后，直至12月12日，才给予回复。俄方的修正案对满洲只字不提，只谈朝鲜，依然强调"将北纬39°以北朝鲜国土划为中立区，不得将朝鲜领土的任何部分用于战略目的"。日本对此大为恼火，于12月21日再次提出修正案，断然拒绝了俄国提出的关于"中立地带"和"战略目的"的要求，并将同两国均有利害关系的远东一切地区全部纳入协议之中。12月23日，日本驻俄国公使栗野慎一郎拜会俄国外交大臣拉姆斯道夫，提出威胁："如果我们不能达成协议，就会产生严重困难，甚至不可收拾。"②

1904年1月13日，日本外相小村寿太郎令栗野慎一郎将最后通牒交给俄国政府，表示如果数日内得不到答复，就将采取军事行动。随后，日本开始进行战争动员。2月4日，日本召开御前会议，认为时机已经成熟，决定立即终止与俄国的外交关系，宣布与俄国断交，日俄战争终于爆发。

---

① 董志正、田久川、关捷主编《日俄战争始末》，东北财经大学出版社，2005，第140页。
② 同上书，第141页。

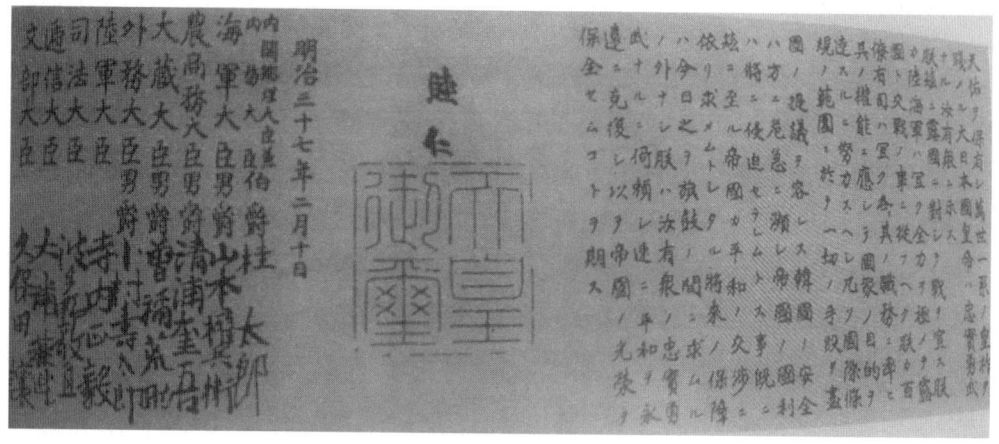

图 3-7　1904 年 2 月 10 日日本明治天皇对俄宣战诏书

二、海陆决战，俄军惨败

1904 年 2 月 7 日晨，阿列克谢耶夫收到了日本断绝外交关系的电报。俄国《新边疆报》编辑要求发表这封电报，却遭到阿列克谢耶夫的拒绝，理由是会造成恐慌。2 月 8 日，太平洋分舰队司令威特格夫特少将签署并下达"部署水雷"的命令，但是舰队司令斯达尔克中将提议在军舰上不使用防雷网。晚上，舰队将军开会研究后认为，"日本人不敢进攻俄国军舰"，有人甚至说"战争根本打不起来"。①于是，俄国太平洋舰队在这样矛盾的心态中，一方面采取了一些措施预防偷袭，另一方面绝对不相信日本人敢来偷袭。

相反，日本联合舰队通过情报机构已经准确掌握了旅顺口内俄国军舰通常停泊在港外停泊场的情况。御前会议最终决定对俄开战，随即下达了联合舰队司令官东乡平八郎攻击俄舰和派兵在朝鲜登陆的命令。2 月 6 日，东乡平八郎召开各舰长参加的作战会议，每个舰长都收到一张详细标明俄国舰队停泊地点及各舰艇位置的旅顺锚地和海湾平面地图。东乡平八郎在会上竭力鼓动："此次战役乃国家安危之所

---

① 董志正、田久川、关捷主编《日俄战争始末》，东北财经大学出版社，2005，第 34 页。

系，你们诸官要共同奉戴皇威，即使粉身碎骨，也要歼灭敌人以安宸襟。"①

2月8日是俄国太平洋舰队司令斯达尔克将军夫人的命名日，沙俄舰队的7艘铁甲舰、6艘巡洋舰和几艘驱逐舰都停泊在旅顺港外锚地。入夜时分，舰上灯火通明，挂满节日的彩灯，军官都上岸去海军俱乐部参加舞会了，舰上只有少数值勤人员，大部分水兵都在舱内睡觉，戒备极其松懈。半夜，日本舰队到达旅顺港外，突然向沙俄停靠在锚地的军舰发射鱼雷并开炮，当场炸毁沙俄铁甲舰"泽萨列维奇"号、"列特维尊"号和巡洋舰"帕拉塔"号。在岸上跳舞的军官都没料到会遭到偷袭，还以为是向舰队司令夫人庆贺的礼炮。等到俄军反应过来时，日本驱逐舰已经没有了踪迹。

日军的偷袭行动不仅导致3艘俄舰严重损坏，而且使俄国在战略上丧失了先机。俄国舰队两艘战列舰失去了战斗力，俄国与日本出海作战的战列舰数量之比由7∶6变为5∶6，俄军不仅没有希望夺得制海权，而且士气严重受挫。原来战略就十分保守的太平洋舰队执行更为消极的作战方案，仅限于布设防御性水雷，只派速度较快的巡洋舰和驱逐舰出海。俄国舰队龟缩在港内，拱手将制海权让给日本，使日军得以顺利登陆，实现了第一步战略目标。在偷袭旅顺的同一天，日军瓜生外吉少将率领的舰队攻击了仁川港，击沉了两艘俄舰。

2月9日，沙俄向日本正式宣战。2月10日，日本才向沙俄宣战。不宣而战、突然袭击，成为日本发动侵略战争的惯用伎俩。

俄国撤换太平洋舰队司令，马卡洛夫接替斯达尔克担任司令。马卡洛夫是沙俄推行对外扩张政策的急先锋，是当时俄国最优秀的海军将领。他上任后，立即催促修好开战初期被打坏的军舰，积极组织舰队出海与日舰作战，"及马克罗甫（马卡洛夫）至，复能出港梭巡，演习阵式、炮准，且冀与海参崴舰队联合，然格于日本舰队，终未果"②。

4月12日，两艘俄舰出海作战，被日本联合舰队击伤。第二天早晨，马卡洛夫率舰队出海援救，遭遇联合舰队主力。马卡洛夫企图将敌舰引诱至海岸火力射程内歼灭，于是下令返航。当舰队来到距离旅顺港很近的黄金山外海域时，他的旗舰"彼得罗巴甫洛夫斯克"号撞上了日军前一天布设的水雷，当即被炸沉。马卡洛夫和全舰600多名官兵全部葬身海底。新上任的舰队司令维特格甫梯重新龟缩在港内

---

① 董志正、田久川、关捷主编《日俄战争始末》，东北财经大学出版社，2005，第34页。
② 关捷、董志正、田久川主编《日俄战争史料集》，东北财经大学出版社，2005，第222页。

不出海。5月中旬，日本舰队有两艘铁甲舰、1艘巡洋舰，以及另外4艘作战舰艇，因触雷沉没。这时，旅顺的沙俄舰队有铁甲舰6艘（包括已经修好的3艘），在兵力上已经占据优势。但是维特格甫梯已经被吓破了胆，没有利用这个有利的机会大胆出击。日本联合舰队牢牢地掌握了制海权，为日军在辽东半岛大规模登陆创造了有利条件。

8月下旬，日俄双方在辽阳附近展开了日俄战争中的第一次大厮杀，双方都投入了陆军的主力。俄军方面由库罗巴特金统率集结7个军13个师，共计22.5万人。俄军还构筑了大量的工事，设下三道防线，摆出以优势兵力决战的架势。日军由大山岩指挥，共计3个军8个师13.5万人，经过一个月的部署，完成了对辽阳的合围和战役准备。

辽阳战役的外围战斗从6月下旬开始。日军第一军于6月30日突破了俄军在辽阳以东的第一道防线，攻占摩天岭、石门岭一带。7月9日，日军占领盖平、大石桥和海城等地。7月17日，俄军反攻失败，死伤2000余人。8月25日，日军进抵辽阳，从西、南、东三面对辽阳俄军进行合围。8月26日，日军突破俄军防线首山堡、早饭屯一线。8月28日，日军向辽阳发起总攻。日军第二军朝首山堡方向进攻，第四军从东南朝早饭屯方向进攻，俄军在此部署了3个军10余万人。日军派出敢死队连番向俄军阵地发起进攻，但依然不能奏效，随着伤亡人数增加和弹药不足而逐渐丧失进攻能力。第一军从辽阳南面发起进攻，同样进展缓慢。日军在三路久攻不克的情况下，8月31日拂晓，派第一军突然从俄军左翼进行迂回，渡过太子河，袭击俄军背后。库罗巴特金顿时慌了手脚，担心被日军包围，于是撤出南线兵力，集中对付第一军。日军第一军陷入苦战，处境危急。此时，库罗巴特金担心重新被包围，被切断与奉天的联系，于是，在9月3日清晨，下令全军向奉天撤退。日军随后"各军齐举，续行攻击，遂于翌晨占领辽阳全部"。辽阳战役是日俄战争中第一场大战役，"是役也，前后战至十日之久，两军死亡以数万计，诚自开战以来之一大战也。"① 在这次战役中，日军伤亡约占参战兵力的五分之一，达到2.4万人；俄军伤亡不到十分之一，为1.6万人。但是由于俄军指挥失误，情报不准确，在有优势兵力和坚固工事可以凭借的情况下弃城逃跑，从而打了败仗。

库罗巴特金撤回奉天后，受到沙皇的严厉训斥，令其迅速夺回辽阳。"适俄将

---

① 辽宁省档案馆编《日俄战争档案史料》，辽宁古籍出版社，1995，第574页。

苦鲁巴金（库罗巴特金）忽奉俄皇严令速取攻势，救援旅顺，不许仍前一味退却。兼之俄国援兵已有二师团至，苦鲁巴金遂宣誓军前，以期振奋士气，大举南下。"①他率领8个军的兵力于10月4日向辽阳反扑。这时日军也迅速得到了补充，坚决进行反击。双方在沙河再度展开会战。俄军准备不足，士气低落，经过4天战斗，遭遇惨败，退回沙河北岸。在这一战中，"其死伤之数，计死者一万五六千人，伤者七万五千人，为日俘虏者五百人。败耗传至俄都，全国震动。至日军死伤亦有一万八千五百七十九人"②。双方暂时没有组织大规模进攻的力量，于是隔河对峙，积蓄力量，准备下一步更大规模的会战。

就在辽阳会战的同时，旅顺要塞争夺战也在激烈地进行。

日军的步步进逼使沙皇担忧旅顺军港内的太平洋舰队。8月10日清晨，在舰队司令维特格甫梯率领下，沙俄太平洋舰队的6艘铁甲舰、4艘巡洋舰、8艘驱逐舰及其他辅助船只20余艘开出旅顺港，准备突围。东乡平八郎率领日本联合舰队主力在附近海面隐蔽，等待沙俄舰队的到来。中午时分，双方在黄海遭遇，随即展开了激烈的炮战。沙俄军舰突出包围，继续朝东南方向前进。17时，日舰再度追上俄舰。这次日舰集中火力打击沙俄旗舰"泽萨列维奇"号，俄旗舰中弹多发，舰队司令维特格甫梯中弹身亡。俄太平洋舰队失去指挥，队形大乱，只好各自逃命。此次海战后，俄太平洋舰队除了9艘受伤的舰船逃到烟台、青岛、上海，被控制在这些港口的"中立国"解除武装外，其余各舰又都逃回了旅顺港。8月14日，俄国远东海军第二舰队在朝鲜蔚山外海被日本联合舰队击败。至此，沙俄的太平洋舰队彻底丧失了出海作战的能力。

8月19日，日军第三军司令乃木希典下令向旅顺发起总攻击。以第一军为右翼攻击二〇三高地；第九师团为正面，攻击松树山、望台；第十一师团为左翼，主攻东鸡冠山。19日，日军300门大炮同时发射，开始全线向旅顺发起总攻击。俄军依托坚固的防御工事拼死抵抗。经过6天战斗，5万多名日军死伤三分之一，仅仅占领两个小堡垒。

日军损失惨重，发现要塞不易攻克，于是改用挖掘坑道逼近俄军前沿阵地再发起冲锋的办法进行攻击。经过20多天准备，9月19日，日军发起第二次总攻。俄军把舰炮安装在阵地上，水兵也参加战斗。经过4天战斗，"日军于9月19日发动

---

① 辽宁省档案馆编《日俄战争档案史料》，辽宁古籍出版社，1995，第574页。
② 同上书，第582页。

的第二次总攻击，以伤亡7500人的代价，夺取了得利寺山、庙堡和水管堡，俄军伤亡不超过1500人。而日军攻击的主要目标二〇三高地仍在俄守军手里。从这个角度讲，日军的第二次总攻击又失败了"①。第二次攻击的失败，使日本大本营的过高期望成为泡影。

从8月19日至10月末，日军连续发起三次总攻击，付出了惨重的代价，三次总攻合计死伤4.06万人，占第三军总兵力的近二分之一。如此惨重的代价引起了日本大本营的不满。大山岩想撤换乃木希典，天皇没有同意。乃木希典久攻不下，以致急火攻心病倒。日本天皇赶忙慰问，并从日本运来第七师团进行增援。第七师团是留在日本国内的最后一个师团，也补充到第三军。此外，还补充了3个工兵连。乃木希典重新振作精神，从全军各师团抽调3000多人，分成6个大队，组成敢死队，准备以夜袭和"肉弹"战术进行攻击。11月26日，日军发动第四次总攻击。双方进行了残酷的厮杀，"在猴石山、老虎沟山附近，日俄军双方展开了拉锯战，日军占领了又被俄军夺回，双方拼起刺刀来，红光血水满山，尸体堆积四五层，把堑壕都填满了"②。在争夺二〇三高地过程中，乃木希典的次子乃木保典战死。

12月1日，大山岩派遣参谋长儿玉源太郎赶往旅顺。他到达旅顺后，立即召开军事会议，并让乃木希典暂时交出指挥权，这实际上剥夺了乃木希典的权力。儿玉源太郎将主攻方向由东部俄军最坚固的防线改为西部俄军最为薄弱的环节。日军下了最大赌注，连续攻击7天，以伤亡1.6万余人的巨大代价，于12月6日占领二〇三高地。

二〇三高地是旅顺防卫体系中的制高点，占领这个高地后，可以控制整个旅顺市区和港口。日军占领这个高地后，将280毫米大炮架在山上，向市区和港口猛烈轰击。结果，停泊在港口残存的俄国军舰全部被击毁。随后，日军乘胜逐垒攻击，12月30日，先后攻占松树山、二龙山和东鸡冠山各堡垒。俄军陆上城防司令康特拉琴科少将在东鸡冠山被炸死，俄军士气迅速瓦解。1905年1月1日，俄军旅顺要塞司令施特塞尔开城向日军投降。

旅顺要塞争夺战从1904年2月8日日本联合舰队偷袭太平洋分舰队到旅顺俄军投降，历时11个月。从6月6日日军第三军开始围攻旅顺起，也经历了7个月的

---

① 董志正、田久川、关捷主编《日俄战争始末》，东北财经大学出版社，2005，第267页。
② 同上书，第282页。

激烈战斗。"据俄国记载,日军伤亡 11 万人。据日军参谋本部统计资料记载,日军在 7 个月的攻城战中死 15400 人,伤 44008 人,共伤亡 59408 人。俄军共伤亡 19656 人。"①

沙俄在远东战场的军事失利促使其国内革命浪潮日益高涨。沙皇尼古拉二世为了摆脱国内困境,宣布撤销阿列克谢耶夫远东总督的职务。同时命令库罗巴特金迅速转入进攻,取得战争的胜利。库罗巴特金按照沙皇的指令,决定 1905 年 2 月初在奉天与日军进行战略决战。

俄军集结了 11 个军 32 万人,组成 3 个兵团。库罗巴特金在临战之前叫嚷,决不允许退却。日本集结了 5 个军 25 万人。临战之前,日军总司令大山岩也叫嚷,这是生死攸关的大决战。

2 月下旬,日军第一军从东南向奉天实行迂回包围,进攻抚顺。库罗巴特金错误地判断这是日军的主力和主攻方向,慌忙地将总预备队向东移动。而乃木希典的第三军秘密从西南向奉天迂回,占领新民。库罗巴特金又匆忙地将总预备队向西移动,但是日军已经逼近奉天,并且即将占领奉天后方的铁路。库罗巴特金担心被日军包围,没有利用优势兵力反击,于 3 月 10 日下令全军向北撤退。日军乘势占领奉天。15 日,占领铁岭。

奉天会战,俄军死伤 9 万人,日军损失 7 万人。此次会战结束后,双方陆军都已经筋疲力尽,无法组织大的进攻。双方在昌图和四平之间对峙。库罗巴特金因屡战屡败被沙皇撤职。至此,日俄陆军战斗基本接近尾声。

虽然败局已定,但是尼古拉二世仍然不愿承认失败,他寄希望于即将到达远东的沙俄第二太平洋舰队能够挽回整个战争的败局。1904 年 8 月,俄波罗的海舰队组成第二太平洋舰队开赴远东,海军军令部部长罗日斯特文斯基中将为舰队司令。出航之日,沙皇亲自到码头送行。这支舰队有 30 艘舰船,共计官兵 12785 名。

舰队出航第四天,在北海海域遇到一支英国渔船队。沙俄舰队由于精神紧张,慌忙开炮击伤了英国渔民,这就是著名的"北海事件"。本来英日已经结盟,这一事件正好给了英国阻挠俄国舰队前行的借口。俄国无奈赔偿英国 6.5 万英镑,同时英国还电告各英属殖民地不允许给俄国舰队提供补给,这一事件严重地打击了俄国士兵的士气。

---

① 董志正、田久川、关捷主编《日俄战争始末》,东北财经大学出版社,2005,第 290 页。

舰队到达马达加斯加时，得知旅顺陷落的消息，引起了官兵的骚动，加之热带病流行，很多士兵病倒，酿成了巡洋舰"阿拉伊亚"号水兵暴动。此时，对于俄国而言，最好的选择就是让舰队返航；但是沙皇就像输红了眼的赌徒，选择孤注一掷。他将波罗的海剩余的舰船拼凑出第三太平洋舰队，由涅波加多夫少将带领，准备与第二太平洋舰队会合。

1905年5月9日，两支舰队在越南金兰湾附近会合。这是一支由48艘新旧各型舰船临时拼凑而成的庞大舰队，但实际上同沙皇俄国一样笨重无力。日本联合舰队为了迎击沙俄舰队，在攻克旅顺后，将舰队主力集结在对马海峡北岸的朝鲜镇南湾，进行了紧张的训练和准备。日军准备在沙俄第二太平洋舰队抵达海参崴之前，趁其长途航行疲惫不堪、舰船失修、性能不好之时进行决战。

5月27日早晨，日本联合舰队司令官东乡平八郎接到担任警戒任务的"信浓丸"舰发出的"发现敌舰"的电报后，命令日本联合舰队立即出发，投入战斗，对马海战爆发。

对马海战是20世纪初最大规模的一次海战，日俄双方各投入装甲主力舰12艘。在两天的激战中，俄国舰队有19艘战舰被击沉、5艘被俘获，只有3艘舰船逃亡海参崴，其余几艘都逃到所谓中立国港口。俄国方面战死约4830人，被俘官兵包括罗日斯特文斯基司令在内5917人。而日本只损失了3艘鱼雷艇，死伤700余人。这是世界海战史上战果最为悬殊的海战。俄国波罗的海舰队几乎全军覆没。至此，在日俄战争中，沙俄在军事上惨败已成定局，沙皇不得不谋求和谈，以避免彻底崩溃的局面。

三、《朴次茅斯和约》签订

这场战争，日俄双方在军力和财力上都遭受了巨大消耗。沙俄的惨败使帝国主义之间在远东的矛盾暂时得到调整，而且这场战争的失败直接诱发了俄国1905年革命。因此，出于各自目的，列强也希望日俄双方尽快结束战争。日本此时已经达到了军事目的，而且战争对国力的消耗已到极限，所以也希望尽快结束战争。

1905年4月，日本驻美公使高平小五郎非正式地请求罗斯福总统出面调停。罗斯福是非常乐意做这笔政治买卖的。美国本来的打算就是借日本之手将沙俄挤出中国东北,以便用"门户开放"政策将其势力伸进东北。在这种动机支配下,他一开始就对这场战争表示了过分的"关心"。对于美国而言,它既不希望沙俄在这场战争中过分失败,减弱镇压本国人民的力量,也不愿意日本变得过分强大,成为美国在亚洲进行侵略的劲敌。罗斯福同意日本提出的独占朝鲜、取代俄国在中国东北的特权的要求,但同时他要求日本保障"满洲"的"门户开放"。日本对美国的要求虽然十分不满,但是考虑到还必须同美国勾结,需要借助美国的力量谋得一份有利的"和约",于是答应下来。

日俄谈判地点最后选在美国城市朴次茅斯。最初谈判地点沙俄选在巴黎;但是日本担心法国偏袒俄国,所以反对,于是改在华盛顿。考虑到可能出现的分赃不均,华盛顿耳目众多,因此又改为在朴次茅斯市进行。7月27日,日本派外务大臣小村寿太郎为全权代表来到美国。8月2日,俄方代表维特到达美国。8月10日,和谈正式开始。

日方早已拟定了十二条基本条款。根据日本政府发给小村的训令,其十二条分为三种情况:第一种是"绝对的必要条件",包括要求沙俄承认日本对朝鲜的独占地位,沙俄军队限期从整个"满洲"撤离,将辽东半岛"租借权"以及从哈尔滨到旅顺间的铁路转交给日本等三条。日本政府认为,这是为达到战争目的和保障帝国地位所绝对不可缺少的条件。训令要求日本代表必须对这三条贯彻到底。第二种是"相对的必要条件",也就是要力争的条件,包括沙俄赔偿军费、割让库页岛、交还扣留的日本船只,以及给予日本人在沙俄的沿海州沿岸捕鱼权等。第三种则是纯属讨价还价的附加条件。

俄方的态度也非常强硬。8月4日,维特在和罗斯福共进早餐时谈道:"我们并未战败,因此不能接受与我们所处地位不符的任何条件。首先是不同意任何赔款;伟大的俄国决不同意有损其体面的任何条件,……倘若日本人现在置我们的观点于不顾,我们将把防御战进行到底,看谁支持得更久。"[①] 对于日本提出的条件,俄方表示完全不能接受。特别是关于割让库页岛与战争赔款的问题,尼古拉二世亲自批示:"不割寸土,不赔一卢布,朕对此将坚持到底。"谈判几乎陷入破裂,罗斯福从中周旋。8月23日第八次会议,小村寿太郎提出将库页岛分为南北两部分,北半部归俄国,俄国支付12亿日元作为对此的补偿,日本不再要求赔偿军费。这是

---

① [苏]罗曼诺夫:《日俄战争外交史纲(1895—1907)》下册,上海人民出版社,1976,第 762-763 页。

变相的割地赔款，维特不允。俄国坚持"宁愿将数百万卢布用于战争，也不愿给日本人以赔偿"。8月26日第九次会议，俄国提出最后让步案：俄国无金钱报偿地保有库页岛北部，而同意将该岛南部让与日本。

图3-8 美国第二十六任总统西奥多·罗斯福（1858—1919）

小村寿太郎向日本政府电告了会谈内情，并请示最后的训令。对此，日本政府决定，"鉴于作为开战目标的满韩重大问题既已获得解决"，"纵使不得已放弃赔款、割地两项要求，亦须于此时完成媾和"，并训令小村寿太郎，"但应首先放弃赔款要求，而坚持割地要求"。[①] 8月29日第十次会议，小村寿太郎放弃赔款要求，要求以北纬50°线为界，将库页岛分为南北两部，南部让与日本作为赔偿，与维特达成协议。9月5日，日俄正式签订《朴次茅斯和约》。10月14日，两国政府互换批准文件。《朴次茅斯和约》正款15项，附款2项，基本满足了日本所坚持的"绝对的必要条件"。根据该和约，沙俄承认朝鲜为日本的"保护国"，肯定了日本以"指导""保护""监理"的名义拥有对朝鲜任意处置的权力（第二条）；将从中国攫取的辽东半岛，即旅大"租借地"及其附属的一切权益转给日本（第五条）；将从中国夺得的长春至旅顺间的铁路、其一切支线及其所附属的一切特权和财产，包括煤矿在内，都转给日本（第六条）；将库页岛南半部割让给日本（第九条）。另外，日俄两国合谋，以"保护满洲铁路"为名，在该和约中规定，在它们各自霸占的铁路沿线，有平均每公里置15名"守备兵"的权利，而这正是日后臭名昭著的关东军的前身。从此，东北南部变成了日本帝国主义的势力范围，北部变成了沙俄帝国主义的势力范围。

《朴次茅斯和约》是典型的帝国主义分赃条约，是套在中朝两国人民身上的沉重枷锁，是日俄侵略中朝两国的历史罪证，是俄、日、美、英帝国主义瓜分亚洲的可耻记录。

中国从侧面了解到日俄议和的消息，立即作出反应。留日的中国学生呼吁清政府参会维护中国的权益。日俄媾和条件内，若有中国之事，而未经中国允准，擅行决议者，则为之莫大耻辱。7月6日，清政府外务部向日俄两国发出照会称："现闻将开和议，复修旧好，中国政府不胜忻幸。但此次失和，曾在中国疆土用武，现

[①] 董志正、田久川、关捷主编《日俄战争始末》，东北财经大学出版社，2005，第344页。

在议和条款内，倘有牵涉中国事件，凡此次未经与中国商定者，一概不能承认……，预为声明。"① 日俄两国对中国的声明置若罔闻。俄国回复中国政府称："战属俄日两国，则和议条款必由俄日全权商议。"② 日本政府则声称，此次议和自当专在日俄直接商定，当不容有第三国从中干预。日俄沆瀣一气，拒绝中国

图 3-9 《朴次茅斯和约》签订现场

参与和会。因为日俄战争是为了争夺在中国东北的权益，在中国土地上进行的战争，其议和必然涉及中国的领土和主权。中国是日俄战争最大的受害者，两个帝国主义国家都对中国人民犯下了种种罪行，而他们是不可能让中国参会来维护自身权益的。1905 年 12 月 10 日，日本外务大臣小村寿太郎作为全权代表来到北京和清政府谈判，结果是签订了《中日会议东三省事宜条约》（亦称《满洲善后协约》）。腐朽的清政府不仅对《朴次茅斯和约》中涉及中国的部分"概行允诺"，而且日本还在该和约以外攫取了不少关于通商、免税、设厂投资等方面的特权。

《朴次茅斯和约》的签订，标志着日俄在中国东北进行的长达 10 余年的政治军事角力，以日本占据上风而告一段落。沙俄失去了在东北南部的侵略地盘，势力退缩回北满。但是它对中国的侵略野心并没有丝毫减弱。此后，它又把侵略的魔爪伸向蒙古和新疆一带。日本则终于得偿所愿，拿到旅大地区，将辽东半岛纳入自己的势力范围，拥有南满铁路，使日本更方便地在东北扩张殖民势力，为日本扩大侵华埋下了祸根。

---

① 故宫博物院编《清光绪朝中日交涉史料》第 69 卷，故宫博物院，1932，第 14 页。
② 故宫博物院编《清光绪朝中日交涉史料》第 86 卷，故宫博物院，1932，第 6 页。

第四章 边疆危机与清政府东北政治治理变革

第四章 边疆危机与清政府东北政治治理变革

第一节 均势外交与清政府东北救亡之策

一、联合列强以求均势的外交政策

甲午战争结束后,1901年3月21日,张之洞提出"救急三策",其中第二策即为"东北开发"。张之洞认为,"中国无利益与各国,各国断不能用实力相助。今拟有一办法,于我及各国均有大益,莫如将东三省全行开放,令地球各国开门任便通商,所有矿务、工商、杂居各项利益,俱准各国人任便公享,我收其税,西语谓之开门通商。即密告英、日、美、德各国,如肯为我切实助力,我即以此酬之,各国必然欣许,力驳满洲不允他国均沾矿路、工商利益之条。查东三省土地荒阔,物产最富,凡矿务工商诸利,若不招外国人开辟,中国资本、人才断难兴办。国势贫困如此,而地利坐弃,安望富强?此条如开,于中国兴利亦大有益,而从此俄人独吞满洲之计永远禁绝矣。洞前奏所谓中国一线生机,惟恃'各国牵制'四字者,即指此。"①

图 4-1 晚清重臣 张之洞

张之洞解决东三省问题的办法"惟恃各国牵制",就是将英、美、日、德等国

---

① 张之洞:《张文襄公全集》卷八十二,文华斋,1928,第13页。

势力都引入东三省，以达到牵制俄国的目的。与张之洞持相同观点的还有郑观应，他主张将东北开辟为"万国公共商场"①。提出采取"均势外交"的代表人物中，以熊希龄的观点较有前瞻性。

图4-2 晚清政治家、实业家、社会活动家熊希龄（1870—1937）

1903年4月，因参加戊戌变法被革职的熊希龄将自己的意见交给赵尔巽代奏清廷："乞熟审外情，以示坚拒；筹办内政，以待事变。"② 熊希龄主张开放东北，利用英、日、美的势力来抵制俄国。熊希龄在错综复杂的国际形势中，作出了分析判断，给出了非常准确的应对之策。这一判断要比此时的中枢重臣强得多，甚至通晓列强情况的康有为、梁启超也没有意识到这一点。

熊希龄收集东北边情，并对此深入研判。他认为，联合日、英、美共同抵制沙俄，对于保全东北有必要性和可能性。东北地区从政治上讲，盛京是留都、清王朝发祥之地，渤海湾是拱卫京师之地。失去东北，京畿重地就完全暴露在列强面前。而俄国企图独占东北，这种野心已经危及英、日等国的在华利益。日本派遣军舰在营口港外游弋；英国驻华公使照会清政府，要求其拒绝俄国的无理要求。这说明，清政府有可能利用列强之间的矛盾，保住东北的主权。熊希龄认为，"俄若迫我，则英、日或以兵戎与俄相见，白山黑水直为战场。"③ 同时美国因为拥有强大的工业生产能力，希望能够开辟东北，在与中国改订通商条约时，加上"开放奉天港及大孤山港为各国通商口岸"④ 的条款。由此，美国必然反对俄国独占中国东北。

与当初李鸿章以私交、厚利收买的方式进行结盟相比，熊希龄已经清楚地认识到近代外交的出发点一定是国家利益，因此，只有让各国利益相互牵制，一国独霸则群起攻之，才有希望保全东北的主权。此时，俄国已经占据东北，以中国当时的国力根本无力反击，只有假借日本之手，将东北从俄国手中夺回。如果付出一定的

---

① 夏东元编《郑观应集》下册，上海人民出版社，1982，第414页。

② 熊希龄：《为强俄迫挟约款外衅纷乘乞熟审外情以示坚拒、筹办内政以待事变呈请代奏文》，载周秋光编《熊希龄集》卷一，湖南人民出版社，2008，第112页。

③ 同上书，第114页。

④ 《美国开放满洲之提议》，《新民丛报》1903年第29期，第71页。

代价，能够维系主权，对于中国而言，就是利益最大化的选择。考虑到三国干涉还辽后日俄矛盾的空前尖锐，熊希龄预言日俄必有一战。为了避免战争到来时清廷措手不及，他提出"平畛域以释猜疑""尚武备以寓征兵""行钞票以济财困"的建议，希望清政府能够尽早筹谋内政，以待事变。果然，不出一年，日俄战争爆发。日本虽然取得了胜利，但是它不敢重蹈俄国的覆辙，在订立和约时，以保全中国领土、尊重中国主权、开放满洲门户、各国机会均等为宗旨。由此可见，"东三省之亡而复存，危而复安，无非各国牵制之力"①。

甲午战争结束后，东北面临空前的边疆危机。日俄双方在此进行了十年博弈，导致战火连绵，但是最终中国保住了东北的主权，"均势"之策起到关键作用。其实，这种情况不仅是列强打破俄国独霸东北的基本策略的结果，也是列强在日俄战争后划分东北势力范围的重要依据。

二、清政府实施"局外中立"政策

日俄战争爆发之前，清政府已经忧虑于双方一旦开战，极有可能以东北为战场，清政府该采取何种态度。1903年12月27日，日俄谈判陷入僵局之际，袁世凯向清政府秘密建议，中国"附俄则日以海军扰我东南，附日则俄以陆军扰我西北，不但中国立危，且恐牵动全球。日俄果决裂，我当守局外"②。这是清廷高层较早提出"局外中立"的观点。1904年1月22日，袁世凯再次向清廷强调"中立"的重要性。他讲到，以当时中国的国力根本无法阻止这场战争在中国东北进行。要保卫东北，至少需要几十万名军人。即使保卫几个重要城市，也需要6万~10万人。而此时清朝军队中战斗力最强的北洋新军只有6万人，而且武器弹药严重匮乏，就算保卫几个重要据点也力量不足。对于一个主权国家而言，如此任人宰割，可谓奇耻大辱。此时的清政府虽然不愿自己的祖宗之地惨遭炮火蹂躏，却无力回天，只能选择"中立"苟安。

---

① 熊希龄：《为朝鲜既并满洲益危敬陈管见折》，载周秋光编《熊希龄集》卷二，湖南人民出版社，2008，第204页。
② 王彦威、王亮辑编《清季外交史料》卷一百七十九，书目文献出版社，1987，第4页。

1904年2月8日，日俄战争正式爆发，袁世凯立即调动北洋各营严防沿海及关外一带，他亲赴山海关居中调度。同时，袁世凯催促清廷尽快宣布"中立"以安人心。列强纷纷宣布中立，并且向中国发出照会，认为中国"中立"为必要，声称战地应划定界限，日俄不得侵入中国其他疆土。在列强的压力下，2月12日，光绪帝发布上谕："现在日俄两国失和用兵，朝廷念彼此均系友邦，中国应按局外中立之例办理，著各直省将军、督抚通饬所属文武，并晓谕军民人等，一体钦遵，以笃邦交而维大局。"① 并划定了辽河以东为"交战区"。同日，清廷还发出旨意："谕令所有各省及沿边各地方将军、督抚等加意严防，慎固封守，凡有通商口岸，及各国人民财产、教堂一体认真保护；京师地面重要，著步兵统领衙门、工巡总局、顺天府、五城御史严密巡查，所有各国使馆、教堂，尤应加意保护。"② 清廷随即向日俄及其他列强发出"局外中立"照会。

清政府制定了若干"中立"条规，让各省督抚一体遵照办理。奉天交涉局奉旨行事，议定《两国战地及中立地条章》，划定了日俄两国在盛京地区的战区，并报请外务部核准，规定：西自盖平县熊岳城，东至安东县街，分为南北界限。界限以南至海止，其中之金州、复州、熊岳三城及安东县街为指定战地。抑或西自海岸起，东至鸭绿江岸止，南自海岸起，北行至五十里止，为指定战地。战地限内人民财产倘有损失，由战败国认赔；如有无辜杀伤人民、烧毁房屋、抢掠财物，何国所为即由何国认赔；两国不得强募华民匪类充当军队；如有匪徒窃发，在战地限外者，归华队剿捕，其在战地限内者，与何国兵队相近，即由何国剿捕；战争结束后，所有指定战地，两国军队随时退出，不得占据；等等。③

尽管宣布了"局外中立"，清廷在盛京地区的各级官员也严守"中立"，但是在战争中，日俄两国破坏中国"中立"的事件层出不穷。出使俄国大臣胡惟德照会俄外交部称，辽河以西应属局外，俄、日不准进入。俄国驻华公使雷萨尔则要求将辽河以西也划入战区，遭到清廷外务部的拒绝，但"俄外部不认辽西为局外中立地"④。俄国反对将辽河以西划为中立区，要求将其划为战区，妄图通过战争加速吞并东北。2月中旬，俄国陆续占领了辽河以西一些城镇。日本立即质问清政府，为

---

① 章开沅主编《清通鉴》第4册，岳麓书社，2000，第983页。
② 同上。
③ 董志正、田久川、关捷主编《日俄战争史略》，东北财经大学出版社，2005，第40页。
④ 同①书，第985页。

何俄国可以在辽河以西驻军。而当清政府质问俄国时，俄国政府答复其并未"允许"辽河以西作为中立区，所以可以驻兵。直到5月中旬，在清政府反复抗议后，俄军才撤离。俄军的做法说明，清政府划定的所谓战区，根本无法限制日俄两国的军事行动。

日俄两军都随意拘禁甚至杀害中国官员和普通百姓。俄军对待中国地方官员犹如对待奴隶，如海城县令拒绝为俄军筹备军粮，便被拘禁到辽阳。岫岩县令被诬陷暗通日军，被拘禁于辽阳。怀德县令不答应俄军的无理要求，被强行押往哈尔滨。1903年，俄国驻华公使雷萨尔向军机大臣奕劻提出"营口税关事务，今后二十年委托华俄道胜银行管理"作为俄侵华军队从东北撤军的条件①，奕劻严词拒绝。而日俄战争中，俄国占领营口，强行剥夺了中国海关官员的职权，以华俄道胜银行取而代之。1904年12月11日，山海关税务司克立基向总税务司赫德报告："在1900年8月4日至1904年7月25日俄国人控制山海关（洋、常两关）期间，由华俄道胜银行结存其所征收税银484万两。"② 可见，俄国肆意劫掠中国海关税银。

日俄双方还招募了大量的"华民匪类"，作为他们的辅助武装。俄国政府1904年命马大力多夫中校以200名俄国预备兵出身的鸭绿江木材公司工人为骨干组成"马贼团"，通过金钱收买、提供武器等手段招募土匪、地痞，组织了4000多人的队伍，用来袭扰日军。俄国帮办武廓米萨尔在给增祺的照会中写道："查此节已派游击马大力多夫安设马拨：一、自沈阳至通化县；二、自辽阳至怀仁县；三、自辽阳至沙河子；四、自通化县至怀仁县、宽甸县、凤凰城、岫岩州及大孤山。以贵大臣辞却之故，该游击当雇带枪华兵四千名，以办此事，敬请贵大臣将此事饬知旗民各员及晓谕民人，并请迅将贵处队兵自该各处撤退，以免与该游击兵有误会之事。"③ 武廓米萨尔态度傲慢，直接要求增祺将清军从他所指定的区域撤离，由马大力多夫的游击部队接手当地治安，而他所要求的区域已经超出了清政府划定的"战区"，这无疑是对清政府在东北主权赤裸裸的挑战。

日军同样以"特别任务班"为骨干，成立"满洲义军"，吸收匪类参加，侦察俄军情报，破坏俄军运输，给予俄军沉重打击。日本间谍在辽河以西一带收买了巨

---

① 辽宁省地方志编纂委员会办公室主编《辽宁省志·海关志》，辽宁人民出版社，2002，第199页。
② 同上。
③ 《俄武廓米萨尔致增祺照会（光绪三十年二月初二日）》，载辽宁省档案馆编《日俄战争档案史料》，辽宁古籍出版社，1995，第83页。

匪冯麟阁、杜立三、金寿山等人，由日本出钱出枪，加以武装，在俄军后方拆毁铁路，割断电线，窃夺军粮，袭击骚扰，在给俄军带来损失的同时，也给东北的普通民众造成了无尽的灾难。

总之，清政府的"局外中立"之策只是万般无奈下的选择，因为腐败无能而国势日颓，而帝国主义国家都认为中国可以任人宰割，所以肆意践踏中国的主权。其"局外中立"对日俄毫无约束可言，双方将战火烧遍盛京地区，而无辜的百姓流离失所，惨遭屠戮。

第二节 日俄瓜分东北边疆危机凸显

一、日本辽东殖民机构成立

1905年，日本"满洲方面军"司令官大山岩以胜利者的姿态进入奉天，成立了"奉天军政署"，开始对奉天的"代理统治"。9月，日俄两国正式签订了《朴次茅斯和约》。双方无视中国的主权，俄国将辽东半岛租借权以及长春至旅顺铁路有关的一切权益转让给日本。

不过，《朴次茅斯和约》中涉及中国东北的条款未经清政府批准，没有任何合法的法律文书，从国际法上看是无效的。由俄国转给日本的权利在法律形式上必须得到中国政府的确认才具有法律效力。因此，日本政府迫切地希望清政府就范，尽快在法律上承认其既得利益。日本政府任命外务大臣小村寿太郎和驻华公使内田康哉为全权代表与清政府交涉，对外宣称是商议善后，其实就是压迫清政府屈从其意志，承认《朴次茅斯和约》。清政府方面由外务部大臣庆亲王奕劻、外务部会办大臣兼尚书瞿鸿禨、直隶总督袁世凯为全权代表,出席谈判。中日双方自1905年11月7日开始至12月22日结束,共会谈22次,最后缔结了《中日会议东三省事宜条约》,主要内容是:中国承认俄国让与日本之东三省各项权利;开奉天之凤凰城、辽阳、新民屯、铁岭、通江子、法库门,吉林之长春、吉林、哈尔滨、宁古塔、珲春、三姓,黑龙江之齐齐哈尔、海拉尔、瑷珲、满洲里等十六处为商埠;安东县至奉天省城之铁路仍由日本管理,以十五年为限;驻东三省日军及南满铁路护路日军将来与俄军同时撤退,妥行保全于东三省各地阵亡之日本军队将兵坟茔以及立有忠魂碑之地。改约于12月25日批准,12月29日派瞿鸿禨互换。① 在谈判后,日方将附在正本之后的会议记录照会英美各方,声称和约之外尚有秘密议定书,并以此为借口,不断滋生事端,制造纠纷,扩大其在东北的权益。在这次中日谈判中,日本不仅获得了《朴次茅斯和约》赋予的全部权利,甚至将这些权益扩大化。

  通过日俄战争,日本得以在辽东半岛卷土重来,不仅接管了俄国在辽东的租借地,还把独占的势力范围扩展到东三省的南部地区,其面积几乎与日本本土相当,作为其"北进"战略基地。在日俄战争中,大山岩已经设立"军政署"对奉天进行殖民管理。1905年6月,日本天皇颁布敕令,在大连设立"关东州民政署",隶属日本满洲总兵站总监。1905年,在辽阳设立"关东都督府",将日本满洲总兵站总监所辖部队、军政机关及"关东州民政署"收归直辖,由其统一掌握统治中国东北南部的一切权力,包括管制旅大地区的军队和各种行政司法机关。日本这种赤裸裸的军事占领完全违背了《朴次茅斯和约》中明文规定的关于"满洲门户开放""各国在满洲的经济活动机会均等"等原则。日本政府在没有和中国进行谈判的情况下,已经着手在辽东半岛设置军政机构、颁布法令。这与该和约中"经中国政府同意"的规定完全背道而驰。

  1906年5月22日,日本政府召开"满洲问题协商会议",商讨东北问题未来决策。在会上,伊藤博文对日俄战争后日本所面对的国际形势进行了分析,他认为,如果日本坚持在东北实行军事占领,那么必将引发英美的强烈反对,从而失去英美的财政支持,同时会导致中国反抗,这对于日本而言绝非良策。因此,在会议上,日本政府就撤军问题达成一致意见,撤销各地军政署,将关东总督改为关东都督。6月7日,明治天皇颁布第142号敕令,批准在政府的全面控制下筹建"南满

---

① 章开沅主编《清通鉴》第4册,岳麓书社,2000,第1032-1033页。

洲铁道株式会社"（简称"满铁"）。11月13日，"满铁"在东京正式成立。光绪三十三年正月二十一日（1907年3月5日），"满铁"总社由东京迁至大连。二月十九日（4月1日），"满铁"正式营业，资本金2亿日元，日本政府出资一半。从此，"满铁"作为"帝国殖民政策的先锋队"，负有经济掠夺、文化侵略和统治铁路沿线占据地三重使命的特殊殖民侵略机构，开始其"大陆经营"。[①]

"关东都督府"和"满铁"是日本帝国主义对东北地区进行侵略和掠夺的两大"支柱"。"关东都督府"是一个军政机构，是对旅大租借地实施殖民统治的最高机构，"关东都督"拥有广泛的行政权和军事权，负责管辖"关东州"、保护和监督南满铁路沿线、监督"满铁"各项事务、统率驻满军队。"满铁"形式上是独立的股份公司，实际上是代替日本经营满洲的殖民机构。"满铁"首任总裁是日本驻台湾原民政长官后藤新平，可见"满铁"浓厚的官方色彩。日本政府赋予"满铁"的职能是以经营铁路为中心，旁及东北经济、社会、文化、教育等各个领域，其可谓无孔不入的殖民机构。"满铁"拥有资本金2亿日元，这在当时日本是无与伦比的巨型企业。横滨正金银行则按照日本政府的指令，协助"满铁"，以大连为枢纽，对东北进行经济侵略。日俄战争后，日本帝国主义已经将"北进"战略重心从朝鲜转向中国东北。

二、日俄签订密约瓜分东北

日俄战争中惨败的俄国，同样对其远东战略进行了调整。由于辽东半岛租借地丧失、太平洋舰队覆灭，俄国在东北的军事力量遭受了严重削弱。战争的失败彻底地暴露了沙皇专制制度的腐朽，俄国国内民主革命高潮逐渐显现。在这种情况下，虽然尼古拉二世依然叫嚣对日复仇，但是俄国政府内部的有识之士清楚，俄国必须改善对日关系，重新调整远东政策。就在日俄在美国进行谈判的时候，俄国财政大臣维特提出以承认日本兼并朝鲜为代价，将"和约"变为"盟约"，日俄共同划分势力范围，携手保护两国在远东的殖民利益。1906年4月，斯托雷平被任命为俄国政府首相兼内务大臣，开启了罗曼诺夫王朝最后一次改革。他赞同对日采取缓和政

---

① 辽宁省地方志编纂委员会办公室主编《辽宁省志·大事记》，辽海出版社，2006，第77页。

策。因此,他于同年6月起用曾任驻日公使的伊兹沃尔斯基出任外交大臣。伊兹沃尔斯基向媒体释放信号,英国《每日电讯》报常驻圣彼得堡记者狄龙根据其授意撰写了《俄国与日本》一文,指出日俄应在尊重《朴次茅斯和约》的基础上进行合作,互不报复。俄国声明放弃1902年以来在中国东北的支配地位,而日本也放弃占有海参崴、吞并库页岛北部、将俄国逐出太平洋的计划。狄龙的文章引起了日本政府的注意。1907年2月20日至7月,日俄双方经过讨价还价,于7月30日由伊兹沃尔斯基同日本驻俄公使本野一郎分别代表各自政府签订了第一份《日俄协定》和《日俄密约》。

《日俄协定》内容有两款:两国互相保证"尊重彼此现时领土之完整,并所有两国各自与中国缔结有效之条约、协定暨合同的权利";两国"承认中国之独立与领土完整及各国在华商工业之机会均等主义"。《日俄密约》共四款,主要内容是:将中国东北三省划分为南满和北满两部分,分属日本和俄国势力范围;两国协议不在对方势力范围内谋取特权,亦不阻挠对方在各自的势力范围内寻求特权。俄国承认日本在朝鲜现存的政治关系,"不阻挠此种关系之继续发展";日本承认俄国在中国外蒙古的"特殊利益",不加任何干涉。附款划定了南满、北满的分界线。该分界线从俄、朝边界西北端起,分别以直线连接珲春、镜泊湖极北端和秀水甸子,再沿松花江至嫩江口、溯嫩江至洮儿河上游与东经122°交点止。① 俄国以对日本可以吞并朝鲜和在中国东北南半部侵略权益的承认,换取了日本对俄国在中国东北北半部和外蒙古侵略权益的承认。日俄通过密约,以损害中国和朝鲜的主权为代价,划分了势力范围,表明日俄由敌对关系转向勾结在一起进行殖民侵略。

---

① 褚德新、梁德主编《中外约章汇要(1689—1949)》,黑龙江人民出版社,1991,第388-390页。

第三节

辽宁建省与清末东北新政

一、徐世昌东北考察与筹划新政

崇实担任盛京将军整顿奉天官制时,已经考虑建省的问题,但是因为顾虑"陪都"旧制一旦废除,"殊不足以重维系而示尊崇"①,因此没有进行彻底的变革。赵尔巽就任盛京将军后,积极推行新政,但是没有来得及完成盛京地区建省,就被调任四川。1907年3月,东北改行省,建立督抚之制。徐世昌临危受命,出任首任东三省总督,拟定改革章程和纲要,颁行新官制。

1906年,鉴于日俄对东三省的侵略有加无已,为了加强对东三省的管理,进一步拟定在东北地区实行改革的具体方案,经盛京将军赵尔巽奏请,清政府以"查办事件"为名,于光绪三十二年九月初二日(1906年10月19日)委派民政部尚书徐世昌、农工商部尚书载振前往东北进行考察。

徐世昌等人此行历时三个月,途经三省,足迹遍布白山黑水之间。他们对所到之处进行了详细访查,"檄调各员,分途考察,凡边务、蒙疆、商埠,一切内政外交,皆究其所以致此之故,而推其如何补救之方"②。边疆危机下的东北困境展现在徐世昌眼里,令其"使车所至,刺戟在心"③。回京后,徐世昌向清廷上奏了《密

① 辽宁省人民政府地方志办公室整理《奉天通志》卷一百四十四,辽宁民族出版社,2010,第903页。
② 徐世昌编纂、李澍田等点校《东三省政略》跋,吉林文史出版社,1997,第200页。
③ 徐世昌:《退耕堂政书》卷五,中国书店,1984,第231页。

陈考查东三省情形折》，附《考查奉天省情形单》《考查吉林省情形单》《考查黑龙江省情形单》（后又续陈《宁古塔伯都讷蜂蜜山等处要地情形折》）。在奏折中，徐世昌对东北问题进行了全面的梳理。

东三省吏治败坏、积弊尤深，尤其以奉天为最。"奉省官吏向以情贿为进取之阶，以厘税为自肥之地"①，"吏治腐败，视为故常"②。

图 4-3 徐世昌（居中者）与同僚合影

地方官疏于民事，只知搜刮，"侵吞中饱不以为异"③。

财政匮乏，钱法混乱。当时奉天财政依靠协饷，出入相抵，财政异常拮据，无力举办新政，"现钱缺乏，银币不敷，遂致俄之卢布，日之军用手票，正金银行票所在畅行"④。在日俄战争中，日俄双方为了搜刮中国的财富，都发行了巨额"军用票"，强行在市场上流通使用。中国称俄国的军用票为"羌票"。俄国"在作战地区发行军用票，其数量颇巨，无法估计"⑤。日本在其占领区也发行了巨额钞票，即"军用票"（中国人称之为"手票"），也强行流通使用，"在我国东北曾发行军用票 19000 万元"⑥。数种货币同时在东北广大地域流通，造成了商业往来和金融汇兑的严重混乱，"制钱匮乏，商民苦之。实货既缺，外国货币乘间而入"⑦。

兵力单薄，边防废弛。奉天"新军未练，虽有巡防马、步队四十营，而器械过杂，降队过多，万难得力"⑧。新军中多有"年力就衰、目不识丁"者。捕盗队有 1.5 万余人，而募练必须枪马自备，应募者非豪富便是素为马贼者，这种军队的素

---

① 《密陈考查东三省情形折》，载徐世昌：《退耕堂政书》卷五，中国书店，1984，第 217 页。
② 《附考查东三省情形折》，载徐世昌：《退耕堂政书》卷五，中国书店，1984，第 239 页。
③ 《附查吉林省情形折》，载徐世昌：《退耕堂政书》卷五，中国书店，1984 年，第 287 页。
④ 同①书，第 218 页。
⑤ 傅孙铭等：《俄国侵华史简编》，吉林人民出版社，1982，第 341 页。
⑥ 同上。
⑦ 同③书，第 294-295 页。
⑧ 同④。

质可想而知。东北境域广大,边境绵长;但与此相对的是,清朝驻边兵力严重不足。呼伦贝尔、满洲里有俄国商民万余人,有俄军数千人,而呼伦贝尔仅有清兵200名,满洲里只有护兵8人。这样的国防军力基本上形同虚设,根本无法守土靖边。

实业发展还比较滞后。"诸如丝蚕、矿产、渔业之类,皆听民间习惯自办,而官未尝提倡新法,加意讲求,更无以开利源。"① 兴学的措施也没有到位,奉省虽有各类学生1.6万余人,但程度尚浅,难以立即见效。初等小学原是为幼童所设,然招生过滥,颇有年龄过长者入学。实业学堂、师范学堂用款甚巨,但效果不显。

《密陈考查东三省情形折》上奏后,朝廷上下极为震惊。徐世昌一针见血地指出了东三省政治治理中的各种弊端,令慈禧太后也为之动容,连日召对,垂询甚详,要求他切实筹谋补救之策。1907年2月,徐世昌再上《密陈通筹东三省全局折》,对东三省政治提出系统的改革建议。他认为,"东三省之安危存亡非仅一隅之安危存亡而已,中国前途之兴替实以此为枢纽。"② 他意识到,东三省政治改革绝非易事,"日俄战定,形势一变,北界隐属之俄,南界隐属之日,势力所及,范围略定,欧美列强亦已明认默许,不复视为我有,于此而欲谋挽回之策,实已左支右绌,绝无把握可言",但是任凭东三省沦丧敌手,则"今日东陲已蹈之覆辙,即异日全国前车之鉴"。③

面对东三省纷繁复杂的时局,徐世昌提出了应对之法:"居今日而言,东事应兴应革者何啻什百!然总其大要不外两言,曰充实内力,曰抵御外力而已。"④ 为挽救东北三省,实施新政迫在眉睫,而首要解决的是两个方面。

其一,纾解财政。推行新政,需要动用巨资,但实际情况是"帑藏空虚,计臣仰屋,固无大宗的款可供经营东三省之用"⑤。长期以来,东三省用度不足,需各省的协饷支援,但是此时东南各省连年灾祸,民不聊生,已经是自顾不暇,无力支援东北。因此,举办新政解决财政困难需要东三省自谋出路,这是新政成败的关键,

---

① 《密陈考查东三省情形折》,载徐世昌:《退耕堂政书》卷五,中国书店,1984,第219页。
② 《密陈通筹东北全局折》,载徐世昌:《退耕堂政书》卷七,中国书店,1984,第364页。
③ 同上。
④ 同上书,第365页。
⑤ 同上书,第369页。

否则"财力既绌,则一切要政自难责效"①。

其二,改革官职。东三省长期实行"旗民并治"的将军体制,而将军与盛京五部、奉天府尹之间长期职权不明,同时八旗驻防官员与各府、厅、州、县的官员之间权责不明,遇事相互推诿,平日则相互争权,政权功能紊乱,特别是东三省开禁后,关内人口大量流入,旧有的行政体制已经难以适应东三省经济发展的需要。因此,徐世昌指出,要化解东三省此时行政体制的弊端,则"欲支持危局,非化散为整,挈领提纲,得人而理,则其余补苴之策均无可言"。将行政主导权统一于一人,避免相互掣肘。他认为,"若各分疆域,各为风气,无论势涣力薄,于控驭之方多所未便,且彼此政策不能一效,尤恐失外交之平衡,卒之散漫支离同归于尽。故必联合三省,属诸一人,乃可收统一之效果。特设东三省总督一员,予以全权,举三省全部应办事悉以委之。"② 可见,东北新政官职改革是首要之策,仿内地设立东三省总督,统一权责,才能进一步推进东三省各项新政稳步实施。

二、东三省政治治理近代化开启

光绪三十三年四月初八(1907年4月20日),清廷谕令内阁:"东三省吏治因循,民生困苦,亟应认真整顿,以除积弊而专责成。盛京将军著改为东三省总督,兼管三省将军事务,随时分驻三省行台;奉天、吉林、黑龙江各设巡抚一缺,以资治理。徐世昌著补东三省总督,兼管三省将军事务,并授为钦差大臣;奉天巡抚著唐绍仪补授;朱家宝著署理吉林巡抚;段芝贵著赏给布政使衔,署理黑龙江巡抚。"③ 这一官制改革,标志着延续了200多年的将军体制在东北的终结。东北三省建省,开启了东北政治治理的近代化进程,促进了东北社会全面发展。

---

① 《密陈通筹东北全局折》,载徐世昌:《退耕堂政书》卷七,中国书店,1984,第370页。
② 同上书,第370-371页。
③ 章开沅主编《清通鉴》第4册,岳麓书社,2000,第1070页。

（一）改订新官制

徐世昌一直视"改订东三省官制为第一要务"①。四月十一日（5月22日），徐世昌与唐绍仪、朱家宝、程德全等人会商，向清廷上奏了东北新官制："遵议东三省官制，拟各建行省公署，以总督为长官、巡抚为次官；设二厅，曰承宣、谘议，以左右参赞领之；设七司，曰交涉、旗务、民政、提学、度支、劝业、蒙务，以司使领之；另设督练处以扩军政，提法使以理刑法；并拟督抚办事要纲六条，其详细及变通章程，随时奏明办理。"②清政府准许了徐世昌的新官制提议。

（二）确立司法官制

徐世昌厘定东三省官制之初，就考虑到行政、司法分权问题。他认为，"东省治理更张伊始，行政、司法分权宜预，拟于三省各设提法使一员，专管司法行政，兼理裁判事务"，"为一省司法上之行政机关，别为一署，以为司法独立之基础"。③徐世昌一再强调此次司法改革意义重大，"法律改良此为缘起，外为列邦所注视，内为各省所取资。因宜参酌中外，组织完备，以期法权渐次完成，达于司法独立之目的。"④他意识到，建立起完善的司法体系，有助于维护国家司法主权，是关乎我国最后能否废除领事裁判权以及恢复司法主权的重要问题。

（三）设立督练处，整顿军备

东北军队原由盛京兵部负责，三省将军以下设立兵司管理军事事务。东三省总督徐世昌认为，东三省练兵关系重要，单纯依靠旧有防军已经不适应东三省危急的

---

① 《拟定东三省职司官制及督抚办事要纲折》，载徐世昌：《退耕堂政书》卷八，中国书店，1984，第451页。
② 章开沅主编《清通鉴》第4册，岳麓书社，2000，第1070页。
③ 《酌拟奉省提法司衙门及各审判厅、检察厅官制职掌员缺折》，载徐世昌：《退耕堂政书》卷八，中国书店，1984，第451页。
④ 徐世昌编纂、李澍田等点校《东三省政略》卷五，吉林文史出版社，1997，第844页。

局势,应"拟另设督练处,办理开练新军,振兴兵学,整顿防军"①。光绪三十三年十二月(1908年1月),徐世昌奏请设立东三省督练处,使其为统一的军政机关,总辖三省兵事,掌管编练新军和整顿旗防各营,其规模仿自北洋督练处,直属总督,不受巡抚节制。督练处内设参谋、兵备、教练三处,每处由总办管辖,不设帮办。另设有提调一职,用来联络总督与总办。东三省督练处"以总督为督办,三省巡抚为会办,分置参议官,兵备、参谋、教练三处。以总督所驻之区作为东三省督练处。余由该处派员轮流驻扎,禀承会办就近办理,仍一面禀请督办核夺,庶几如臂使指,一气相生"②。

(四)实行合署办公

徐世昌认为,"欲去散漫牵制之弊,则宜有总汇公署,方能合一事权。"③ 于是,在奉天、吉林、黑龙江各设行省公署,由承宣厅、谘议厅进行日常处理。凡是奏咨批札稿件,皆呈督抚核定。总督在他省时,重要案件仍需呈请总督定夺。合署办公制度对于避免相互扯皮、贻误公事有着积极的作用。奉天实施合署办公制度后,确实收到良好的效果。"自实行合署办公制度,整齐划一,条理秩然,旧弊一空,庶政咸理,亦可以略观其成效矣。"④

徐世昌的官制改革体现了加强管理"重民治"的本意,从根本上弥补了原有将军体制缺乏社会治理功能的弊病,适应东三省开禁后移民社会日益扩张和亟待治理的现实。增强了总督的事权,消除了旧有行政体制下督抚之间相互掣肘、事权不一的弊病。徐世昌在官制改革过程中,选拔任用优秀人才。他指出:"东事万棘,经营草创,非慎选得力人员不足以资赞助。"⑤ 他主张用人不拘一格,破格任用,不分畛域。无论补署、布衣、获咎、丁忧人员,但凡才能出众者皆可擢用。他要求清政府给予他指名密保三品以上大员的权力,允许三省实缺、候补人员可以通用互委。他在用人上主张才有专长,担任总督期间提拔任用了一大批优秀专门人才。

---

① 徐世昌编纂、李澍田等点校《东三省政略》卷五,吉林文史出版社,1997,第834页。
② 徐世昌编纂、李澍田等点校《东三省政略》卷四,吉林文史出版社,1997,第636页。
③ 《拟定东三省职司官制及督抚办事要纲折》,载徐世昌:《退耕堂政书》卷八,中国书店,1984,第451页。
④ 同①书,第832页。
⑤ 同③书,第461页。

图 4-4 就任东三省总督的徐世昌（居中者）和幕僚合影

财政枯竭、入不敷出是徐世昌推行新政的主要障碍。1908 年，奉天入款 530 万两，出款 780 万两；吉林入款 270 万两，出款 500 万两；黑龙江入款 80 万两，出款 190 万两。三省合计亏 590 万两。① 面对财政困局，徐世昌采取的对策是"设立银行""开设商埠""引进外资""鼓励工商"。

东北首家官办银行是奉天官银号，为盛京将军赵尔巽于光绪三十一年（1905）成立，资金 30 万两。徐世昌力主向英美列强借款，以充实资本，开设银行。不过，徐世昌的建议在清廷引发了争议：袁世凯积极支持，而载泽则激烈反对。1907 年，《日俄协定》签订的消息传到中国，朝野震惊。面对日本的步步紧逼，清政府进退维谷。1907 年 9 月 21 日，徐世昌入朝觐见，商讨东北问题。徐世昌决定利用这个机会说服朝廷同意借款。他连日访问各使馆，与各国公使会晤，并与度支部官员商讨。他致信庆亲王："欲治东三省，必先整理财政。欲整理财政，必先开设银行。故欲开设银行，非有二三千万成本不能流通货产，减免杂捐，抵制灌输，广筹生计"，"惟有息借国债二三千万两或三四千万两，乃有措手之方"。在徐世昌的努力下，清政府准许其借款 1000 万两，慈禧太后面谕："放手办去，一切事朝廷并为作主。"

得到清廷的支持后，徐世昌深受鼓舞。不过，他拟定的借款额远远超过 1000 万两。他打算借款 4000 万两设立东三省银行，划一银币，作为振兴实业的基础。奉天官银号改为东三省官银号，资金增至 60 万两，将它打造成为东三省之中央银行。吉林巡抚朱家宝于 1908 年将官帖、官钱两局合并，设立水衡官银钱号。同年，黑龙江省官银号成立。官营银行资本雄厚，信用出众。东三省官银号另有分号 70 余处，除北京、天津、上海三处以外，其余均分驻东三省各城市，尤以奉天省分号为最多。徐世昌以设立银行作为整顿、划一币制和振兴实业的基础，开辟矿产和振

---

① 郭剑林：《徐世昌与东北近代化》，《社会科学战线》1995 年第 3 期，第 164 页。

兴林业的财源，同时为东三省自建铁路筹集资金。为了将东北丰富的矿产和森林资源转换为财政优势，徐世昌大力招商引资，吸引欧、美、日各国商家前来投资，目的是"破两强相持之局，平均其势力"。

徐世昌到任东三省总督后，尤其重视社会治理，发展奉天的新式警政。改省改制后，设置民政司，"掌办理民治、巡警、缉捕等事"①。奉天省巡警总局总办王治馨改订总局，改设总务、行政、司法、卫生、捐务5课，分设19股，并设置稽查处及警卫、消防、侦缉、清道各队。光绪三十三年（1907）五月，清政府发布直省官制改革案，要求在省会设置巡警道一员，奉天也随即设巡警道一缺，统管全省警务，制定《奉天巡警道官制》和《厘定巡警统一章程》。② 奉天建立近代警察制度，力图恢复被义和团运动和日俄战争破坏的地方社会秩序，确保在维持内政的军事力量外，建立专业的警察队伍，以支撑基层行政改革。在历任东三省总督的重视下，奉天逐步建立了强有力的警察组织，奉天警务大幅改观。

图4-5　奉天东三省官银号旧址

三、实行开放外交抵制日俄

徐世昌认识到，治理东北，一方面靠新政增强实力，另一方面要维护主权，创造一种良好的外部环境。当时日本携战胜俄国之余威，要求中国缔结"东三省事宜条约"。赵尔巽任职时，日方甚至明目张胆地到督军署捕人。日本在外交上咄咄逼人。徐世昌在赴任前，就和袁世凯谈到自己的外交方针：对日外交以保卫主权为第一要务。

对于如何对付日俄、保全东北，徐世昌在入京觐见时已经明确提出了办法：

---

① 《拟定东三省职司官制及督抚办事要纲折附东三省职司官制章程》，载徐世昌：《退耕堂政书》卷八，中国书店，1984，第25页。

② 辽宁省地方志编纂委员会办公室主编《辽宁省志·大事记》，辽海出版社，2006，第83页。

"借国债、立银行、行开放、联与国""英、德、法、美诸邦，亦当开诚布公，与之联结，至欲联某国，必须派声望素著之大臣驻于彼邦，乃可与彼之政府直接接触，消息可以灵通。盖能联与国，斯东省可以保存，而中国全局庶可支持矣。"① 实行开放外交、机会均等，以此联合欧美列强以制衡日俄，是徐世昌东北外交的核心思想。

1908年9月，日本外相小村寿太郎向内阁提出了对华外交六项："间岛"问题、法库门铁路、拆除大石桥至营口铁路、延长京奉铁路、抚顺及烟台煤矿、安奉线及其他铁路沿线的矿山。日本政府以朝鲜人民在此居住者有10余万人，日本政府受朝鲜政府邀请，自不能默然置之不理。"间岛"问题是指，吉林省和龙县东北8.4万平方公里的土地，由于朝鲜人不断地越境开荒，清政府经过交涉，于光绪十三年（1887）勘定了国界，设立了界碑，明确了中国领土。而朝鲜沦为日本"保护国"后，日本借故扩大"间岛"问题，意图侵占延边一带的中国领土。对此，徐世昌予以坚决回击。他派遣陈昭常督办吉林边务，吴禄贞为帮办，率数营兵力拘捕窜入中国境内擅捕韩民的警察，遣返所有非法入境捣乱的日本宪兵，并且将日本人在图们江沿岸至六道沟90余里的勘界木桩全部拔去，记上华名里数，立中文标记。徐世昌手段果决，让日本人也不禁目瞪口呆。1909年，《图们江中韩界务条款》与《东三省交涉五案条款》在北京签字。中朝收回地方官管辖"满洲"各铁路；中朝仍以图们江为界；中国允许开抚顺、烟台两地煤矿；中国允许修吉长铁路至延边。中国暂时抵御了日本强行推动的"满洲政策"。徐世昌在此过程中毫不妥协，日方的野心未能得逞。

徐世昌在与日方交涉的同时，还主动同俄方展开关于东清铁路（中东铁路）的交涉。俄国通过非法手段攫取和控制了中东铁路，在沿线租放土地，征收捐税，设置巡警，兼理司法，中东铁路总公司俨然是总揽一切的机关。俄方还自定"公共地方治理会章55条"，在哈尔滨设立俄人自治会领导机关，对华商进行强盗式的掠夺。沙俄派往东清铁路总办霍尔瓦特兼任总领事，意图把商务和外交混为一谈。

徐世昌亲自过问中俄交涉，与前后任吉林巡抚的朱家宝、陈昭常，任黑龙江巡抚的程德全、周树模进行了密切合作。实际主持交涉的杜学瀛、施肇基、于驷兴皆由徐世昌选派，均为练达通明的外交人才。中俄双方交涉僵持不下。俄方要求将铁路总办与总领事合二为一，徐世昌判断俄国意图统一事权，变东清铁路为俄国官

---

① 徐世昌编纂、李澍田等点校《东三省政略》叙言，吉林文史出版社，1997，第1页。

办，进而侵犯中国主权。事关国体，徐世昌态度坚决。他发出告示，晓谕华商切勿擅自加入自治会而缴纳分文捐税，从而令霍尔瓦特制造地方事件勒逼沿途各站华商的阴谋破灭。

第五章 奉系集团形成与崛起

第一节
奉系集团发轫

一、张作霖发迹

张作霖，字雨亭，光绪元年二月十二日（1875年3月19日）生于奉天海城小北洼村（今属辽宁省盘锦市）。其曾祖父张永贵一贫如洗，加之灾祸连年，在苦于生计的情况下，出关谋生，流落至海城。祖父张发有四子，第三子即张作霖之父张有财。张有财先娶邵氏为妻生一女。邵氏死后，又娶王氏，生三子：长子作泰，早年亡故；次子作孚，宣统年间任巡防营哨官，剿匪时阵亡；三子即张作霖。① 张有财不务正业，后在赌局上被人杀死。张作霖之母王氏万般无奈之下，携张作霖兄妹三人投奔镇安县小黑山二道沟外祖父家。张作霖少年时期游手好闲，为生计所迫，做些小生意，卖过包子，当过货郎，学过木匠，但他始终不安于现状。王氏后改嫁兽医李某，张作霖跟继父学习相马、医马。16岁时，他到一家客栈当伙计。一年后，不愿平凡度日的张作霖跟随一群跑单帮的商人来到营口县大高坎镇。

他先在大车店给人做佣人，后中日甲午战争爆发，清军在营口招收新兵，在街头游荡的19岁的张作霖，经熟识的清军小官介绍，投到宋庆标下马玉崑部赵得胜营中。他因为做事机警、懂医马术而被提升为哨长。清军移防关内后，他携械潜

---

① 静庵：《张作霖一生的历史》，《时事新报》1926年6月1日。

逃，回到小黑山，娶赵家庙村地主赵占元次女为妻，婚后住在岳父家中。不久后，他在大高坎镇开起"兽医桩子"，在行医过程中结识了许多绿林响马。① 因经常与黑道人物往来，张作霖被人告发通匪，便索性落草。1896年，21岁的张作霖通过冯麟阁的介绍，加入广宁董大虎匪帮。张作霖当"胡子"之后，主要充当"揽把子"，即负责看管"肉票"，也就是看管被土匪绑架的人质。张作霖并不认同这种勾当，他特别反对绑架妇女。不久，张作霖便脱离了这个匪帮，回到赵家庙。

在辽西的巨寇中，以冯麟阁势力最大，人数达2500人，黑山县齐家窝堡的劣绅刘春烺与冯麟阁暗通款曲，保荐冯麟阁成立"大团"，附近各小股匪帮大多被冯麟阁控制。张作霖见状，也希望组织保险队，于是，在岳父赵占元和附近村屯大户的帮助下，纠合汤玉麟、张作相、宋老丰、赵明德、郑殿升等30多人，在赵家庙拉起了自己的队伍。张作霖在自己的保险区内，基本保障了村民的安全，与以抢劫为宗旨的土匪截然不同。附近村子也请他去保护，张作霖的保险区扩大到周边20多个村子。1899年，广宁中安堡镇派人请张作霖保护，抵御经常来骚扰的金寿山匪帮。张作霖遂移驻中安堡镇，在这里他打败了金寿山势力，队伍壮大到百余人。金寿山不甘心失败，于1901年2月18日（农历腊月三十）晚上偷袭中安堡镇，张作霖毫无防范，最后仅有数人冒死冲出重围，只能往河东投奔冯麟阁，暂借栖身之地，以图再举。

张作霖在投奔冯麟阁的途中，路经八角台，当地商会会长张子云邀请张作霖留驻于此。八角台保险队首领张景惠与张作霖交谈后，对张作霖的才干极为赞赏，主动让贤，自己甘为张作霖的副手。此后，张作相和汤玉麟也率领各自人马加入张作霖的队伍，八角台保险队声势越来越大，也引起了清政府的注意。

1902年2月，署新民厅抚民同知廖彭向盛京将军增祺建议收编保险队，以补官军之不足，即采取"剿抚并施"的策略，对于愿意归顺朝廷的匪帮，清政府承诺可以将其整编转为"公团"。9月，由张子云出面联络十八屯士绅商户代表作保，通过新民府知府增韫手下的干吏赵经丞引线，张作霖向清廷表示愿意接受收编、效忠

---

① 赵兴德：《张作霖青年时代纪略》，载吉林省政协文史资料研究委员会编《吉林文史资料选辑》第4辑，吉林人民出版社，1983，第6页。

朝廷。① 在接受招抚过程中，张作霖听说增祺的夫人携带金银细软路过他的地盘，于是命令手下将增祺夫人一行劫持，却将他们奉为上宾，大献殷勤。张作霖向增祺夫人表示，自己加入绿林是不得已而为之，希望能够被招抚，从而为朝廷效力。随后，他派人护送增祺夫人和全部财物回府。增祺一时大为动容，经过考虑，决定奏明朝廷，命新民府知府曾韫收编张部为新民巡防游击队，共一营五哨：两哨骑兵、三哨步兵。张作霖任管带，张景惠为帮带，孙烈臣、汤玉麟、张作相等任哨官哨长。② 自此，张作霖脱离绿林，摇身一变为清政府的军官。奉系集团的主要核心人物也群聚于此，开始了奉系统治东北20年的发轫期。

张作霖被招抚后，积极为清政府效命，清剿辽西地区的小股匪帮，徐翰武、侯占山等匪帮相继被其剿灭。1903年，张作霖因剿匪有功，受到清廷的嘉奖。1905年，增祺离任，赵尔巽继任盛京将军。1907年，东三省建省，盛京将军改为东三省总督，徐世昌驻节奉天。在徐世昌的指令下，张作霖用计除掉了辽西巨寇杜立三，从而得到了徐世昌的褒奖，实力进一步增强。

当时沙俄唆使蒙古族上层分子在内蒙古地区挑拨民族关系，利用内蒙古民众反抗清政府的抗垦斗争策划叛国活动，其中最为凶蛮的有两支：一支是郭尔罗斯前旗一个没落贵族陶克陶胡纠集的匪徒；另一支是白音、牙什匪帮，他们在辽源、洮南一带横行无忌，袭扰地方。

图5-1 被招抚后任清军统领的张作霖

徐世昌相继派洮南府巡捕队和巡防营前往搜捕，但都没能肃清匪帮。1908年，徐世昌派张作霖率部进驻辽源，随后又移镇洮南。张作霖为回报徐世昌的知遇之恩，在追缴匪帮过程中极为卖力。蒙古人精于骑术，往往配备两匹马，不断换乘，行动极为敏捷迅速，张作霖的马队很难追上。同时，草原广漠，没有村落和树木作

---

① 徐文会口述、王克承记录《张作霖投诚始末记》，载吉林省政协文史资料研究委员会编《吉林文史资料选辑》第4辑，吉林人民出版社，1983，第19页。

② 同上书，第20页。

为标记,张作霖的部队经常迷失方向。① 张作霖率军在大漠荒原上与匪帮进行了连续不断的搏斗。1908年6月,张作霖率部奇袭白音匪帮,斩首其干将巴塔尔,随后会同黑龙江官军夹击陶克陶胡和白音。陶克陶胡被迫西窜,张作霖带领人马在沙漠中行军八百余里,在冰雪覆盖的索伦山区,身先士卒与匪帮短兵相接,最终击毙白音,生擒牙什,将陶克陶胡逐出内蒙古,彻底地消灭了内蒙古叛匪。在剿灭匪帮过程中,张作霖不断扩编部队。其所部为五营,张作霖自兼第一营营官,第二营营官为张景惠,第三营营官为汤玉麟,第四营营官为张明九,第五营营官为张作相。由于兵力不足,徐世昌允许其扩为七营,增加了依荣庭和张香九两营,张作霖部达到3500多人②,成为奉天省不可忽视的军事力量。多年征战使张作霖的军事实力不断扩大,其政治影响和个人声望不断提高,其政治野心也随之膨胀。不过,此时的张作霖只是奉天众多政治力量中的一支,还不足以独霸奉天省,因此他积极笼络奉天的外国势力,扩大军力,为攫取更大的政治权力进行准备。

二、抓住时机控制奉天

1911年10月,辛亥革命爆发,武昌起义的枪声响彻全国,各省纷纷独立,东北地区政局也受到影响。早在1905年同盟会成立后,革命党人就在奉天成立了各种组织,向新军渗透宣传民主革命,如张榕、张根仁、徐镜心、宁武,以及新军将领吴禄贞、蓝天蔚、商震等人都是奉天革命党人的中坚力量。武昌起义胜利的消息传来,奉天革命党人欢欣鼓舞,积极响应。东三省总督赵尔巽此时正在黑龙江巡视,听闻武昌起义的消息后惊恐万分,立即赶回奉天,召集要员们会商如何应对局势。此时省城唯一的军队是驻扎在北大营的陆军第二混成旅,这支受过新式训练的新军由曾留学日本士官学校的蓝天蔚指挥。蓝天蔚1903年在日本留学时就被推举为拒俄义勇队队长,一直倾向革命。在获知武昌起义胜利后即与革命党人联络,酝酿发动起义。同时他还派人与第六镇统制吴禄贞、第二十镇统制张绍曾取得联系,

---

① 秦诚至、陶道文:《张作霖集团形成概略》,载吉林省政协文史资料研究委员会编《吉林文史资料选辑》第4辑,吉林人民出版社,1983,第25页。

② 同上书。

第五章 奉系集团形成与崛起

研究在北方共同行动,一举推翻清王朝的方针大计。根据和吴禄贞、张绍曾磋商的结果,蓝天蔚决定以不流血的方式促使东北脱离清政府统治宣布独立。在其寓所召开的秘密会议上,蓝天蔚被推举为关外革命军"讨虏大都督",张榕被推举为奉天省都督,奉天谘议局局长吴景濂被推举为奉天省民政长。11月6日,蓝天蔚再次在北大营召开会议讨论如何逼迫赵尔巽下台,但是会后新军一名营长李鹤祥将革命党人的全部计划向赵尔巽告密。

图5-2 东三省总督赵尔巽

赵尔巽对新军本就不信任,得到李鹤祥告密更感到形势紧迫,但苦于手中没有可用之兵。他召见奉天谘议局副局长、立宪派代表袁金铠等地方士绅,说明自己打算弃职出走入关的想法。袁金铠等人苦苦挽留,并向赵尔巽进言:"请大帅为我全省民命不要入关,革命党完全是虚张声势。蓝天蔚部下既来告密,可见军心仍然依归大帅。我袁某在大帅面前敢以身家性命担保,要重用巡防营统领张作霖,其人机警,而且愿效忠大帅。请大帅当机立断,传令张统领。"① 赵尔巽采纳袁金铠的建议,于1911年11月8日迅速调正驻军洮南的张作霖率部进驻省城。

自辛亥革命爆发后,张作霖一直密切注视奉天的政治走势,并和袁金铠保持紧密的联系。接到赵尔巽的调令,张作霖敏锐感觉到这是一个晋升的机会,于是他率领马队星夜兼程于11月11日赶到奉天。在面见赵尔巽的时候,张作霖表示要为赵效忠。② 赵尔巽见到张作霖精神为之一振,决定立即对革命党人采取措施。

为了推动奉天的革命活动,张榕、张根仁等同盟会会员11月17日在奉天市成立"联合急进会",领导奉天的革命斗争。11月20日,顾人宜在庄河、复州起义,打响了奉天省响应武昌起义的第一枪。随后徐镜心、商震、祁耿寰等人相继在辽阳、凤城、辽中等地举事。赵尔巽派兵四处镇压革命星火,而张作霖始终率领巡防营坐镇奉天。1912年元旦,孙中山就任中华民国临时大总统,袁世凯密令北洋将领发表通电反对,张作霖也积极列名其中。由此,袁世凯发电嘉奖张作霖"办事得宜","一俟乱事稍平,必当从重给奖"。③ 可见,张作霖已经取得了北洋军阀集团

---

① 宁武:《东北辛亥革命简述》,载全国政协文史资料研究委员会编《辛亥革命回忆录》第5集,中华书局,1963,第546页。

② 同上书,第547页。

③ 《盛京时报》1911年12月21日。

首领袁世凯的赏识，在奉天已经有了极其重要的影响力。

图5-3 奉天革命党领袖张榕

南京临时政府成立后，孙中山即任命蓝天蔚为关外大都督、北伐军总司令，随即在烟台设立北伐军根据地，分兵夺取登州、黄县等地，积极准备在东北沿海登陆。为此，赵尔巽决定先下手为强，密令张作霖和袁金铠设计暗害奉天的革命党主要领导。1月23日，张作霖与张榕在奉天蜇红馆见面，张作霖中途借口离去，随即两名杀手突然闯入，当场将张榕射杀。当晚，汤玉麟、金寿山分别率领人马将《国民报》编辑田亚宾和张榕好友宝崑等革命党人杀害。此后数日，张作霖指挥部下在奉天对革命党人和进步青年大开杀戒，整个奉天笼罩于恐怖气氛之中。在镇压革命党人的同时，张作霖在北镇、黑山、新民等地招募新兵扩充实力，赵尔巽任命其为中路巡防营统领兼奉天省巡防营务处总办，张部总兵力达到5000余人，张作霖成为左右奉天政局的关键人物。

赵尔巽将张作霖视为臂膀，为张作霖专折特奏清廷给予褒奖。此时的清王朝已经濒于灭亡，还是赏赐张作霖花翎，任命其为"关外练兵大臣"，并将张部改编为第二十四镇。为了表达对清政府的忠心，张作霖甚至主张派兵勤王，对于民主共和表示了极大的敌视，"民主政体，我国万不能行"①。随着南北合议达成，袁世凯逼宫胁迫清帝退位，清王朝覆灭已成定局，张作霖立刻改弦更张，通电祝贺袁世凯就任中华民国临时大总统。以孙中山为代表的南京临时政府要求袁世凯离开北京南下就职，从而让袁世凯离开自己经营多年的北洋老巢，用临时约法限制其权欲，维护共和政体。但是袁世凯并不甘心受制于人，他授意北洋诸将领通电拒绝迁都，并唆使部下在北京内外哄抢制造事端，为其拒绝离京提供借口。张作霖此时也不失时机地通电支持袁世凯的决定，在1912年2月17日致袁世凯电文中讲道："大总统已公选全权，为天下之人贺。惟莅宁一节，军界不甚允协，仍以北京为妥。如必莅宁，恐有他变。"② 2月29日，他再致电袁世凯："倘总统离京，恐匪徒乘机破坏，酿成交涉，至为可危。"③ 由于京津秩序大乱，各国以"保侨"为名调动兵力、派

---

① 《盛京时报》1911年2月7日。

② 《盛京时报》1912年3月6日。

③ 胡玉海、里蓉主编《奉系军阀大事记》，辽宁民族出版社，2005，第91页。

遣军舰。在这一情势下，袁世凯有了充分的理由拒绝南下就职。孙中山和南京参议院不得不妥协，同意袁世凯在北京就职，最终北洋集团攫取了辛亥革命的胜利果实，开启了北洋政权的大幕。

张作霖为了自己的政治前途献媚于袁世凯，而袁世凯为了扩张北洋的势力也积极拉拢张作霖。1912年6月19日晚，第二混成协的新军士兵由于不满代理协统聂汝清克扣薪饷而在革命党人孙祥夫的带领下发动兵变，与张作霖的巡防营发生激烈冲突。由于新军士兵仓促起事，缺少明确的目的，天明后便纷纷散去。张作霖利用这个机会，遣散了第二混成协士兵2000余人，张作霖的部队几乎成了奉天省城唯一的军事力量。9月11日，袁世凯下令将张作霖的部队改编为陆军第二十七师，张作霖担任中将师长，其亲信汤玉麟、张作相、张景惠、孙烈臣分别担任旅长和团长，部队驻扎奉天省城。冯德麟所部被改编为第二十八师，驻扎在北镇。张作霖的军力最为凶悍，成为实际上左右奉天军政的重要人物。

第二节
张作霖谋取奉天军政大权

一、投靠袁氏扩张势力

伴随着实力的扩张，张作霖开始图谋以武力为后盾，依靠政治权谋，寻求外援，以攫取奉天以至整个东北的霸权，而此时的东北政局正处于云谲波诡之际。清王朝覆灭之后，以肃亲王善耆、升允等满洲遗老为首，组成了"宗社党"，妄图以东北为基地恢复清王朝的统治。他们勾结日本帝国主义，招兵买马，进行武装复辟活动，而有日本军方背景的浪人川岛浪速则积极为宗社党出谋划策，协助其成立

"满蒙独立义勇军政府"。因为在中华民国成立前夕,赵尔巽和张作霖曾表示拥戴清政府,因此川岛浪速试图游说赵尔巽、张作霖起兵支持满蒙独立。日本参谋本部也派出高山公通大佐、松本清助大尉、多宗贺之少佐赴华推动计划实行。由于张作霖明确表示拥护共和政体,而日本策动满蒙独立的计划遭到列强的反对,第一次"满蒙独立运动"流产。

鉴于东北问题日益复杂,袁世凯开始考虑有效控制东北政局的问题。民国成立后,赵尔巽离职隐居青岛。虽然张作霖表明效忠于北洋政府,但是因其出身绿林,并非嫡系,且善于投机,袁世凯对其难以放心。赵尔巽离奉之后,袁世凯派东三省宣抚使张锡銮署理奉天都督。张锡銮与袁世凯关系密切,两人和王修植、孙宝琦、潘克俊共五人曾结成盟兄弟,袁世凯对张锡銮极为信任。张锡銮曾长期在奉天任职,光绪年间就随崇实入奉,任锦州凤凰厅候补道,讨伐马贼。中日甲午战争时,张锡銮署东边兵备道,率军与日军激战,收复宽甸。其后,张锡銮任奉天东边道、中军各营统领、巡警总办、奉天营务处总办等职,招抚收编了张作霖、冯德麟。张作霖曾拜张锡銮为义父。因此,袁世凯派张锡銮赴奉,以其资望制衡实力日益强大的张作霖。

此时张作霖虽然已经拥兵自重,成为奉天政局的关键人物,但是想要独霸奉天仍然面对诸多障碍。宗社党意图恢复清王朝,蠢蠢欲动;张锡銮得到袁世凯的支持,是奉天名义上的军政首脑;冯德麟不甘心居于张作霖之后,也想与其争雄。为了扫平这些障碍,张作霖首先大力增加自己的武装实力,此外他积极向日本靠拢。日俄战争之后日本已经将南满划为自己的势力范围,没有日本的支持,张作霖想要真正"君临奉天"是难以实现的。日本驻奉天总领事落合谦太郎回复外交大臣内田康哉的电文中提到,1912年1月26日张作霖曾赴日本领事馆与其讲道:"日本国在满洲拥有重大利权,与满洲具有特殊关系,而为本人所熟知,亦为民众所知晓。日本国如能以往相召,则东三省民众,必将人心趋向,有所依归。本人认为与其将东三省委于南方人之手,勿宁与外人更为了当。当此时此刻,日本国如对本人有何指令,本人自必奋力效命。"① 落合谦太郎没有对张作霖的意见进行回应,一方面他未得到日本外务省的明确指示,难以对张作霖的态度加以判断;另一方面张作霖实力

---

① 《落合驻奉天总领事致内田外务大臣电》〔第51号〕(1912年1月26日),载中国社会科学院近代史研究所中华民国研究室主编,邹念之编译《日本外交文书选译——关于辛亥革命》,中国社会科学出版社,1980,第72页。

还不足,日本当局对其还有待考察。

尽管张作霖一再取信于袁世凯,可袁对其并不放心。1914年8月,袁世凯任命张作霖为"护军使",意图将其调往内蒙古,而将吴俊陞调往奉天,让张作霖脱离老巢奉天,从而加以控制,同时分化离间奉系集团。张作霖得到消息,向陆军总长段祺瑞发电讲道:"辛亥、癸丑之役,大总统注意南方,皆作霖坐镇北方之力。今天下底定,以馋夫之排挤,鸟尽弓藏,思之寒心。中央欲以护军使、将军等职相待,此等牢笼手段,施之别人则可,施之作霖则不可。承总长相待甚优,与吴俊陞对调一节,极所赞同。谨率全师驻防荒僻,以俟钧命。但愿早脱奉省,以免祸至无日。"① 这封电报表明了张作霖对北洋政府调令的强烈不满,告诉袁世凯在镇压二次革命上自己功不可没;同时也说明,张作霖羽翼渐丰,已经敢于和北京政府对抗。张作霖还鼓动奉天的富商巨贾在报纸上发文:"张师长生长本土,习知奉事,自宣统三年移节省城,越明年编制成师,未尝一迁师部于他处,城关商民以及驻奉各国官商,深资依庇。"② 这里尤其强调"驻奉各国官商"对张作霖都"深资依庇",其实是他挟洋自重。考虑到日本和沙俄都对东北虎视眈眈,袁世凯最终收回成命。

在这种情势下,张作霖对奉天督军的职务大有舍我其谁的姿态。奉天军政均须由他决断,即便是张锡銮也经常到其府邸拜访。1915年春,张作霖再次入京,结交达官显贵,为继任奉天督军运作。张作霖给袁世凯的心腹段芝贵献上厚礼,并拜段为老师。张作霖晋见袁世凯时,"跪行大礼","应对漏词莽语","故意装粗卖傻"以表示自己的单纯,打消袁对他的疑心。此时,袁世凯阴谋恢复帝制,召见各省师旅以上军官,探听他们对帝制问题的意见。虽然张作霖在袁世凯面前始终装出一副不关心政治的样子,并且对袁竭力吹捧"国家安危系于我大总统一身",但是袁世凯并未真正信任张作霖。1915年8月,袁世凯将自己的亲信、湖北督军段芝贵调往奉天,并令其节制吉林、黑龙江两省。袁世凯深知自己的做法,必定引起张作霖的不满,因此对张表示日后必加以提拔重用,以示笼络。张作霖则不动声色,努力维持与段芝贵的良好关系。1915年9

图5-4 奉天督军段芝贵

---

① 陶菊隐:《北洋军阀统治时期史话》第2册,生活·读书·新知三联书店,1957,第121页。
② 《盛京时报》1914年9月12日。

月,张作霖向袁世凯呈送请求变更国体劝进密电,表示愿意替新朝扫平一切反对帝制的人。张作霖在电文中说道:"东三省人民渴望甚殷。关外有异议者,惟作霖一身当之,内省若有反对者,作霖愿率所部以平内乱,虽刀斧加身,亦不稍怯。"电文最后写道:"作霖行年已四十有二矣。位至中将,子女数人,田产亦足以仰事俯蓄。今日之言,实为国家计,非为希荣计。若有二心,天实殛之。"① 在对袁世凯称帝一事上,北洋集团内部态度并不一致,例如张锡銮就向袁世凯劝谏应详加考虑。而张作霖以如此拼死的态度助袁称帝,即便袁的亲信也不多见,可见张作霖意图以此博得袁世凯的信任。

1915年12月12日,袁世凯恢复帝制,对北洋各省将领论功行赏:对大省的上将军授公爵、侯爵,对小省的将军授伯爵、子爵,对巡阅使授男爵,对中将师长、镇守使授轻车都尉。张作霖的身份是师长,但还是被授予子爵,在袁世凯看来这已经是破格的荣耀了;然而张作霖却大失所望,极为不满。他询问左右:"子之何谓?"手下人回答:"子爵下于伯爵一等,再上为公为侯。"张作霖不悦道:"吾何能为人作子?"遂立即"递呈请假"表示反抗。虽有段芝贵"亲踵门视疾",然而张作霖"挡驾不接见"。② 袁世凯又以调虎离山之计来对付他,任命张作霖为绥远都统,被他一口回绝。

二、驱逐段芝贵,全面控制奉天

袁世凯称帝的倒行逆施,遭到全国民众的反对。1915年12月25日,云南率先宣布独立,云南都督蔡锷誓师讨袁,揭开了护国战争的序幕。而曾经支持袁世凯的英、日帝国主义也转变态度,袁世凯陷入四面楚歌之中。为了继续统治,他派曹锟南下讨伐护国军,同时积极拉拢张作霖。1916年2月,袁世凯电召张作霖再次入京,劝张带兵入湖南。张作霖表现出老谋深算的一面,他表面上继续拥戴袁世凯,骗取了大量军械饷银。随后,张作霖指使奉天各界团体致电北京政府,极力挽留自己继续驻防奉天。袁世凯此时明白自己被张作霖愚弄,但是已经无法调遣他了。

---

① 陈志新、赵希兰、邵桂花、钱晓岚编著《沈阳文史资料》第21辑,沈阳市政协文史资料研究委员会办公室,1994,第82页。

② 同上书,第83页。

1916年3月，袁世凯取消帝制，但是无法平息全国的反袁浪潮，各省纷纷表示要严惩帝制祸首。奉天督军段芝贵是支持袁世凯称帝的重要人物，此时他如坐针毡，而张作霖则打出"奉人治奉"的口号，在袁世凯垂危之际驱逐段芝贵，控制奉天的军政大权。

段芝贵离奉后，袁金铠在张作霖授意下起草《奉天保安会章程》，极力鼓吹"奉人治奉"。袁世凯得此消息十分吃惊，他面对西南各省的反袁武装已经无兵可用，如果东北在此时独立，无疑将使他陷入腹背受敌的困境。在无人敢于赴奉天就职的情况下，袁世凯只能从张作霖和冯德麟之中选一人担任奉天督军。段芝贵对冯德麟恨之入骨，因此极力推荐张作霖。1916年4月22日，北京政府任命张作霖为盛武将军，署理奉天军务并兼巡按使；任命冯德麟为军务帮办。1916年6月，袁世凯在内外交困中死去。北京政府电令各省改将军为督军，改巡按使为省长。张作霖任奉天督军兼省长，终于实现了他掌控奉天军政大权的心愿。同时，这标志着以张作霖为核心的奉系集团形成，与以段祺瑞为首的皖系军阀、以冯国璋和曹锟为首的直系军阀鼎足而立。奉系集团也逐步发展成为争夺东北乃至全国政权、具有举足轻重影响力的军政集团。

图5-5　张作霖被任命为盛武将军，署理奉天军务并兼巡按使时身着将军服的坐像

第三节
奉系集团控制东北全境

张作霖任奉天督军兼省长后,便开始集中精力排除异己。对于张作霖而言,他想独霸奉天还有一个对手,那就是第二十八师师长冯德麟。冯德麟本以为和张作霖共同驱逐段芝贵后,以自己的资望完全能够坐上奉天督军的位子,结果没有想到,北京政府只给了他一个军务帮办的虚衔,奉天的军政大权尽入张作霖之手。冯德麟对此大为不满,他开始策划各项排挤张作霖的计划。首先,他到北京制造舆论,揭发张作霖种种不法行为;然后,利用汤玉麟与王永江的矛盾,联合汤玉麟逼宫,要求北洋政府解除张作霖奉天督军的职务,以自己取而代之。但是,此时张作霖已经羽翼渐丰。北京政府表示,张作霖与日本关系融洽,更换张作霖将对奉天大局不利。冯德麟的计谋没有得逞;而汤玉麟也因此失去张作霖的信任,被迫逃至医巫闾山重新为匪。

图5-6 冯德麟

冯德麟不甘心居于张作霖之下。1917年7月,张勋和清朝遗老利用进京调解府院之争的机会图谋复辟,冯德麟积极参与其中,想趁机排挤张作霖。而张作霖则审时度势,顺水推舟任命冯德麟为奉天省的全权代表。张作霖的目的是,若复辟成功,则奉系集团有拥戴之功;若复辟失败,则冯德麟是自己的替罪羊。果然,张勋复辟遭到全国民众反对,段祺瑞抓住机会,在天津起兵讨逆。张作霖也审时度势发表宣言反对复辟。随着段祺瑞的讨逆军开进北京,张勋复辟失败,作为祸首之一的冯德麟也被北京政府革除一切官职和爵位,并被要求接受法院审判。冯德麟此时走投无路,张作霖致电北京政府为其开脱。冯德麟被释放后,张作霖给了他一个督军府军事顾问的闲职。冯德麟部基本上被张作霖收编,汲金纯被任命为第二十八师师长；孙烈臣为第二十七师师长；吴俊陞所部扩编为第二十九师，吴俊陞任师长。至此，以张作霖为首的奉系集团共有3个正规师，总兵力达到4万人。张作霖完全控制了奉天的军政大权。

一、掌握黑龙江

张作霖称霸奉天后，下一个目标就是黑龙江省。

此时，黑龙江最有实权的人物是黑龙江陆军第一师师长许兰洲。许兰洲是直隶省南宫县人，自湖南陆军学堂毕业后追随张勋到黑龙江，任陆军第一师师长，手握黑龙江的军政大权。1916年5月，毕桂芳第二次就任黑龙江都督时，张作霖为了拉拢许兰洲，致电袁世凯阻止毕桂芳就任，未果。1917年5月，因段祺瑞辞任国务总理，张作霖联合吉黑两省宣布独立，毕桂芳持稳健态度，而许兰洲则力促毕宣布独立。为了对抗许兰洲的军事压力，毕桂芳密调英顺的黑龙江骑兵第四旅和巴英额的步兵第二旅入卫。许兰洲察觉之后，威逼毕桂芳辞职出境。无奈之下，毕桂芳宣布辞去黑龙江省省长兼督军职务，离职回京。在到达呼兰时他通电怒斥许兰洲，而英顺和巴英额则拥戴毕桂芳，在海伦、呼兰一线与许兰洲对峙，"双方对峙甚岌岌"，"闻将立攻诸城"①。黑龙江各地风声鹤唳，陷入一片战争阴云之中，而这为张作霖乘机控制黑龙江提供了良机。

张作霖命令孙烈臣"急行赴黑，观察一切"②，对双方进行拉拢，而英顺和许兰洲也表示"惟雨帅之命是从"。此时，直皖两系围绕北京政权的争夺达到白热化，无暇顾及黑龙江省。张作霖致电段祺瑞，举荐中央陆军讲武堂堂长、自己的儿女亲家鲍贵卿出任黑龙江省督军。段祺瑞考虑到皖系与奉系皆受到日本的支持，在府院之争中张作霖曾向黎元洪示威支持皖系，所以乐意做个顺水人情，同意张作霖的举荐。1917年8月13日，鲍贵卿在张作霖派兵护卫下到黑龙江赴任。8月下旬，张作霖与段祺瑞合谋将许兰洲所部五营骑兵和三营步兵强行调往奉天，任命许兰洲为东路剿匪总司令，驻扎西丰。许兰洲虎落平阳，无法再对黑龙江军政发挥影响。与

---

① 《盛京时报》1917年6月26日。

② 同上。

此同时，张作霖派孙鸣九率领十营奉军进驻齐齐哈尔。当英顺、巴英额试图反抗之时，张作霖又以剿匪为名调吴俊陞的第二十九师北上。英顺、巴英额意图顽抗，都被北京政府罢免了职务。至此，黑龙江完全落入张作霖之手。

二、控制吉林

相对于黑龙江，张作霖插手吉林面对的困难更大。吉林与奉天、黑龙江相比，受日本、俄国的干涉较少，同时地方势力很强。吉林督军孟恩远（字曙村），天津海下咸水沽人，在吉林经营10余年，论资历犹在张作霖之上。孟恩远1908年任吉林边防督办，1912年任吉林护军使，1913年逼走吉林督军陈昭常后控制了吉林的军政大权。孟恩远在吉林10余年，势力遍布全省。即使张作霖已经担任东北巡阅使，孟依然以老前辈自居，并不把张放在眼里。"督军团倡乱时，孟以年龄最长推为领衔人，作霖大感不快，因为奉天在前清时为总督驻在地，他视东三省为其势力范围，不愿范围以内钻出一个'大哥'来，更不愿一个巡抚爬在总督的头上。"张勋复辟时，孟恩远积极参与筹划，被任命为吉林巡抚。他派副官高联甲回吉林，强迫吉林省省长郭宗熙交出权力，同时在吉林各处悬挂黄龙旗，大张旗鼓鼓吹复辟。而此时张作霖则采取观望态度，静待时局变化。张勋复辟失败后，孟恩远立即表示拥护共和，将其参加复辟的罪责都转嫁给高联甲，随后潜回吉林妄图保住督军之位。

张作霖利用孟恩远参加复辟的把柄，策动在北京的吉林籍议员于贵良等人以"复辟附逆"的罪名控告孟恩远。1917年10月18日，段祺瑞下令，改任孟恩远为"诚威将军"，革去其吉林督军职务，并改派亲信、察哈尔都统田中玉出任吉林督军。孟恩远拒绝离任，并由督军署参谋长高士侯和吉长镇守使裴其勋以吉林全体官兵名义发表通电，质询段祺瑞内阁撤换孟恩远的命令；同时在吉、长之间调动部队，宣布吉林独立。

吉林的情势超出了张作霖的意料，他想驱逐孟恩远掌控吉林，但段祺瑞内阁同样觊觎吉林。特别是田中玉曾在长春驻扎，与日本有着密切的联系，一旦他担任吉林督军将极大地威胁张作霖在东北的统治，实为竞争性政敌。① 因此，张作霖改变策略，支持孟恩远留任。虽然在孟恩远宣布吉林独立时，张作霖劝告孟恩远不要与北京政府对抗，并组织吉林讨伐军意图武装占领吉林，但是随着吉林官兵拒绝田中玉赴任，同时直系军阀组织十七省督军联合发表留孟宣言，他便放弃了驱逐孟恩远的念头，转而调和北京政权与孟恩远的矛盾。最终，北京政府允许孟恩远"督任延期"，吉林则取消独立。

1917年末至1918年初，北京政府中直皖两派军阀斗争日趋白热化。由日本支持的皖系段祺瑞担任参战督办，握有实权，反对亲英美派的直系冯国璋。段祺瑞政府提出武力统一的口号，积极拉拢同由日本支持的张作霖。由于在护法战争中屡遭失败，段祺瑞被迫辞职，但是他不甘心下野，于1917年12月3日在天津召开了七省三区以及上海、徐州军阀参加的主战派会议。张作霖参会并积极主战，与段祺瑞站在同一战线。在此之前，段祺瑞忌惮张作霖的野心，所以拉拢张，但是不愿意与张结盟。此时，由于自感与直系抗衡的实力不足，需要"借奉打直"，于是段派遣心腹徐树铮赴奉天联络张作霖。徐树铮很了解张作霖扩充军备的急切心情，恰在此时冯国璋与陕西督军陈树藩、山西督军阎锡山根据"中日军械借款协定"从日本订购了一批军械，在秦皇岛交货，而交货日期被徐树铮侦知。他便与张作霖约定以夺取这批军械为条件，引奉系入关助战。徐树铮与张作霖的参谋长杨宇霆相互勾结，怂恿张作霖夺械。而本就打算扩张军备的张作霖更是大喜过望，两人一拍即合。随后，张作霖派遣奉天军械厂厂长丁超和第五十三旅旅长张景惠带领两个营的兵力入关，对外诡称是福建督军李厚基所募的新兵，以掩人耳目，赶到秦皇岛码头候船。在此过程中，他们和直系接收装备的人员饮酒打牌，使其完全放松了警惕。1918年2月22日，当日方将全部货物从"武德号"货轮卸下，交给北京接收枪械的人员装上火车后，张景惠强迫站长将火车掉头开往奉天，共计2.7万余支步枪尽数为张作霖所得。同年3月，张作霖又在塘沽截留了另一批军火。两次截获武器有大炮、步枪、机关枪及其他武器共计3万余件。这便是历史上著名的"秦皇岛劫械事件"。北京政府电告张作霖，要求其归还军火，张作霖复电："此次奉天请领军械，系奉元首讨伐命令，整饬军队，为政府之后盾。所练军队，无论对内对外，均属拥护中

---

① ［日］东亚同文会编《对华回忆录》，胡锡年译，商务印书馆，1959，第366页。

央,一旦编练成军,悉听政府驱策。运京留奉,宗旨无殊。盖全军均属国家,尚何器械之足计。"① 张作霖为劫械找了冠冕堂皇的理由,北京政府对此也是无可奈何。随后,张作霖利用这些武器极大地改善了原有3个师的装备,并且又扩编了6个混成旅和1个暂编师,奉系军力迅速膨胀。

彻底控制吉林是张作霖完成东北军政统一的最后一步。孟恩远在保住吉林督军职务后,积极镇压哈尔滨的革命工人,以此换得北京政府的好感,巩固自己的统治。同时,孟不断扩编军队,搜刮民脂民膏,吉林民众怨声载道。对于急于吞并吉林的张作霖而言,利用民怨打击孟恩远,不啻天赐良机。1919年6月,他唆使"吉林公民何守仁等分向国务院及东三省巡阅使署控孟恩远纵兵殃民八大款,一面电请中央查办,保荐孙烈臣继任吉林督军,一面将原呈掷交孟命其自行辞职"。为了给孟恩远一个体面的"台阶",张作霖应允保荐他为东北边防总司令。

面对张作霖咄咄逼人的气势,段祺瑞政府想请张作霖的老上级张锡銮出面调和,但张锡銮当年就是被张作霖逼走的,因此不愿出山。无奈之下,北京政府于7月6日电令,授予孟恩远"惠威将军"的虚衔,调其入京供职,鲍贵卿任吉林督军,孙烈臣代其为黑龙江督军。

孟恩远所部以吉林第一师师长高士侯为首,主张不执行北京政府命令,对张作霖进行武力抵抗。吉林省各旅长和镇守使以"边事重要"为由,要求段祺瑞内阁收回成命,孟恩远也以"兵变"为借口拒绝离任。孟电告北京,"我若离开吉林,六十营士兵马上哗变起来。我所愿意的就在此,若有半句虚言,异日必死于炮火之下。"

张作霖见孟恩远欲负隅顽抗,立即调动军队,派第二十七师师长孙烈臣为南路军总司令,第二十九师师长吴俊陞任北路军总司令,意图两面夹击,彻底拿下吉林,扩大奉系势力范围。吉军高士侯等部毫不示弱,在长春建立指挥部,以高俊峰为前敌司令,将吉军集中在吉长一带积极备战。7月18日,奉吉两军在怀德一带对峙,相距仅有二二十华里。就在奉吉双方剑拔弩张、一触即发时,日本帝国主义在长春制造了"宽城子事件",使事态发生了戏剧性的变化。

---

① 荆有岩:《奉系军事集团的形成与扩展》,载辽宁省政协文史资料研究委员会编《辽宁文史资料》第21辑,辽宁人民出版社,1987,第5页。

宽城子是长春的旧称。奉吉军事对峙后，吉林混成第三旅第二团的3个营驻扎在长春北郊二道沟站的一片空地上，营地与头道沟日界很近。吉军营地周围设有警戒线，限制人员通行。7月19日14时，日本南满铁路职员川津藤太郎欲强行从警戒线处穿过，被站岗的吉军阻拦。川津不听劝阻，与哨兵发生口角，后演变成斗殴，而围观的吉军5人、日本士兵3人也卷入斗殴。一日本兵逃到宽城子车站向日本守备队报告，日军队长林繁树派副官住田中尉率领全副武装的日军60余人跑步前往吉军营地。到达营地后，住田要求吉军将打人的士兵交出。二团一营营长出面接待，向住田申明待调查清楚后，必定严办滋事士兵，要求住田将部队带回。但是日本官兵并不同意，在争论过程中，日军军官触碰手枪皮套，其他士兵将枪举起，双方随即发生枪战。第三旅旅长高俊峰听到枪声后赶往事发地，此时双方仍然在对射，他令吉军停止射击。到15时30分双方停止对抗，在这一事件中吉军死12人、伤14人，日军死19人、伤17人。①

事发后，日军迅速从公主岭和铁岭调集大军，集中于吉长一线。日本驻长春领事森田宽藏会同高士傧紧急赶赴长春，公主岭方面的日本独立守备队司令官高山公通、奉天总领事赤冢正助及关东军参谋长滨面又助等协商善后问题。此时北京政府由财政总长龚心湛代理总理职务，面对中日外交的重大问题，必须迅速处理，才能避免内阁倒台。于是北京政府发布命令，对事件直接负责人孟恩远予以切责，并撤销高士傧的职务，内容如下：

> 高士傧擅自将其军队集中于长春附近，致激起重大事故，应追究责任。将高士傧免职，其一切事务，委交张作霖处理。
>
> （一）孟恩远应问不能严守军规之罪，其所有督军事务，可移交鲍贵卿，径来北京。
>
> （二）鲍贵卿径赴吉林，从事实地调查，采取善后措施。②

---

① 车维汉、朱虹、王秀华：《奉系对外关系》，载胡玉海主编《奉系军阀全书》，辽海出版社，2000，第101页。
② ［日］东亚同文会编《对华回忆录》，胡锡年译，商务印书馆，1959，第371页。

此时的形势对张作霖极为有利，而孟恩远、高士傧则是四面楚歌。北京政府派遣吉林巡按使孟宪彝与省长郭宗熙规劝高士傧离任。高士傧则决意对抗到底，扬言"不惜以生命相赌，讨伐奉天军，如其失败，即归绿林，扰乱东三省"①。为此，高士傧开始纠合各地马贼，而这更给了张作霖"讨伐逆贼"的借口。8月下旬，奉军在开原设立总司令部，大有踏平吉军之势。高士傧则与裴其勋等吉军将领联署发表檄文，痛斥北京政府处置不公和张作霖的野心：

  张作霖以盗贼之巨魁，私列戎行，恃其匪党，横行关东，遂膺三省巡阅使之伪命，策动东三省独立之阴谋。士傧等远应西南诸军，根据约法，集合三省义士，讨伐张匪。士傧等百战余生，以身许国，大义所在，成败存亡，非所计也。②

高士傧等人高呼大义，冀望与南方护法力量相呼应，但是此时形势已无可挽回。张作霖通过收买、分化的手段得到了吉林镇守使裴其勋和吉军第一师第一旅旅长诚明的支持，吉军陷入崩溃的境地。在认清了形势之后，本无心恋战的孟恩远，通过居中调停的孟恩彝，向张作霖作妥协交涉，命令高士傧停止行动，将督军之位移交鲍贵卿。随后，孟恩远与鲍贵卿会晤后便离开吉林赶赴天津。而高士傧则在"满铁"的帮助下乘特挂列车出逃大连。至此，奉吉督军之争以张作霖大获全胜而告终。

---

① ［日］东亚同文会编《对华回忆录》，胡锡年译，商务印书馆，1959，第372页。
② 同上。

第五章 奉系集团形成与崛起

第四节
王永江治奉与政务革新

奉系以武力为后盾控制奉天的军政后，张作霖深知，治理奉天的民生、整顿警务财政绝非绿林兄弟的能力所及，需要有丰富的行政经验、善于理财、勇于任事的经世之才才能胜任。在袁金铠的大力举荐下，张作霖决定重用王永江，开启了近代奉天治理的新篇章。

一、军警之争

1916年4月，张作霖被北京政府任命为盛武将军署理奉天军务兼巡按使，管理奉天军政事务。为了治理好奉天，张作霖委任杨宇霆为参谋长、王树翰为财政厅厅长，特别是袁金铠担任秘书长，成为他的主要智囊，奉天省人才可谓济济一堂。王永江亦曾前去拜见张作霖，但张对王甚为轻视，故王永江以刘备慢待庞统的史事作诗讽怨道："士元竟以酒糊涂，大耳如何慢凤雏？才得荆襄宁志满，英雄通病是轻儒。"① 此时，袁金铠向张作霖大力举荐王永江，"永江才器为当今第一，不应置诸末秩。"于是，张作霖派人请王永江会面，王永江说："张公门前戈戟森列，吾侪小吏至门，拒不得通，将奈何戒门

图5-7 奉系集团文治派代表人物王永江

---

① 冯月庵、润生：《王永江》，载辽宁省政协文史资料研究委员会编《辽宁文史资料》第25辑，辽宁人民出版社，1987，第30页。

者矣。"王永江来到张作霖住处，果然有人迎候，并走出中门。张作霖迎接王永江，"公来何迟？"握手如平生欢，请之入内室，两人密谈终日，由此尽弃前嫌。随后，王永江担任奉天督军署高等顾问，得到张作霖的完全信任。①

　　同年 11 月，奉天警察厅厅长朱文郁调任安东税捐局局长，张作霖立即任命王永江为全省警务处处长兼奉天警察厅厅长，委以整顿奉天警政的重任。王永江多年从事警政工作，经验丰富。他深知，奉天警政不振的根本原因是当时驻省城各师旅兵勇颇有作奸犯科者，官府熟视无睹，莫敢过问。特别是以汤玉麟为首的巡防营皆为绿林出身，蛮横至极，警察当局不敢执法，司法权形同虚设。王永江在了解到奉天警政弊端的根源后，向张作霖提出，由自己不受限制地改革警政，禁止军官干涉警政。张作霖完全应允了王永江的要求。

　　王永江深知，奉天警政创建多年而毫无起色，关键是未得其人。所以，在获得张作霖的委任后，他决心全力整顿，从根源抓起。王永江改革警政首先从选人入手，对于处厅两机关贪腐人员一律裁撤，对于请托徇私者均铁面无私、绝不姑息。他参照日本警务章程，认为警察其实就是行政官吏，与人民日常生活息息相关，所以录用人才必须严定资格，只有警察专门学校毕业或有相当警政经验且品质高尚者才准予录用。自 1917 年 1 月开始，奉天警署通过考试淘汰冗员，合格者留职增薪，以养其廉。以往警察巡逻与执勤站岗并用，从 1917 年 1 月开始设立派出所，取消执勤站岗的岗位，实行户籍调查，严定赏罚标准，分级教练。

　　随后，王永江对奉天省内各县警察分所均采取警员考试录取办法，改组奉安铁路巡警局及制定会哨出勤的有关办法。在王永江大力整顿后，奉天警政大为改观，遇到士兵违法乱纪，皆绳之以法、毫不通融。因为王永江公正执法，与第二十七师第五十三旅旅长汤玉麟的矛盾日益加深，最终酿成军警之争。

　　奉军官兵横行街市已成习惯。在汤玉麟看来，军警一体，警务处处长和警察厅厅长本应由军人出任。特别是汤玉麟的许多部属在奉天省城开设赌场，作奸犯科。王永江到任后，以雷霆手段将罪犯逮捕下狱，查封赌场。此外，王永江还发现汤部军探经常在外进行敲诈勒索等不法行为，于是向张作霖报告：缉拿罪犯的职责在警察，今非战时，不必使用军探，且军探良莠不齐，常有不法之事。张作霖对此深以为然，于是召见汤玉麟，要求其约束部下，不得私自外出办案。汤玉麟知晓是王永

---

① 陈志新、赵希兰、邵桂花、钱晓岚编著《北洋时期东北四省区军政首脑》，沈阳市政协文史资料委员会，1994，第 108 页。

江谏言后怒火中烧，将王永江视为眼中钉。1917年1月26日，汤玉麟武装晋见张作霖，大闹督军署，要求撤换王永江。张作霖不仅没有同意汤的无理要求，还将其臭骂一顿，明言道："枪杆子能打天下，不能治天下。你给王岷源牵马扶蹬都不配。"在场的孙烈臣、张景惠、张作相等人听后均感不悦，汤玉麟对王永江更是无比愤恨。

按照奉天官场旧例，每年正月军政官员要相互宴请以联络感情。1917年2月6日（正月十五日），军界重要人物邀请政界官员赴宴。第二十七师和第二十八师是东道主，汤玉麟怨恨王永江，唯独未邀请他。张作霖见此不悦，质问汤为何不请王永江。孙烈臣打圆场，说将王处长漏掉，改日再请。张作霖强压怒火没有发作，宴会气氛极不融洽。2月7日，王永江等政界官员回请军界人物。以汤玉麟为首的五六名高级将领均推辞不去。张作霖得知后勃然大怒，大骂汤玉麟，令其向王永江道歉赔罪。而汤玉麟坚决不肯，还联络多名将领拟好呈状，要求张立即撤换王永江，否则众人要集体辞职。张为此与汤对骂，将呈状撕个粉碎。汤玉麟愤然回营，打算调部兵谏，而张作霖也调动部队，双方冲突大有一触即发之势。

汤玉麟之所以挑起军警之争，是因为其背后有冯德麟的支持。冯德麟一直认为张作霖是他的晚辈，却顺利坐上督军和省长的位置，因此冯德麟心有不甘，唆使汤玉麟挑起军警之争是意图倒张。他知道张、汤两人在席上的冲突后，派人劝说汤玉麟不要辞职，"一切有冯帮办给你做主，将来奉天的天下不定是谁的呢。"①

王永江考虑到军中绿林出身的将领多蛮横无理、为所欲为，有可能加害自己，于是以照顾母亲养病为由，欲返回金州潜居。张作霖极力挽留王永江，不准他辞职。他讲道："王处长辞职不是问题，但是现在绝对不可准。此端万不可开，此风万不可长。我部下的武将看谁不顺眼就闹，一闹我就把人家去掉，那太不像话。说什么我也不准王处长辞职，快请他回来。事过之后，随他尊便。"② 张作霖意识到，是否撤换王永江关系到自己的权威，同时他与段祺瑞秘密往来，清楚无论冯德麟一派如何兴风作浪，自己奉天督军的位置都将稳如泰山，所以他坚决支持王永江。1917年6月，冯德麟、汤玉麟因为参加张勋复辟而被撤职，从而丢掉了所有的政治资本。王永江再次担任警务处处长，标志着军警之争结束。王永江在军警之争中秉

---

① 周大文：《张作霖统一东三省的经过》，载吉林省政协文史资料研究委员会编《吉林文史资料选辑》第4辑，人民出版社，1983，第73页。

② 同上。

公处事，灵活机敏，在奉天树立了极高的威望，于是接替王树翰出任奉天财政厅厅长，开始致力于奉天财政改革。

二、财税改革

对于任何军政集团，财政都是命脉，而奉天省当时的财政状况已经陷入困境。历任财政厅厅长都无法解决财政亏空问题，因此负债累累，奉天经济情况每况愈下。1916年，张作霖驱逐段芝贵后坐上奉天督军的宝座时，奉天省负债1190万元，每年亏空二三百万元。张作霖为解燃眉之急，任命王树翰为财政厅厅长。王上任后反复研究依然束手无策，只能饮鸩止渴，继续大借外债，以弥补漏洞。1917年5月22日，王永江由奉天警察厅厅长接任奉天财政厅厅长。当时有人评价王树翰和王永江财政策略的不同："王树翰之治财赋也，不主剖克聚敛。以为疆帅恃财多，将长其侈心，为练兵攻取之计。故法老庄之自然无为，以藏富于民，为出治之本。永江不然，其理财上法刘晏，先之以剔除中饱，涓滴归公，决定税收比额，严督责之法，有犯必惩，不避权势。"① 王永江对奉天省财政亏空的根源有着清醒的认识，奉天财政一向不甚充足，张作霖督奉后大肆扩军，军费、政费骤然膨胀，赋税收入多有变化，天灾之后商民穷困、物力凋残，在此情况下只有大举外债。而举债过多则利权尽失，最终是扬汤止沸、累及全局。

王永江上任伊始就向张作霖保证："秉公办理，给我二三年时间，我想财政可以自给自足，外债也可以还清，但恐怕有人说闲话。"张作霖则说："你只管干，我什么也不听。"② 王永江早年曾担任税捐局局长，对于税捐中的弊端非常清楚。奉天财政之所以长期不振，有如下几个原因：其一，税局经费到局后往往由局长占有，税局服务人员任会计造报无人过问。税款不开具税票，致使大量税款流失。其二，奉天省商业大多被外商操纵，外商却往往仗其特权，并不纳税，而税局也惧怕与外

---

① 陈志新、赵希兰、邵桂花、钱晓岚编著《北洋时期东北四省区军政首脑》，沈阳市政协文史资料委员会，1994，第112页。

② 冯月庵、润生：《王永江》，载辽宁省政协文史资料研究委员会编《辽宁文史资料》第25辑，辽宁人民出版社，1987，第30页。

国人打交道，不主动向外商征税。其三，奉天商业最为繁盛的地区就是辽南南满铁路沿线，而南满铁路和安奉铁路沿线各站都在"满铁"附属地的控制范围内，日商资本多在其中，商业都不纳税，依托附属地特权，使附属地外的商人根本无法与之竞争。其四，税局人员多无薪资，在距离铁路近的税局，常用放卖来补偿。由于粮货运输收税之后，往往以为进入附属地便不再需要税票，所以也不会向税务人员索要税票，而税务人员就不开具税票，从而将税款纳入私囊。

王永江上任后，首先针对税收机关人浮于事、滥竽充数、营私舞弊、层层盘剥的流弊，以迅猛之势进行改革。王永江理财重在稽查，重奖重罚。每个税局审定考核成绩，按地方财富规定税额，超额完成的有重奖，没有完成的撤职。对于营私舞弊者则毫不姑息。王永江上任不久就枪毙了14个贪腐的税捐局局长，手段虽狠辣，但确实起到了震慑腐败的作用。

清丈土地是奉天省最重要的收入来源。奉天官地清丈局清理了清室所遗存的官地，如皇王庄头、随缺伍田、祭田、围场、牧场，以及清乾隆、嘉庆年间直鲁移民垦地等。经此清理出大量隐匿的土地，地有地价，照有照费，缴纳费用后一律发给地照。中等县一般清出土地三四十万亩，大县的数量则更为惊人。

王永江整顿财政，在开发财源的同时，也注重节流增效。王永江以身作则，严格控制省公署的财政预算用款，即使预算内的项目也是能缓办则缓办，能节约则节约。为了减轻政府的财政负担，王永江还对官营事业进行大刀阔斧的改革。凡是省内各官营事业，无论现在盈利多少，以后盈利无望的一律废止。省内各官营事业现在虽无盈利但将来收益有望者，皆予以保留。开采省内各矿山，定为官营。官有财产有必要归民有者，速归民有，以免损失。

奉天财政状况经过王永江的整顿收到了立竿见影的效果。1921年4月，王永江呈文张作霖汇报整顿结果，不但付清了积欠的款项，而且将应付利息也一并付清。王永江执掌奉天财政，偿还了地方外债，弥补了每年二三百万元的亏空。奉天自1875年以来的40年间，历任财政当局苦心孤诣、惨淡经营犹未能竟其功，而王永江不出数年，不仅弥补了前任积累的巨额财政赤字，还结余了1000余万元。张作霖得知后非常高兴，赞赏道："这实在是我梦想不到的。"由此，张作霖对王永江更加钦佩不已，对王永江恭敬有加。

三、实业兴省

1924年,王永江在张作霖的支持下成立了东北交通委员会。王永江任委员长,筹建了奉海铁路(后改为沈海铁路),自奉天省城至海龙,中经西安(今吉林省辽源市)、西丰、东丰等地,皆为重要的大豆产地。该路为官商合办,不借外资。1925年5月,官商合办的奉海铁路公司在奉天省城八王寺正式成立,王镜寰任总经理,陈树棠任总工程师,资本为2000万元奉大洋,股份官商各半。依照此办法,吉林修通了吉海铁路,由吉林到海龙,与奉海铁路相连,即今日的沈吉铁路。此后,吉林和黑龙江的货物皆可经此线转往关内各地。

在王永江的建议下,张学良于1924年1月召集东三省军政官员举行经济实业会议,决定3个月内由三省联合集资2000万元,年内设立官办工厂10处,并设20处采矿场。增加资本200万元,扩充呼兰糖厂、奉天棉花厂、鸭绿江木材公司、本溪湖煤矿等。同时开采鹤岗、烟台、穆棱等煤矿,利用英国资本开采阜新、北票等矿。①

王永江1923年7月在奉天投资450万元,设立奉天纺织厂,以抵制日资。对此,日本大加干涉,但是王永江不为所动。该厂由奉天省库支持,其余由私人集股,为奉天民族工业最大的工厂。

在王永江的一系列改革下,民生凋敝、财政困难的奉天省一时出现了金融稳定、财政丰裕、治安良好的局面。王永江也以干吏之才闻名全国。

---

① 胡玉海、张伟:《奉系人物》,载胡玉海主编《奉系军阀全书》第2册,辽海出版社,2000,第94—95页。

第六章 奉系集团对北京政权的争夺

第一节
奉系集团进入北京

一、皖系控制北京政权

张作霖统一东北军政后，野心迅速膨胀。他已不甘心在东北一隅称王，企图将奉系的势力范围扩展至关内，问鼎北京政权。从1920年起，张作霖就积极整军备战，在北洋集团的连年混战中扮演了重要角色。第一次世界大战后，帝国主义列强在中国的争夺日益加剧，他们积极扶植在华代理人，策动各派军阀相互攻击。英美大力支持直系军阀和西南各派系，日本则支持皖系军阀与之相抗衡。此外，为了有效控制东北，日本大力扶植奉系集团，并怂恿张作霖向关内扩张。

此时，控制北京政权的直、皖两派军阀矛盾日益激化。段祺瑞的心腹谋士徐树铮网罗在京亲皖系政客，在北京安福胡同成立俱乐部，世人称之为"安福俱乐部"。1918年8月12日，选举出中华民国第二届国会，参议院议长李盛铎、副议长田应璜，众议院议长王辑唐、副议长刘恩铭，"安福系"议员控制了国会（史称"安福国会"）。在"安福国会"的操纵下，直系首脑冯国璋被赶下大总统的宝座。不过，皖系树敌过多，直系以及国会中的"交通系""研究系"都不希望段祺瑞担任大总统，南方各派势力更是坚决反对。1918年9月4日，国会选举北洋元老徐世昌为大总统。9月7日，任命张作霖为东北巡阅使。10月10日，徐世昌就任大总统，批准皖系首领段祺瑞辞去内阁总理职务，"令其管理将军府督办参战事务如故"。11月3日，授徐树铮陆军上将衔。虽然段祺瑞没有当上大总统，但是皖系依靠装备精良、训练有素的"边防军"，依然控制着北京政权。段祺瑞在军政两方面专横弄权，更是提出"武力统一"的口号，引起了直系集团首脑曹锟、吴佩孚的强烈反弹。同时，皖系的扩张也引起曾与之合作的奉系的不满，特别是徐树铮提出《西北筹边办法大纲》，积极向外蒙古用兵，与奉系的利益发生直接冲突。1919年6月13日，北京政府任命徐树铮为西北筹边使、"边防军"总司令，节制内蒙古、新疆、陕西、甘肃四省的军队。徐树铮到任后，明确提出中央政府驻外蒙古代表都护使陈毅提出的《外蒙善后条例》不可实行。他直接到外蒙古"总理"巴德玛多尔济的住所，胁迫其撤销自治。巴德玛多尔济战战兢兢地迅速召集外蒙古王公和藏传佛教僧侣开会，拟出撤治呈文。11月22日，徐世昌大总统批准外蒙古撤销自治呈文，外蒙古全境重新置于北洋政府管辖之下。

图6-1 皖系集团首脑 段祺瑞

徐树铮收复外蒙古后声望大增，皖系势力直接扩张到"蒙疆"。而奉系一直将蒙古视为自己的势力范围，这自然引起了张作霖的极大不满。1918年奉系入关时，徐树铮就曾经滥用奉军军饷、枪械发展自己的势力，此时再一次威胁奉系的势力范围，新仇旧恨让张作霖对徐树铮无比憎恨。于是奉、直两系军阀开始联合共同反对皖系。为此，两派首脑张作霖和曹锟还结成儿女亲家，建立政治同盟。

此后，奉、直两系积极筹划，联合各地军阀势力。1920年3月，张作霖以办寿为名邀请八省代表（直、苏、赣、鄂、豫、奉、吉、黑）举行秘密会议，商讨联合讨伐皖系的办法。4月，曹锟以在保定追悼直军阵亡将士的名义，又一次召集八省代表举行秘密会议，确定八省反皖同盟成立。

图6-2 段祺瑞心腹干将 徐树铮

1920年5月，曹锟以"军士思归迫切，附循勉慰，徒劳无功"为由，令直系大将吴佩孚率军从湖南北上①。直系军队驻扎到豫、直等各处要地。随后，直军全体将士公布徐树铮六大罪状檄，直斥徐树铮"虺蛇为心，豺狼成性，邀荣希宠，滥典军符"②，并宣布徐树铮犯有祸国殃民、卖国媚外、把持政柄、破坏统一、以下弑上、以奴欺主六项大罪。③ 徐树铮闻讯后立刻从库伦赶回北京，同时调动边防军回京，直皖大战一触即发。

直皖两派剑拔弩张，奉系作为北洋集团的重要一极，地位举足轻重。张作霖决定抓住机会为奉系攫取更大的政治利益。1920年6月19日，在徐世昌大总统的邀请下，张作霖以"调停时局"为名，率领两营亲兵乘坐武装列车进入北京。6月20日，张作霖面见徐世昌。虽然他表面上宣称无所谓皖系和直系，但是实际上与直系暗通款曲。在张作霖调停期间，直皖两派矛盾骤然升级。7月3日，段祺瑞通令边防军训练处防范吴佩孚派员在京畿一带活动。④ 7月4日，徐世昌罢免了徐树铮西北筹边使等职务，调任其为远威将军，令其留京供职。西北边防军总司令一职裁撤，所部归陆军部接收。7月8日，段祺瑞发表声讨曹锟、吴佩孚的通电，指责直系"任意破坏法律，牵惹外交，希图摇动邦本"⑤，要求徐世昌立即罢免曹锟、吴佩孚、曹瑛三人的官职。⑥ 同日，曹锟电告徐世昌，边防军第一师已下达动员令，向保定进军。⑦ 徐树铮早已侦知张作霖与直系结盟，他假借段祺瑞的名义邀请张作霖7月7日赴团河段祺瑞住所会晤，打算寻机置张作霖于死地。张作霖答应与段祺瑞会晤，在席间觉察到徐树铮的暗杀阴谋，才知道是鸿门宴。张作霖知事不妙，连忙离去。徐树铮一计不成，又密令廊坊守军暗中截杀。张作霖得到靳云鹏的密报，

---

① 《曹锟请准予驻湘吴师北撤致大总统等密电》，载中国第二历史档案馆编《中华民国史档案资料汇编》第3辑《军事》，江苏古籍出版社，1991，第1页。

② 《直军全体将士宣布徐树铮六大罪状檄》，载中国第二历史档案馆编《中华民国史档案资料汇编》第3辑《军事》，江苏古籍出版社，1991，第3页。

③ 同上书，第3-5页。

④ 《段祺瑞饬边防军训练处防范吴佩孚派员在京畿一带活动密令》，载中国第二历史档案馆编《中华民国史档案资料汇编》第3辑《军事》，江苏古籍出版社，1991。

⑤ 《段祺瑞声讨曹锟吴佩孚等通电》，载中国第二历史档案馆编《中华民国史档案资料汇编》第3辑《军事》，江苏古籍出版社，1991，第10页。

⑥ 同上。

⑦ 《曹锟指责边防军第一师直趋保定给大总统密电》，载中国第二历史档案馆编《中华民国史档案资料汇编》第3辑《军事》，江苏古籍出版社，1991，第10页。

连夜乘货车微服出京才幸免于难。此时，奉直同盟与皖系已经是势如水火，大战一触即发。

二、助直倒皖，奉系入京

张作霖回到奉天后，不再继续披着中立的外衣。7月10日，他致电段祺瑞："徐树铮罢免筹边使职，原为政府用人行政之常。而若辈妄造蜚语，归罪作霖。日前冒暑力疾进谒崇阶，凡人所不敢言者，作霖皆垂涕而道，原以为效忠于我督办已深且尽，而若辈反以为负心。此次在京，备悉奸人百计害我三省。作霖忍无可忍，誓将亲率师旅，铲除此祸国之障碍，以解吾民之倒悬，然后请罪于大总统、我督办之前，以谢天下。"① 7月11日，张作霖致电曹锟，告知他已经派遣第二十八师进关。他向曹锟担保："我辈骨肉至交，当此危急存亡关头，不能不竭力相助。"② 奉军主力第二十七师、第二十八师相继入关，分别驻扎在京津、津浦两路和军粮城、马厂一带，总兵力达7万余人。

段祺瑞于7月10日下达总攻击令。7月12日，曹锟通电讨段，组成讨逆军，以吴佩孚为前敌总司令兼西路军总指挥，蓟榆镇守使兼第四混成旅旅长曹瑛为东路总指挥，第一混成旅旅长王承斌为驻郑州后路总指挥，直皖战争正式爆发。7月13日，张作霖发表助直倒皖通电："作霖为戴我元首，卫我商民，保管我线路，援救我军旅，实逼处此，坐视不能。义愤填膺，忍不可忍。是用派兵入关，扶危定乱。"③ 7月14日，直军与皖军开始发生战斗，3日内直军连败两仗。此时奉军虽有七万余众，但是张作霖选择作壁上观，始终按兵不动，静待双方拼杀。至7月17日，直皖双方在涿州、高碑店、琉璃河一带展开激战，吴佩孚奇袭定国军前敌总部，生俘曲同丰。定国军西路部队立刻崩溃，皖军大败。这一天，张作霖也明确与直军并肩作战，在廊坊指挥作战的徐树铮匆匆逃回北京躲入日本使馆，东路西北边

---

① 陶菊隐：《北洋军阀统治时期史话》第5册，生活·读书·新知三联书店，1982，第163页。
② 同上。
③ 《张作霖入关参见助直倒皖战争通电》，载中国第二历史档案馆编《中华民国史档案资料汇编》第3辑《军事》，江苏古籍出版社，1991，第18页。

防军不战而降。同日，英、美、法、日四国派出护路军，随同工程人员修复杨村铁路，京津恢复通车，直奉部队随即开进北京，直皖战争以皖系惨败而告终。

张作霖在直皖战争中以庞大兵力置于直军侧翼，几乎毫发未损就坐收渔人之利。进入北京后，奉军抢夺大批辎重。据《申报》记述，奉军"将战时所获军用品，装车百辆运奉"①。奉军还接收了皖系在南苑机场的物资，其中一批飞机成为奉军建立空军的基础。② 张作霖不仅缴获大量军用物资，还与直系争相收编皖系的残余部队。奉系在天津小站勒令龙济光所部镇武军缴械遣散，军械被奉系获得；宋子扬部被改编，驻扎通州；改编李景林部；收编了邹作华部野炮营、陈琛的重炮营、范浦江的步兵营、蒋斌的无线电部队。③ 驻扎在洛阳的边防军宋邦翰、张鼎勋两旅因创建之初与奉军有渊源可溯，于是也要求划归奉军。④ 直皖战争后，张作霖利用缴获的装备和收编的部队，借机扩编了两个混成旅，即奉军暂编第六旅（旅长鲍德山）、第七混成旅（旅长李景林）。同时将东三省巡阅使署卫队改编为奉军第三混成旅，旅长张学良。

1920年8月4日，张作霖在300名仪仗兵的引导下，以不可一世的胜利姿态进入北京。在他力主之下，他的儿女亲家靳云鹏再度组阁出任国务总理。随后，大总统徐世昌、直系首领曹锟、国务总理靳云鹏与张作霖组成了"四巨头"会议，共同商讨北京政权的大政方针，最终决定北京政府的一切重大举措均须由曹锟和张作霖同意方可实行，此时张作霖已经成为北京政府的核心人物。

直皖战争后，奉系不仅插手北京政权，更是扩大了自己的势力范围。奉系不仅有大量军队占据京津的战略要地，还将触手伸向察哈尔、热河、绥远等地。在张作霖的支持下，张景惠出任察哈尔都统，控制内蒙古、外蒙古。汲金纯出任热河都统，进驻承德。在军事压力下，绥远都统马福祥也依附于奉系。1921年5月，张作霖不仅以镇威上将军头衔任东三省巡阅使，还兼任"蒙疆"经略使，完全控制了察哈尔、热河、绥远等地，成为无可争议的"满蒙王"。

---

① 《申报》1920年8月11日。
② 孙继先口述、罗正南整理《东北航空军建立始末》，载辽宁省暨沈阳市政协文史资料研究委员会编《文史资料选辑》第2辑，辽宁人民出版社，1984，第48页。
③ 郝秉让：《奉系军事》，载胡玉海主编《奉系军阀全书》第3册，辽海出版社，2000，第24-25页。
④ 《曹锟张作霖为宋张两旅电请拨归奉军并商定暂由曹锟节制致大总统密电》，载中国第二历史档案馆编《中华民国史档案资料汇编》第3辑《军事》，江苏古籍出版社，1991，第33页。

第二节
第一次直奉战争中奉系野心受挫

一、奉直矛盾激化

直皖战争结束后,直奉两派军阀共同把持北京政权,但是在表面的合作之下涌动着暗流。在曹锟、张作霖、徐世昌、靳云鹏举行的天津会议上,直奉双方就北京政权的权力分配暂时达成了一致。不过,在会前有英美记者前往长辛店采访吴佩孚,吴向他们提出了自己对召开国民大会解决国事的具体意见,并提出了国民大会提纲,对现行的总统和国务总理的选任程序都表示了不同的建议。① 对此,8月13日,张作霖在日本记者采访时发表谈话,他认为国民大会是吴佩孚的个人主张,而吴不过是别人的傀儡,其背后有一个美国人和一个英国人。由此可见,直系代表英美势力,而奉系则代表日本势力,两派的政治利益存在着不可调和的矛盾。②

1920年10月11日,江苏督军李纯突然自杀身亡,江苏省议会决议废除江苏督军,并联合各省发起废督运动。北京政府则于10月15日下令齐燮元代理江苏督军。直奉立刻将江苏视为争夺的目标,张作霖举荐张勋出任江苏督军,而曹锟则推荐北洋元老王士珍出任苏、皖、赣巡阅使,齐燮元继任江苏督军。北京政府竭力与张作霖疏通以维持直奉的力量平衡,最终长江下游几省变为直系的势力范围。

1921年8月,湘军攻击宜昌,武昌发生兵变,吴佩孚以"援鄂"为名率军进

---

① 陶菊隐:《北洋军阀统治时期史话》第5册,生活·读书·新知三联书店,1982,第180页。
② 同上书,第183页。

入"两湖"。此时的湖北督军兼两湖巡阅使王占元虽出身直系,但是出于自身利益考虑而日益与奉系靠近。吴佩孚抓住机会夺取了王占元的地盘,北京政府任命吴佩孚担任两湖巡阅使,萧耀南为湖北督军。直系控制两湖使张作霖联王制吴的计划落空,张作霖一怒之下辞去"蒙疆"经略使。直皖战后长江流域和两湖都被纳入直系的势力范围,张作霖南下扩张的野心遭遇重大打击,于是他与皖系的残余势力浙江都督卢永祥秘密联络,从而埋下日后江浙战争的祸根。

奉直之间的矛盾本质是英美与日本之间的矛盾。英美势力大赞吴佩孚,而张作霖则积极寻求日本的支持。直皖战争结束后,张作霖对其日籍顾问町野武马谈道:"直隶派之专横,远远超过段派"。他表示,"将坐待时机,异日与天下共歼超乎段派之曹系恶毒分子,使国免受欧美之役使。"① 张作霖表明了反英美、反直系的态度,希望日本重视他在中国政局中的价值并给予足够的支持。1920年11月,张作霖派遣心腹于冲汉为特使赴日,与原敬首相、田中陆相、内康外相等日本政界要人进行会晤。日本政府表明,将会积极支持张作霖。基于对华政策调整的考虑,1921年5月,日本政府召开了"东方会议",参加会议的包括原敬首相及内阁成员、驻朝总督斋藤实、"关东长官"山县伊三郎、驻华公使小幡酉吉。在会议上,日本政府整合了内部意见,重申了对张作霖给予优厚待遇的态度,认为"援助掌握满蒙实权的张作霖,以此来确保我国在满蒙的特殊地位"②。

就在奉直两系在帝国主义列强的支持下明争暗斗之时,1921年11月,美国发起召开"华盛顿会议"以协调美日在"一战"后太平洋地区特别是中国的利益冲突。在这一会议上,美国、英国联手限制日本,通过新的条约拆散了自1902年以来的英日同盟;废除了美日协定,即"蓝辛-石井协定";逼迫日本放弃在山东的权益,由中国赎回胶济铁路。会议上还通过了美国提出的"门户开放"政策。通过"华盛顿会议",美英打击了日本在华扩张的野心。

不过,日本并不甘心示弱,随即积极策动张作霖组织亲日内阁。由于靳云鹏内阁在政治上无所作为,在财政问题上也束手无策,张作霖决定通过改组内阁来控制

---

① 车维汉、朱虹、王秀华:《奉系对外关系》,载胡玉海主编《奉系军阀全书》第4册,辽海出版社,2000,第120页。

② 日本外务省编《日本外交年表及主要文书》上,第524页。

北京政权。此时的北京政权已经到了山穷水尽的地步，由于四国银行团的借款没有到手，各部公务员因欠薪而消极怠工，日常政务已接近瘫痪。参谋部自求解散，陆军总长蔡成勋、海军总长李鼎新、司法总长董康、教育部次长代理部务的马邻翼皆因部员索薪而辞职。日本在"华盛顿会议"上散布五国共管中国财政的流言，这严重破坏了中国银行业的信誉，导致汉口、天津等地出现挤兑潮。在这样的情况下，1921年12月，张作霖在日本的支持下，威逼北京政府改组内阁，靳云鹏内阁倒台。1921年12月24日，北京政府根据张作霖的提名，由旧交通系首脑梁士诒出任内阁总理。梁士诒内阁以亲日为路线，以奉系为靠山，大搞媚日活动，为奉系效力。在"华盛顿会议"期间，梁士诒与日本驻华公使小幡商讨借款赎回胶济铁路，并允许中日合办，这引起了国人的强烈反对。同时，起用亲日派政客曹汝霖、陆宗舆，并对皖系安福系的主要人物段芝贵、曲同丰、陈文运、张树元、刘询、魏宗瀚等人实施特赦。为了压制直系，梁士诒内阁还将组阁前答应拨给吴佩孚的300万元军费扣下，如时媒所言："欲使吴佩孚军队因乏饷溃散，不战而败。吴向梁阁要索巨款，梁未以应。"①梁士诒内阁的倒行逆施，严重激化了奉直之间的矛盾。对于由张作霖一手扶植起来的梁士诒内阁，吴佩孚从一开始就坚决反对。自1922年1月起，吴佩孚连续发出通电，揭露梁士诒内阁的卖国行径："盗卖胶济铁路，促进沪、宁、汉长途电话，援引曹陆朋比为奸，实行盐余公债九千余万借款"②，声明梁士诒内阁已经失去人心民望，"请问今日之国民，谁认卖国之内阁"。无奈之下，梁士诒通电否认借款，张作霖也出面为其辩护。这时的梁士诒内阁已经是摇摇欲坠，完全依靠奉系为其撑腰，苟延残喘。

此时，中日矛盾异常尖锐，全国反对借款、反对起用亲日派卖国贼的声浪一浪高过一浪。吴佩孚通电后各省直系督军纷纷响应，吴佩孚率领鲁、豫、陕、苏、鄂、赣六省将领联名发表通电，宣布与内阁脱离关系，要求徐世昌大总统"罢梁以谢天下"③。虽然吴佩孚的目的是争权夺势，但是却占有话语上的优势，国人皆视其为爱国行为。面对吴佩孚步步紧逼的电报攻势，梁士诒如坐针毡，难以招架，只能

---

① 《东方杂志》第19卷第8号，第61页。
② 陶菊隐：《吴佩孚传》，上海书店出版社，1998，第61页。
③ 同上书，第62页。

离职跑到天津暂避风头。1922年1月25日，北京政府宣布由颜惠庆暂代内阁总理一职。

梁士诒出走，标志着直奉联盟关系彻底破裂。1月30日，张作霖致电北京政府："况内阁为全国政令所由出，进退同于传舍国事何堪设想！以爱国热诚转面为祸国之导线，以演出亡国之导线，试问与卖国之结果有何差异？"① 指责直系武人干政，影响政局，为对直系作战寻找借口。此时张作霖已经决定以武力解决问题。

图6-3　国务总理梁士诒

图6-4　国务总理颜惠庆

二、奉系失利退回关外

1922年3月，张作霖自任"镇威军总司令"，任命孙烈臣为副司令留守奉天（今沈阳市）处理政务，杨宇霆为参谋长，王树常为参谋处处长。在总部设立军需、军医、副官、谍报、密电、交通、文书、运粮等处。4月9日，张作霖下达总动员令，大批奉军源源不断地开进关内，以军粮城为大本营，从军粮城、马厂、静海绵延至德州附近。4月19日，张作霖发表武力解决时局通电，强调自己出兵是为了国家的统一："窃谓国家统一无期，则国家永无宁日。障碍不去，则统一终属无期。

---

① 陶菊隐：《吴佩孚传》，上海书店出版社，1998，第62页。

是以简率师徒,入关屯驻,期以武力为统一之后盾。凡有害民、病民、结党营私,乱政干纪,剽窃国帑者,均视为统一和平之障碍物,愿即执殳先驱,与众共弃。"①

直系将领4月3日云集洛阳,名为祝贺吴佩孚的生辰,实际上是讨论对奉作战计划。在接到张作霖的电文后,吴佩孚随即发电文反击张作霖:"是故道义之言,以盗匪之口发之,则天下见其邪,而不见其正;大诰之篇,入于王莽之笔则为奸说。统一之言,出诸盗匪之口,则为欺世。"②曹锟则通电呼吁双方罢兵:"锟愚窃谓统一当以和平为主干,万不可以武力为标准。方今人心厌乱已极,主张武力,必失人心。人心既失,则统一无期,可以断言。"③

图 6-5 奉军运送士兵及武器装备的列车

4月21日,浙江督军卢永祥提议双方在天津和谈,商讨退军事宜。这一建议得到齐燮元、陈光远、何丰林、张文生、田中玉等几位督军的支持。徐世昌考虑直奉之战无论结果如何自己的地位都难以保证,于是请出赵尔巽、王士珍、王占元、孟恩远、张绍曾、张锡銮六位政坛元老进行调停。此时张作霖也意识到所谓反直联盟并不能发挥作用,孙中山、卢永祥、赵倜等人都自顾不暇,难以帮助奉系分担压

---

① 《张作霖宣布率师入关以武力为后盾解决时局通电》,载中国第二历史档案馆编《中华民国史档案资料汇编》第3辑《军事》,江苏古籍出版社,1991,第62页。
② 《曹锟吴佩孚等反对张作霖率军入关通电》,载中国第二历史档案馆编《中华民国史档案资料汇编》第3辑《军事》,江苏古籍出版社,1991,第62页。
③ 《曹锟通电》,载中国第二历史档案馆编《中华民国史档案资料汇编》第3辑《军事》,江苏古籍出版社,1991,第64页。

力，奉系只能单独面对直系的精锐，因此张作霖也想推迟作战。

深知利在速战的吴佩孚却没有打算罢兵。4月25日，吴佩孚率直系将领发表通电公布张作霖的十大罪状，宣称："综其罪孽，擢发难数，作霖不死，大盗不已，盗阀不去，统一难期"①。奉军毫不相让，由张作相率奉系将领通电声讨吴佩孚："乃吴氏蛊惑曹使，必欲归罪奉军，迫令宣战。尤用其金口决堤之故智，填列多名，通电谩骂，以启衅端。若惟恐战祸之不速者，是真国家之妖孽，当道之豺狼。"② 在通电中，张作霖声明是曹锟受到吴佩孚的蛊惑，才导致直奉交恶，试图以此分化直系，同时也表明自己出兵的正当性。至此，双方已经完成了兵力部署和大战前的舆论宣传。

4月29日，张作霖下达总攻击令，直奉两军在长辛店、固安、马厂一带展开激战，第一次直奉战争拉开序幕。奉系西路军主将张景惠并无作战的决心，奉军依靠装备上的优势和直军互有攻守。5月2日，奉军虽多次打退直军进攻，但因连日作战，无食无眠，士气逐渐低落。5月3日，吴佩孚以第三师为伏兵取奉军后路，西路奉军陷入重围。5月4日，西路奉军已近于土崩瓦解之势，张景惠下令部队退向丰台。此时邹芬的第十六师突然哗变，造成严重后果。西路奉军被全歼后，东路奉军第一梯队也全部撤往军粮城。张作霖亲赴前线督战也毫无效果，奉军兵败如山倒。关键时刻张学良、郭松龄率领的第二梯队和李景林的第三梯队表现出极高的作战素养。郭松龄部将王承斌的第二十三师打得直军溃不成军，自己从容撤退，是奉军中战绩最佳的部队。

随着两路大军惨败，张作霖不得不于5月5日下达总退却令，将"镇威军"指挥部迁到滦州。他本打算在滦州、昌黎一线与直军再战，但此时民国海军总司令蒋拯通电助直反奉，派遣海军上将萨镇冰率4艘军舰驶入秦皇岛，试图切断奉军归路，奉军局势更加危急。张作霖想派张宗昌在青岛登陆袭击直军背后，但山东督军田中玉积极备战，并与日本严正交涉，计划遂成泡影。奉军只能放弃滦州退守榆关。5月5日，豫督赵倜发动河南之变，虽然很快就被冯玉祥击溃，但吴佩孚忙于安顿后方，加之直军普遍产生厌战情绪，于是放弃进攻。张作霖闻知赵倜失利，加

---

① 《吴佩孚等宣布张作霖十大罪状并对其作战通电》，载中国第二历史档案馆编《中华民国史档案资料汇编》第3辑《军事》，江苏古籍出版社，1991，第75页。

② 《奉军张作相等揭露吴佩孚藉湘战诈骗巨款等罪行并宣告对直作战通电》，载中国第二历史档案馆编《中华民国史档案资料汇编》第3辑《军事》，江苏古籍出版社，1991，第78页。

之遭遇惨败,急于休整,更无意再战。① 6月18日,在英国出面调停下,直奉双方签署"罢兵协定",奉军退出山海关。第一次直奉战争以奉军损兵折将、遭到惨败而告终。

第三节 奉系集团整军经武

一、整顿军纪

第一次直奉战争的失败给予张作霖极为惨痛的教训,令他深刻意识到必须割除奉系军队所固有的旧式军队的顽疾,脱胎换骨,才能实现入关争雄的理想。因此,回到东北后,张作霖决心整军经武,大刀阔斧地对奉军进行改革。

直奉大战中,奉军旧派的主力部队在长辛店仅仅坚持了几天就溃不成军,而以军校生为骨干的张学良、郭松龄带领的第三、第八旅作为第二梯队却打得非常顽强。特别是在全军溃退到山海关时,全赖第三、第八旅王升文团猛烈反击,才迟滞了直军的攻势,令曹锟、吴佩孚意识到奉军依然还存有较强的战斗力而不得不同意罢兵议和。张作霖由此意识到,"前此不学无术之军官,素乏教育之士卒,实不可靠,乃整军经武,训练新军。"②

1922年,张作霖成立了整军经武的重要领导机构——东三省陆军整理处。委任

---

① 《步军统领衙门等关于奉军败退山海关一带情形给王怀庆报告》,载中国第二历史档案馆编《中华民国史档案资料汇编》第3辑《军事》,江苏古籍出版社,1991,第103页。
② 胡玉海:《奉系纵横》,载胡玉海主编《奉系军阀全书》第1册,辽海出版社,2000,第132页。

孙烈臣为统监，张作相、姜登选为副监，张学良为参谋长。陆军整理处是奉军整顿的最高执行机关，其主要职责是部队整编和人事部署、任免："（陆军整理处）是整军经武的最高执行机构，凡属部队的整编以及人事的部署和升迁等都由这里主办。除了最高决策由统帅部直接掌握之外，一切日常有关整军经武的重大事情，都要通过这里。"① 东三省陆军整理处、东三省保安司令部以及奉军重要的军事教育机构东三省陆军讲武堂，成为奉军整军经武的核心中枢。此外，奉军兵工厂、陆军粮秣厂、陆军被服厂的建立，使奉军军事近代化程度大大提高。

整饬军官、提高士兵素质是整军经武的关键。在直奉战争中指挥不力的汤玉麟、张景惠、邹芬、郑殿升、牛永福、汲金纯或被免职，或被调为有职无权的保安司令部顾问，同时任用大批新派将领。奉系坚定了彻底改造奉军的决心，于是广招人才。张作霖多次派遣人员到京、津、沪、宁、汉招揽各类军事人才，对于包括指挥、军工、航空、军需类的学有专长者，都不惜重金邀请赴奉。特别是毕业于日本陆军士官学校、保定军官学校、北京陆军大学及各地军官学校的毕业生，更是受到重视。奉军这种重视文凭和学校出身的做法，在当时的军阀集团中是比较少见的。如何柱国，从日本陆军士官学校毕业后，在保定军官学校担任队长之职，随后因军校内部人事风波离开，随即被日本陆军士官学校的同学邹作华介绍加入奉军。他回忆道："当时北洋军阀一般都喜欢行伍出身的人带兵，学生出身的人只能用作参谋之类的幕僚。独有奉军与此不同，很多学生出身的人都直接带了兵。"②

张作霖大胆启用新派将领，使奉军的高级指挥人员面目一新。例如毕业于陆军部速成学堂的李景林为第一师师长，日本陆军士官学校工兵科毕业的姜登选为陆军整理处副监，日本陆军士官学校毕业的造炮专家韩麟春为东三省兵工厂督办兼厂长，日本振武学校和士官学校毕业生张宣为整理处工务处长，日本陆军大学毕业的萧其煊为东北陆军讲武堂教育长，日本士官学校毕业的杨宇霆为保安司令部总参议，北京陆军大学毕业的郭松龄为旅长。以这些新派将领为中坚，奉系摆脱了人才匮乏的窘境。而力主使用新人、接受过新式军事教育的张学良则成为新派的领袖，使张作霖能够更为从容地整顿军队。

当时张学良、郭松龄的第三、第八旅已改编为第二、第六旅，成为奉军的模

---

① 何柱国：《孙、段、张联合推倒曹吴的经过》，载全国政协文史资料研究委员会编《文史资料选辑》第51辑，文史资料出版社，1962，第5页。

② 同上书，第3页。

范，不仅装备精良、训练有素，而且全旅连长及司务长全部由军校生担任，第二、第六旅成为奉军改革的标杆部队。为了培养更多人才，打造更多像第二、第六旅这样的部队，张作霖扩建东三省陆军讲武堂。1919年，张作霖出任东三省巡阅使，因增编陆军混成旅需要干部，以原第二十七师军官为基础，重新设立讲武堂，定名为东北陆军讲武堂。① 直奉战争结束后，张作霖意识到奉军中下级军官的军事素养远远不足以应对现代战争，因此对讲武堂大为重视。讲武堂的教官大多为北京陆军大学、保定军官学校和日本士官学校出身的军官，课程和教材则基本上仿照日本陆军士官学校。讲武堂在张作霖在世的时候共举办了8期，毕业人数3557人。② 此后，讲武堂的毕业生逐步成为奉军的骨干。按照奉军的规定，"各军各师旅的参谋长和各团掌管教育的中校团附全数改由军校学生出身的人充任，其中保定军校各期毕业生为数最多，来自关内的各国陆军留学生和陆大次之，并且，以后遇有团、营长出缺，一般皆由各部队的参谋长、团附以及讲武堂的教官和队长调充。"③ 随着接受过现代军事教育的军校生成为奉军各级指挥的主体，奉军的指挥体系日渐完善。

图6-6　东北陆军讲武堂

---

① 李传玺：《东北讲武堂》，载辽宁省政协文史资料研究委员会编《辽宁文史资料》第6辑，辽宁人民出版社，1981，第73页。
② 郝秉让：《奉系军事》，载胡玉海主编《奉系军阀全书》第3册，辽海出版社，2000，第181页。
③ 何柱国：《孙、段、张联合推倒曹吴的经过》，载全国政协文史资料研究委员会编《文史资料选辑》第51辑，文史资料出版社，1962，第6页。

张作霖不再盲目扩充军备，而以"精兵主义"为宗旨提高战斗力。新招募的士兵必须初小毕业或具有知识，否则不予录取。新入伍的士兵每天要求学习军事知识两小时。各部队发行军事杂志和讲义，以增加官兵见闻。各部队必须足额，军官吃空饷者被严厉处罚。发现军人吸食鸦片，立即免职处罚。军人的年龄为17岁以上，40岁以下。身份不明、无保人者一律淘汰。①

在改造军队的同时，张作霖还创建了海军和空军。1922年，建立东北航警处，由日本海军学校毕业的沈鸿烈出任处长；在葫芦岛建立航警学校，由沈鸿烈留日时的同学凌霄出任校长，训练海军军官。1922年，开设东三省航空学校，航空处总办为乔赓云，于11月开学招收第一期航空班学员，东北航空教育由此开始。1923年调整机构，张学良出任航空处总办。张学良主管航空处后，"广揽人才，添购飞机"②。奉系投入巨资从德国、意大利、法国购置各类新式飞机。1923年，由第二、第六旅选派青年军官12人赴法国留学。1925年春回国，"皆派为东三省航空处上尉队员"③。

二、发展军事工业

在重视兵员素质提高的同时，张作霖还不断扩建东北兵工厂，提升奉军的装备水平。1919年，原奉天军械厂厂长陶冶平主持东三省兵工厂建设事宜。1923年，毕业于日本陆军士官学校炮兵科的武器专家韩麟春出任兵工厂总办，积极进行厂内扩建。1924年，杨宇霆出任兵工厂督办。经过不断扩建，东三省兵工厂发展成为国内最大的综合性兵工厂，不仅能生产步枪、机枪，还能生产山炮、大口径榴弹炮。奉系在军事上的成功与兵工厂的支持密不可分。此外，东三省陆军整理处总结直奉战争的经验和教训后认为，参战人数众多，后勤补给不及时严重影响士气和军心；

---

① 常城主编《张作霖》，辽宁人民出版社，1980，第95页。
② 徐则林：《东北空军的诞生和发展》，载辽宁省政协文史资料研究委员会编《辽宁文史资料》第6辑，辽宁人民出版社，1981，第41页。
③ 同上书，第42页。

图6-7 东三省兵工厂

同时为了杜绝部队主官中饱私囊,采取粮饷分开的办法,直接供应粮秣现品,于是1922年7月成立东三省粮秣厂。粮秣厂生产蒸米、罐头、饼干等野战食品,还负责收购军草。为了战争准备,在入京的铁路沿线都设有粮秣厂办事处,筹措驻军给养,就地购发。粮秣厂的建立大大增强了奉军的后勤补给能力,保证了部队的持续战斗力。

张作霖为一雪前耻,整军经武,军费开支居高不下,给奉天的财政带来了极大的压力。面对困局,只有重用理财能手王永江。此时,王永江代理奉天省省长,兼奉天省财政厅厅长。王永江对于张作霖争权夺地、穷兵黩武的政策并不赞同,他反复告诫张作霖应固根本而图发展,不应积极向关内扩张,而应将主要精力放在东三省建设上。他致函主战派的代表杨宇霆:"奉省应速改方针,发展民治,缩小军备,导中国裁兵统一先声,固中国长治久安之计。"[①] 为了扭转奉天的财政危局,王永江严格实行官吏考核制度,杜绝贪腐,同时发展经济,创办实业,奖励开矿,奖掖农副,建设交通。在他的建议下,张作霖于1923年拨巨款创建了东北大学和奉天纺织厂。此后,奉系集团出资建设了多个官办企业,对于公用事业和铁路交通也极为重视,倡导自营自建。东北物产丰富,每年大豆、猪鬃等产品带来大量出超。此外,东三省官银号大量印发奉票充当军费,当然这样的做法也给奉天的财政带来严重伤害。利用这些资源,加之王永江的出色行政能力,筹划财政,才保证了第二次直奉战争奉军的巨额开支。不过,张作霖并没有实施王永江偃武修文的建议,最终

[①] 《王永江为请劝张作霖速速改变方针发展民治缩小军备致杨宇霆函》(1923年4月1日),载辽宁省档案馆编《奉系军阀档案史料汇编》第4册,江苏古籍出版社,1990,第159页。

导致王永江挂冠而去。

经过两年的养精蓄锐，整军经武，奉军的战斗力大为提高，已经成为一支训练有素的近代化军队。张作霖等待时机，准备再次入关与直系争霸。1924年爆发的江浙战争为奉系再次入主中原提供了一个绝佳的开战借口。

第四节
奉系集团再次入关

一、反直三角同盟形成

1924年9月，第二次直奉战争的前哨战——"江浙战争"爆发，标志着直奉两大军事集团又一轮博弈的开始。直皖战争结束后，浙江督军卢永祥成为皖系在南方唯一的残余势力。江苏督军齐燮元对浙江和上海垂涎已久，如时论所言："齐之主张攻浙，其因亦有二。一、浙卢不去，终为心腹之患。二、浙卢竟去，则苏浙一统大江以南，齐为盟主，齐声望实力，岂不驾洛吴而上哉。"[①] 在英美的支持下，直系势力所及的苏、皖、赣、闽订立联合攻取浙江的计划。

对于直系而言，处置卢永祥，可以稳定住长江中下游各省，从而打掉奉系在南方的重要盟友，稳定后方。这从北京政府致吴佩孚的密电中可以看出。"以四省之兵力，共同迫卢，则其内讧立起，不出旬日，浙事自可裁定，使长江流域呵成一

---

① 《京畿卫戍总司令部查扣关于直系即将发动战争新闻稿》，载中国第二历史档案馆编《中华民国史档案资料汇编》第3辑《军事》，江苏古籍出版社，1991，第143页。

气。悉秉威令，乱根既除，奉张及西南必皆俯首就范，不敢内犯。"① 而卢永祥则积极应战，表现出强硬的态度："卢之态度，仍持强硬，对中央无输诚意，其所持者，南之广州，北之辽沈也。"② 面对直军大兵压境，卢永祥向张作霖求援，奉系允诺接济"军费百万元，枪械八千支，炮二十门，各色子弹两百万"③。张作霖希望能够准备充分，等待奉军入关后，卢永祥再与之响应，但江浙双方很快就刀兵相见了。双方各投入约10万兵力，交战月余，卢永祥失败，被迫逃往日本。北京政府任命孙传芳担任闽浙巡阅使兼督理军务善后④，江浙战争结束。

图6-8　浙江督军卢永祥

图6-9　江苏督军齐燮元

江浙战争爆发前，直奉双方都在释放和平的烟雾弹。曹锟公开声明："直隶军队，向驻原汛，地有定点，兵有定数，从无调动之举，更无备战之事，耳目昭然，非可讳实。"⑤ 张作霖也宣布："东省自去岁以来，只知以保境安民为帜志，他方理

---

① 《总统府军事处关于孙传芳主张对付浙督卢永祥采取调离或武力办法致吴佩孚等密电》，载中国第二历史档案馆编《中华民国史档案资料汇编》第3辑《军事》，江苏古籍出版社，1991，第147页。
② 《靳云鹏关于如何解决浙粤奉问题的意见致陆锦呈》，载中国第二历史档案馆编《中华民国史档案资料汇编》第3辑《军事》，江苏古籍出版社，1991，第145页。
③ 同上。
④ 《关于孙传芳夏超被任命为浙省督军省长及其就职电》，载中国第二历史档案馆编《中华民国史档案资料汇编》第3辑《军事》，江苏古籍出版社，1991，第212页。
⑤ 《曹锟否认直军调动备战通电》，载中国第二历史档案馆编《中华民国史档案资料汇编》第3辑《军事》，江苏古籍出版社，1991，第253页。

乱，概不与闻。但期和平统一速成，毫无权利功名之可恋。"① 其实，双方都在积极调动兵力，为战争做准备。

9月4日，张作霖向直系宣战。在致曹锟的电文中讲道："兄频年受吴贼包围，祸粤、祸桂、祸湘、祸川，惨毒之声，遍于海内。现在苏军迭次大挫，西南联军北伐，赣鄂震动，主张武力之效果，亦可概见一斑。兄尊处自娱高踞炉火，危机四伏，不知曾否少动于心，弟恭敬桑梓，义当自卫，率师应敌，不得不然。"② 张作霖自任镇威军司令，于9月15日将奉军所部编为六个军：第一军姜登选为军长，韩麟春为副军长，与张学良任军长、郭松龄任副军长的第三军组成一、三联军，集合奉军最精锐的6万部队，攻击山海关、九门口；李景林、张宗昌率领第二军，约3万人，向朝阳、凌源、冷口一线进军，威胁热河南路；吴俊陞、阚朝玺率第五军进攻热河北路；第六军许兰洲、吴光新部出建平、平泉一线，攻击直军侧背；张作相的第四军驻扎锦州为总预备队。奉军出动的总兵力约为17万人。

面对奉军咄咄逼人的攻势，直系迅速采取策略应对。9月17日，曹锟任命吴佩孚担任讨逆军总司令③。吴佩孚随即组织讨逆军总司令部，以王承斌为副司令兼直隶后方筹备司令，彭寿莘为第一军总司令，王怀庆为第二军总司令，冯玉祥为第三军总司令，张福来为援军总司令，杜锡珪为海军总司令，熊炳琦为山东后方筹备总司令，李济臣为河南后方筹备总司令，郑士琦为直鲁海疆防御总司令，曹锐为军需总监。由于相继取得直皖、直奉两次大战的胜利，此时吴佩孚骄傲自满，对于即将开始的第二次直奉战争他很有把握地对各国记者说道："我出兵二十万，两个月内一定可以平定奉天。张作霖下台后，他的儿子张学良可以派送出洋留学。所有外国人在东三省和南满铁路的权利，我们都予以尊重。南方问题不久也可以解决，陈炯明快要打进广州，目前广东商团正在向我们请求援助，但我无暇及此。"④

9月17日，直奉首先在热河开战，奉军李景林部进入热河，经过激战占领朝

---

① 《张作霖声明无备战》，载中国第二历史档案馆编《中华民国史档案资料汇编》第3辑《军事》，江苏古籍出版社，1991，第254页。

② 《张作霖在第二次直奉战争前夕致曹锟电》，载中国第二历史档案馆编《中华民国史档案资料汇编》第3辑《军事》，江苏古籍出版社，1991，第262页。

③ 《吴佩孚就任讨逆军总司令通电》，载中国第二历史档案馆编《中华民国史档案资料汇编》第3辑《军事》，江苏古籍出版社，1991，第266页。

④ 陶菊隐：《北洋军阀统治时期史话》第7册，生活·读书·新知三联书店，第84页。

图 6-10 奉军的炮兵阵地

阳。9月24日,吴佩孚接到电文:"朝阳失守,凌源吃紧。"① 9月底,李景林部进至冷口附近。10月7日,奉军占领赤峰,实现了前期作战目标。在热河打败直军后,奉军遂调集主力猛攻山海关、九门口一线。

二、北京政变,奉系再度入京

山海关的驻守部队亦是直系的嫡系精锐,占据有利地势,居高临下。张学良、郭松龄的部队训练有素、装备精良,在战场上勇猛进攻,双方损失都十分惨重。此时,吴佩孚一方面监督北京政府筹措军饷,并电令直系各省督军量力承担军资;另一方面调动兵马巩固后方。10月7日,直军弃守九门口,吴佩孚知道榆关形势危急,不得不将留守北京的张福来部调往前线。吴佩孚对于第三路军冯玉祥部一直有所怀疑,但是考虑到曹锟待冯玉祥不薄,而江浙战争已经结束,冯玉祥未必敢轻举妄动。他将张福来部调走时,曾要求萧耀南派遣二十五师接替任务,但萧耀南以南军威胁"两湖"不能移动拒绝了调令,这直接导致北京防御空虚。② 但吴佩孚已经无暇顾及,赶往榆关前线督战。

其实,冯玉祥早已与吴佩孚貌合神离。在扩编部队、催索军饷上吴佩孚经常打

---

① 《军事处致吴佩孚函稿(9月24日)》,载中国第二历史档案馆编《中华民国史档案资料汇编》第3辑《军事》,江苏古籍出版社,1991,第266页。

② 陶菊隐:《北洋军阀统治时期史话》第7册,生活·读书·新知三联书店,1982,第86页。

图6-11 推翻曹锟政府的冯玉祥

压冯玉祥①,使其渐渐倾向南方革命政府。吴佩孚对其也存有戒心,因此安排冯玉祥走喜峰口进攻奉军的侧面,而不让他参加山海关的正面作战。冯玉祥也有自己的打算,他借口道路难行,进军缓慢,随时观察时局变化。在第二次直奉大战爆发之前,张作霖已经积极与冯玉祥联络。冯玉祥与李德全结婚时,张作霖特意遣使道贺。其后冯玉祥部队开支困难,奉军一直秘密接济其军费和补给。此后冯玉祥秘密联络王承斌、胡景翼、孙岳等人伺机倒戈。直奉第二次开战后,马炳南携张作霖密信赶往古北口面见冯玉祥,约定"双方相遇,均应向天鸣枪"。此时冯玉祥接到吴佩孚的参谋长张方严的电报——"前线形势危急,不有意外的胜利,恐难挽回颓势"②,这更坚定了冯玉祥回师北京推翻直系政权的决心。

10月21日,冯玉祥部割断沿途电线封锁消息,昼夜兼程,于22日晚进入北京,随即派兵把守各城门并占领车站、电报局、电话局等通信机关,囚禁了曹锟。10月23日,冯玉祥发表通电表明发动政变的初衷:"玉祥等午夜彷徨,欲哭无泪,受良心之驱使,为弭兵之主张,爰于十月二十三日决意回兵,并联合所属各军,另组中华民国国民军,誓将为国民效用。"③ 10月28日,冯玉祥再度发表通电呼吁全国各方力量汇集北京,商讨建国大计:"祥等以为此后一切政治善后问题,必须一国贤豪,同集京师,速开和平统一会议,将一切未决问题,悉数提出,共同讨论,以多数人之主张为指归,以最公平之办法为究竟,期得最良结果,实力奉行,以绝内争,以安邦本。"④

---

① 鹿钟麟、刘骥、刘哲熙:《冯玉祥北京政变》,载全国政协文史资料研究委员会编《文史资料选辑》第4辑,文史资料出版社,1961,第2页。

② 马炳南:《二次直奉战前张作霖与冯玉祥的拉拢》,载全国政协文史资料研究委员会编《文史资料选辑》第4辑,文史资料出版社,1961,第56页。

③ 《冯玉祥倒戈回师北京组织国民军有关电(10月23日)》,载中国第二历史档案馆编《中华民国史档案资料汇编》第3辑《军事》,江苏古籍出版社,1991,第297页。

④ 《冯玉祥倒戈回师北京组织国民军有关电(10月28日)》,载中国第二历史档案馆编《中华民国史档案资料汇编》第3辑《军事》,江苏古籍出版社,1991,第298页。

吴佩孚率军回援北京，但是直军的主力仍然留在山海关一线，而北京政变的消息令直军军心大为动摇，直军的阵线开始松动。而吴佩孚带领的部队也无法战胜占有绝对优势的冯军，他在天津待援，使自己陷入两难的困境。此时南方各省直系督军纷纷派军队准备北上救援；但直系援兵未到，冯玉祥军队已经开到廊坊准备进攻天津。

10月28日，从冷口入关的张宗昌部队击溃了董政国部之后突然占领滦州，李景林部也随即进入冷口，从而一举截断了山海关前线直军的归路，并切断了山海关、天津之间的交通线，前线的直军立刻土崩瓦解，纷纷溃散。讨逆军第一路军在彭寿莘带领下于撤退途中被奉军包围，无奈之下他化装潜逃，其余部队随同参谋长李藻麟缴械投降。① 10月31日，奉军占领山海关和秦皇岛，直军主力被全歼。

11月1日，山东督军郑士琦突然宣布"武装中立"，派兵到沧州阻止吴佩孚残部通过山东。同日，他派人炸毁了韩庄铁路，阻止江浙直军北上。同一天，山西督军阎锡山出兵石家庄，截断了京汉路的交通，豫、鄂等省的援军也无法北上。此时的吴佩孚腹背受敌、走投无路，幸而海军部军需司司长刘永谦准备了1艘运输舰，劝其从塘沽登舰南下，以图东山再起。11月3日，吴佩孚率领残兵败将2000余人从大沽口乘船逃亡长江流域，第二次直奉战争以直系惨败而告终。

---

① 李藻麟：《二次直奉战争亲历记》，载全国政协文史资料研究委员会编《文史资料选辑》第4辑，文史资料出版社，1961，第53页。

第七章 奉系控制北京政权后的内外矛盾

第一节 奉系入京后的势力扩张

一、操纵北京政权人事任免

第二次直奉大战结束后,张作霖背弃了与冯玉祥的约定——"只要达到和平,奉军可以不入关"。1924年11月14日,张作霖以胜利者的姿态进入北京。张作霖将大批奉军开进关内,以武力为后盾控制了北京政权。张作霖与冯玉祥联合推荐段祺瑞出山。1924年,张作霖、冯玉祥、胡景翼、卢永祥发表通电:"合肥段公,耆勋硕望,国人推戴,业经一致从同,合肥虽谦让未遑,然当此改革绝续之交,非暂定一总揽权责之名称,不足以支变局。拟即公推合肥为中华民国临时执政,即日出山,以济艰危,而资统率。"① 张作霖与段祺瑞联手排挤冯玉祥。段就任执政,随即逼迫冯玉祥支持的内阁总理黄郛辞职。这令冯玉祥大为不满,他回忆道:"于是一批批安福系余孽都连翩入京。瞪着眼珠,急于想在新政权里分些赃品。局面急转直下,演变至此糊糊涂涂混下去,岂不是为强盗马贼当伙计?如此一想,不由的我对新局面万分消极。"②

---

① 《张作霖冯玉祥等公推段祺瑞为中华民国临时执政通电(1924年11月15日)》,载中国第二历史档案馆编《中华民国史档案资料汇编》第3辑《军事》,江苏古籍出版社,1991,308页。

② 冯玉祥:《我的生活》,上海书店出版社,1996,第516页。

张作霖与冯玉祥联合之时曾许诺，战胜直系后，奉军不入关。11月24日，张作霖宣布取消镇威军同时撤回原防听候中央命令的通电。① 然而，张作霖并不打算就此退回关外，相反，奉军后续部队源源不断进入华北。奉系大举入关，与国民军的矛盾日益激化。国民军将领岳维俊、邓宝珊密谋发动暴动，将张氏父子逮捕枪决，冯玉祥知道后十分吃惊。由于害怕京外奉军发生异变，特别是演变成混战之局后日本将会趁机占据东三省，因此冯玉祥没有同意岳、邓两人的建议。②

冯在北京日益被孤立，无奈之下只能通电下野，出京疗养。在通电中他表示了对军阀政治的不满："所望全国各界，本十三年变乱相寻之教训，为彻底的共同觉悟之主张，务使军不成阀，阀不代阀，一可斩循环报复之根，二可去民治推行之障。祥虽不敏，粗知大义，军行实践，请自祥始。兹特宣告解除兵权，决心下野。所有部下军队，如何编制之处，完全听命于国家"。③ 张作霖假意挽留，但其口是心非的表态已经无法掩盖两人巨大的分歧，也埋下了奉、国两军战争的种子。此时在中国共产党的建议下，孙中山已经决定接受冯玉祥的邀请离粤北上，他复电冯玉祥："此时所务，一在歼除元恶，肃清余孽；一在勒求治本，建设有序。诸兄开始伟业，必能克底于成。承邀入都，义当就道，日来已由韶返省部署行事，数日之后即轻装北上，共图良晤。"④ 在北上途中孙中山发表了《北上宣言》，明确提出废除不平等条约、召开"国民议会"的政治主张，得到全国民众的热烈拥护和积极反应。孙中山的主张严重威胁了北洋军阀和帝国主义的利益。对于张、段而言，为了维持北洋政府的统治，他们必然要对内维持对人民的压迫政策，对外寻求帝国主义的支持，因此奉、皖、孙的反直三角联盟此时已名存实亡。不过，面对全国民众要求真正实现民主共和的呼声，同时也是忌惮孙中山在国人心目中的崇高威望，张作霖和段祺瑞表面上仍做出了欢迎孙中山北上的姿态，背地里却施展种种伎俩，破坏

---

① 《张作霖宣布取销镇威军名义撤回原防听候中央命令通电（1924年11月8日）》，载中国第二历史档案馆编《中华民国史档案资料汇编》第3辑《军事》，江苏古籍出版社，1991，308页。

② 冯玉祥：《我的生活》，民国丛书第五编，上海书店出版社，1996，第517页。

③ 《冯玉祥宣布下野及规劝吴佩孚解除兵柄通电（1924年11月24日）》，载中国第二历史档案馆编《中华民国史档案资料汇编》第3辑《军事》，江苏古籍出版社，1991，311页。

④ 孙中山：《复冯玉祥等电（一九二四年十一月四日）》，载广东省社会科学院历史研究室、中国社会科学院近代史研究所中华民国史研究室、中山大学历史系孙中山研究室合编《孙中山全集》第11卷，中华书局，1981，第272页。

孙中山的革命主张。

对于孙中山提出的"反帝废约"主张，张、段则坚持"外崇国信"，即承认一切不平等条约。而对于国民党积极宣传召开国民大会的做法，张作霖更是坚决反对。孙中山派遣代表赴各省宣传召开国民大会，王永江致电张作霖询问奉系态度，张作霖密电王永江："中山方与我方联络，所派代表宣传，未便显然拒绝，致令解（缺?）望。该党人到后，可优为招待，一面令各法团每处推举一二人，约日设筵公宴，即请其于筵间演说。至其他学校或露天演说，则设法婉拒。以上办法，统为（?）善为运用。"① 奉系集团对孙中山北上的主张阳奉阴违，采取种种手段阻挠和干涉。1924 年 12 月 25 日，北京政权派许世英主持"善后会议"筹备事宜，同时公布"善后会议条例"。按此条例，参加会议人员分四类：一是大有勋劳于国家者两人（指孙中山和黎元洪）；二是讨伐贿选及制止内乱之军事领袖；三是各省区及蒙、藏、青海军民长官；四是有特殊学识、资望、经验者，由临时执政聘请或委派之，其人数不得超过 30 人。第一、二、三类人员因故不能亲身前来参加者，得派全权代表出席。会议的议题包括：第一，国民代表会议组织法；第二，军制改革；第三，整理财政；第四，临时执政交议事项。② 这样的"善后会议"其实已经变成各省军阀势力的分赃会议，由执政府邀请的代表制定的"国民会议组织法"也不会产生真正代表人民利益的国民会议。这样一个代表军阀官僚利益的会议，遭到了全国民众的反对，各地纷纷成立国民会议促进会，表达尽快召开国民会议的主张。此外，受邀参加善后会议的黎元洪、岑春煊、梁启超等人也不愿意成为执政府粉饰民主的"花瓶"，谢绝参加会议。

虽然反对之声不绝于耳，但是张作霖和段祺瑞还是一意孤行，于 1925 年 2 月 1 日召开由各地军阀、官僚、政客参加的"善后会议"，以此对抗孙中山。12 月 14 日，孙中山抵达天津，随即因气愤而病倒。孙中山抵津第二天，张作霖前往拜会，关起门与孙中山进行密谈。"他劝孙中山不要反对外国人，因为外国人都是不好惹的；而各国公使非常反对联俄联共政策，希望这个政策，他愿意代孙中山疏通外国人的感情。他说：'这件事情包在我张作霖一个人的身上，一定可以成功。'孙中山

---

① 《张作霖复王永江电》，载辽宁省档案馆编《奉系军阀密电》第 2 册，中华书局，1985，第 152 页。
② 陶菊隐：《北洋军阀统治时期史话》第 7 册，生活·读书·新知三联书店，1982，第 110 页。

听了又是好气，又是好笑。以上谈话内容是后来孙中山向随员们谈出来的。"① 张作霖入主北京后的政治立场表明，他依然坚持北京政权须依靠帝国主义势力进行专制统治的政策。孙中山抱病北上，希望能够弥合南北双方的矛盾，但是他所秉持的和平主张最终被北洋军阀集团破坏。1925 年 3 月 12 日，一代民主革命的先行者孙中山先生因肝病复发与世长辞。

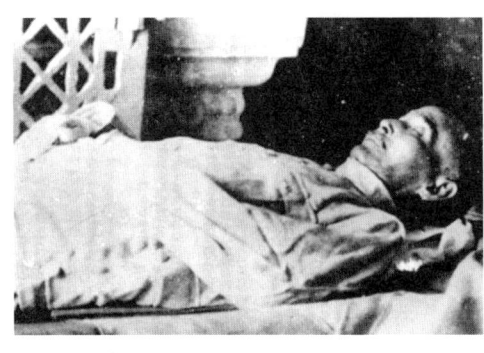

图 7-1　孙中山遗容

图 7-2　孙中山逝世后国民党设在北京西山碧云寺的灵堂

二、奉系势力范围扩张

张作霖控制北京政权后，迅速调集大批奉军入关争抢地盘，奉军很快就占据了直隶、山东、安徽、江苏等地。1925 年 6 月，奉军势力已经扩展至东南地区的财富中心上海。张作霖以武力为后盾，操纵段祺瑞执政府，先后任命李景林、张宗昌、姜登选、杨宇霆担任直隶、山东、安徽、江苏军务督办，阚朝玺为热河都统，邢士廉为上海警备司令。② 此时，北起黑龙江，南至上海，奉、吉、黑、热、直、鲁、豫、皖、苏九省及京、沪两市都纳入奉系的势力范围，奉系集团发展达到鼎盛时期。在争抢地盘的同时，奉军各将领也争相扩编军队，奉军规模急速膨胀。奉军的

---

① 陶菊隐：《北洋军阀统治时期史话》第 7 册，生活·读书·新知三联书店，1982，第 111-112 页。
② 郝秉让：《奉系军事》，载胡玉海主编《奉系军阀全书》第 3 卷，辽海出版社，2000，第 50 页。

实力增长与收编直系军队有关，同时奉军还接管了新占领区的驻军。

图7-3 李景林

图7-4 张宗昌

随着奉系统治区域的扩大，为了便于统治，进一步实现奉系统一全国的野心，1925年10月，张作霖将各省隶属于奉系的陆军编为6个集团军：镇威军第一方面军军团长李景林、第二方面军军团长张宗昌、第三方面军军团长张学良、第四方面军军团长姜登选、第五方面军军团长张作相、第六方面军军团长吴俊陞。① 其中以第三方面军实力最强，由张学良的第八军、韩麟春的第九军和郭松龄的第十三军组成。此时，奉系陆海空三军和军事工业都居全国之首，奉系军事实力达到巅峰。

张作霖一方面扩充实力，另一方面加强其势力范围内的统治，特别是对工人运动采取严酷的手段进行镇压。1925年5月15日，上海日商内外棉七厂借口存纱不足，故意关闭工厂，停发工人工资。纱厂工人、共产党员顾正红带领群众冲进工厂与日商交涉。日商不仅不同意工人的要求，而且向工人开枪，打死顾正红，打伤工人10余人，成为五卅运动的导火索。5月30日上午，上海工人、学生2000多人在公共租界游行示威，向市民散发反帝传单，进行演讲，揭露帝国主义枪杀工人、抓捕学生的罪行。租界工部局派出大批巡捕抓捕爱国学生，激起市民的愤怒，万余人聚集老闸巡捕房前要求释放爱国学生。结果，英国巡捕公然向手无寸铁的群众开枪，打死13人，重伤数十人，150余人被捕。这就是震惊中外的五卅惨案。

1925年6月1日，上海总工会成立，在瞿秋白、蔡和森、李立三、刘少奇的领导下，上海群众掀起罢工、罢课、罢市的爱国浪潮。在中国共产党的推动下，反帝浪潮席卷全国，工人、学生、商人、市民、农民等全国各阶层都参与其中，遍及25省700多个县近1700万人直接参加了运动。五卅运动沉重打击了帝国主义，它

---

① 姚东凡：《奉军沿革》，载辽宁省政协文史资料研究委员会编《辽宁文史资料》第14辑，辽宁人民出版社，1986，第11页。

图 7-5 五卅惨案现场

图 7-6 五卅运动时上海总工会游行队伍

们急于寻找代理人来镇压反帝运动。6 月 19 日，张作霖命令奉军开进上海，任命邢士廉为上海警备司令，派人"秘密去接见英国领事，有所协商"①，随后奉军开始对爱国群众举起屠刀。6 月 30 日，上海工商学各界为被帝国主义屠杀的烈士举行公祭，遭到奉军的阻挠。7 月 23 日，奉军强行封闭上海工商学联合会。8 月 12 日，奉军指使打手围攻上海总工会。9 月 19 日，奉军查封上海总工会。

奉系的倒行逆施，激起了广大爱国群众的愤恨。1925 年下半年，中国共产党领导了全国范围的反奉运动。1925 年 7 月 10 日，中国共产党发表宣言指出："帝国主义者一方面从外部侵略压迫中国，同时必定利用军阀。……去年秋天的北京政变以前，他们利用吴佩孚作工具，如今他们又挑着张作霖了。张作霖因得日本的援助取得了半个中国，今后又加上英国援助……所以他不踌躇的以武力镇压从奉天到上海的民众爱国运动，出卖祖国，以博取英日帝国主义之欢心！"②

张作霖大肆扩充地盘的举动引起了冯玉祥的强烈不满，双方关系急剧恶化。段祺瑞虽然名义上是政府首脑，但北京政权实际控制在张作霖和冯玉祥手中。为了平衡两者的矛盾，段祺瑞做了巧妙的安排，任命冯玉祥担任西北边防督办，使国民军占据西北地区及京汉铁路北段，允许其扩军至十七八万人；任命张作霖为东北边防督办。奉系与冯系的势力范围被清楚地划分出来，津浦线为奉系发展方向，京汉线为冯军控制区域。这样的划分使双方的矛盾暂时得到了缓解，执政府在双方力量的平衡之下得以维持。不过，东北边防督办的头衔已经无法满足张作霖日益膨胀的野

---

① 秋白：《五卅屠杀后之奉系军阀》，《向导》1925 年总第 120 期。
② 《中国共产党共产主义青年团宣言》，《向导》1925 年总第 121 期。

心。他的愿望是挥师中原,进而统一全国。随着奉军大举南下,奉系集团的势力扩展到长江流域,严重威胁到控制着长江下游的直系集团的利益。

直系在南方的实力派人物为江苏都督齐燮元、浙江都督孙传芳。奉军南下,目标直指南京,孙传芳致电北京责问段祺瑞:"里巷又复纷传,奉军南下,意不专于对苏,证以齐督离宁,而奉军到宁,无的放矢,必更有的。"① 在孙传芳看来,奉军虽然名义上是进攻齐燮元,但其最终目的是平定江浙、占领上海。因此他向段祺瑞提出双方于淞沪皆不驻军的建议:"松江为沪杭交通之枢纽,上海又中外商业之中心。现浙中父老,金以欲保安宁,必须办到松沪两地,双方各不驻兵。"② 但是执政府对此并未有丝毫回应。奉军大举进攻,令江浙百姓人心惶惶。孙传芳再次致电段祺瑞,希望奉军不要越过南京:"再奉军南下,人民污喘相告,果能服从钧座命令,不再渡江,固为上策。万一必须护卫卢使,则请以南京为止。若越句容、下蜀之线,则是有意侵略,破坏和平。传芳虽欲袖手,决不足以安江南人民之心。斯虽欲罢不能。"③ 孙传芳此电不啻最后通牒,可奉系对此不以为意,张宗昌击溃齐燮元后部队进入上海。奉、浙双方剑拔弩张,战事一触即发。

奉军南下使孙传芳感受到巨大威胁。他秘密联络与奉系有矛盾的冯玉祥、吴佩孚建立同盟。1925 年 10 月,孙传芳联合陈调元不宣而战,向奉军发起进攻,奉浙战争爆发。此时奉军兵力极为分散,从山海关到天津,从天津到浦口,再到南京和上海,摆出一字长蛇阵。面对孙传芳的猛烈进攻,驻苏奉军陷入困境。由于担心冯玉祥从背后进攻切断归路,陷入首尾不能相顾的危险境地,奉军被迫全线撤退。杨宇霆命令邢士廉撤往镇江,但邢士廉部队军心涣散,从上海坐火车直接开到南京在下关渡江。由于船只不足,相互争夺,乱作一团。郑俊彦在通电中说道:"是役也,计各路解散奉军共为两师,夺获枪枝子弹军用物品以及马匹等件无算,并俘虏八师长丁喜春,旅长田得胜,及参谋长、营长等十余员,官兵一万余名。"④ 奉浙战争的

---

① 《浙督孙传芳关于陈乐生谋浙及奉军南下责问段祺瑞电(1925 年 1 月 5 日)》,载中国第二历史档案馆编《中华民国史档案资料汇编》第 3 辑《军事》,江苏古籍出版社,1991,第 341 页。
② 《孙传芳要求淞沪概不驻兵及奉军南下不得超越南京致段祺瑞电(1 月 7 日电)》,载中国第二历史档案馆编《中华民国史档案资料汇编》第 3 辑《军事》,江苏古籍出版社,1991,第 342 页。
③ 同上书,342-343 页。
④ 《郑俊彦等关于解除南京奉军武装及杨宇霆郑潜潜逃由陈调元维持秩序等情通电》,载中国第二历史档案馆编《中华民国史档案资料汇编》第 3 辑《军事》,江苏古籍出版社,1991,第 380 页。

结果是,奉军在江苏的部队几乎全军覆没。杨宇霆于 1925 年 10 月 16 日只身逃出南京,担任江苏督军前后只有 18 天。①

11 月 13 日,段祺瑞下令冯、奉两军各守原防区,京汉线由冯玉祥、岳维峻驻防,津浦线由张作霖、李景林驻防,淞沪永不驻军,责成孙传芳停止军事行动,同时要求冯玉祥相机遏制吴佩孚。段祺瑞的命令目的是缓和冯、奉两派以及浙、奉两军的紧张局势。11 月 15 日,冯、奉双方在天津签署了"和平条约"八条,其主要内容是联合讨吴和奉系让出保、大(保定、大名)的问题。②

图 7-7 五省联军总司令孙传芳

冯、奉双方由剑拔弩张的状态转为一致对吴,暂时避免了正面冲突。孙传芳在控制徐州以后,已经完全控制了东南五省,因此也愿意休兵罢战,与奉系和平相处。奉系之所以做出巨大退让,是因为此时奉系内部已经出现显著的裂痕,分化严重,危机一触即发。张作霖必须向国民军做出妥协,从而避免被前后夹攻的困境。"和平条约"签署 10 天后,就爆发了郭松龄率部反奉事件,从而极大地影响了奉系集团的走向。

---

① 周大文:《杨宇霆督苏纪略》,载全国政协文史资料研究委员会编《文史资料选辑》第 18 辑,中国文史出版社,1991,第 205 页。

② 陶菊隐:《北洋军阀统治时期史话》第 7 册,生活·读书·新知三联书店,1982,第 208-209 页。

第二节 郭松龄反奉

一、郭松龄反奉的起因

在全国反帝反奉运动此起彼伏的时候，1925年11月下旬，奉系集团手握重兵的将领郭松龄突然在滦州誓师反奉。郭松龄的倒戈一击，是奉系军阀历史上的重大事件，对于当时中国的政治形势产生了巨大影响，深刻改变了奉系集团的命运。

郭松龄倒戈反奉绝非单纯的军阀集团内部的争权夺利，它的发生与郭松龄本人的思想变化以及全国民众的反帝反奉运动是密不可分的。

郭松龄在匪气严重的奉系将领中别具一格，"公生平勤俭耐劳，嫌怨不避，律己甚严，绝无嗜好，于纳妾之知，尤为反对，部署有因置妾媵撤差者。军中用人以考试行之，不向外荐人，亦不受人荐，故官佐均能称职。不请客送礼，人以此施之于公者，公亦不受。不治生产，所有个人用费及家中日用，悉仰给于俸给，公私极为分明。"① 郭松龄严于律己、克己奉公，这种严谨的作风与奉系集团内部狂嫖滥赌、贪腐无度的风气

图 7-8　郭松龄

---

① 李坚白：《东北国民军总司令郭松龄事略》，载辽宁省政协文史资料研究委员会编《辽宁文史资料》第16辑，辽宁人民出版社，1986，第22页。

形成了鲜明的对比。郭松龄夫人韩淑秀毕业于燕京大学，"为人勤俭木讷，沉毅多智。归公后布衣蔬食，不喜繁华，扫除炊膳皆亲任之，事舅姑尤谨。在奉天先后创办贫儿学校、同泽女中、女青年会等，颇有望于社会。"① 可见，郭松龄夫妇身上绝少军阀气息。

孙中山倡导国民会议北上至天津，郭松龄代表张作霖前去欢迎。孙中山向郭阐明自己力主召开国民会议的意义，郭松龄深为赞同，于是希望能够力促张氏父子联合北方军人实现这一主张。但是张作霖迷信武力，不听从郭松龄的建议，这更进一步加深了郭松龄与奉系之间的嫌隙。

第一次直奉战争后奉军改编过程中，派系矛盾产生。奉系内部原有新、老两派矛盾：老派以奉系发轫时期即追随张作霖并与之结义的孙烈臣、汤玉麟、吴俊陞、张景惠、张作相等人为核心；新派则指奉军整军过程中出身于新式军事学校的高级将领，如杨宇霆、郭松龄、姜登选、韩麟春等人。其中新派又分成土、洋两派。出身于陆军大学和保定军校的郭松龄、李景林，与出身于日本陆军士官学校的杨宇霆、姜登选针锋相对、积怨甚深。作为"士官派"的代表，杨宇霆得到张作霖的信任，被倚为柱石，就任东三省巡阅使署总参议，同时兼任奉天兵工厂督办，权势熏天。而郭松龄得到了张学良的绝对信任，掌握奉军最为精锐的部队。双方有各自的后台，都不甘居于下风。第二次直奉战争后，奉系控制区域扩大，张作霖给众多高级将领论功行赏。郭松龄率领的部队为主力，以为以自己的功勋可以在一省担任督军，有了地盘就可以施展抱负。不料事与愿违，安徽、河北、山东、江苏四省督军落入姜登选、李景林、张宗昌、杨宇霆手中。奉系扩张的地盘尽入他人之手，郭松龄执掌一省的理想没有实现。张作霖赏罚不公更促使郭松龄决心起兵反奉。

二、郭松龄起兵前的准备

此时，中国共产党领导的五卅运动的爱国热潮席卷全国，人民群众反奉运动日益高涨。奉系在奉浙战争中一败涂地，丢失了南方各省。正在日本的郭松龄听到奉

---

① 李坚白：《东北国民军总司令郭松龄事略》，载辽宁省政协文史资料研究委员会编《辽宁文史资料》第 16 辑，辽宁人民出版社，1986，第 22 页。

军惨败、杨宇霆仓皇北逃的经过，立刻决定启程回国。回国后，郭松龄开始主持张学良统帅的第三方面军工作。为了反奉，郭松龄将部队的人事牢牢抓在手中，担任第三军参谋长兼炮兵司令魏益三回忆道："郭对人事抓得很紧，毫不放松，甚至三个军的卫队营营长人选都要经他决定。他悄悄地向我表示，'我主张巩固国防，开发东北，最反对为少数人去争督军。试想这样谁受害，还不是东北人民吗？'"①郭松龄此时对张作霖和杨宇霆日益不满。

郭松龄一方面仔细挑选高级军官控制军队，向部队灌输反对奉军打内战的思想，为反奉驱张做准备；另一方面积极联络冯玉祥，并争取李景林的合作。冯玉祥在回忆录中提到，1925年日方邀请奉军和国民军派代表观摩演习，国民军派遣韩复榘率团前往，与郭松龄住在一处。一天，郭松龄找到韩复榘密谈。"原来这次他被奉派到日本之后，日本参谋本部就有一位重要职员跑来访问，问他这次来日本是否还兼有代表张作霖与日本签订密约的任务，他茫然不知所谓。"②那名职员走后，郭松龄百般探听，得知奉方打算以承认"二十一条"为代价换得日本的支持，由日方提供军火准备进攻国民军。郭松龄对韩复榘讲道："连年军阀混战，争城掠地，杀人盈野，国家元气断丧殆尽，老百姓无法生活，强邻虎视眈眈，正在伺机而动。张作霖为了个人的权利，不顾一切，出卖国家。这种割肉饲虎、引狼入室的干法，无论如何我是不能苟同的。我是个军人，以身许国，不是个人的走狗，我不能昧着良心服从乱命。他若打国民军，我就打他。"③反张反日成为郭、冯两人联手的政治基础。

1925年11月19日，郭松龄派其胞弟郭大鸣和亲信李坚白由冯玉祥亲信王乃模陪同来到包头面见冯玉祥。他们携带了郭的亲笔信，提出冯、郭合作密约的初步意见。冯玉祥在得知李景林也愿意参加反奉时喜出望外，但是对于将直隶、热河划给李景林深表疑虑。郭大鸣和李坚白则认为，"李参加我们的共同行动关系很大，事

---

① 魏益三：《郭松龄反奉亲历记》，载全国政协文史资料研究委员会编《文史资料选辑》第35辑，中国文史出版社，1999，第120页。

② 冯玉祥：《我的生活》，上海书店出版社，1991，第542页。

③ 吴锡祺：《冯玉祥、郭松龄联合反对张作霖的经过》，载辽宁省政协文史资料研究委员会编《辽宁文史资料》第16辑，辽宁人民出版社，1986，第67-68页。

成之后，防区问题还可以从长计议，现在不宜过分计较。"① 冯玉祥完全接受了郭方代表的意见。对于起事后郭军的名义，冯玉祥提出了"国民第四军"和"东北国民军"两个名称，由郭松龄选择。随后，冯玉祥派参谋长熊斌和王乃模赴津与郭松龄继续联络，并通知率领国民军驻扎北京的鹿钟麟密切注意事态发展。1925年11月22日，双方签署密约，冯郭反奉联盟正式成立。

三、郭松龄反奉的政治影响

当郭松龄积极准备时，张作霖要求郭、李对国民军作战，但是郭、李皆主张和平，张作霖无奈之下于1925年11月16日与国民军签订了和平条约。11月18日，双方在交割保定防务时发生冲突，张作霖对郭、李极为不满。11月22日，张作霖电令郭松龄回奉天。郭松龄预感到自己的反奉活动已经被张作霖察觉，于是决定提前行动。

11月22日深夜，郭松龄在天津通电要求张作霖下野，推荐张学良维持东三省治安。同时通电全国，揭露杨宇霆的罪状，并阐明自己起兵反奉的目的。

11月23日，郭松龄率领司令部人员和卫队离开天津，到达滦州。他在那里召开了紧急军事会议。会上他宣布，班师回奉，反对张作霖穷兵黩武、危害东北民众，主张罢兵言和、巩固国防、开发东北。与会的将领大多支持郭松龄的主张，随后在准备好的花名册上签字。师长赵恩臻、齐恩铭、裴春生、高维岳及旅长孙旭昌、陶经武等军官不愿签字，被郭当场扣押，派人押往天津。此时，姜登选离皖之后在德州接到张作霖命令任第四方面军军团长并移防北镇，乘车经过滦州。郭松龄派人来告："有军事相商，请军团长至城内一谈。"姜前往会见，郭却拒而不见。姜登选亲笔写信给郭松龄，郭松龄也没有回答。11月26日郭松龄离开滦州前夕，派人将姜登选枪杀。②

郭部迅速展开行动。郭松龄将其掌握的奉军第四、第五、第六、第七、第十、

---

① 吴锡祺：《冯玉祥、郭松龄联合反对张作霖的经过》，载辽宁省政协文史资料研究委员会编《辽宁文史资料》第16辑，辽宁人民出版社，1986，第69页。

② 邢赞亭：《姜登选之死》，载全国政协文史资料研究委员会编《文史资料选辑》第8辑，中国文史出版社，1986，第135页。

第十二师,炮兵第一、第二旅及工兵 1 个团编为 4 个军,称为国民革命军,分别由刘振东、刘伟、范浦江、霁云率领。第一军从京奉铁路直指奉天;第二军在山海关附近与张作相、汲金纯部对抗;第三军进入热河,派员与阚朝玺联系,如不能达成协议则武力使其就范;第四军为预备队。①

按照郭松龄的计划,刘伟的第二军应乘火车前往山海关;但是火车没有安排好,耽误了时间。正好杨焕彩和张廷枢的两个团从蚌埠乘车来到滦州,于是郭命令魏益三率两团前往山海关占领阵地。魏益三率部在距离山海关 20 里的万家屯构筑阵地,同时破坏电话线路。

图 7-9 奉系将领姜登选

魏益三的行动让山海关守军大起疑心。这时,郭松龄派张廷枢赴山海关劝其父张作相与郭合作。张廷枢将郭松龄倒戈的事情通报给了山海关和绥中的守军。奉军趁魏益三立足未稳发起进攻,击溃魏部,并将 2000 余人缴械。但是随后郭军后续部队开到,大举进攻,汲金纯部一旅投降,其他部队后撤至锦西连山一线阻击郭军。11 月 26 日,郭军占领绥中。

11 月 24 日,郭松龄反奉的消息逐渐在奉天散布开,奉天全城群情骚动,风声鹤唳,一日数惊。大量豪门巨贾纷纷涌向"满铁"附属地内避难。商家店铺关张歇业,各大中学校学生也都离校返乡。为了维持社会秩序,11 月 25 日,张作霖宣布奉天城内从下午 5 点即实行戒严,街上严禁行人,所有城门均增加陆军和宪兵守卫。11 月 26 日,张作霖召集奉系集团重要人物开会,张景惠、汤玉麟等人出席。会议决定"和""战"并举:一方面继续派人与郭松龄、李景林谈判;另一方面紧急从各县征召壮丁编成补充部队派往锦州,以阻击郭军。11 月 29 日,张作霖再次召集吴俊陞、杨宇霆、张景惠、张学良等召开会议。张作霖大骂郭松龄忘恩负义,继而痛骂张学良年少无知、识人不明。众人面面相觑,无言以对。最后,吴俊陞提出抽调吉、黑两省部队 2 万人南下,同时着手成立 4 个补充旅,分别由张学成、钱忠山、赵梅才、陈琛担任旅长。11 月 29 日下午,张作霖得到电报:"郭军出关者

---

① 郑殿起:《郭松龄反奉经过》,载全国政协文史资料委员会编《文史资料存稿选编》晚清·北洋(下),中国文史出版社,2002,第 283-284 页。

数千，现距绥中颇近。"① 当晚，张学良率领教导队官兵 600 余人及卫队机关枪、迫击炮各 1 连，从奉天乘火车赶赴锦州。

奉军第五方面军从山海关撤出后，退至连山一线，利用第二次直奉战争时构筑的堡垒阵地坚守。张作相从奉天赶回前线，将司令部设在老官堡。张学良则在锦州坐镇指挥。郭军先头部队于 11 月 28 日占领绥中后，主力在秦皇岛、山海关略加休整，12 月 1 日出山海关东进，于 12 月 3 日占领兴城。郭松龄的司令部前进至绥中，准备与占领热河的冯玉祥部队协同向奉天进攻。

郭军先锋刘伟部于 12 月 3 日到达连山阵地，在未进行侦察的情况下就发起进攻。由于奉军工事坚固，刘伟部进攻未果。12 月 3 日晚，刘伟部富双英团和另两个营投降奉军。此后，富双英利用保定军校的同学关系又相继招降了郭军几个营。12 月 5 日，郭松龄第三军到达连山，召开军事会议后立即发起进攻。奉军右翼防守得力，郭军进攻受挫；但是奉军左翼汲金纯部战斗力不强。12 月 5 日夜，郭军两个团从结冰的海面迂回至连山阵地背后，于 12 月 6 日拂晓前后夹攻，奉军防线崩溃。郭军乘势猛攻，奉军被迫放弃连山阵地向义县退却。在撤退途中，奉军炸毁铁路和桥梁，迟滞郭军东进。12 月 7 日，郭军占领锦州，此时本应乘胜迅速攻占奉天，但是各部人心厌战，后勤保障不足。郭松龄采纳了参谋长邹作华的建议，决定在锦州休整。郭松龄的决定贻误了战机，给了奉军喘息的机会。

就在郭、奉两军对战之际，日本乘机开始与双方接触以攫取在东北更大的权益。郭松龄意识到反奉会遭到日本势力的介入。1925 年 12 月 1 日，郭松龄向日本公使芳泽谦吉发表声明："此次敝军回奉，旨在顺纳民意，谋求永久和平。对于外侨生命财产以及条约上之权利，尽力尊重、保护各节，业已叠电奉达，谅邀台览。惟东三省与贵国毗邻，其经济关系尤为密切。诚恐贵国商民，不解本军之真意，而致有所疑惑，予特为之声明，敬请转达贵国居留官民：凡中日两国现状除尊重条约上之权利外，他如贵国私人与三省当局之经济契约，或与敝国人民合办实业等项之合法事业，均承认照前继续有效。惟自本军举义起，至回抵奉天止，三省政府或张个人，与外人所缔结之条约或契约，一律认为无效。再者，此次义军回防途上，倘或有抗拒义师者，势不得不讨伐。惟是纯属敝国内政问题，深望贵国严守中立，不

---

① 郑殿起：《郭松龄反奉经过》，载全国政协文史资料委员会编《文史资料存稿选编》晚清·北洋（下），中国文史出版社，2002，第 283-289 页。

得借款供军械给对方以及一切便利军事之行动，致伤两国亲善关系。"① 郭松龄试图通过承认日本在东北的特殊地位来换取日方的中立立场，但对于日本而言这是远远不够的。

正当郭军在锦州休整之际，关东军司令官白川义则派遣参谋长斋藤恒到达奉天城，通过张作霖的顾问町野武马，同张约定在"满铁"附属地奉天旅馆会面。斋藤提出日方愿意协助一切，张作霖提出想去旅顺暂避，希望关东军予以方便。② 日方向几乎穷途末路的张作霖提出保护和扩大日本在东北利益的五项条件，并要求张限期答复。这五项条件包括：日本臣民在东三省和东部内蒙古，均享有商租权，即与当地居民一样有居住和经营工商业的权利；"间岛"地区行政权的移让；吉敦铁路的延长，并与图们以东的朝鲜铁路接轨和联运；洮昌道所属各县均准许日本开设领事馆；以上四项的详细实施办法，另由中日外交机关共同协商决定。③ 对于日方提出的条件，张作霖完全不加考虑就全部接受，日方则明确表示将支持张作霖对郭军作战，必要时日本关东军可以阻击郭军。有了日本的支持，张作霖改变了下野的立场，决定在巨流河一线与郭军决战。12月8日，张作霖召开会议，加紧纠集奉天境内所有军队，同时要求吴俊陞迅速南下。12月13日，张作霖再次主持会议，吴俊陞、张作相、汲金纯、王永江、杨宇霆等重要人物均出席。会议确定了"中央坚守，两翼出击，一举击溃叛军"的作战策略。奉军兵分三路，以张学良为中路军，张作相为右路军，吴俊陞为左路军，张作霖也决定亲赴前线督战。④

郭军在锦州休整后，第一、第二、第三军沿北宁线直指新民，打算突破巨流河防线后攻占奉天城。第二军马忠成旅从沟帮子至盘山，攻占营口。第四军霁云部从义县经阜新向彰武攻击，扫荡奉军侧翼。由于奉军败退时破坏了铁路和沿途的给水设备，加之数九寒天，郭军士兵缺乏御寒衣物，士气更为低落，进军速度缓慢。⑤

---

① 《郭松龄对日本公使之声明》，载辽宁省政协文史资料研究委员会编《辽宁文史资料》第16辑，辽宁人民出版社，1986，第180页。
② 罗靖寰：《我所知道的张作霖的对日外交》，载天津市政协文史资料研究委员会编《天津文史资料选辑》第2辑，天津人民出版社，1979，第28页。
③ 同上。
④ 郝秉让：《奉系军事》，载胡玉海主编《奉系军阀全书》第3册，辽海出版社，2000，263页。
⑤ 韩世儒：《郭松龄反奉的军事部署及其战斗经过》，载辽宁省政协文史资料研究委员会编《辽宁文史资料》第16辑，辽宁人民出版社，1986，第63页。

12月中旬抵达新民附近，到12月20日占领新民时，奉军已经在巨流河岸严阵以待。

12月22日，郭军主力展开于辽河西岸。担任主攻的是刘伟的第二军。总攻前要进行炮击做火力准备。奉军以炮兵素质高、装备好著称，而奉军的炮兵精锐尽在郭松龄指挥下。可是炮击命令下达后，只听见炮声却不见目标被击毁。原来郭军的炮兵司令邹作华无心作战，暗自命人将炮弹引信取出，发射出的炮弹没能爆炸。① 12月22日拂晓，郭军霁云部向吴俊陞的部队发起猛攻，吴俊陞败退，郭军占领大民屯，随后郭军乘胜追击，迫近奉军指挥部兴隆店。

此时奉军发现郭军主力尽在前沿，后方空虚，于是张作相召集幕僚和日本顾问开紧急会议，会议结果是："一致同意本军团应自右翼向敌军出击。其处置是：于琛澂率骑兵借柳林掩蔽，袭取柳河沟车站，遮断郭军退路。阵地右侧由姜向春师接防。李杜率步十旅，攻取三个高台子村。"② 奉军第六方面军的骑兵偷袭白旗堡的车站，焚毁了郭军的弹药车，造成郭军弹药接济不上。由于兵炮进攻难以结合，郭军步兵进攻奉军防线损失很大，久攻不下，士气更为低落。郭军大部分官兵都是张学良的部下，对张学良极为拥戴，此时与张学良直接作战，感情上无法接受。而且临近奉天城，思乡之情油然而生。奉军以飞机载家书数万封投放到郭军阵地上，郭军士兵见此情景更无心作战，中路的攻势最终无果。

形势向着有利于奉军的方向发展。奉军中路发起反击，郭军陷入包围之中，虽然再三冲杀但已无力回天。郭松龄见大势已去，于12月24日偕夫人韩淑秀化装成农民，乘一辆大车逃走。邹作华率领残部投降，并向张作霖发出电文："盛京上将军钧鉴：茂宸今早逃亡。已令各军停止攻击，集中新民，听候解决。不胜惶恐待命之至。邹作华率全体官佐同叩。敬（二十四日）。"③ 穆春师骑兵团团长王永清在辽中县一个农民的地窖中发现郭松龄，随即电告张作霖："郭逆夫妇已为穆（春）师所部王团长拿获，所部官兵同时反正，战争已告结束。特闻，张上将军。敬（二十

---

① 韩世儒：《郭松龄反奉的军事部署及其战斗经过》，载辽宁省政协文史资料研究委员会编《辽宁文史资料》第16辑，辽宁人民出版社，1986，第65页。

② 王之佑：《张作霖击败郭松龄的经过》，载全国政协文史资料研究委员会编《文史资料选辑》第35辑，中国文史出版社，1999，第149页。

③ 《邹作华报告郭松龄出走电（1925年12月24日）》，载辽宁省政协文史资料研究委员会编《辽宁文史资料》第16辑，辽宁人民出版社，1986，第184页。

四日）戌（时）。"① 张作霖听到郭松龄被俘的消息后大喜过望，令将郭松龄押往奉天城；但是在杨宇霆的授意下，郭松龄夫妇12月25日被就地枪决。复电中写道："郭逆松龄于敬日（二十四日）下午，经旅长王永清在白旗堡附近捕获。该逆犯上作乱，罪大恶极，已饬在老达房就地枪决。其妻附逆最力，在滦州时当众演说，摇惑军心，当饬一并正法。上将军。有（二十五日）、子（时）。"② 据张学良亲信荆有岩回忆，郭松龄被擒时，王永清曾有电报告张学良，张欲电令高金山（上将军公署卫队团长）押解郭松龄夫妇时要经过军团部。但电未发出，即接到高的电话，已于中途将郭处决。张学良得到消息，痛惜地说："如郭不走，决不致死，很愿见面，以明究竟。"③

郭军失利后，参谋长邹作华用电话将情况告知张学良。张学良命令："各部队就地不动，各级官兵维持秩序。明日我就到新民去，所有问题见面再说。"第二天中午，张学良到达新民。此时郭军各军长和司令部人员齐集一处，听候处理。张学良见面即问："你们说怎么办？"刘伟回答："造反是有罪过的，如何处理绝无怨言。"范浦江则说："这是'郭鬼子'的所作，我是没有办法的。"结果，刘伟继续担任第二旅旅长，范浦江被撤职。此外，郭松龄的老同学或关系较深的如刘振东、霁云等均被撤职。对于中下级军官则均照常任职，不予追究。④ 张作霖也在奉天举行盛宴为平定郭军而庆祝。宴席间，张作霖的参谋人员抬出一密箱，向张作霖报告："箱中皆是'郭鬼子'死后所搜得城内人员私通'郭鬼子'的密件"，请张处理，一时举座皆惊。这时，张作霖即席大骂郭松龄，向赴宴者说："郭既死，事已了，其余概不究。快把这些信都拿出烧了，尽管多吃多喝，以后也不要讨论这些败兴的事。"⑤ 张氏父子在战胜郭军后的处理方式展现了高超的政治技巧，不仅收复了

---

① 《张作霖通告郭松龄被俘电（1925年12月24日）》，载辽宁省政协文史资料研究委员会编《辽宁文史资料》第16辑，辽宁人民出版社，1986，第185页。

② 《张作霖饬令枪杀郭松龄夫妇电》，载辽宁省政协文史资料研究委员会编《辽宁文史资料》第16辑，辽宁人民出版社，1986，第186页。

③ 荆有岩：《郭松龄反奉及其内幕》，载辽宁省政协文史资料研究委员会编《辽宁文史资料》第16辑，辽宁人民出版社，1986，第36页。

④ 韩世儒：《郭松龄反奉的军事部署及其战斗经过》，载辽宁省政协文史资料研究委员会编《辽宁文史资料》第16辑，辽宁人民出版社，1986，第65页。

⑤ 《张雨亭将军草莽轶闻》，《传记文学》第34卷第2期。

人心,而且避免奉军继续自相残杀,最大限度地化解了郭松龄反奉事件对奉军造成的危害,维系住张氏父子对东北的控制。

第三节
奉系与国民军政治联盟瓦解

一、奉系与国民军矛盾激化

奉系集团在郭松龄反奉战争中遭受重创,同时内部矛盾重重,难以恢复当初统一指挥的局面。与此同时,各派军阀势力也在分化组合之中,中国政局发生急剧变化。郭松龄反奉之前,由于张作霖乘直奉大战胜利之机直下宁沪,严重威胁了直系在南方的势力范围,因此吴佩孚、孙传芳、冯玉祥结成反奉三角同盟。1925年9月,三方代表靳云鹏、张之江、蒋方震齐聚汉口,捐弃前嫌,言归于好,共同合作结成反张三角联盟。① 1925年10月20日,吴佩孚在岳州发表效命电:"奉军深入,政象日非。孙馨帅兴师讨奉,坚请东行;福建周樾帅电称,惟吾帅之命是听;湖北萧珩帅率湖北全体将领电称,此次共伸大义,欲动人心首资号召,拟请钧座出山,希早命驾等语。救国锄奸,岂容袖手,兹定于二十一日赴汉,特先奉闻。"② 10月21日,吴佩孚在汉口成立川、黔、桂、粤、湘、闽、苏、浙、皖、赣、鄂、豫、陕、晋十四省讨逆联军总司令部,自任总司令。同盟建立后,决定首先由孙传芳进

---

① 刘翼飞:《张吴联合反冯与南口战役》,载辽宁省政协文史资料研究委员会编《辽宁文史资料》第22辑,辽宁人民出版社,1988,第82页。

② 陶菊隐:《吴佩孚传》,上海书店出版社,1998,第117页。

攻苏、皖，河南督军岳维峻的国民军第二军进攻豫东和鲁南，牵制驻扎山东的奉军以策应孙传芳的进攻；国民军第一、第三军张之江和孙岳部合力对付李景林和张学良的部队。全国的反奉浪潮，加上冯玉祥与孙传芳联合抗奉，给了吴佩孚东山再起的机会，他组建十四省联军的目的就是重新夺回北京政权。但是这所谓十四省联军还是"拉大旗作虎皮"，内部派系之间各怀鬼胎，吴佩孚真正能够调动的只有湖北军队。

在北洋军阀集团争斗不断的同时，革命形势蓬勃发展，此时帝国主义感到自己在华的势力发生了动摇，而威胁来自"南北二赤"——北方的国民军和南方的国民党政权。在此情况下英日两国开始策动直奉联合，在"反赤"的口号下抵御咄咄逼人的国民军，进而扑灭南方的革命力量。中共中央机关报《向导》周报指出："现在中国的政局，已经到了一个很危急的时期，便是日本帝国主义（自然英法帝国主义在内）及其走狗奉系军阀和直系军阀联合战线，一致对付国民军、广州政府和民众之趋势。"

张作霖早已有联合直系"反赤"的打算。第二次直奉战争结束后不久，张作霖就派遣特使童好古前往鸡公山求见吴佩孚，提出直奉战争是"鹬蚌相争，渔翁得利"，如果张、吴联盟则将天下无敌，由此张、吴开始积极筹划联盟。郭松龄反奉战争结束后，张作霖痛恨冯玉祥对郭的支持，同时国民军在华北势力的扩张也威胁到了奉系，于是张作霖决定联合吴佩孚共同对付国民军。1925年12月，张作霖派杨宇霆前往大连与吴佩孚的代表蒋方震会谈，双方通过协商"大体上成立了谅解"，"嗣后张景惠与张志潭，在汉口又会晤了数次，渐次使合作成为确定。"① 吴佩孚派出吴天孝、杜孝穆作为其代表赴奉天，与张作霖商议进攻国民军的具体计划。吴、杜还赴旅大"拜访儿玉关东厅长官、白川关东军司令，并绕道朝鲜谒见新藤都督（应为斋藤实，原文有误），冀求日本援助，以期扫清东方赤化主义。"② 瞿秋白一针见血地指出奉直联络的真实意图："现在的政局，已经显然是奉直军阀的联合，以镇压国民的解放运动，摧抑国民军及国民政府的势力。"③

曾经为了各自利益大打出手的奉直两派军阀集团，这次在"反赤"的口号下联合起来。直系将领齐燮元在北京对中外记者谈张、吴联合的目的，直言不讳地说

---

① ［日］东亚同文会编《对华回忆录》，胡锡年译，商务印书馆，1959，第393页。
② 述之：《民众应急起向吴佩孚下总攻击》，《向导》1926年总第144期。
③ 秋白：《国民会议运动与联合阵线》，《向导》1926年总第144期。

道:"奉直妥协的政策,是先扑灭北方赤化,然后再扑灭广东之赤化,期实行全国之刷新。"① 显然,直奉联合的目的是应对正在高涨的大革命浪潮,维系北洋政府的统治。曾经势同水火的直奉两派,暂时联合起来打出了"反赤"的旗号。

二、三角同盟瓦解与直奉同盟建立

张、吴联合之后,张作霖立即会同张宗昌、李景林联军和直系军阀,共同对付国民军。1926年1月开始,张作霖以追击郭松龄残部为名,大举向关内进攻。1月19日,占领九门口和山海关。吴佩孚则于1925年12月31日宣布结束"讨贼"事宜,并宣称:"定乱以武,安民以政,尊法虽我素志,用法听诸国人。"② 吴佩孚的电文发出以后,各派力量都交口称赞。冯玉祥回电道:"弭兵望治,袍泽同钦。归本大法,尤佩卓识。"冯军大将张之江则欢迎吴佩孚入京主政。李景林、张宗昌、刘镇华、孙岳、孙传芳等人都致电吴佩孚表示赞同。张作霖派张景惠到汉口同吴佩孚交换对时局的意见。吴佩孚"法统重光"的观点,赢得舆论的支持,让段政府如坐针毡,许世英内阁更是矛盾重重。除了冯玉祥之外,各省军阀明确表态支持段政府的只有阎锡山和邓如琢。1926年1月8日,孙传芳、陈调元致电段政府,质问执政府成立一年以来,收入共达13000余万元,究竟作何用途。这封电报引起长江流域各省督军的响应,意图促使段政府垮台。1月11日,张作霖宣布与段政府断绝关系,并废除东北边防督办名义,改用镇威上将军印信。1月14日,国民军第二军邓宝珊、李纪才等联名通电,要求恢复法统,召开国民大会,对于祸国殃民的段政府不应加以挽留。段政府此时已是命悬一线,不过段祺瑞虽然表示决不恋栈,可是又表示下野非其时,继续待在执政的位置上不肯下来。

此时直奉军队则加紧了对国民军的围攻。张宗昌率领直鲁联军大举北进,他致电张作霖:"职军日来节节前进,将士均异常奋勇,已将汶上、宁阳次第克复,济

---

① 雷音:《奉系军阀统治下的北京》,《向导》1926年总第144期。
② 陶菊隐:《北洋军阀统治时期史话》第7册,生活·读书·新知三联书店,1982,第232页。

宁、曹州一带残敌，即可指日肃清。此后兵力夹攻，会师津沽，预定即在转瞬之间。"① 张作霖回电张宗昌："迭接玉帅来电，询及直鲁联军北进计划。并云，陕、豫、甘、晋已同时发动。此间已令军队准备向滦州进攻，学良即赴前方督战，望将两弟北进步骤，先行见告。再，顷据津讯，冯军仅有兵力三万五千人，并声言不胜，即退守南口。二军有撤回豫省形势，孙岳病重，邓宝珊受伤未愈，不能指挥。津埠人心恐惶已极，时不可失，望以神速手段行之。"② 由此可见，直奉与直鲁联军已经计划好协同作战，张网以待，打算彻底将国民军击败，重新控制平津。

张作霖在致张宗昌的电文中交代了奉直联盟的战略部署："鲁军布置周妥，甚慰远念。此间滦州及热河沿边，亦均完全准备，惟因恐操之过蹙，敌必相率遁逃，永为边患。兄意在对于赤军，彻底解决，各个击破。俟鄂、鲁、直各军，于直境联成一气时，作一大包围局面，至必要时机，滦、热方面，一齐动作，可以一鼓擒渠。"③ 直奉联盟的战略是：张作霖从北面进攻热河、直隶；直鲁联军起兵山东，进取鲁、直；直系从南面进击河南；刘镇华、张洽公收拾镇嵩军残部，从陕西起兵袭扰陕西和河南西部。1926 年 2—3 月，直军相继攻克开封、郑州，进逼石家庄。直鲁联军则攻破马厂，逼近天津，国民军陷入直奉军队的包围之中。

与此同时，英日帝国主义协调了他们的关系，以促成奉直联盟，并给予直奉军事援助。"奉、吴的作战计划是东交民巷的英、日帝国主义制定的，在山海关方面张作霖的军队里，津浦路上李景林、张宗昌的军队里，一切军事行动的指挥，完全是日本帝国主义者，甚至许多技术人才如驾驶飞机铁甲车，放机关枪大炮迫击炮等的人也都是日本人。靳云鹏的军队里也有大批的日本顾问。至于张作霖与李景林的一切军械军需不用说完全是日本帝国主义供给。并且还供给吴佩孚。英国帝国主义也曾供给吴佩孚一万五千枝枪。"④ 英日不仅给予奉直军事援助，甚至直接出兵。1926 年 3 月，奉军在大沽口进攻国民军，日本货船为奉军运送军械，并掩护奉系海

---

① 《张宗昌致张作霖电（一月二十日 济南）》，载辽宁省档案馆编《奉系军阀密电》第 3 册，中华书局，1987，第 1 页。
② 《张作霖致张宗昌电稿（一月二十六日）》，载辽宁省档案馆编《奉系军阀密电》第 3 册，中华书局，1987，第 2 页。
③ 《张作霖复张宗昌电稿（二月十一日）》，载辽宁省档案馆编《奉系军阀密电》第 3 册，中华书局，1987，第 2 页。
④ 述之：《国民军失败后民众应有之觉悟与责任》，《向导》1926 年总第 140 期。

军进入大沽口。在此情况下，国民军下令封锁大沽口，要求凡外国军舰货船必须悬挂特别旗帜，并接受当地驻军的检查。日本帝国主义不顾国民军的警告，于3月12日派遣两艘军舰闯入大沽口，掩护奉军的船只。大沽口守军用旗语阻止，日军不仅置之不理，而且用舰炮向岸上射击，打死国民军4人，伤8人，制造了震惊一时的"大沽口事件"。

国民军被迫还击，日本则联合英、美、法、意等国，以违反《辛丑条约》为借口，发出最后通牒，气势汹汹，大有重演"八国联军"之势。帝国主义的野蛮行径，令中国人民无比愤慨。1926年3月18日，5000多名爱国群众在李大钊率领下在天安门前举行集会，高呼"反对八国通牒！""打倒日本帝国主义！""取消不平等条约！"等口号，并进行了反抗帝国主义及段政府的游行示威。而段政府在帝国主义的支持下，悍然动用军警对爱国群众进行残酷镇压，打死46人，打伤155人，制造了震惊全国的"三一八"惨案。

奉军利用"大沽口事件"和直鲁联军反击的有利时机，于1926年3月20日占领滦州，3月21日攻下唐山。国民军此时三面受敌，不得不把津浦线和京奉线上的部队都撤往北京。4月6日，奉军、直鲁联军、直军以及晋军联合对北京国民军下达总攻击令。直奉联盟兵分五路：奉军阚朝玺部向朝阳、承德进攻；张学良、韩麟春、万福麟等部从怀柔、密云、三河、香河向通县进攻，意图绕过昌平，截断京绥线；直鲁联军李景林、褚玉璞部从京奉线向黄村进攻；北京西南方向直军靳云鹏部沿京汉路向长辛店进攻；晋北方向阎锡山麾下的商震、傅作义部向大同、绥远方面进攻。在这五路中，阎锡山和吴佩孚都持观望态度，故这两路战事和缓。而奉军则勇猛进攻，战事非常激烈。4月7日，荣臻率部攻击马驹桥，张学良进攻安定桥，韩麟春攻击通县，穆春经顺义向南口攻击意图截断国民军的退路，褚玉璞猛攻杨村。4月8日，奉军和直鲁联军的大部分兵力在黄村一带与国民军激战。此时段祺瑞勾结奉军的活动被国民军驻北京警备司令鹿钟麟察觉。4月9日，鹿钟麟指挥部队包围执政府，赶走了段祺瑞，之后推出前总统曹锟主持北京政权，同时试图联合吴佩孚反奉，但是被吴佩孚拒绝。4月9日，南苑、长辛店等地均被奉军和直鲁联军占领，北京已经岌岌可危。4月15日，奉军占领通县，突破南苑；吴佩孚的直军抵达西苑。此时，国民军有陷入重重包围的危险。无奈之下，为了保存实力，国民军开始撤出北京,主力部队退至南口。①

段祺瑞下台,张作霖与吴佩孚对北京政府的继承问题展开明争暗斗。4月19日,张宗昌致电张作霖询问政权处置方案:"本日京中报告合肥已回办公,国务院仍有会议,并颁发命令。景林等责在其戎,无从置议,但似此茫昧无主,假以各方挑拨利用,诚恐方久夜长梦多,殊与国家前途有关,即军事进行,亦多障碍。事机紧迫,伏乞察注,迅行决定方针,指示遵循,不胜盼切急迫之至。"②张作霖回电道:"皓电悉。多虑未尝不是,惟我方早经宣言,对于政治问题,静候海内贤豪公决。昨已迭电催吴玉帅北上,并将对段宗旨,尽情通告。又,皓电接段筱二电,请推荐摄阁,以便交代等语。当即复电,筱二电敬悉。法律政治问题,自有海内名流,公同讨论。霖本军人,早经宣言,不问政治等语。仰及查照,并即在津京宣布,以免奸徒迭谋生事。"③张作霖表面上显示高风亮节,其实他数次入关的目的就是控制北京政权,因此绝不会将内阁人事权拱手相让。吴佩孚提出由曹锟政府时的内阁总理颜惠庆暂时"摄政","决意仍以颜为总理,施肇基外交,未到任以颜代,顾维钧财政,郑鸣之内务,张叙五陆军,杜锡珪海军,杨文恺农商,张国淦教育,王宠惠司法"。④张作霖对此激烈反对。双方争执不下,最后还是张作霖占了上风,直奉双方同意颜惠庆内阁暂时为"形式上的成立",然后由海军总长杜锡珪代行国务总理"摄政",以待将来解决内阁人事问题。为此,吴佩孚致电张作霖:"仰仗吾弟雄略,北赤将除,如何莩筹,尚祈时示。兹为避免纷更起见,已电劝慎臣(杜锡珪)代揆,正式组阁,以期中央巩固。"⑤张作霖积蓄力量,等待时机,图谋总统宝座。

---

① 郝秉让:《奉系军事》,辽海出版社,2000,第271页。
② 《张宗昌等致张作霖电(四月十九日 天津)》,载辽宁省档案馆编《奉系军阀密电》第3册,中华书局,1987,第15页。
③ 《张作霖复张宗昌等电稿(四月二十日)》,载辽宁省档案馆编《奉系军阀密电》第3册,中华书局,1987,第16页。
④ 《张学良致杨宇霆电(五月八日 北京)》,载辽宁省档案馆编《奉系军阀密电》第3册,中华书局,1987,第72页。
⑤ 《吴佩孚致张作霖电(八月十五日 长辛店)》,载辽宁省档案馆编《奉系军阀密电》第3册,中华书局,1987,第93页。

第八章 奉系集团北京政权的失败

第一节 奉系北京政权的困境

一、奉直相互猜忌

1926年7月9日,在中国共产党的积极推动下,在广大工农群众的踊跃支持下,国民革命军正式誓师北伐,轰轰烈烈的大革命由此揭开序幕。北伐军总兵力10万余人,而直系军阀吴佩孚和孙传芳各自拥兵20万,奉系是北洋各派系中实力最为雄厚的集团,有兵力35万,可见北伐军在兵力上处于绝对劣势。因此,国民革命军制定了集中优势兵力各个击破的战略,先集中兵力打倒吴佩孚,再对付孙传芳、张作霖。利用吴佩孚主力陷入南口战役的有利时机,国民革命军对两湖发起了猛烈攻击。

图8-1 1926年7月9日,国民革命军北伐誓师大会

北洋集团面对北伐军凌厉的攻势，却没有协同一致。张作霖对于南方高涨的革命热情深为忧虑，担心直系独木难支，因而打算派奉军南下支援吴佩孚。他致电吴佩孚谈及直奉协同作战的问题："武汉居全国中心，设有动摇，则北方必难巩固，而长江首当其冲。弟与我兄谊共患难，警报迭传，寝馈俱废。今我兄虽坐镇武汉，集援困敌，已操胜算，然援军零星调集，瞻前顾后，实非得计。所有京汉线及京张线一带讨冯各军，尽可尽量调集。北方之事，不必顾虑，弟与兄合作到底，无非为大局永远安宁，绝无丝毫权力思想，亦经屡有宣言。此次援鄂攻湘，如虞军数不足，并请早赐秘示。弟已预筹数师兵力，听兄调用。至孙馨帅处，自与我兄合作以后，一切芥蒂，早已冰消瓦释。但以大局为重，尚复何嫌何怨。倘武汉有警，长江尚能立足耶？并允以此意婉为陈述，务宜厚集援军，于最短期间，灭此狂寇，万勿任其蔓延为患，是所切祷。"① 张作霖的策略是先以援吴的名义灭吴，再吞掉孙传芳，这样他就能一统北洋集团，并且攫取北京政府的最高权位，使北方完全由奉系掌握，然后以两湖和江浙为基地，与国民革命军争雄，最后称霸全国。

奉军刚刚处理完南口战役的善后问题，未及修整，来不及做出反应，北伐军就攻克武汉三镇，饮马长江。张作霖深知，如果不紧急采取对策，后果不堪设想。1926年9月7日，奉系主要将领汇集一堂，讨论南下"反赤"的作战计划。在会议上分成两派意见：黑督吴俊陞、吉督张作相考虑到奉军连续作战，军政两个方面皆已达极限，对于北京政权并不在意，认为奉系应该以"保境安民"为上策，全军撤回关外休整以待时机；而鲁督张宗昌、直督褚玉璞则极力赞成南下，在他们看来，一旦吴佩孚和孙传芳垮台，直、鲁立即会变成前线，北伐军必然要打到华北。此外，褚玉璞对吴佩孚占据保定和大名一直耿耿于怀，想趁机收回。张作霖在权衡利弊后认为，如果任由国民革命军长驱直入，则自己北方霸主的地位必将不保，同时好不容易控制的北京政权也不甘心拱手相让，退保东北之后再想入关争雄则难上加难。于是张作霖下定决心，南下"讨赤"，与国民革命军一决雌雄。

但是对奉军的军事部署，吴佩孚并不同意。他认为自己带兵20余万，还可以与北伐军周旋，因此他致电张作霖软中带硬地讲道："此间将领感于风传，有假道灭虢之虑。弟如视兄尚有可为，请稍助饷械听其自谋。否则可令汉卿（张学良）来

---

① 《张作霖复吴佩孚电稿（九月一日）》，载辽宁省档案馆编《奉系军阀密电》第3册，中华书局，1987，第97-98页。

第八章 奉系集团北京政权的失败

图 8-2 进入武汉的国民革命军

自取之，兄当遁迹世外。"① 听到吴佩孚这样说，张作霖也只能无可奈何，下令奉军暂停南下。

1926年9月，张作霖唆使直鲁联军逼走了吴佩孚的部将、北京卫戍司令王怀庆，并以索饷的方式把杜锡珪的看守内阁也一脚踢开。同时命令奉军南下，控制了直系的地盘保定、大名。10月11日，张作霖从奉天到天津，其目的是一方面完全控制北京，实现自己的元首梦；另一方面纠合北洋各方面势力，对抗国民革命军。

吴佩孚一直视张作霖为首要的政敌，两次直奉大战双方大打出手，自己兵败失去了对北京的控制，这使他始终无法释怀。即便面对北伐军的巨大威胁，吴佩孚依然冀望于同为直系出身的孙传芳。但是孙传芳对于吴采取的"联奉抗冯"一直心怀不满，因此在北伐军猛攻两湖之际，他按兵不动，作壁上观，希望北伐军战线拉长，同吴佩孚两败俱伤的时候，自己兵出江西截断北伐军后路。这样不仅可以打败北伐军，还可以乘吴佩孚大伤元气之机，将两湖据为己有。可是他万万没有想到，北伐军兵锋所指，所向披靡，攻克武汉三镇之后立即将目标指向江西。孙传芳的部队连战连败，不足一个月，江西全境皆为国民革命军所攻克，随后福建也被北伐军占领。孙传芳的部队不堪一击，丢盔弃甲，只能向北逃窜。

---

① 陶菊隐：《北洋军阀统治时期史话》第8册，生活·读书·新知三联书店，1982，第76页。

二、反奉同盟形成

在北伐军节节胜利之际，冯玉祥发动"五原誓师"，在北方响应国民革命。9月17日，冯玉祥在绥远五原县城举行誓师大会，宣布全体国民军将士参加国民党和国民革命，与北洋军阀奋战到底。冯玉祥明确宣布拥护孙中山的政治主张，服从国民党，拥护国民政府。随后，冯玉祥组织总司令部，任命鹿钟麟为参谋，何其巩为秘书长，李兴中为参谋处长，陈连富为副官处长，徐廷瑶为军务处长，宋式颜为军械处长，过之翰为军需处长，张吉墉为军法处长，张允荣为内防处长，薛笃弼为财政委员会委员长。此外，聘乌斯马诺夫等为政治法律顾问，任命石敬亭为政治部长，刘伯坚为副部长。同时，遴选党政工作人员分赴各军，成立政治处，担任全军政治训练宣传工作，并从事民众工作，以收军民合作的良好效果。国民军进军方向有二：或者从南口攻北京，或者猛攻陕西而后出潼关。此时，身在北京的李大钊派人给冯玉祥送来密件，建议国民军出西安。冯玉祥决定采用李大钊的策略，并总结出八字方针"固甘援陕，联晋图豫"①。五原誓师壮大了革命军的声势，并使北洋集团产生分化。"联晋图豫"的策略，使一直摇摆不定的阎锡山开始倒向北伐军，从侧翼对奉军造成了严重的威胁。

武汉国民政府誓师北伐，得到了冯玉祥的积极响应。1927年4月6日，武汉国民政府任命冯玉祥为国民革命军第二集团军总司令。5月1日，冯玉祥在西安宣誓就职，随即将国民军改编为国民革命军第二集团军，并制定了援鄂攻豫、会师中原的计划，反奉同盟已经形成。

奉军与北伐军、国民军展开河南战役，奉军惨败。国民革命军逼近开封，冯玉祥部队逼近郑州，山西的阎锡山也表现出倒向国民革命军的动向。张作霖审时度势，决定收缩战线，放弃郑州、开封。奉军第十军各旅，第十六、十七军及第十一军赵恩臻部等，从黄河铁桥、黑岗口和东明等处渡过黄河，集结于邯郸、顺德及保定一带。奉军第八军渡河后在温县集结。6月1日，奉军全部撤过黄河，设司令部于新乡。奉军撤出郑州时，军团部下令破坏郑州车站的水塔，以阻止北伐军追击。

---

① 冯玉祥：《我的生活》，上海书店，1996，第619页。

张学良命令刘翼飞旅、杨政治旅、王以哲旅、赵有光旅坚守黄河桥附近,以阻止国民革命军北上。奉军除留4个旅扼守黄河北岸,其余全部撤至冀南一带修整。① 奉军撤出郑州当日,唐生智部与冯玉祥部在郑州会师。河南大战以奉军损兵折将,败退至黄河以北而告终。

在河南大战的同时,直鲁联军在上海、南京、安徽三大战场上被北伐军打得丢盔弃甲。张宗昌见大势已去,于是下令放弃沪宁线。张作霖命令张宗昌退出津浦路南端,集中兵力于徐州,与北伐军对峙。

第二节 奉系北京政权的高压政策

一、奉系集团在北方的"反赤"活动

1927年,随着大革命唤醒了广大工农群众,革命阵营与北洋集团壁垒分明。国民革命军誓师北伐给直系军阀吴佩孚、孙传芳和奉系军阀张作霖以沉重打击。然而就在轰轰烈烈的大革命处在高潮之际,蒋介石勾结中外反动势力,悍然发动了四一二反革命政变。

冯玉祥在徐州会议之后走向反动。而汪精卫在七一五反革命政变后背叛革命。国民革命军不再是代表工农的武装,而成为国民党新军阀镇压工农运动的工具。虽然国民党新军阀依然打着北伐的旗号,但是他们清党反共、屠杀工农群众的暴行,

---

① 刘翼飞:《河南战役亲历记》,载辽宁省政协文史资料研究委员会编《辽宁文史资料》第22辑,辽宁人民出版社,1988,第94—95页。

图 8-3 四一二反革命政变中被捕的进步人士

已经背弃了孙中山先生联俄、联共、扶助农工三大政策,北伐战争已经演变为北洋旧军阀和国民党新军阀之间的混战。

日本帝国主义为了维持张作霖在北方的统治,积极谋划蒋介石与张作霖两人联合"反赤"。1927年春,日本政府相继派出多名要人赴中国南方进行斡旋。这些要人包括日本外务省交涉局局长佐芬利、日本陆军省代表铃木贞一,政友会则派出山本条太郎和后来成为日本外相的松冈洋右。日本特使奔走于广州、南昌、武汉之间,秘密会见国民党内的右派分子,煽动反共情绪,唆使蒋介石背叛国共合作。佐芬利提出蒋、张之间的妥协点,认为蒋介石和张作霖之间并无"绝对歧异之点,双方军政领袖,均为统一而斗争"①,积极推动蒋、张合流。日本媒体也开足马力进行宣传,大肆鼓吹"南北妥协"和"共同反赤"。

当国民党在南方发动反革命政变时,张作霖在北京也以"反赤"为名对中国共产党人展开了屠杀。1927年3月1日,国民政府苏联顾问鲍罗廷的夫人布朗乘苏联客轮"巴米亚列宁那"号,从汉口经过浦口时与同行的苏联通讯员3人被直鲁联军逮捕,5月3日被押往北京受审。4月6日,张作霖命令奉军及"京师警察厅"出动数百名宪兵、警察,在北京公使团的允许下,公然违反外交惯例和国际公法,包围苏联大使馆,逮捕苏联工作人员16人。同时,中东路铁路局办事处及远东银行都遭到搜查。中国共产党主要创始人李大钊被捕。先后被捕的还有范鸿劼、谢伯俞、谭祖尧、杨景山等共产党员,以及邓文辉、张挹兰等国民党左派人士,共35人。李大钊被捕后,遭到奉系军阀种种酷刑的迫害。看守人员剥去了他的指甲,但是李大钊丝毫没有屈服,表现出对共产主义信仰的高度忠诚。

奉系集团组成特别军事法庭,派何丰林为审判长、军法处处长颜文海为主审法官,审理这一案件。4月28日,判处李大钊、谭祖尧、谢伯俞、邓文辉、郑培明、莫同荣、李崑、姚彦、张伯华、阎振三、杨景山、范鸿劼、谢承常、路友于、莫华、吴平地、陶永立、方伯务、李银莲(女)、张挹兰(女)等20人绞刑,即日

---

① 《日本外务省交涉局长佐芬利考察中国的演说词》,《申报》1927年4月5日。

执行。此外，还有4人被处12年有期徒刑，6人被处2年有期徒刑。①李大钊和他的战友们英勇就义时，李大钊第一个走上刑场，从容、镇静、面不改色。面对法官和刽子手，他大义凛然，做了最后一次简短的演讲。他慷慨陈词道："不能因为你们绞死了我，就绞死了共产主义！我们培养了许多同志，如同红花的种子，撒遍各地！我们深信，共产主义在世界、在中国必然要得到光荣的胜利！"②张作霖杀害中国共产党主要创始人和早期领导人李大钊以及其他革命志士，激起了北方爱国群众以至全国舆论界的一片声讨之声。北京的学生、工人、教育界名流、学者纷纷谴责这一罪恶行径。屠杀共产党人是新旧军阀的共谋。这种倒行逆施的暴行并不能恫吓爱国群众，反而使共产党人更清醒地认识到新旧军阀的反动本质，从而更坚决地走上武装夺取政权的道路。

二、"安国军"政府成立

在北伐军的打击下，孙传芳和张宗昌在津浦线上相继溃败，退至苏北、山东境内，奉系在北方的统治摇摇欲坠。1927年6月8日，蒋介石向张作霖提出了和平条件，要张作霖"信奉三民主义"，"安国军"改称国民革命军，张出任"东北国民革命军总司令"，继续维持在东北的统治，以实现"南北议和"。这些条件实际上是让张作霖屈服于南方国民党政权，而张作霖并不甘心失败，他依然希望以对等的方式实现南北议和。为了稳定奉系在北方的统治，继续获得各帝国主义国家的支持，巩固自己的权力，实现自己多年来的元首梦，张作霖决意在北京成立"安国军"政府，从而登上中华民国元首的宝座。1927年6月11—16日，张作霖在北京顺承王府召开军事会议，讨论奉军战略问题。张学良和韩麟春主张顺应历史潮流，改弦更张，易帜求和。张作相、吴俊陞等人认为，应该退守关外，保境安民。杨宇霆主张与国民革命军和谈以求得利益。而孙传芳、张宗昌则坚决主战，力图恢复丢失的地盘。6月16日，孙传芳按照张作霖的授意，"主张推戴张作霖为大元帅，组

---

① 陶菊隐：《北洋军阀统治时期史话》第8册，生活·读书·新知三联书店，1982，第134页。
② 李星华：《光荣牺牲——回忆我父亲李大钊烈士被捕的前前后后》，载北京市政协文史资料委员会编《北京文史资料选辑》第1辑，北京出版社，1978，第77页。

织巩固的军政府,以完成对南方的用兵问题和讨赤大业。张宗昌等对此,也表示赞同。"①

图8-4 张作霖就任"安国军"大元帅

6月18日下午3时半,张作霖在怀仁堂举行了极为简朴的大元帅就职典礼,就职誓词是:"作霖忝膺中华民国陆海军大元帅之职,誓当巩固共和,发扬民治,刷新内政,辑睦邦交。谨此宣誓。"② 随后,张作霖在外交部召开大元帅就职茶话会,邀请各国公使及武官列席,张作霖致辞:"自来与孙传芳、张宗昌通力合作,从事共军之讨伐。此次由于孙传芳、张宗昌等之极力推举,不得已就任大元帅之职。关于修改与各国所订之条约,向由顾维钧经手,现在协议中,此事之大体经过,余亦知悉,是以今后可仍继续交涉。余本尊重国际信义,希望合理地以当外交之冲,如有错误,幸希见教。但为余职责所在之事,希望不加干涉。八十年前,发匪曾迫近北京正南之卢沟桥,西太后以一女流,尚能戡止,将其击退。余等三人既同心合作北京之治安,绝对能维持,外人之生命财产,可以负责保护云云。"③ 张作霖继续承认不平等条约,希望帝国主义列强能够对"安国军"政府给予支持,同时与国民政府争夺法统。他认为,只有获得国际舆论的认可,"安国军"政府才是中华民国的合法政府,自己才能成为中华民国的合法元首。

张作霖正式就任大元帅后,组建中华民国军政府,并取消"镇威军""直鲁联

---

① [日]东亚同文会编《对华回忆录》,胡锡年译,商务印书馆,1959,第396页。

② 同上。

③ 同上。

军""五省联军"称号,统称"安国军"。"安国军"划分为7个方面军,分别由孙传芳、张宗昌、张学良、韩麟春、张作相、吴俊陞、褚玉璞任军团长。"安国军"政府的成立,标志着北京政府彻底为奉系所控制。张作霖组织"安国军"政府,希望能够稳定局势,维护北洋集团的统治。他认为,只要以"反赤"为口号,列强就会给予支持,从而保住北京政权。但是,列强此时也意识到奉系难以维系统治,开始考虑抛弃北京政权。张作霖就任大元帅,各帝国主义国家没有一个以国家名义致电祝贺,这在民国外交史上是极为罕见的。即使一直支持奉系的日本,也在悄然调整政策。

三、第二次北伐

12月12日,何应钦下令各部向徐州发起总攻。直鲁联军和孙军发起反攻,被北伐军击败。12月15日,北伐军各部继续向徐州挺进,冯军自侧背对徐州守军造成威胁。张宗昌召集褚玉璞、许琨、程国瑞、于学忠、郑俊彦等人开会,决定放弃徐州,向鲁南撤退。12月16日,冯玉祥部占领徐州,与蒋介石军会师。徐州会战失利,说明奉军已无力阻止北伐军北进,北京政府覆灭只是时间问题。

1928年3月27日,蒋介石从南京再度来到徐州,誓师北伐。4月1日,蒋介石发表《告前方将士书》等文告,要求全体将士"怀必胜之气,直薄幽燕,长驱关外,使张作霖覆灭,而后更无继张作霖而起之人"。4月5日,国民党中央发表北伐宣言。4月7日,蒋介石下达动员令:"党国存亡,主义成败,人民祸福,同志荣辱,在此一战。"蒋随即下达总攻击命令,第一集团军沿津浦线北上,第二集团军沿京汉路北进,第三集团军出兵正太路,第四集团军亦沿京汉路北上。

为了抵御北伐军的攻势,奉系也制定了对策,基本战略是在津浦铁路方面采取守势,将主力用来对付冯玉祥、阎锡山。具体部署为:张学良、杨宇霆率领第三、第四军团,开赴邯郸以南,向安阳方向的冯玉祥进攻。同时以一部进攻娘子关、五台方向的阎锡山部,并相机向山西进攻。张宗昌坚守鲁南,布置纵深防御,步步为营,抵挡北伐军进攻。孙传芳的部队在济宁一带设防,与张宗昌相互联系。褚玉璞在大名一带防御,与张、杨部队相互策应,阻敌北进。张作相配合第三、第四军团进攻，向平型关、大同进攻，伺机攻入晋北。①

北伐军攻势迅猛，奉军节节败退，引发了日本政府的忧虑。日本担心国民政府代表英美帝国主义势力，一旦打到北京将危及日本在华利益。同时，日本也希望能够通过展现武力胁迫张作霖就范，从而在东北攫取更大的特权。于是，田中义一内阁决定出兵干涉国民政府北伐。日军自4月中旬开始在青岛等地增兵，从天津派出3个中队沿津浦线到达济南，再从日本熊本海运第六师团5000人至青岛。② 日本本打算策动张宗昌向日本政府提出保护侨民，以此为借口出兵山东，但是没有得逞。张宗昌撤出济南的时候，把整个城市完全留给日军，目的就是加深日军与北伐军的矛盾。5月3日，贺耀祖第四十军数名士兵在送1名患病士兵去医院的途中遭到日军的无端拦截，双方发生争执，中方1名士兵和1名夫役被日军开枪打伤。日军的横行无忌引发了中国士兵的强烈不满，双方剑拔弩张，事态迅速扩大。③

图8-5 蔡公时

为了避免与日军发生更大规模的冲突，蒋介石下令约束部队的行为，同时派国民政府外交部部长黄郛赴日军司令部紧急交涉。日方态度傲慢，不仅拒不接受中方的意见，而且要求黄郛在日方单独提出的文件上签字。黄郛拒绝在文件上签字，日军竟然扣留了他18小时之久。不仅如此，当晚9时，日军冲进外交部山东特派员交涉公署搜查，将战地政务委员会委员、外交处主任兼山东交涉员蔡公时及公署人员全部捆绑，并割掉向日军抗议的蔡公时的耳鼻，挖掉他的双眼和舌头，然后枪杀。公署其余人员17人也一同遇害。当晚日军用大炮、飞机轰炸中国驻军和普通市民，制造了震惊中外的"济南惨案"。日本侵略军在济南大开杀戒，公然破坏国际法，残忍杀害中国军民3600余人。

"济南惨案"暂时迟滞了北伐军的步伐。5月9日，张作霖召集奉系将领开会，张学良、杨宇霆均力主停战。当日，张作霖发出息战通电，但是国民政府已经胜利

---

① 鲁穆庭、王理寰、谢珂：《张作霖与阎、冯、蒋、李战争纪略》，载辽宁省暨沈阳市政协文史资料研究委员会编《文史资料选辑》第1辑，辽宁人民出版社，1962，第35、41页。

② 杨奎松：《中国近代通史》第8卷《内战与危机（1927—1937）》，江苏人民出版社，2007，第16页。

③ 同上书，第17页。

在望。5月12日,国民党中央和国民政府在兖州举行联席会议,会议讨论的结果是对日妥协,绕道北伐。会后,国民革命军各集团军分别进军,蒋介石回徐州静观其变。

鉴于奉军处境日益不利,日本增兵南满,用心险恶。5月30日,张作霖在怀仁堂召开了奉系主要将领会议讨论局势。张作霖决定停战,向前线下达总退却令,全军撤出山海关。

图8-6 日本士兵残害无辜群众

第三节 皇姑屯事件

一、皇姑屯事件经过

1928年6月2日,张作霖发出通电,声明为避免牵动外交,决定率部撤回关外。日本公使芳泽再次向张作霖提出密约草案,其中涉及"新五路"等铁路权问题,态度极为强硬。张作霖令秘书陈庆云把日本公使带到办公室旁的客厅,故意大发脾气,让芳泽听见。"日本人不够朋友。我是东北人,东北是我的家乡,祖宗坟墓的所在地。我不能出卖东北,叫后人骂我卖国贼。我什么都不怕,我这个臭皮囊早就不打算要了。"① 张作霖再次拒绝了日本帝国主义的蛮横要求，也使奉日之间的矛盾更加激化。

1928年6月3日凌晨2时，张作霖从中南海秘密到前门车站等车返奉，当时留在北京的第四十七旅旅长鲍毓麟到车站送行。张作霖乘坐的是当年慈禧太后使用过的专车，随同他一起登车的有潘复、鲍贵卿、莫德惠、刘哲、日本顾问荒木。潘复、鲍贵卿坐在专车前节蓝皮车厢，到天津后就下车了。列车在北京将发时，突然有日本驻锦州的领事，持奉天的日本军政各界委托书求见张作霖，表示他们一致欢迎大元帅回归奉天。张对其略表寒暄，遂留该领事同去东北。但火车到达锦州时，该领事称有急事回领事馆，下车离开。此时有人怀疑他行动鬼祟，别有用心，怕出意外，建议张作霖改换车厢。张不以为意，仍然乘坐原车厢继续前进。② 莫德惠、刘哲、荒木坐一车厢。张作霖的五太太寿夫人是坐压道车先走的；六太太岳夫人陪同张作霖同行，坐在张作霖车厢后面的一节车厢里；张作霖的卫队团团长于恩贵和卫队营姜营长在前车车厢里。

火车到达山海关时，黑龙江督军吴俊陞在车站等候，自称代表东北各方迎接大元帅回奉天。6月4日清晨，专车到达皇姑屯车站，张景惠在那里等候，告知张作霖其余家人和文武官员都在奉天新车站等候。张作霖和迎候人员打过招呼后，专车继续前行。张景惠上车后并未与张作霖坐同一车厢。

皇姑屯火车站以东不远处是老道口，继之是三洞桥，为日本人经营的南满铁路和京奉铁路的交叉点。铁路边设有日本驻军的岗楼，老道口在日本人的警戒线内。火车离开皇姑屯火车站后，张作霖乘坐的那节车厢里只有张作霖、吴俊陞和管理大帅府庶务的少将校尉处处长温守善。由于当时正是早晨五六点钟，张和吴都望着车窗外的晨光和庄稼，边看边谈。当专列行至三洞桥时，轰隆一声，烟尘滚滚，沙石纷飞，车厢被炸碎。吴俊陞脑袋被扎进一个铁钉子，躺在车厢里，当即死亡。温守善被炸晕，醒来后赶紧爬起来走到张作霖面前。他回忆道："张作霖当时没死，内里伤看不见，只咽喉处有一个很深的窟窿，满身是血。我用一个大绸子手帕给堵上，然后和张学曾把张作霖抬到赶来接张的奉天司令齐恩铭的汽车上。看样子张作霖非常难过，神志虽然模糊，但还能说话。他头一句就问：'逮住了吗？'我诳他

---

① 朱焕阶：《满蒙五路交涉梗概》，载辽宁省政协文史资料研究委员会编《辽宁文史资料》第22辑，辽宁人民出版社，1988，第140页。

② 裴学度：《张作霖的最后一页》，载辽宁省政协文史资料研究委员会编《辽宁文史资料》第22辑，辽宁人民出版社，1988，第165页。

说：'逮住了。'张问：'哪的？'我说：'正过问呢。'张说：'我到家看看小五。'接着又说：'我尿一泡尿，尿完了我就要走啦。'（意为离开人世）当时以为张由于严重脑震荡，说的是呓语。"①

张作霖被送到大帅府，留守的臧式毅、刘尚清在帅府二门迎接，用担架把张从车上抬了下去，抬到寿夫人居住的花园小楼救治。张作霖满袖是血，用剪刀把衣服剪开，发现已折断一臂，随即派人接来杜医官施行紧急治疗。这时张作霖还能说话，他对卢夫人说："我受伤太重了，两条腿没了（其实他的腿并没有断），恐怕不行啦。告诉小六子（张学良将军的乳名）以国家为重，好好地干吧！我这臭皮囊不算什么，叫小六子快回沈阳。"②说完不久，张作霖就因伤重而亡，时间是1928年6月4日上午9时30分。

图 8-7　皇姑屯事件爆炸现场

此时军署参谋长臧式毅、奉天省省长刘尚清怕张作霖去世的消息透露出去后引起地方人心不安，更担心日本会乘机有所举动，况且张学良还未回奉，因此决定严守秘密、封锁消息。他们每天令厨房照常开张作霖的饭，杜医官天天来府上假装换药并填写医疗经过、处方等，以瞒过日本的窥探。同时电告奉系各地政务主官张作霖无恙，以安抚情绪，例如电告吉林省省长诚允："府主回奉，车经南满路老道口，忽有炸弹爆发，极峰受有微伤，

---

① 温守善口述、胡滨整理《张作霖之死》，载辽宁省政协文史资料研究委员会编《辽宁文史资料》第22辑，辽宁人民出版社，1988，第162页。

② 周大文：《张作霖皇姑屯被炸事件亲历记》，载沈阳市政协文史资料研究委员会编《沈阳文史资料》第12辑《张作霖史料专辑》，沈阳市政协文史资料研究委员会办公室，1986，第213页。

精神尚好。同行诸公，亦有受伤者。"① 东省特别行政长官张焕相致电刘尚清："现在最关重要者，即内谋团结，外示镇静，而对于外交，须有坚忍不拔之精神，至对内驻军，以必须者为度。余者酌予安插防地，妥为照料。"② 根据当时的情况，如果日本人知道张作霖确实被炸死，一定会有下一步的行动，九一八事变提前爆发也未可知。只因当时处理工作做得缜密，日本人始终未能打探出张作霖的死活，因而未敢轻举妄动，最后只好偃旗息鼓。这样就消弭了一次事变，避免了一场浩劫。③

二、关东军策划"皇姑屯事件"的阴谋

"皇姑屯事件"是田中内阁上台后日本对华政策改变的重要表现，是关东军因不满日本政府的软弱政策，急于用武力占领东北而采取的激进行为。这一小撮关东军军官在没有得到日本政府允许的情况下，密谋暗杀张作霖，制造了"皇姑屯事件"，使中日关系更为紧张。

1928年5月18日，田中内阁对关东军下达秘密动员令，驻屯"满洲"各部队向奉天集结，派精锐师团开赴锦州、义县、山海关一线警戒。与此同时，关东军司令部也从旅顺移驻奉天。田中首相与陆军参谋总长铃木庄六协商，决定上奏天皇，在取得敕旨后下令关东军行动。但是，日本政府的行动引起了列强的高度警觉，他们不想看到日本独霸东北的局面出现。美英政府向日本驻本国大使声明，东三省行政主权系属中国。美国政府要求日方在采取行动之前必须通知美国。英国也警告日本，无论对中国采取何种行动必须得到英国的谅解。美英的强硬表态，让田中内阁感受到巨大的压力。由于尚未做好出兵东北的战略准备，因而不敢贸然作出在"满洲"行动的决定，田中未就此事向天皇请旨。5月25日，田中断然决定停止一切行动。④ 他打算等张作霖回到东北后，继续通过外交压力来胁迫其解决"满蒙悬

---

① 《刘尚清复诚允电稿》，载辽宁省档案馆编《奉系军阀密电》第4册，中华书局，1987，第27页。
② 《张焕相致刘尚清电》，载辽宁省档案馆编《奉系军阀密电》第4册，中华书局，1987，第29页。
③ 任启寰：《张作霖被炸见闻》，载辽宁省政协文史资料研究委员会编《辽宁文史资料》第22辑，辽宁人民出版社，1988，第171页。
④ 王家祯口述、武育文整理《皇姑屯炸车案前后》，载辽宁省政协文史资料研究委员会编《辽宁文史资料》第22辑，辽宁人民出版社，1988，第149页。

案"，实现日本独占满蒙的目标。

当关东军得知田中内阁决定向英美妥协，保留张作霖的地位，并取消了出兵计划时，关东军参谋长斋藤恒即认为田中内阁不适合继续执政，"倒不如撤换掉"①。虽然日本方面解除奉军武装的计划中止了，但是关东军内持强硬立场的少壮派军官开始酝酿另一个阴谋。对于张作霖，关东军早就视其为"日本在满洲建立新国家的障碍"。特别是关东军认为，在郭松龄反奉事件中，张作霖是依靠日本才渡过难关的，而他并没有回报日本，是忘恩负义，"在郭松龄事件中，若不是日本从弹药补给到作战指导，给予不少援助的话，奉军就不会有今天的威武。可以说，作为报答洪恩，奉军才进而提供了商租权之类的权益。得了势的张作霖，慢慢犯了老毛病，入关进北京，自封大元帅的称号，因多年的野心实现而踌躇满志。他的股肱杨宇霆也忘了日本的恩德，向美国献媚，准备大借款。其忘恩负义的行动，不胜枚举。"②因此，暗杀张作霖的计划开始在关东军内部出现。接任武藤信义担任关东军司令官的村冈长太郎就认为，"干掉张作霖，没有动用我在满兵力的必要，只要依靠谋略，也并不是那么困难的事情。"而将这一计划付诸行动的，是关东军高级参谋河本大作。

河本大作是关东军内部对华持强硬态度的代表人物。1927年底至1928年初，他在满洲里至绥芬河的铁路线上进行模拟爆炸试验，为暗杀进行预演。武藤信义回国参加"东方会议"时，河本大作作为随员也参加了会议。他曾回忆道："我力陈关于奉天军阀对满铁采取的包围态势，已经谈不到外交上的抗议等等了，武藤将军在会议上强调武力解决。对此，田中首相也表示同意，从而确立了以武力解决为正当的基本方针。"③河本大作坚持认为，奉系排日完全出自张作霖等人的意图，并不是群众真正以日本为敌。他认为，奉系只是乌合之众，"只是想依靠欧美驱逐日本势力，妄图扩张一己的军阀势力，以饱私囊，完全不是基于真正谋求东洋永久和平这一信念。一个张作霖垮台，其他所谓奉系将领必将树倒猢狲散。时至今日，还相信只要依靠一个张作霖，使之主宰满洲，就可以确保治安的想法是错误的。他毕竟不过是军阀之流，眼中既没有国家，也没有群众的福利。至于其他将领，只不过是

---

① [日] 信夫传三郎：《日本外交史》下册，商务印书馆，1992，第544页。
② [日] 河本大作：《我杀了张作霖》，张锦堂、武育文译，载沈阳市政协文史资料研究委员会、辽宁社会科学院历史研究所合编《沈阳文史资料》第1辑，辽宁大学出版社，1981，第216页。
③ 同上书，第215页。

由于亲拜把子的关系结合起来的一群私党而已。"①

回到东北后，河本大作进一步积极筹划暗杀张作霖的计划。他从日本驻哈尔滨武官竹下义晴那里得知村冈长太郎也有刺杀张作霖的意愿，于是表示赞同。随后，河本大作和竹下义晴进行分工：竹下义晴赶赴北京，侦察张作霖的行动；而河本大作留在奉天，组织指挥暗杀行动。不久，竹下义晴就给河本大作发出密电，内容是张作霖即将返回奉天，以及张所乘列车的编组、发车时间等情况。参与收集情报的还有日本驻北京武官建川美次、田中隆吉、石野芳男等人。河本大作本打算在新民以东的辽河铁桥上布雷，但是奉军在此处守备严密，他无从下手。于是，河本大作决定将暗杀地点改在奉天城西皇姑屯附近京奉和南满铁路的交叉处。此处是张作霖的专列回奉天的必经之处。

河本大作考虑暗杀计划时有两个选择：一、袭击列车；二、用炸药炸列车。用第一种办法，必将留下是日军袭击的明显证据；用第二种方法，可以不留痕迹地完成，于是河本大作选择了炸车。6月2日晚上，他派十几名日本工兵，在铁路交叉点上埋下了至少200斤黄色炸药，装置在陆路铁桥的一个花岗岩桥墩上。用电引线和炸药相连，将电线引至距桥墩500米的日军警备队瞭望台上，瞭望台上安装有引爆开关。河本大作还考虑，如果炸车没有将张作霖炸死，那么由荒木五郎率领的一支日军冲锋队趁乱杀出，必定致张作霖于死地。

6月4日5时23分，张作霖乘坐的专列经过皇姑屯时，关东军东宫铁男大尉按下爆破按钮，"在轰隆的爆炸声中，黑烟飞升上空，高达二百公尺"。② 张作霖受重伤，被抬回府邸后不久身亡。按照关东军的设想，一旦刺杀成功，关东军的主力都处于警备状态，"万一奉军起兵，张景惠就做我方的内应，发动成立奉天独立军。后来的满洲事变一气呵成，也有这样的安排。但奉系中有高明的臧式毅，阻止了发了疯的奉军的行动，使与日军的冲突以防患于未然而告终。"③ 可见，当时关东军已经做好了与奉军发生军事冲突，并且利用冲突进而武力占领东北的准备。只是由于奉天当局隐瞒张作霖的死讯，克制、冷静地对待这一重大事件，而没有给关东军以可乘之机。

"皇姑屯事件"是关东军少壮派军人一手策划并实施的，并未得到日本陆军高

---

① ［日］河本大作：《我杀了张作霖》，张锦堂、武育文译，载沈阳市政协文史资料研究委员会、辽宁社会科学院历史研究所合编《沈阳文史资料》第1辑，辽宁大学出版社，1981，第217页。

② 同上书，第220页。

③ 同上。

层和日本内阁的许可。虽然炸死了张作霖,但是关东军未能利用这个机会占领东北。这直接导致田中内阁主导的"满蒙交涉"彻底失败,田中内阁变得岌岌可危。日本国内反军阀政治的政治活动家中野正刚、伊泽修二积极奔走,利用"皇姑屯事件"倒阁。田中面见裕仁天皇时,保证一定严肃处理陆军这种无组织的狂暴行为。可是,陆军参谋长宇垣一成却驳斥这一论断,认为此事件与陆军无关。田中再次面见裕仁时,改口称事件为南方革命党人所为。裕仁勃然大怒,对侍从长铃木贯太郎说,田中前言不搭后语,以后不必来见。田中内阁失去了天皇的支持后难以为继。1929年7月2日,田中内阁总辞职。直接策划"皇姑屯事件"的河本大作被开除军职,关东军司令官村冈长太郎、参谋长斋藤恒、独立守备队司令官水町袈裟相继受到行政处分。"皇姑屯事件"是日本陆军以下克上的典型事例。处理如此重大的国际事件,日本军部为掩人耳目而草草了事,变相纵容了陆军中少壮派军官铤而走险,军国主义势力愈加气焰嚣张。

第九章 奉系易帜与张学良东北治理

第一节
奉系易帜与东北地方政权重建

一、皇姑屯事件后奉系集团核心变化

奉系内部各派系的合纵连横促成了张学良上台。皇姑屯事件发生后,奉天军政高层人物召开紧急会议商讨对策。臧式毅力主秘不发丧,待张学良返回奉天后主持大局。1928年6月4日,张学良在得知父亲的死讯后并没有立即回奉,而是在芦台、滦州安排好关内奉军撤退的各项事宜后,才于6月18日秘密返回奉天。在此期间张学良面对杨宇霆镇静自若,同时对杨宇霆严加防范,在与亲信刘鸣九谈话时也防止杨宇霆偷听。而此时杨宇霆始终与张学良在一起部署奉军撤退的各项事务,并没有机会提前回奉,也就不可能预做准备。此时,封锁张作霖的死讯是奉系集团上下达成的共识,杨宇霆不敢泄露张作霖的死讯,否则就是冒天下之大不韪而成为奉系的罪人。而张学良得益于"代表旧派的张作相的推荐"①,最终掌控了奉天的军政大权。张作相作为旧派首领,其态度足以左右大局,"本来旧派人物如汲金纯、张海鹏等拟推戴张作相为东北领袖。张作相素称稳健,对张作霖极为忠诚,并自知本身无力应付当前的复杂局面。他认为张学良少年英俊,干练有为,培养的新势力雄厚,继承父业是自然的趋势,对于担当危局、应付内外,保持东北的团结,一定

---

① [日]西村成雄:《张学良》,史桂芬等译,中国社会科学出版社,1999,第40页。

图 9-1 张作相
(1881—1949)

能够胜任,乃以此向旧派分头说服。"① 6 月 21 日,东三省省议会联合会本来已经推荐张作相担任东三省保安总司令,并于 6 月 24 日发出了通电,举荐张作相为东三省保安总司令,张学良为奉天省保安司令②。但是张作相坚辞不就,力荐张学良出任总司令一职。张作相表示"心重语长,势难救驾",东三省省议会联合会"决议准其辞去总司令职",并"推荐张学良为东三省保安总司令"③。于是 7 月 2 日,东三省省议会联合会推荐张学良为东三省保安总司令,并于 7 月 4 日正式发出通电。在张作相的强力支持下,奉系元老派转而支持张学良。元老派和少壮派联合,杨宇霆士官派被孤立。张作相和张学良叔侄联手,为张学良继任奉系集团新首脑奠定了基础。

张学良就任东北保安总司令后,立即组建自己的司令部,即秘书厅及所辖机要处、政务处、财务稽查处和蒙旗处;军事厅下属八处军务、副官、军衡、军医、航空、航警;军令厅下设第一至第六处以及帅府事务处和参赞处。④ 各机构负责人是秘书厅厅长郑谦、军事厅厅长荣臻、军令厅厅长王树常、帅府事务处处长栾贵由、参赞处处长袁金铠。各处处长和各级职员,绝大多数由第三、四方面军团原有的人员分别担任。通过这种人事安排,张学良牢牢控制住了军队。

7 月 16 日,东三省省议会联合会决议通过《东北各省区临时保安公约》。以此公约,张学良搭建了"三权分立"的政权体系,明确以"东三省省议会联合会为最高立法机关";设立"东北临时保安会"为最高行政机关,处理各省一切重要政务;成立东北最高法院(后更名为"最高法院东北分院"),掌握司法权。7 月 16 日,东三省省议会联合会通过《东三省省议会联合会组织大纲修正案》,对省议会联合会进行了重组。根据该修正案,联合会"设于奉天省城",仍为东北"最高立

---

① 鲁穆庭、王理寰、谢珂:《张作霖被炸以后》,载全国政协文史和学习委员会编《回忆张学良和东北军》,中国文史出版社,2017,第 86 页。
② 辽宁省档案馆编《奉系军阀档案史料汇编》第 7 册,江苏古籍出版社,1990,第 267 页。
③ 同上书,第 288 页。
④ 同①书,第 87 页。

法机关",即"为发动东北各省区最高军政各权之机关,对于东北临时保安会执行一切政务有决议即建议权"。该会由奉、吉、黑三省"省议会各推举代表10人组织之",设主席3人,"由会员中推举","轮流主席",下"设秘书长1人,秘书1人"。该会会员第一届任期,"由民国十七年(1928)6月1日起","以6个月为限,任满后,再被举者得连任",但该会会员"非经联合会之许可,不得辞退或更替","对于讨论及议决事件在未经发表前""私自宣示"者,"得予退出本会之处分,由该省省议会另补之"。该会"每届开常会1次,临时会得随时召集之"。①

根据《东北各省区临时保安公约》第四条的规定,成立东北临时保安委员会。7月19日,东北临时保安委员会召开成立大会,颁布《东北临时保安委员会组织大纲》。根据此大纲,东北临时保安委员会"设置于奉天省城",有委员17名,由临时保安会在"东北地方在任中之军民长官及德望素著之人物"中遴选,然后将提名人选"提出于东三省省议会联合会,求得同意委任之。在保安会成立以前,由保安总司令提出于东三省省议会联合会,求得同意委任之"②。随后,张学良出任委员长,袁金铠出任副委员长,并提名"张作相、万福麟、汤玉麟、刘尚清、诚允、沈鸿烈、张景惠、王树翰、刘哲、常荫槐、莫德惠、翟文选、袁庆恩、凌升、齐默特色木丕勒为委员"③。张学良提名的委员涵盖了奉系新旧各派实力人物,虽然名义上临时保安委员会的委员要由省议会联合会批准并接受监督,但是东北地方要务皆由临时保安委员会合议后解决,所以临时保安委员会成为实际上的东北最高行政机构。此外,张学良还建立了东北最高法院,标志着东北拥有完整的司法权力。至此,东北地方政权已然成型。

二、奉系集团和南京政府的政治谈判

面对重重压力,张学良坚持以大局为重,向国民政府表明诚意,收束军事,将

---

① 辽宁省档案馆编《奉系军阀档案史料汇编》第7册,江苏古籍出版社,1990,第328-330页。
② 季啸风、沈友益主编《中华民国史史料外编——前日本末次研究所情报资料》第31册,广西师范大学出版社,1996,第244页。
③ 辽宁省档案馆编《奉系军阀档案史料汇编》第7册,江苏古籍出版社,1990,第322页。

和平统一作为大政方针确定下来。同时他不卑不亢，在代表团到达北平后，他宣誓就任东北三省保安总司令，表明自己作为奉系的核心地位不可动摇。国民政府对此很快给予回应。蒋介石清楚地认识到，东三省问题能否妥善解决，决定着中日两国间的关系。他首先要求新闻界审慎报道，国民革命军总司令部行营办公室致函北平新闻界："关于东三省问题，正在秉中央决定妥善之处置，外人传说纷纭，用意多不可问，本国新闻界对于此问题，宜格外慎重登载，免惑观听。"① 此时的蒋介石为了实现北伐胜利和民国统一完成于一年的双重政绩，"以便藉此赢得国际社会的承认和支持，也为他争夺国民党内部统治权取得更加有力的地位"②，决定亲自主导和谈。在国民党各派参加的汤山会议上，蒋介石向冯玉祥、阎锡山、李宗仁提出由其直接主持对奉和谈，避免党内异议之声的干扰，从而迫使冯玉祥放弃武力解决东三省的主张，"关外的问题，由蒋总司令主持办理"③。

奉方与国民政府和谈的核心内容涉及东北政治分会如何组成、东北外交如何安排、东北国民党党部设置及热河省归属问题，究其主旨在于东北政权由谁控制。如设立东北政治分会"指导并监督最高级地方政府"。可以说，东北政治分会设立决定了东北地方政权由谁掌握，双方在谈判桌上展开了激烈的博弈。7月9日，王树翰在天津代表张学良谈了与国民政府谈判的七项基本条件："（一）东三省通电服从国民政府，并改换旗帜；（二）东三省改组委员制，并成立政治分会；（三）张学良为政治分会主席；（四）杨宇霆为奉天省主席；（五）张作相为吉林省政府主席；（六）万福麟为黑龙江省政府主席；（七）所有兵权，暂由原人统率。"④ 王树翰到达北平后，在与国民政府正式接触时传达了张学良的态度："对国民政府表示服从，允设东三省政治分会，唯委员人选，要求由奉系完全组织，他派暂勿加入。"⑤ 7月14日，国民政府派遣参谋厅厅长刘光、前北京政府财政总长张弧之子张同礼到奉天面见张学良，提出国民政府对东三省易帜的要求："一、东三省归国民政府节制；二、奉行三民主义；三、改悬青天白日旗；四、撤退关内全部奉军。"

---

① 《蒋总司令所望于本国新闻界者》，《大公报》1928年7月13日。
② 曾业英：《论一九二八的东北易帜》，《历史研究》2003年第2期，第90页。
③ 《冯总司令昨晚离开北平》，《大公报》1928年7月15日。
④ 韩信夫、姜克夫主编《中华民国大事记》第2册，中国文史出版社，1997，第845页。
⑤ 季啸风、沈友益主编《中华民国史史料外编——前日本末次研究所情报资料》第31册，广西师范大学出版社，1996，第237页。

张学良则提出:"国民革命军不进往关外,东三省兵力照比例裁撤。"同时还提出亟待解决的问题:(一)指示外交机宜问题。(二)设立政治分会问题。(三)组织国民党党部问题。(四)暂停热河军事行动问题。(五)肃清关内直鲁残军问题。(六)恢复交通和放还铁路车辆问题。① 很明显,奉系虽然知道"易帜"是大势所趋,但是并未一味退让,相反谈判条件有逐渐提高之势。而其中很重要的原因是,日本对国民政府确定和平统一的方针政策产生了极大的影响。

由于有"济南惨案"的前车之鉴,蒋介石对于东北问题采取慎之又慎的态度。他在北平八大处休养时写下了自己的想法:"东三省为我重要国防疆地,乃日本势力侵入已久,吾处置方法非慎重周详不可,否则东亚战祸之导火线如一开发,将不可收拾矣。总理所谓和平统一,吾必以至诚力促奉方将领觉悟欣欣然而来归也。"国民政府由于在对日外交方面存有忌惮之心,也就给了奉方可以操作的空间,一方面积极争取对自己有利的条件,另一方面也向日本表明自己并非完全向国民政府妥协,从而为准备"易帜"赢得时间。张学良在《决不妨害统一》通电中提到:"以最简捷办法,速开国民会议,解决目前一切重要问题。"② 他将召开国民会议作为谈判的前提,首先这是孙中山当年的遗训,国民政府也不敢公然反对;其次标榜民意所归使自己立于政治道德的有利境地。7月10日,邢士廉在北平接受记者采访时即提到:"东北地位在外交上有特殊情形,故先派代表来商办法,从长考虑,以期妥恰和平统一事业安然成功"。③ 既然要"从长考虑",那么"易帜"便不可能一蹴而就。

对于蒋介石来说,虽然尽快实现东北易帜,从而实现全国统一,可以极大地树立其个人的威信,但是面对来自国民党内的反对之声,蒋介石不可能全盘接受奉系的要求。筹备国民会议绝非一朝一夕可成,而且按照国民党的宪政体系,要先经过训政逐步过渡到宪政,因此蒋介石在赴北平之前就已经宣布:"召开国民会议,不

---

① 韩信夫、姜克夫主编《中华民国大事记》第2册,中国文史出版社,1997,第848页。
② 《决不妨害统一通电(1928年7月1日)》,载毕万闻主编《张学良文集》第1册,新华出版社,1992,第98—99页。
③ 同①书,第845页。

可急剧从事，在第五次中全会当有决定。现在训政时期，国民会议尚非其时。"① 为了让奉系尽快完成易帜，蒋介石决定先肃清奉系在关内的残余势力，以威慑张学良，即以武促抚。7月15日，蒋介石命令彻底肃清关内张宗昌、褚玉璞直鲁联军残部，由白崇禧任前敌总指挥兼滦河方面右路军总指挥；方振武为左路军总指挥，负责热河军事；陈调元为总预备队总指挥，策应左右两军。在国民政府的军事压力下，张学良向国民政府代表祁暄阐述了自己的苦衷："承示介公之意，诚切可感，弟对介公决心合作，致目下立即改帜一事，惜非不愿，对内已有办法，唯对外确为难。刘光兄到后，一经目睹情形，即可知其非出饰词推宕。"② 所谓"对外确为难"，指的是日本政府对东北易帜的干预。虽然在张学良看来此时易帜的时机还不够成熟，但形势急迫，他不能不同意于7月20日实行易帜。

然而，7月18日田中义一发出训令，再次对张学良的南北妥协发出警告："实行三民主义、悬挂青天白日旗，其本身虽未必有碍，但如果'既已在形式上实行，尤其允许政治分会之设置，则南方实力之侵入，不可胜防'。"③ 林久治郎接到电报后于7月19日拜会张学良，传达日本政府的警告。面对日本咄咄逼人的气势，张学良深知易帜不能操之过急。为了保住热河，他电令汤玉麟于7月19日进行易帜，而东北三省则暂缓易帜。7月20日，张学良与关东军司令官村冈长太郎在奉天"满铁"公署举行秘密会议。"会上，张表明由于日本政府的意愿，决定重新向蒋介石另派代表，将南北妥协的谈判，推至父亲的葬礼完毕后再进行。"④ 在日方的压力下，张学良不得已推迟了东三省易帜的时间。

三、日本政府对东北"易帜"的阻挠

对于日本政府而言，虽然田中义一的意图暂时得到实现，但是采取武力恫吓的

---

① 《蒋总司令五大政见》，《新闻报》1928年7月3日。
② 《致国民政府代表祁暄电（1928年7月14日）》，载毕万闻主编《张学良文集》第1册，新华出版社，1992，第99页。
③ 日本防卫厅战史室编纂《日本军国主义侵华资料长编——〈大本营陆军部〉摘译》上册，天津市政协编译委员会译校，四川人民出版社，1987，第163页。
④ 同上书，第164页。

手段对中国内政进行干涉,必然激起中国各地高涨的反日情绪,而这种后果的出现引发了日本政界的异议。日本外务省亚洲局局长有田八郎指出:"日本虽欲东三省分离,且以助长其趋势为得策,但绝对无付出异常牺牲勉强向该方冒进之必要","日本如强制东三省自中国本部分离,中国自不待言,各外国亦必将以日本违反多次声明以及九国公约,而进行非难。其后果极其严重,如此失态包藏日本之危机。"① 日本政府内部的批评之声,并没有扭转田中内阁的对华政策。在田中看来,只有继续以武力相威胁才能阻止东北易帜。张学良将张作霖的葬礼定在8月5日举行,日本政府派出第一次世界大战时曾担任驻华大使的林权助男爵为特使参加葬礼。田中决定利用这次外交机会继续对张学良施压。林权助于7月21日从东京出发。田中在为林权助饯行时就东北问题明确了日本政府的立场:"为促进中国之统一而牺牲我对满洲之信念,断无必要。盖多年来协助中国之统一,同时亦即在实现我对满洲之所欲。有人认为三民主义、悬挂满洲之旗。有人则认为不可行。如将满洲之事与南方政府交涉,则可能成为国际问题,应坚决避免。"② 可见,田中内阁仍然坚持"满蒙特殊化"主张,将东三省视为禁脔,决不允许他人插手。

8月9日,林权助在林久治郎的陪同下与张学良会面。林久治郎赤裸裸地对张学良进行武力威胁:"屡次传达帝国政府对于南北妥协反对意见,谅贵总司令已谅解日本意向之所在也。总之,日本政府此刻认为国民政府内部杂乱无章,行为尚多共产色彩,东三省若与国民政府妥协,势必侵害日本之既得权益与特殊地位,所以日本政府此刻劝贵总司令暂时观望形势,较为妥当。不幸倘若东三省蔑视日本之警告,擅挂青天白日旗,日本必具强固决心,而取自由行动,此刻务请贵总司令毅然决心行其所是,勿为浮言所动。倘有不逞分子尽可以武力弹压之可也,日本愿出全力以相助焉。"③ 林权助在恫吓张学良的同时也进行利诱,只要张学良继续维持东北的独立状态,日本就会给予支持,这是公然鼓动奉系分裂中国。张学良不为所动,他对林权助进行驳斥:"盖余为中国人,所以余之思想自以中国为本位。余之所以愿与国民政府妥协者,盖欲完成中国统一,实行分治合作,以实现东三省经济和平

---

① 日本防卫厅战史室编纂《日本军国主义侵华资料长编——〈大本营陆军部〉摘译》上册,天津市政协编译委员会译校,四川人民出版社,1987,第164页。

② 同上书,第166页。

③ 《与林权助等人的谈话》,载毕万闻主编《张学良文集》第1册,新华出版社,1992,第110页。

政策故也。虽然，余亦决非以国民政府所有行为为尽善，惟大体固自不错，况此亦为东三省一般人民所渴望，以余个人之力，固无如之何。余因顾邦交，以个人资格对于日本政府警告加以考虑，倘若以国际关系言之，余想日本政府亦决不甘冒干涉内政之不韪，并且日本政府以种种恐惧，反对中国实现统一，余颇不可解。"① 面对张学良义正词严的回击，林权助继续试探："简单言之，田中首相已具有决心，贵总司令之决心如何，是余之所愿闻也。"张学良回答："余之决心以东三省人民为转移，余不能拂逆三省人民之心理而有所为也。"林权助的随行从员、陆军少将佐藤安之助再度发出威胁："田中首相心中已经有了一定的了，贵总司令若背乎田中首相心理，就将发生重大事情。"② 林权助则摆出老资格："令尊和我是好朋友，我把你当做自己子侄。你还年轻，希望你听我的话。我要奉告，你的思想是很危险的。"张学良不卑不亢地巧妙反击："本人深幸，我和贵国天皇同庚，对于阁下所能奉答者，只此而已。"③ 这次谈话，张学良与日方可谓不欢而散。

此时，张学良已经掌握了田中义一的策略。日方最为顾虑的事情是蒋介石实现统一后要求列强改订新约，而这势必会威胁日本在东三省的特殊权益。对此舆论界已经作出了分析："日人之阻止奉方易帜之内幕，实虑国府外交政策行之于东省，深恐于日本所得之特殊权利，有若何之损失。"④ 而一旦他承诺愿意遵守奉、日双方已有的有关铁路和其他事关日方在东三省特权的条约，日方也就没有出兵干涉东北易帜的动机和理由了。奉系固然同日方有着矛盾和争斗，但是为了维持东三省的稳定，双方又有着相互依赖的一面。在遭遇多次恫吓后，张学良已经看清，虽然田中义一气势汹汹，但是并没有真正下定决心诉诸武力，并且对英美可能出现的干预相当忌惮。如他致电蒋介石所言："日方近来手段对东则施以压迫，对尊处则又极力掩饰，既以淆乱欧美之耳目，又以离间我辈之交情，用心之狡，兄倘身处其境，即知弟所感痛苦之深。"⑤ 张学良在与国民政府的谈判中也利用日方的因素，不断提高

---

① 《与林权助等人的谈话》，载毕万闻主编《张学良文集》第 1 册，新华出版社，1992，第 110-111 页。

② 同上书，第 111 页。

③ 同上。

④ 《林权助在奉行动的经过》，《中央日报》1928 年 8 月 17 日。

⑤ 《致蒋介石电（1928 年 7 月 31 日）》，载毕万闻主编《张学良文集》第 1 册，新华出版社，1992，第 108 页。

条件，使奉系集团在易帜过程中掌握了主动权。

四、奉系正式"易帜"

国奉双方的合作让蒋介石感到易帜的时机已到，同时"双十节"即将到来，如果在此之前宣布东三省易帜，将给马上开始"训政"的国民政府带来荣耀，更会极大地巩固蒋介石在国民政府内的领导地位。9月25日，蒋介石向奉方代表邢士廉提出尽快易帜，希望在"双十节"前宣布。此时，南北舆论表达了对奉系迟迟不实行易帜的不满。《中央日报》发表文章认为，张学良借处置直鲁联军向国民政府讨价还价，包括：一是维持汤玉麟在热河的控制权，"以保存他在热河方面的势力"；二是虽经过交涉仍然拒绝交还"关内各路的车辆"；三是白崇禧屡次提出"奉方军队应即全部退出关外，滦东各地应由国军接防"，却"始终无具体答复"；四是听闻奉方借参加解决直鲁残部有功，索要报酬，"请将关内昌黎等数县划归他做地盘"；五是听说邢士廉在筹划"张氏加入国府会议为委员"。① 为了推动奉系易帜，蒋介石力排众议，在10月8日举行的国民党中常会第一七三次会议上提名张学良为国府委员。同日，孙科、王宠惠致电张学良，劝其尽快易帜："本日决议选任台端为国民政府委员，……希于是日易帜，除旧更新。"② 10月9日，蒋介石再电张学良，电文中明确提出奉系应在"双十节"实现易帜，"委员（指国民政府委员）既经发表，应乘此时机同时更换旗帜，宣言就职以十七年双十节为兄完成统一之纪念日。"③ 张学良欣然接受了国府委员的任命："学良才识薄弱，重蒙提挈，得与诸贤共襄国事，感幸已深。而得我公为主席，俾获追随左右，尤惬私愿。"④

张学良接受了对其国府委员的任命，表明他已经承认了国民政府作为中央政府的地位，但是涉及东三省易帜的具体问题，仍然需要国奉双方继续协商。张学良致

---

① 《张学良是否诚意服从国府》，《中央日报》1928年10月6日。
② 韩信夫、姜克夫主编《中华民国大事记》第2册，中国文史出版社，1997，第891页。
③ 同上书，第891—892页。
④ 《致蒋介石电（1928年10月9日）》，载毕万闻主编《张学良文集》第1册，新华出版社，1992，第118页。

电蒋介石提出3个方面的问题，请国府给予答复："（一）东省易帜，早具决心在前，实因某方之压迫，致生障碍，当时敝处与之面约以3个月为限，届期即行易帜，详情业请方耀庭兄转达，承电示谓已派张岳军兄赴日解决此事，不知彼方论调如何，未蒙示及，现计算约定之期，已不甚远，敝处拟积极准备，事前秘不使知，筹备就绪，即行通电宣布，以三省同日实行，以免彼方又生狡计。（二）（关于）政治分会，五次会议虽主取销，惟东省情形特别，此种过渡办法，绝不能少，拟请中央将东北政治分会及奉、吉、黑、热各省省主席分别任命，使易帜就任之事同时举行，庶可一新耳目。（三）关于军队服装，中央当有规定，事虽微细，惟观瞻所系，必须整齐划一，拟求将前项服装图样及公文程式手续已经颁布者，每种各备数份，派员交下，以资仿效，而归一律。"① 张学良虽然就任国府委员，但是他很清楚这个头衔的象征意义更大，南京国民政府内部对其不满者大有人在。白崇禧的参谋长王泽民就和日本驻华公使芳泽谦吉讲道："至东三省问题，鄙人为贵国设想，宜同国民政府及国民全体协议，不可同一二人私议。……张学良不过国民一分子，他即能代东三省全体作主，就是作主，亦不能算数。"② 直鲁联军残部虽然被缴械遣散，但是热河归属、政治分会筹建等问题还没有得到妥善解决，所以张学良接任国府委员，而易帜则还需时日。

"双十节"之后，张学良与国民政府的代表进行了多次接触。张学良、杨宇霆、罗文干与蒋介石代表张其宽、缪定保，白崇禧代表叶琪就移防、交通、易帜、热河、外交等问题进行磋商，议定协议条款。双方决议："放还车辆、平奉通车，决先提前解决，双方暂行山海关为交界终点；奉军于本月底陆续撤退，所遗平东防地，由国民政府指定第四集团军接防；东三省整理军政与善后事宜，决调汤玉麟归奉，畀以省委或较崇职务，一俟派员赴热点编后当可逐渐实行；关于中日外交问题，决由中央政府完全处理，采取一致方针。"③ 在诸多问题中，组织政治分会和热河地位问题是决定东北易帜的关键。张学良还在等待蒋介石对东北各省政府人选的任命，这是易帜的前提。此外，热河的归属，蒋介石已经松动。本来张学良就建议

---

① 《致蒋介石电（1928年10月10日）》，载毕万闻主编《张学良文集》第1册，新华出版社，1992，第118页。

② 《王泽民与日本驻华公使芳泽的谈话（1928年9月1日）》，《京报》1928年9月3日。

③ 韩信夫、姜克夫主编《中华民国大事记》第2册，中国文史出版社，1997，第901页。

和平解决热河问题，而蒋介石一直要求张学良让出热河，但此时他的立场已经改变。

白崇禧的代表叶琪从奉天返回北平，张学良派米春霖随他同往。当谒见白崇禧时，报告了双方接洽的经过，说明张学良因杀父之仇，故立志服从国民政府，对关内野心确已放弃，唯对东三省及热河地盘仍图掌握。① 可见，掌握热河是张学良实现易帜的前提条件。蒋介石起初认为张学良必须无条件交出热河，而且汤玉麟治理热河"措置失当，人民对汤，舆望异常恶劣"②。当时，随着国民党内武力讨伐之声甚嚣尘上，蒋介石意识到热河问题引起了各派势力的关注。如原系冯玉祥的下属，后任第一集团军第四军团总指挥的方振武在对记者的演讲中说："热河问题，于国防上、外交上及北方之大局上，均有极重大关系。"③ 考虑到阎锡山、冯玉祥、白崇禧都对热河虎视眈眈，蒋介石改变了想法：与其落入政敌之手，不如让热河继续留在张学良手中。10月15日，何应钦代表南京电告阎锡山、方振武："介公（蒋介石）之意，国军应取监视态度。因正向张学良交涉热河问题，并称预料热河方面，必能与奉方一致服从中央也。"④ 蒋介石同意热河并入东北，显示了高超的政治技巧，也解决了国奉双方之间的难题。

11月2日，张学良派人送给白崇禧东征军费10万元。11月4日，关内奉军万余人撤回原防。11月10日，奉方代表邢士廉、王树翰到达南京。邢士廉对记者表达了张学良的态度："东北唯中央意旨是从。东北系中国领土，希国府不偏不倚，一视同仁。"⑤ 邢士廉的讲话表明了奉系易帜的诚意。11月12日，奉天开往北平的列车发车，中断7个月的平奉线恢复通车。11月16日，张学良、杨宇霆、韩麟春联名发表通电，执行裁兵之议："为避免兵灾人祸，与民休息，开发利源，固图实边起见，将现有之步兵40余师旅缩成15个旅，骑兵6个师编成2个旅，炮兵3旅又2个团缩成8个团，工兵缩成6个营，辎重取消，另设辎重干部教导队。"⑥ 奉系

---

① 韩信夫、姜克夫主编《中华民国大事记》第2册，中国文史出版社，1997，第901页。
② 《热河民众反对妥协》，《中央日报》1928年10月18日。
③ 《方振武对热河问题的演说》，《中央日报》1928年10月7日。
④ 同①书，第894页。
⑤ 同①书，第911页。
⑥ 《张韩杨报告军缩经过通电》，载毕万闻主编《张学良文集》第1册，新华出版社，1992，第136-137页。

还着手准备建设党部,"至于组织党部,东省已选定多人,(使之)日习,俾明了真正党义,与政府合力建设。"① 奉系积极回应了国民政府释放的善意,国奉双方基本敲定了易帜的各项准备。

在经过国奉双方反复磋商后,12月24日,张学良密电奉天省省长翟文选,"于本月二十九日改悬青天白日旗,东三省同时举行。……惟事前仍应持秘密,勿稍漏泄,以免惹起他方注意为要。"② 为避免日本干扰,张学良秘密电令各地准备旗帜,决定三省步调一致,实现易帜。12月28日,国民政府中央政治会议第一六九次会议发布决议:"任命张学良为东北边防军司令长官,通过东三省及热河省府委名单,翟文选、张作相、常荫槐、汤玉麟分别为奉、吉、黑、热省府主席。"③ 12月29日,张学良发表东北易帜通电:"自应仰承先大元帅遗志,力谋统一,贯彻和平,已于即日起宣布,遵守三民主义,服从国民政府,改易旗帜。"④ 经南京国民政府核准,东北不再设立政治分会,由原保安委员会改组为东北政务委员会,任命张学良、张作相、万福麟、汤玉麟等15人为委员。1929年1月7日,东北政务委员会举行第一次会议,推举张学良为主席。至此,历经波折,东北易帜终告实现,国民政府从形式上统一了全国。

图9-2 东北易帜

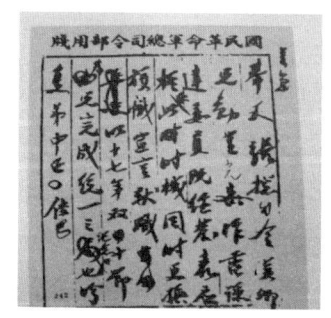

图9-3 蒋介石致电祝贺易帜成功

---

① 《王邢两代表转呈蒋介石电(1928年12月初)》,载毕万闻主编《张学良文集》第1册,新华出版社,1992,第143页。

② 《张学良致翟文选等电稿(十七年十二月二十四日)》,载辽宁省档案馆编《奉系军阀密电》第4册,中华书局,1986,第31页。

③ 韩信夫、姜克夫主编《中华民国大事记》第2册,中国文史出版社,1997,第935页。

④ 《东北易帜通电(1928年12月29日)》,载毕万闻主编《张学良文集》第1册,新华出版社,1992,第150页。

第二节 "杨常事件"对东北军集团的政治影响

一、"杨常事件"经过

张学良就任东北政务委员会主席,标志着奉系进入新时期。就在此时,发生了震惊东北政坛的"杨常事件"。1929年1月10日,张学良突然处决了奉系重要人物杨宇霆、常荫槐,表明奉系内部因争夺权力而导致矛盾激化。

杨宇霆和常荫槐是当时东北政坛的重要角色,堪称能吏,但是其性格都是飞扬跋扈,尤其对张学良成为奉系首脑并不认可,双方矛盾激化,最终导致了张学良采取非常手段的"杨常事件"。1929年1月10日下午,杨宇霆、常荫槐相偕来见张学良,要求成立东北铁路督办公署,以常荫槐为督办。成立这一机构的理由是,中东铁路系中苏合办的铁路,一向不接受东北交通委员会的领导。如果成立东北铁路督办公署,就可以将中东铁路纳入管辖范围。张学良当时表示,东北刚刚稳定,凡涉及外交之事一定要慎重考虑,不可草率行事,应当从长计议。杨、常二人则力主当时即可决定,并拿出已经拟好的任命的便条,要求张学良签字。张学良万般无奈下托词,到了晚饭时间,等用完晚饭再做决定。于是杨、常二人表示等回家吃过晚饭后再来。

待杨、常二人离开后,张学良立刻用电话召奉天警务处处长高纪毅入府。据高纪毅回忆,张学良对他说:"杨宇霆、常荫槐二人欺我太甚,他们想尽办法阻挠全国统一,今天又来强迫我成立东北铁路督办公署,并要发表常荫槐为铁路督办,说是为的能够管理中东铁路。事关同苏联的外交问题,这事要办也应该请示南京,从长计议。但他们要我立刻签字发表,太不成话。现在他们正在回去吃饭,少刻就会回来。我给你命令,立刻将他二人处死,你率领卫士去执行好了。"① 高纪毅接到命令后,请示在何处执行,张指示在老虎厅执行即可。高纪毅配备了6名卫士,同张学良的侍卫副官谭海,另有刘多荃担任内外警卫任务,只许人进来,不许人出去。一切布置完毕后,等待两个小时,杨宇霆、常荫槐来到,在老虎厅就座。高纪毅率领6名卫士持手枪进入老虎厅,他对杨、常宣布:"奉长官命令,你们二人阻挠国家统一,着将二位处死,即刻执行。"② 杨、常二人闻言,顿时木然,脸色惨白,片言难出。6名卫士当即分成两组执行。杨、常分别被两名卫士按住,1名卫士开枪,结束了两人的性命,陈尸于老虎厅中。张学良此举并非事前预谋,也没有与奉系其他重要人物商议。从其心腹王家桢和刘鸣九的回忆中可知,杨、常被杀出乎他们的意料。据王家桢回忆,他在1月11日三四点钟被电话铃声吵醒,帅府传话让他去开会。他赶到帅府后,看见张作相、翟文选、万福麟、王树翰、王树常、莫德惠、袁金铠、刘哲、臧式毅等东北政界的重要人物都已经到场,东北政务委员会秘书长郑谦和刘鸣九草拟电文,"后来我看到'正法'两字,不觉大吃一惊"③。曾任第三、四军团秘书处处长,时任奉天实业厅厅长的刘鸣九当时正在家中用餐,接到张学良副官谭海的电话后赶到帅府,遇见刘多荃未及多谈就去见张学良。他回忆道:"张正仰卧在床上,看我进去就坐起来说:'我们出了事了!邻葛和老常叫我处置了,你

图9-4 老虎厅

---

① 高纪毅:《杨常事件的前因后果》,载全国政协文史和学习委员会编《回忆张学良和东北军》,中国文史出版社,2017,第140页。
② 同上。
③ 王家桢:《一块银元和一张收据——张学良枪毙杨宇霆、常荫槐和收买日本政友本党的内幕》,载全国政协文史和学习委员会编《回忆张学良和东北军》,中国文史出版社,2017,第115页。

看怎样?'我说:'这是必然的结果,办得很对。'"① 客居奉天的孙传芳在接受记者访谈时也认为理应如此,"要之此次事件,张学良实未与任何人计议,盖此事一出口,即易泄露机密,足以偾事,此固张之所知也。"②

二、张学良对"杨常事件"的处理

处置杨宇霆、常荫槐,张学良对外对内都必须有所交代。1月11日,他致电东北驻南京代表胡若愚,讲明杀杨、常的理由:"乃自去夏以来,弟力主倡导和平,促成统一,而杨、常动持异议,力加阻挠,如关内之延不撤兵、滦东五县之不肯交还,铁路车辆之不允分拨,均为彼等所主持,使弟(下)贾怨于商民,上失信于朋友。……昨经邀集同人,详加讨论,忍痛处置,殊非本怀。"③ 1月11日,他致电南京政府陈述原委:"乃杨、常,操纵把持,致使一切政务受其牵制,各事无从进行。胪其罪状,厥有数端。溯自民国十三年后,屡次战祸均由彼二人怂恿播弄而成。迹其阴谋私计,世或未知,自我先大帅'佳'电息争,倡导和平,信使往来,南北协洽,独彼二人迟回观望,阴事阻挠。近如,滦东五县不肯交还,其阻挠者一;平奉车辆学良已商允交还,惟彼二人从中作梗不放行,坐使中外人士咸受苦痛,而车辆废置破坏,公私损失,何可纪极,其阻挠者二;滦东撤兵,顺应世局,正协人心,而杨、常坚持异议,其阻挠者三。以上三端,学良曾再三婉商之,借友劝导之,用命令申斥之,而彼二人概置不理,使中外人士对我方不怀好感。观远因则酿成战祸之罪魁,观近因则破坏和平之祸首;论其罪状,不独害我东省,实害我中华。"④ 同日,张学良以东三省保安总司令部的名义发出布告:"本总司令与同人等再四筹商,佥谓非去此二人,东省大局非徒无建设之望,且将有变乱之萌,大义

---

① 刘鸣九:《张学良和杨常事件(一)》,载全国政协文史和学习委员会编《回忆张学良和东北军》,中国文史出版社,2017,第148页。
② 《孙传芳与记者的谈话》,载辽宁省政协文史资料委员会《辽宁文史资料》第15辑,辽宁人民出版社,1986,第165页。
③ 《致胡若愚电》,载毕万闻主编《张学良文集》第1册,新华出版社,1992,第156页。
④ 《枪毙杨宇霆常荫槐通电》,载毕万闻主编《张学良文集》第1册,新华出版社,1992,第156页。

灭亲,何况交友。毒蛇螫手,壮夫断腕。本总司令等不敢违弃公谊,徒顾私情。"①张学良对外宣告杨、常的罪行包括阻挠东北易帜及滦东撤兵、擅扣京奉铁路车辆、贪污兵工厂公款2亿元等,即不杀杨宇霆、常荫槐则东北大局建设无望。

图9-5 报纸上登载的"杨常事件"报道

此时,杨宇霆并非东北政务委员会委员,在国民政府也无职务,张学良杀他无须向国民政府请示,但他毕竟是奉天兵工厂督办,没有经过审判就被处死,显然于法不合。而常荫槐则是国民政府批准任命的东北政务委员,奉系未经请示就将其处死,更是无视国民政府的权威。1月12日,蒋介石召见奉方代表王树常,听取了他对"杨常事件"所作的报告。随后,蒋同胡汉民、戴季陶、何成濬、方本仁等人交

---

① 《东三省保安总司令布告(1929年1月11日)》,载毕万闻主编《张学良文集》第1册,新华出版社,1992,第156页。

换了对东北问题的意见,决定派方本仁赴奉天了解事情具体细节。1月13日,张学良致电国民政府,请任命万福麟为黑龙江省政府主席、臧式毅为奉天兵工厂督办,并谓杨、常事件之所以断然处置,是因为杨、常种种行动令他无退让余地,有危及国家之虞,"事前未及禀商主座者实万不得已,千恳俯视鉴察"。① 张学良未经请示就处决东北要员,事后才向南京请示,并且以不同名义发表公告,还明确要求南京任命自己提出的接替人选,表明奉系新政权虽然已经易帜,但还是半独立状态,国民政府对于东三省的人事安排根本无法插手。1月14日,蒋介石无奈之下自找台阶复电张学良:"既认杨常有妨大局,临机应变,当无不合。"②

1月11日,张学良以东北边防军司令长官名义出任高等军法会审判长,张作相、张景惠、荣臻、王以哲等担任审判官,颜文海担任军法官,高纪毅担任检察官,组成军事法庭,对杨、常进行审判,从而弥补"杨常事件"的法律缺失。判决书指出了杨、常所犯的罪行:"暗结党羽,图谋内乱,勾结共产,颠覆国府,阻挠和议,把持庶政,侵款渎职各行为,实构成新刑律第101条第1款之内乱罪,及修正陆军刑律条例第27条第7款叛乱罪"。③ 其实,这些罪名里很多是子虚乌有的,如"勾结共产、颠覆国府"纯属莫须有罪名。不过,张作相、张景惠等人名列审判官中,代表了奉系老派力量对张学良的支持。

当然,张学良杀杨宇霆和常荫槐之举,还是在东北集团内部引起了巨大震动。张作相即同张学良谈过:"此举未免过甚。"④ 杨、常都是张作霖的股肱之臣,张学良痛下杀手难免让东北人心惶惶、人人自危。就在"杨常事件"发生后的第二天,身为客卿、寄身奉天的孙传芳就搭火车逃往大连。事后他在寄给张学良的信中写道:"我对东北,无尺寸之功,而位居诸大老之上,平时无事尚人言啧啧,何况此次杨、常事件之发生! 我来东北后本想在军事方面对汉帅有所匡助,但形势有所不能,又想在政治方面能有所贡献,而情况亦所不许。最后实业方面略尽绵薄,亦未能做到。长此下去,对于汉帅毫无裨益,对于我身边危险实大。此兄之所以不能不

---

① 韩信夫、姜克夫主编《中华民国大事记》第2册,中国文史出版社,1997,第941页。
② 同上。
③ 《杨常伏法之判决书(1929年1月11日)》,载毕万闻主编《张学良文集》第1册,新华出版社,1992,第161—162页。
④ 《孙传芳与记者的谈话》,载辽宁省政协文史资料委员会《辽宁文史资料》第15辑,辽宁人民出版社,1986,第164页。

离沈也。"① 孙传芳之所以逃往大连，正是因为看到杨、常二人的下场，不免兔死狐悲，更害怕自己会身遭不测，可见"杨常事件"对东北政治人物的影响。

第三节 张学良与东北政治治理体系转变

一、东北政务委员会成立

皇姑屯事件发生后，奉系政权开始从北洋中央政权向中华民国地方政权转变。奉系建立了以张学良为核心，张作相、张学良叔侄相扶持为基础的东北政权。虽然张学良标榜东北政权是"权力在民""军民分治"，同时通过建立东北政务委员会、东三省省议会联合会、东北最高法院以体现"三权分立"，但是实际上东北本质上仍实行"以军代政""以军统政"的保安司令负责制，并且在行政、军务、财税、司法等方面都具有相当的独立性，国民政府对东北政策很难进行干预。

张学良在确立了自己在东北无可争议的核心地位后对东北政务进行全面的改革，东北政局进入了新的时期。1929年1月，东北政务委员会开始运行，成为东北"最高行政机关，以指导、监督各省最高级地方政府"②，由此成为东北政权的核心中枢。它的职能是，"其事务有未经中央明白决定者，于不抵触中央法令范围内，得为因地制宜之行政行为。如有非常事变时，超三分之二以上之委员决议，可为紧

---

① 任作楫：《张学良和孙传芳的政见分歧》，载全国政协文史和学习委员会编《回忆张学良和东北军》，中国文史出版社，2017，第156-157页。

② 东北文化社年鉴编印处编《东北年鉴》，东北印刷局，1931，第178页。

急处分。凡经政务委员议决之事项,各省有执行之义务。"① 由其职能可见,东北政务委员会所作的决议并不需要南京国民政府批准,所谓"未经中央明白决定"事项,可因地制宜地作出决定,说明东北在行政上事实上处于独立状态。东北政务委员会委员的组成"以辽吉黑热各省区之资深望重,富有政治经验者组织之。由会员中互选主席一人,处理政务"②。东北政务委员会成立之初有委员13人:主席张学良,委员张作相、万福麟、汤玉麟、方本仁、张景惠、翟文选、王树翰、莫德惠、袁金铠、刘尚清、刘哲、沈鸿烈。由于张作相、万福麟、汤玉麟分别担任吉林、黑龙江、热河省主席,张景惠担任东省特别行政长官驻在哈尔滨,沈鸿烈担任东北海军江防舰队司令兼东北航务局董事长也驻在哈尔滨,因此常驻沈阳并且能够经常列席政务会议的委员只有张学良、翟文选、王树翰、莫德惠、袁金铠、刘尚清、刘哲以及南京代表方本仁。

按照《东北政务委员会暂行组织条例》第七条的规定,东北政务委员会内部设有秘书厅,管理各项政务,厅内设六处:机要处、总务处、行政处、财务处、蒙旗处、航政处③。各处设处长1人,总理处务。每处分置两股,股设股长。各处各有职责:机要处职掌撰拟机要文电、保管翻译、会议记录、议案编制等事宜;总务处职掌撰拟文件、典守印信和收发会计等事项;行政处职掌民政、教育、司法、行政、农矿、工商及建设事宜;财务处职掌赋税、公债、关税、盐务及钱币事项;蒙旗处职掌关于东北蒙旗行政建设事宜;航政处职掌关于航政、渔业、船舶制造、水道测量及江海建设等事宜。④ 秘书厅是东北各地方行政机构与东北政务委员会的联络枢纽,将各地呈报的事项审核后形成决议,送交委员会并提出相应的参考意见以备决策。秘书厅厅长王树翰是张学良的心腹,因此张学良通过东北政务委员会牢牢控制住了东北行政权。作为一个利益集团,东北四省奉张学良为共主,东北政务委员会其实控制着东北四省的人事和财政权。在东北人事方面,省政府委员和厅长人选由各省主席提出,由东北政务委员会认可后,报告南京即可,国民政府也不会提出反对意见,直接批准。省主席更是如此,如"杨常事件"后,张学良提名万福麟

---

① 东北文化社年鉴编印处编《东北年鉴》,东北印刷局,1931,第178页。
② 同上。
③ 同上。
④ 佟德元:《转型、博弈与政治空间诉求——1928—1933年奉系地方政权研究》,中国社会科学出版社,2015,第86页。

接任黑龙江省主席，蒋介石立即复电批准。在财税方面，东北大宗税收，如盐税、海关税、专卖税都需要解送报知政务委员会，由其查核，增减赋税的权利由政务委员会掌握，所有地方财政预算和支出也必须由政务委员会审核批准。通过这一系列操作，东北政务委员会牢牢控制了东北四省的财税大权。

南京国民政府当然不甘心在东北政务上只做"橡皮图章"，因此想方设法对东北人事和财权进行渗透。当初为了尽快实现东北易帜，蒋介石承诺："对外问题由中央负责办理，东北内政仍由现职各员维持，概不更动。"① 东北易帜后，蒋介石基本上信守了诺言，但也绝非任由张学良完全安排，在东北政务委员中就加入了国府代表方本仁。1929 年 7 月改组东北交通委员会，国奉双方经过一番讨价还价后规定委员长 1 人、委员 5 人，其中国民政府方面铁道部和交通部各举荐 1 人，奉方举荐委员长和委员 3 人。当然，国民政府向东北派遣的官员数量很少，也非关键职务，很难对东北政局施加影响。

二、张学良整顿东北财政问题

张学良主政东北，励精图治，而奉票毛荒严重是他面对的首要难题。据王瑞之回忆，1928 年 11 月，张学良乘专车赴葫芦岛参观航警学校毕业典礼，与随行人员胡若愚、朱光沐、高纪毅、沈鸿烈、宋式善等人谈起东北币制问题。张学良为奉票暴跌而懊恼，谓"奉票暴落真是无法挽救"②。可见，此时张学良已经决意改革币制。为此，他采取一系列行之有效的措施，力图对东北的金融财政进行全面整顿。

一是大力缩减军费。奉票之所以陷入毛荒的局面与发行量过大、准备金不足有直接关系，而奉票滥发的主要原因是奉系集团武力扩张、军费剧增，因此改革币制首在裁军。为了收支平衡、休养生息，张学良一改张作霖扩军黩武的政策，变为裁军自守。1928 年 11 月 1 日，奉、吉、黑、热四省国防及省防军定编为 30 个旅，总兵力由 40 万人减至 30 万人。旧有旅以上师、军、方面军等番号全部取消，而以旅

---

① 韩信夫、姜克夫主编《中华民国大事记》第 2 册，中国文史出版社，1997，第 924 页。

② 王瑞之：《张学良改革东北币制》，载全国政协文史和学习委员会编《回忆张学良和东北军》，中国文史出版社，2017，第 319 页。

为单位，部队番号旅团均冠以"东北军"字样。① 裁减军队移边屯垦，裁并骈枝机关，节省军费。军费不得超过预算。经此裁减，每月节省军费 200 余万元。兵工厂经费缩减为 200 万元，由奉天省出资 100 万元、吉林省出资 60 万元、黑龙江省出资 40 万元。此外，航空、海军及军事教育学校，在仍保持原有实力的基础上，均缩减开支。

二是减少行政开支。张学良认为，"一切建设事业正宜积极进行，而凡百事业非财莫举"，大力削减政务费用，将"足公""杜私""节废"作为财政整顿的指导方针，每年大约节省行政费用 480 余万元。②

三是积极出口换现。东北地域辽阔，自然资源极其丰富，尤以农产品品类齐全著称，其中以豆类产品出口为最大宗。1929 年，东北大豆及豆制品出口量为 425.38 万吨，占当年东北大豆总产量的 73.4%。由于日本农民大多以豆饼作为肥料，德国、比利时、荷兰、美国的化学和食品工业也需要东北大豆作为原料，因此东北大豆成为商品率极高的出口商品③。1930 年，仅大豆和粮食出口即达到 4000 余万元，加之家畜、皮毛、猪鬃、马尾等出口值 3000 余万元，极大地改善了东北当局的财政状况。

四是整顿税制。东北税制经历过"杂捐杂租，纠纷错杂，经征者尤以上下其手"④ 的混乱时期，此后经王永江大力整顿，东北的财税制度大为规范。王永江卸任后，莫德惠、刘尚清难有作为。张学良主政东北后，大刀阔斧地对东北税制进行全面改革。国税包括所得税、继承税、消费税；省税则有田赋、契税、剪课、营业税、牲畜税、渔业税；县地方税为车税、房税及杂捐。张学良颁布《辽宁省租税征收章程》，依法依规整顿税收，使税额增加，财政状况大为改观。

---

① 荆有岩：《张学良执政时期东北、华北的财经》，载全国政协文史和学习委员会编《回忆张学良和东北军》，中国文史出版社，2017，第 305 页。
② 马尚斌：《奉系经济》，载胡玉海主编《奉系军阀全书》第 5 册，辽海出版社，2001，第 235 页。
③ 胡玉海：《奉系纵横》，载胡玉海主编《奉系军阀全书》第 1 册，辽海出版社，2000，第 167 页。
④ 《张作霖给各委员会及各地的指令》，载辽宁省档案馆编《奉系军阀档案史料汇编》第 3 册，江苏古籍出版社，1990，第 84 页。

三、张学良东北金融改革

针对奉票危机,张学良采取了诸多措施稳定币值。1929年,东北边防军司令长官公署与辽宁省政府联合发布告示,称:"奉票即为本省本币,命脉所在,无论至何时期,何程度,公家必出以全力,抱定决心维持到底,断不认其毛荒,断无变更之事。"之后,张学良开始大刀阔斧地整顿币制。1929年12月,张学良亲自主持东北财经会议,参加人员有:辽宁省财政厅厅长张振鹭、吉林省财政厅厅长荣厚、黑龙江省财政厅厅长庞镇襄、东三省官银号总会办鲁穆庭、荆有岩、吴恩培,边业银行副总裁彭贤、杜惠林,总稽核宁恩承。会上宣布成立辽宁省四行号联合准备库,由东三省官银号、边业银行、中国银行和交通银行制定联合发行准备章程。规定由四行发行奉大洋券,以奉大洋50元或奉小洋折合现洋1元。以七成金银和三成有价证券作为准备金,借边业银行库存券加盖联合准备库印,成立四行号联合准备库,由四行联合管理。该库设在边业银行,定期由社会团体、工商联合会共同检查,以保证四行随时兑换现洋的信用。① 为了巩固金融,禁止现大洋贩运出省城境。随着东三省官银号及四行号联合准备库发行的现大洋兑换券颇具信用,其流通区域从东北扩展到华北,在关内也能使用。张学良的改革措施有效地稳定了币值,东北的金融逐步走出动荡的困境。

此外,张学良意识到发行公债对于经济起到稳定调节作用并可达到反通胀的目的。在东北财经会议上,张学良决定发行东北金融整理公债5000万元,将其用作建设基金。由于易帜后东北行政当局与国民政府关系改善,张学良派官银号总办荆有岩赴南京与财政部长宋子文接洽,经国民政府立法后在上海发行了部分公债。② 张学良还鼓励提高利率以吸纳存款,辽宁省财政厅于1930年批准了《东三省官银号存款办法》,此后东北金融机构存款额大幅增加,1930年储户存款达到16.7475亿元。

---

① 荆有岩:《张学良执政时期东北、华北的财经》,载全国政协文史和学习委员会编《回忆张学良和东北军》,中国文史出版社,2017,第306页。

② 同上。

张学良主政东北后,面对"奉票危机"的重大考验,采取积极的应对策略,稳定了金融,改善了东北的财政状况,为东北新建设创造了良好的局面。令人惋惜的是,九一八事变后日本帝国主义侵占东北,东北行政当局金融整顿成果反被日寇掠夺。九一八事变后,日本侵略者没收张氏家族边业银行红利及存款即达黄金4.7万余两①。张学良的东北新建设计划无法继续实施,许多政策都没能充分发挥作用,这不能不说是历史的遗憾。

第四节 中原大战与东北军入关

一、中原大战爆发

1929年3月15日至3月27日,国民党召开了第三次全国代表大会,会议上通过"以三民主义、五权宪法"等为"最高之根本法",同时追认编遣方案。国民党全国代表大会对于军事报告决议案,从法统上肯定了蒋介石通过编遣消灭地方实力派为合法:"吾人今后为矫正已往军人之歧误心理,开辟国家生存发展之新路,必须认识惟服从中央,乃可以巩固国权。惟巩固国权,乃可以保障人民之权利与幸福。惟充实国防,乃可以保障国家及民族之生存。惟国家民族之生存,得确实之保

---

① 胡玉海:《奉系纵横》,载胡玉海主编《奉系军阀全书》第1册,辽海出版社,2000,第165页。

障，乃为取得永久安全与和平之正道。"① 同时，蒋介石操纵大会开除了李宗仁、白崇禧、李济深、陈公博、甘乃光等人的党籍，对汪精卫给予警告，桂系及改组派被完全排除在国民党中央之外。

李宗仁、冯玉祥对此非常不满，决定起兵反抗。1929年3月27日，蒋桂战争爆发，蒋介石先后收买何键、李明瑞、杨腾辉等桂系大将，导致桂系内部分裂，土崩瓦解，李宗仁、白崇禧被迫通电下野。5月23日，国民党中央常委会决议革除冯玉祥的全部职务。5月25日，蒋介石致电冯玉祥要其下野，交出兵权，无奈之下冯玉祥于5月27日通电下野。结果，冯玉祥于6月离陕赴晋的时候，被阎锡山软禁。1929年10月，阎锡山又策动冯部进行了第二次"反蒋战争"。

1930年1月14日，阎锡山在战胜唐生智后拟归晋，经过郑州时打算召集部属会商河南善后事宜，却得知蒋介石密令河南省政府主席韩复榘暗算自己的消息，"阎偕赵戴文等迅速离郑返晋"。② 至此，蒋、阎矛盾彻底公开化，阎锡山公开指责蒋介石是内战的根源。随后，阎锡山亲赴建安村看望冯玉祥，两人决计捐弃前嫌，共同反蒋。1930年2月28日，冯玉祥和阎锡山到太原，西北军将领数十人联电欢迎。同日，各方反蒋代表共34人在太原召开军事会议，"决定晋陕两军，同时出兵，全力攻平汉、津浦两线，反蒋阵线大联合形成"。③

面对一触即发的蒋冯阎大战，张学良延续易帜后东北当局的一贯态度。1930年1月15日，他致电何成濬："重以尊嘱，弟已电达百公，以坚其拥护中央之志。"④ 可见，此时张学良打算出面劝说阎锡山服从南京，希望双方不要兵戎相见。1月31日，张学良致电蒋介石讨论石友三部队整编问题时表示，"良告以国家既经统一，我辈应同心协力拥护中央。"⑤ 随着蒋、阎矛盾加剧，2月10日，行政院院长谭延闿、立法院院长胡汉民、考试院院长戴季陶、司法院院长王宠惠和监察院院长赵戴

---

① 《中国国民党第三次全国代表大会对于军事报告之决议案》，载中国第二历史档案馆编《中华民国史档案资料汇编》第五辑第一编 军事（一），江苏古籍出版社，1994，第653页。
② 韩信夫、姜克夫主编《中华民国大事记》第3册，中国文史出版社，1997，第6页。
③ 同上书，第22页。
④ 《复何成濬电（1930年1月15日）》，载毕万闻主编《张学良文集》第1册，新华出版社，1992，第250页。
⑤ 《致蒋介石电（1930年1月31日）》，载毕万闻主编《张学良文集》第1册，新华出版社，1992，第257页。

文联名发表《告全国军人书》，号召全国军人拥护中央。对此，张学良积极响应，发表通电："当此国基初奠，民信未孚之际，政府封疆，分劳协力，犹恐惟日不遑，岂宜内启猜嫌，自相愚诈。愿我袍泽，务各开诚布公，拥护中央，以固国家之统一。区区愚忱，敬希鉴察。"① 1930年3月1日，张学良发出著名的"息争通电"："尤望介、百两公，融袍泽之意见，凛兵战之凶危，一本党国付与之权能，实施领袖群伦之工作。"② 阎锡山为此复电张学良："和平息争，弟之素志向，日来与介公迭电商承，戡乱不如止乱，亦正为吁恳和平起见。"③ 虽然阎锡山还在大谈和平，但是蒋介石和反蒋同盟已经到了水火不容的地步，和谈已然无望，双方只能大打出手。

中原大战中，双方出动兵员110余万，战祸蔓延20余省。身处东北的张学良成为双方积极争取的对象，特别是蒋介石与反蒋联盟久战不决，就更加凸显出东北军举足轻重的地位，"如张从阎冯反蒋，则政治上军事上对蒋打击更大，将促蒋倒台；如从蒋袭阎冯之后，则东北军一进平津，扩大会议便失其凭依。"④ 一时间，说客云集沈阳。阎锡山派行营主任梁汝舟，由东北驻晋代表葛光庭陪同到沈阳，随后又加派晋绥军军械处处长张维清、山西省建设厅厅长温寿泉来沈。蒋介石则派前江西省主席方本仁、参谋本部第一厅厅长刘光到沈。冯玉祥派代表邓哲熙、门致中亦先后到沈。3月末，蒋介石又派吴铁城为代表到沈，加紧拉拢张学良。6月3日是张学良生日，蒋介石特派国民党四老之一的李石曾赴沈阳给张学良祝寿。⑤ 6月21日，国民政府特任张学良为陆海空军副司令，并由张群将特任状及印信送到沈阳，劝张立即出兵入关。⑥

---

① 《响应五院长〈告全国军人书〉电》，载毕万闻主编《张学良文集》第1册，新华出版社，1992，第261页。
② 《劝告蒋阎息争通电（1930年3月1日）》，载毕万闻主编《张学良文集》第1册，新华出版社，1992，第265页。
③ 韩信夫、姜克夫主编《中华民国大事记》第3册，中国文史出版社，1997，第22页。
④ 李俊龙：《张学良在中原大战时的地位》，载全国政协文史和学习委员会编《回忆张学良和东北军》，中国文史出版社，2017，第171页。
⑤ 参见于学忠：《东北军入关和"扩大会议"的解体》，载全国政协文史和学习委员会编《回忆张学良和东北军》，中国文史出版社，2017，第176-177页。
⑥ 见③书，第63页。

二、"和平通电"与东北军入关

面对复杂的局势,张学良召集东北军高级将领和行政当局重要官员齐聚沈阳专门商讨对策,出席会议的有张作相、于学忠、王树常、王树翰、莫德惠、刘哲、刘尚清、沈鸿烈、臧式毅、荣臻、鲍文樾、万福麟等人。对于中原大战,东北应取何种立场,参会人员产生了极大的分歧。大致分为三派:"(一)主张不与任何方面合作,如张作相主张东北军只应绥靖地方,保境安民,不必与任何方面合作,尤其不应与蒋介石合作。他曾说过,'我们吃高粱米的,哪能斗得过南蛮子,最好离他们远远的。'他的参谋长熙洽也说:'东北若与蒋介石合作,简直是拱手让人'。其余如张景惠、汤玉麟、汲金纯等人,均支持这种主张。(二)赞同与蒋介石合作的,为王树翰、莫德惠、刘哲、刘尚清、沈鸿烈、鲍文樾等人,而尤以王树翰主张最力。(三)本人无任何意见,静听张学良决定的,为万福麟、于学忠、王树常、臧式毅、荣臻等人。"① 老派人物大多对国民政府深表怀疑,认为东北军应当置身事外,避免卷入中原大战。而新派人物大多认为易帜后应支持国民政府,所以当出兵帮助蒋介石。军方的主要将领则服从张学良的决定。

而此时的张学良还举棋不定,迟疑不决。他决定静观其变,希望在时局明朗后,双方能够罢战息争,停止内战。蒋介石在多次派代表赴东北游说张学良未果后,打算通过拉拢手段分化东北军。他先利用临绥驻军参谋长陈贯群两次给于学忠去信,答应他只要举兵西向,在华北想要何职务都可满足,结果被于学忠断然拒绝。随后,蒋介石又派何成濬拉拢临绥驻军第二十三旅旅长马廷富,许以现洋300万元促其背叛。马廷富禁不住诱惑,决定裹挟滦东五县的男丁和部队叛奉西向。张学良在得到于学忠的汇报后以召开军事会议为名,将马廷福及其部属6人扣押,挫败了蒋介石的离间之计。张学良就此事致电东北四省军政首脑:"查东北军向称团

---

① 于学忠:《东北军入关和"扩大会议"的解体》,载全国政协文史和学习委员会编《回忆张学良和东北军》,中国文史出版社,2017,第177页。

结,此次事件如果实现,不惟破坏军纪,且足贻笑外人。"①"马廷福事件"令蒋张关系一度紧张,一直表示拥护中央的张学良迟迟不表态,让参加中原大战的各方势力惴惴不安。

8月,张学良在北戴河避暑,南北双方代表云集于此,纷纷抛出各种条件劝说张学良加入己方。8月22日,吴铁城奉蒋介石密令在北戴河与张会晤:"要求张就海陆空副司令职。吴并语人,谓赶走阎锡山后,南京国民政府拟将北方地盘完全让给张学良。"② 同日,阎冯代表贾景德、薛笃弼、门致中、孔繁霨等亦从天津到北戴河劝张学良加入北方联盟。同日,张作相致电张学良:"谓必须始终严守东北门罗主义,勿为甘言所动,勿为威武所屈。"③ 张学良复电称,一举一动必须以东北四省地盘为前提,加以慎重考虑。8月23日和24日,陈公博、覃振连续在北戴河顾维钧别墅与张学良会晤,一再苦劝张加入北方联盟,但张学良坚称一人难以答复,须回奉后与东北军各重要人物商谈后再明确态度。

图9-6 吴铁城

8月30日,张学良从北戴河返回沈阳,孙传芳、吴铁城、方本仁、刘光、王树翰等同行。张抵达沈阳后立刻召集王树翰、臧式毅等开会,商讨东北四省各种方针。9月1日,北平国民党中央党部通过《国民政府组织大纲》,推定阎锡山、唐绍仪、汪精卫、冯玉祥、李宗仁、张学良、谢持等7人为国府委员,阎锡山为主席。9月4日,张学良面告傅作义,对此完全拒绝,并称东北方面任何个人都不能代表东北。9月7日,贾景德、薛笃弼奉阎锡山、冯玉祥之命到沈阳面见张学良,表示阎冯愿将察绥平津永久让与奉军,以此为条件请求援助,被张拒绝。9月17日,张学良在沈阳接受《大公报》记者采访,谈到即将发表的《和平通电》:"惟

---

① 《就马廷福事件致东北四省首脑电》,载毕万闻主编《张学良文集》第1册,新华出版社,1992,第306页。

② 韩信夫、姜克夫主编《中华民国大事记》第3册,中国文史出版社,1997,第87页。

③ 同上。

余之表示，亦不尽与宁府期望吻合，盖余乃站在中间而偏向南方而已。"① 贾景德、薛笃弼知道后急电北平，称张学良将于9月18日发表《和平通电》，并有军事行动，汪精卫等人知道后惊慌失措。同日，列席东北军高级会议的于学忠返回山海关，召集步兵第五、第六、第二十三、第二十七旅，骑兵第一师，炮兵一团的干部，下达进关动员令。

9月18日，张学良发表对中原大战具有决定意义的《和平通电》。他在电文中表示，"良委身党国，素以爱护民众维持统一为怀，不忍见各地同胞再罹惨劫，用敢不揣庸陋，本诸'东'电所述，与夫民意所归，吁请各方，即日罢兵以纾民困。至解决国是，自有正当之途径，应如何补救目前，计划永久，所以定大局餍人心者，凡我袍泽，均宜静候中央措置；海内贤达，不妨各抒伟见，共谋长治久安之策。"② 张学良在通电中明确表态要求各方静候中央处置，说明东北军选择支持南京国民政府。阎锡山、冯玉祥知道大势已去，于是率部撤退至郑州以西、黄河以北。9月20日，冯玉祥在郑州召开军事会议，下达总退却令。于学忠与时任河北省主席徐世昌达成默契，说明和平接收，决不用兵。9月21日东北军进入天津，9月22日进入北平。北平扩大会议即行解体，汪精卫、阎锡山等人经娘子关退回山西。汪精卫、冯玉祥、阎锡山在太原会晤后决定，阎、冯下野，汪精卫离晋。11月1日，汪精卫离太原赴天津。11月4日，阎锡山通电下野，将晋、察、绥、陕、甘、青各省政治交该省政府，军队交给各省警备司令部，以善其后。至此，中原大战以蒋介石击败阎冯桂联盟而告终。

图9-7 1930年张学良（前左）和蒋介石（前右）一同拜谒中山陵

---

① 《对〈大公报〉记者谈即将发表之〈和平通电〉（1930年9月17日 沈阳）》，载毕万闻主编《张学良文集》第1册，新华出版社，1992，第316页。

② 《和平通电（1930年9月18日）》，载毕万闻主编《张学良文集》第1册，新华出版社，1992，第316页。

国民党四中全会第二次代表大会定于 11 月 14 日在南京召开，国民党中央邀请张学良列席会议，他到达南京犹如众星捧月，受到隆重欢迎。张学良与蒋介石磋商北方各省善后办法之后作出以下决定："一、北方政局由张学良全权处理；二、整理山西、西北两军之具体办法，待军事善后会议决定；三、该两军之整理办法决定后，张学良负责执行。"① 张学良发表讲话，宣称此次来宁的任务就是完成中国统一及研究保持永久和平的办法。

图 9-8　1930 年蒋介石在私邸接见张学良夫妇
（从左至右依次为：张学良、宋霭龄、于凤至、宋美龄、蒋介石）

张学良入驻平津控制北方，但是阎、冯的残余部属实力犹存，一些人心怀不满，蠢蠢欲动，其中以石友三的表现最为明显。石友三原属西北军，所率部队训练严格，有较强的战斗力。石友三为人野心勃勃、反复无常。1929 年，冯玉祥第一次举兵反蒋，他和韩复榘、马鸿逵突然叛冯投蒋，导致西北军几乎全面崩溃，由此换得蒋介石任命他为第十三路军总指挥和安徽省主席。1929 年 12 月，蒋介石调他南下广东，他又害怕蒋借机对他下手，于是途经浦口时联合唐生智反蒋，失败后退往豫北新乡一带。1930 年中原大战爆发，石友三又投奔冯玉祥、阎锡山麾下，南渡黄河作战给蒋介石造成极大的威胁。在张学良率东北军入关、阎冯失败已成定局的情况下，石友三依靠自己是吉林人投靠了张学良。

中原大战结束后，蒋介石命令张学良负责处理华北军事善后事宜，所有晋军、西北军包括石友三部均归张学良节制整编。1931 年 2 月 9 日，石友三赴沈阳谒见张学良。张学良对他颇为优遇："代为电蒋请命，并先由东北方面发给协饷二十万元。……以后石仍感觉不足，要求增加，张又为之增加十万元。"② 但即便如此，相比韩复榘成为山东省主席占有一省之地，石友三对自己仅有顺德一隅极为不满。1931 年 6 月，他发给素对张学良不满的张学成一份密电："弟部即将进攻平津，后图东北，

---

① 韩信夫、姜克夫主编《中华民国大事记》第 3 册，中国文史出版社，1997，第 123 页。
② 于学忠：《东北军讨伐石友三的战争》，载全国政协文史和学习委员会编《回忆张学良和东北军》，中国文史出版社，2017，第 183 页。

希兄即日与日方切取联系。"① 石友三联络西北军旧部打算起兵攻击东北军，进而捞取地盘，扩大势力。

7月31日，东北军全线出击，石友三的部队开始退却。8月5日，于学忠的东北军第一军抵达束鹿，会同南路军顾祝同部将石友三部2万余人全部缴械。石友三的部属沈克部9000余人在曲阳投降。手枪旅2000余人、骑兵旅200余人退到山东德州，被韩复榘改编。同日，刘峙电告蒋介石，石部被缴械者共计3万余人。至此，讨伐石友三军事行动基本结束。②

讨伐石友三之战不过半个月，但是对东北军事部署影响极大。于学忠的看法是："由于石友三之变，张学良将留在关外看家的大部分东北军调入关内，军火械弹亦运至关内甚多，致使东北地方防务空虚，为日军发动九一八事变造成了便利条件。"③ 张学良为了平定石友三叛乱，稳固东北军在华北四省的控制力，调集精锐出关，结果使东北兵力空虚，给了日本关东军内部激进派势力可乘之机，不能不说是张学良的重大决策失误。

---

① 于学忠：《东北军讨伐石友三的战争》，载全国政协文史和学习委员会编《回忆张学良和东北军》，中国文史出版社，2017，第184页。
② 韩信夫、姜克夫主编《中华民国大事记》第3册，中国文史出版社，1997，第221页。
③ 同①书，第187页。

第十章 中国共产党在辽宁的创建和发展

第一节
辽宁地区早期党组织建立

一、五四运动对辽宁的影响和马列主义在辽宁的传播

五四运动中，辽宁的工人阶级逐步觉醒。辽宁是当时中国官办企业和外资工厂最集中的地区之一，拥有庞大的工人队伍。据统计，1922年辽宁有产业工人35万余人，占全国工人总数约六分之一。1919—1920年，辽宁工人运动风起云涌，"奉天窑业会社、营口东西烟草会社、本溪湖煤铁公司、大连沙河口铁路工厂、京奉铁路工人等都发生了大规模的罢工斗争"[①]，沉重地打击了帝国主义和封建势力。五四运动之前，辽宁工人阶级为反对中外资本家的经济剥削和政治压迫，多次进行罢工斗争。但这些斗争大都是自发的，斗争的目标仅限于要求增加薪水和改善工作条件等。经历五四运动的洗礼后，辽宁工人阶级受到了锻炼，并开始接受马列主义，进行有组织的反帝反封建斗争，沉重打击了帝国主义和封建势力。

辽宁是中国共产党较早开展建党活动的地区。在俄国十月革命和五四运动的影响下，辽宁地区的先进知识分子在探索救国救民道路过程中逐步觉醒，开始接受马克思列宁主义，并进行宣传俄国十月革命和传播马列主义的活动。

---

① 徐文才、王占德主编《中国共产党在辽宁》（民主革命时期）上，辽宁人民出版社，1991，第20页。

五四运动发生后，一批初步具有共产主义思想的知识分子开始在东北宣传马列主义和社会主义思想。沈阳的报纸大量报道俄国十月革命和苏维埃政权的消息。《工人年鉴》《民生丛刊》《进化杂志》等宣传社会主义的刊物不断出现，尤其是大连出版的《泰东日报》发表了许多关于俄国十月革命的文章，热情歌颂俄国人民的无畏精神和无产阶级政党的革命力量，希望中国能够以俄为师改造社会、救亡图存。1919年11月，《泰东日报》主编傅立鱼发表了长篇文章《六个月的李宁》（这里的"李宁"即列宁）。文章高度赞扬列宁的伟大历史功勋，号召中国人民学习列宁，进行政治革命和社会革命。1920年，傅立鱼在大连成立中华青年会，向青年学生和工人传播新思想。1921年，随着马列主义在辽宁的传播，沈阳、大连等地的进步知识分子如阎宝航、吴竹村、高子升、郭纲、何松亭、巩天民、石三一等人先后组织了"启明学社""星期三会""马列主义研究小组""三一学校"等进步团体，学习和宣传新思想新文化。他们积极兴办教育，出版进步刊物，进行革命宣讲，组织青年学生和工人开展反帝爱国斗争，为中国共产党在辽宁建立地方党组织奠定了坚实的群众基础和思想条件。

二、中国共产党在辽宁地区的早期活动

1921年中国共产党成立后，中国革命进入了新的历史时期。中国共产党从成立之初起，就十分重视东北地区的革命开发和党的建设工作。东北地区经济发达、工业先进，产业工人比较集中，而且与社会主义苏联毗邻，是通往共产国际的重要通道，因此在东北建立党组织显得尤为重要。

1921年，中国共产党专门负责指导工人运动的机构——中国劳动组合书记部——在北京成立北方分部，负责发动北方地区的工人运动。1921年冬，北方党组织负责人、中国劳动组合书记部北方分部主任罗章龙前往东北，"考察工人运动自发状况，进行革命宣传，并尽可能地在一些有条件的地方建立起工会组织"[①]。他在沟帮子深入工人中进行宣传和发动，举办工人补习班。在沈阳，他到皇姑屯铁路工厂

---

① 徐文才、王占德主编《中国共产党在辽宁》（民主革命时期）上，辽宁人民出版社，1991，第29页。

工人中进行调查和宣传。在大连,他在工人运动领袖傅景阳的陪同和帮助下,到工厂、码头、车站了解情况,向广大群众宣传革命理论。1922年,罗章龙北上满洲里、绥芬河。经过数月奔波,他对整个东北地区工人运动情况作了全面考察。回到北京后,罗章龙向党组织汇报了考察情况,递交了书面报告《关于东北工人运动的状况和在东北建党的具体意见》。他认为,"东北及辽宁工人阶级基础雄厚,有较高的觉悟和强烈的革命要求,斗争精神较强,有反帝反封建斗争的优良传统,这是党开展工作的有利条件。"① 他建议立即派人到东北着手建立党组织工作。

李大钊接受了罗章龙的建议,正式委派京汉铁路总工会秘书长、中国劳动组合书记部干事李震瀛和负责北方铁路总工会工作的陈为人到东北开展党的工作。李、陈两人首先在哈尔滨进行工人群众发动工作。至1922年10月,他们共发展了9人,其中党员3人,并正式成立了党团合一的中国共产党哈尔滨独立组。这是东北地区第一个党组织。② 因从事革命活动引起了哈尔滨反动当局的注意,他们于1923年底离开哈尔滨前往大连。在大连,李震瀛、陈为人与泰东日报社进步青年进行秘密联络,宣传马列主义。后来成为中国共产党重要领导人的关向应,此时在泰东日报社工作。他阅读了李震瀛带来的《苏维埃劳工政策》《列宁论新经济政策》等书刊,决定投身革命。李、陈两人在东北工作一年多,对东北的政治、经济、文化状况有了详尽的了解。

1923年12月2日,由大连沙河口铁道工场进步工人傅景阳、高及三、王立功发起成立沙河口工场华人工学会,成为东北工人运动兴起的先驱。1924年1月末,李震瀛第二次赴大连工作,发展傅景阳为大连地区第一名共产党员。同年6月初,中共中央职工运动委员会书记邓中夏到大连宣传革命思想,发现和培养工人运动中的骨干分子和进步青年。他认真听取了工学会会长傅景阳的工作报告,赞扬大连工人敢于在日本帝国主义统治势力下挂出工学会的牌子开展斗争,认为这是在殖民统治地区开展工作运动的创造。邓中夏表示,"希望通过工学会的工作和活动,把大连乃至南满铁路的工人都串联发动起来,推动整个辽宁工人运动的开展"③。而后,

---

① 徐文才、王占德主编《中国共产党在辽宁》(民主革命时期)上,辽宁人民出版社,1991,第29页。
② 同上。
③ 同上书,第32-33页。

他建议将"沙河口工场华人工学会"更名为"大连中华工学会",以便把大连工人阶级都团结起来、组织起来。1924年底工学会发展到1000多人,高潮时期达到4000多人。经过中国共产党人的积极活动,1924年6月正式成立了中国社会主义青年团大连支部,董秀峰任书记,团员有傅景阳、赵悟尘、张云峰、门向阳等人。青年团大连支部成立后,积极开展宣传活动,扩大党的影响:组织参加工学会的工人夜学,由团员授课;组织成立印刷工人联合会;安排团员到大连增智学校任教。①

1924年,共产党员韩乐然来到奉天,同"社会主义小组"成员苏子元取得联系,通过他把党的刊物《向导》《新青年》等传送到进步青年手中。1925年,中共北方区委派任国桢到奉天,与奉天基督教青年会阎宝航、苏子元取得了联系。阎宝航是奉天基督教青年会的灵魂人物,他"积极开展各种活动,对青年进行科学文化知识的爱国主义教育。很快的就以青年会为核心,团结了一批进步青年"②。不久,青年会干部郭纲去广州开会,返回时带来了一些宣传马列主义的书籍。据卢广绩回忆,"宝航就和吴竹邨、苏子元、郭纲等一起学习、讨论。这是东北青年接触马列主义的开始,为以后辽宁地区党组织的建立打下了基础。后来党派任国桢、韩乐然等人来沈阳时,都是以青年会为据点开展工作的。宝航同志曾向我讲过,当时青年会还不断(收到)从上海寄来的《向导》《新青年》等刊物。这对宝航同志坚定地走上革命道路,起了很大的促进作用。"③ 韩乐然在和阎宝航、苏子元取得联系后,通过奉天基督教青年会创办"暑期大学",讲授唯物史观与唯物辩证法、社会发展史、学生运动、妇女运动等课程,实际上组织了一个党团员积极分子培训班,发展了一批党员、团员。

---

① 《团大连地委关于近期工作情况给团中央的报告》,载中央档案馆、辽宁省档案馆、吉林省档案馆、黑龙江省档案馆编《东北地区革命历史文件汇集(一九二三年——一九二八年三月)》,1988,第46-47页。

② 卢广绩:《回忆阎宝航同志》,载辽宁省政协文史资料委员会编《辽宁文史资料》第10辑,辽宁人民出版社,1982,第29页。

③ 同上。

三、中国共产党在辽宁各地建立党组织

辽宁省内中国共产党各级党组织,是在中共中央的关怀和中共北京区委(后改称北方区委)的领导下逐步建立和发展起来的。从1923年开始,中共中央开始派遣有丰富斗争经验的共产党员赴辽宁开展建党工作。1924年底,根据党中央的指示,成立了以李大钊为书记的中共北方区委,全面领导东北三省的革命斗争。1925年1月11—22日,中国共产党第四次全国代表大会在上海召开,大会通过的《对于组织问题之决议案》明确提出:"为着扩大吾党的数量,除上海和广州之外,……在尚未有我们组织的其他工业区及大城市,如东三省……等均应努力开始党的组织"。① 中共北方区委遵照党中央的指示,积极向东北地区增派党员,抓紧建党工作。经过努力,辽宁各地党组织相继建立。

(一)沟帮子支部成立

1923年,京汉铁路发生"二七"惨案。吴佩孚下达了镇压工人运动的命令,反动当局大肆逮捕共产党人和罢工骨干。为了积蓄革命力量,中共唐山地委利用关外段铁路站厂调动工人的机会,先后派遣共产党员徐秉衡等到沟帮子开展工运工作。1923年初,中共唐山地委书记邓培派遣当时在唐山铁路制造厂工作的共产党员欧阳强到关外进行革命活动。欧阳强先在锦州落脚,进入锦州铁路机务段当钳工,来往于锦州与沟帮子之间进行秘密活动。不久,他与先期从唐山地区到沟帮子的共产党员冯昌等人取得联系,积极在工人中宣传革命思想,提高工人觉悟,酝酿筹建工人组织。1923年3—4月,成立了工会小组;8月,建立了京奉铁路总工会沟帮子分会。冯昌任工会书记,李加晓为总代表,发展会员80多人。之后,他们在沟帮子扶轮小学兴办夜校,传播革命道理,宣传和组织工人群众,为党组织建立奠定了基础。1923年下半年,成立了沟帮子铁路党小组,欧阳强任组长。经过欧阳强等人的活动,1924年上半年建立了中共沟帮子铁路支部。之后,党员发展至10人,

---

① 中央档案馆编《中共中央文件选集》第1册,中共中央党校出版社,1989,第380页。

支部设立了干事会，欧阳强任书记。① 中共沟帮子铁路支部成立后到 1927 年 9 月前，隶属中共唐山地委领导。1927 年 10 月中共满洲省临委成立后归省临委领导。

（二）奉天党支部成立

中共四大结束后，中共北京区委陆续派陶梁和吴晓天到奉天协助任国桢开展党组织建立工作。1925 年 6 月 10 日，任国桢和吴晓天领导了沈阳学生声援"五卅"运动的"六十"运动，并成立了奉天学生联合会。学联发表了《告东北三省同胞书》，号召各界爱国人士与英日帝国主义斗争到底。"六十"运动推动了奉天学生的反帝爱国斗争。为了进一步扩大党的影响，建立党组织，任国桢和吴晓天于 1925 年在奉天举办了暑期学校，任国桢亲自授课，系统宣传马克思主义基本理论和中国共产党革命主张，很快就发展了一批党员、团员。1925 年 9 月，中共奉天支部和共青团奉天特别支部成立。任国桢任奉天党支部书记，吴晓天任奉天团特支书记。之后任国桢调到哈尔滨工作，由吴晓天接任党支部书记兼团特支书记。此时党员有：高子升、郭尊三、李耀奎、吴竹邨、王纯一、巩天民。10 月，吴晓天被调回哈尔滨，中共北方区委派杨韦坚来奉天接任党支部书记兼团特支书记。10 月末，中共北方区委又派高洪兴（高伯玉）来奉天，担任团特支书记。②

1926 年 9 月，中共奉天支部改为中共奉天特别支部，隶属中共中央领导。1927 年 2 月，中共大连地委组织部部长杨志云来到奉天。3 月，国民党奉天省党部负责人钱公莱被捕，由于他手中掌握着加入国民党的中国共产党党员名单，中共奉天特别支部只好安排许多党员转移到外地。奉天特支书记杨韦坚转移到吉林，奉天党组织处于无人负责的状态。任国桢和杨志云两人向中共中央请示后，重新建立了奉天支部，任国桢任书记。不久，杨韦坚返回奉天，奉天支部并入奉天特支中，特支书记任国桢，组织委员杨志云，宣传委员高子升。杨韦坚任奉天团特支书记，隶属中共中央。③

---

① 徐文才、王占德主编《中国共产党在辽宁》（民主革命时期）上，辽宁人民出版社，1991，第 29 页。
② 中共辽宁省委党史研究室编《中共辽宁党史大事记（1919—1949 年）》，中共党史出版社，1991，第 39 页。
③ 徐文才、王占德主编《中国共产党在辽宁》（民主革命时期）上，辽宁人民出版社，1991，第 45-46 页。

1927年5月中国共产党第五次全国代表大会闭幕后,中共中央政治局在武汉召开了常委会会议,讨论东北三省党的工作,根据东北党组织发展迅速的态势,决定将大连、哈尔滨两地委改为市委,同时成立奉天市委,任国桢任书记,由中共中央直接领导。6月29日,市委书记任国桢和组织部部长杨志云因组织奉天制麻株式会社工人罢工斗争而被日本警察机关逮捕,同时被捕的还有杨韦坚,奉天市委遭到严重的破坏。1927年7月,北满地委吴丽石从哈尔滨到奉天,整顿奉天市党组织,协助市委宣传委员高子升主持工作,直至同年10月中共满洲省临委成立,撤销奉天市委,成立奉天区委。①

(三) 大连党支部成立

　　1924年6月,中国社会主义青年团大连支部成立。1925年1月杨志云奉命从上海返回大连,整顿团组织。1月12日召开全体团员大会,按中央指示成立中国社会主义青年团大连特别支部,杨志云任书记。② 1925年2月,共青团中央组织部部长林育南视察哈尔滨工作,返沪途中到大连视察了多所学校、工厂,对大连的青年运动提出了指导性意见。③ 1926年1月,共青团北方区委根据中共中央"121号通告"精神,将共青团大连特别支部8名超龄团员董秀峰、张云峰、杨显廷、王少坡、阎启明、杨志云、张文明、秦茂轩直接转为中国共产党党员,加上原有入党的1名党员傅景阳,建立了中国共产党大连特别支部(党团合一)。书记杨志云,宣传委员王少坡,工运委员傅景阳,青运委员王立功,隶属中共北方区委领导。④ 党组织的建立标志着大连人民的革命斗争进入了新的阶段。

　　1926年5月25日,中共北方区委特派员张炽到大连巡视工作。5月30日,在

---

① 中共辽宁省委组织部、中共辽宁省委党史研究室、辽宁省档案馆编《中国共产党辽宁省组织史资料》,1995,第16页。

② 《团大连地委给林育南等的报告——组织情况及团的建设》,中央档案馆、辽宁省档案馆、吉林省档案馆、黑龙江省档案馆编《东北地区革命历史文件汇集(一九二三年——一九二八年三月)》,1988,第39页。

③ 中共辽宁省委党史研究室编《中共辽宁党史大事记(1919—1949年)》,中共党史出版社,1991,第36页。

④ 徐文才、王占德主编《中国共产党在辽宁》(民主革命时期)上,辽宁人民出版社,1991,第47页。

沙河口西山谷召开了党员、团员联席大会。会上，与会人员对党、团组织及其任务进行了详细讨论，改组了机构，分别建立了党、团大连地方委员会，从而结束了党团不分的局面。中共大连地委书记杨志云，组织部部长董秀峰、宣传部部长张炽、工运部部长傅景阳、青运部部长王少坡。共青团大连地委领导成员是：书记王少坡（兼），组织部部长陈一仁、工运部部长王立功、宣传部部长魏长魁。① 张炽按照中共北方区委的指示，对大连的党团组织进行整顿，并且积极指导福岛纺纱厂工人的罢工斗争。

1926年7月9日，中共北方区委派邓鹤皋、尹才一、张式源到大连加强党的领导力量。到大连后，邓鹤皋按照李大钊的指示，耐心地向工人传达中共北方区委的指示，完善斗争策略，福岛纺纱厂大罢工历时101天终于取得胜利。与此同时，邓鹤皋对大连党团组织进行整顿，邓鹤皋任中共大连地委书记，杨志云改任组织部部长，张炽任宣传部部长，王立功任工运部部长，尹才一任青运部部长，张式源负责妇女工作。共青团大连地委书记由尹才一兼任，陈一仁任组织部部长，王少坡任宣传部长，王立功、魏长魁负责经济斗争委员会工作。② 至1926年10月，发展党员百余名。1927年，大连地委发展党员200余名，建立党支部19个。

1927年4月27日至5月9日，中共五大在武汉召开，邓鹤皋出席会议。根据中共中央常委会对东北工作的决定，邓鹤皋回到大连后将中共大连地委改组为中共大连市委，同时对领导成员进行了调整。邓鹤皋仍任书记，陈一仁任组织部部长，纪幼柏任宣传部部长，丁文礼任工运部部长，尹才一任青运部部长。6月20日，中共大连市委召开干部会议，传达中共五大会议精神，分析大连的革命形势，提出了未来的任务。③ 中共大连市委仍隶属中共中央领导，下属23个党支部，出版党刊《大连人民》（由纪幼柏主办）。④

1927年4月，中共北方区委遭到反动军阀破坏，李大钊等领导人被捕。在李大钊寓所，敌人搜到了大连地委给北方区委的报告等文件，引起了日本殖民当局的注意，加大了对大连党组织的破坏。1927年7月13日，大连市委组织部部长、代理

---

① 徐文才、王占德主编《中国共产党在辽宁》（民主革命时期）上，辽宁人民出版社，1991，第47页。
② 同上书，第48页。
③ 同上书，第48-49页。
④ 中共辽宁省委组织部、中共辽宁省委党史研究室、辽宁省档案馆编《中国共产党辽宁省组织史资料》，1995，第20页。

书记魏长魁被捕。7月24日,由于叛徒胡杰三告密,沙河口铁道工场党支部书记韩冈清被捕。韩冈清随即叛变,带领敌人捕获了市委工运部部长丁文礼。而丁文礼的叛变导致了严重的后果,市委书记邓鹤皋在日本桥(今胜利桥)电车站附近遭日本殖民当局逮捕。接着,日本殖民当局在全市范围内进行大搜捕,很短时间内共有49名党团员和革命群众被捕,大连党组织遭到严重破坏,筹建中共满洲省委的工作也因此搁浅。同年8月,大连中华工学会、大连中华印刷职工联合会等进步工人组织也遭到日本殖民当局取缔。只有纪幼柏等少数党员、团员潜伏下来,努力恢复党、团组织工作。

(四)台安党支部成立

地处偏僻、交通闭塞的台安是反动统治的薄弱地区,同时由于此地人民生活贫苦,阶级矛盾尖锐,十分适合建立党组织领导群众开展革命活动。中共奉天特别支部派共产党员李焕章到台安秘密开展党的工作,发展党员,壮大党的队伍。他先后吸收台安县师范中学教员黄吟秋和台安县第一小学校长张国威加入党组织。1927年5月,党派王纯一从奉天到台安任台安县立第五小学校长,负责地下党的工作。不久,李焕章被调走,党派孙广英到台安师范中学工作。7月,根据上级党组织的指示,在台安县第一小学教师宿舍举行会议,成立中共台安支部。王纯一任书记,孙广英、黄吟秋任委员,共有党员4人。党支部设在黄沙坨(第五)小学,在县师范中学设党小组。[1]

中共台安支部成立后,积极开展革命工作,宣传马列主义,向青年学生介绍进步书籍和报刊,建立了"读书会""文学研究会"等外围组织。先后培养并发展了李述申、崔文仕、王润身(女)、金秉坤(女)、刘惠普、吕兴周等6名党员,支部党员从4人增至10人。1928年4月,改为中共台安特别支部。台安特别支部隶属中共北方区委领导。1927年10月中共满洲临委成立后,台安特别支部隶属中共满洲临委领导。[2]

---

[1] 中共辽宁省委组织部、中共辽宁省委党史研究室、辽宁省档案馆编《中国共产党辽宁省组织史资料》,1995,第25页。

[2] 同上。

（五）营口党支部成立

根据中共北方区委的指示，其所属的唐山地委十分重视在海陆交通便利、商贸繁盛的营口建党工作，派党员到营口活动，为在营口建立中国共产党地方组织作准备。1924年初，中共唐山地委书记邓培派党员到京奉铁路的营沟路和营口港考察营口的政治、经济形势。此后，邓培指示沟帮子铁路党支部书记欧阳强与党员邓福林到营口河北火车站（今西市区境内）开展活动，领导火车站的工人运动。

1927年，奉天支部负责人任国桢派共产党员周东郊到营口师范中学任教，并以此为掩护从事秘密建党工作。1925年7月，周东郊参加了任国桢以奉天基督教青年会为掩护在小河沿盛京医院开班的"暑期大学"，从而接受了革命理论，成为奉天第一师范学校学生运动的组织者和奉天学生联合会的积极分子。1925年，周东郊加入共青团，为奉天最早的共青团员之一。1926年9月，经吴晓天、高子升介绍转为中国共产党党员。1926年秋，周东郊因为从事革命活动被奉天第一师范学校开除，后考入东北大学。1927年春，由于宣传革命理论，周东郊被学校勒令退学，党组织决定派其赴营口开展建党工作。

5月初，周东郊来到营口，以营口师范中学教员省份为掩护，利用各种方式和机会，向学生传播马列主义。6月，周东郊返回奉天向任国桢汇报工作。任国桢指示他要以码头工人为重点工作对象。周东郊回到营口后，先后发展了码头工人李永海、钱庄伙计刘某、水产中学一名职员入党。周东郊按照任国桢的指示建立了党小组，并自任党小组长。[①] 暑假期间，周东郊被调回吉林工作。党又派王席珍到营口工作。王席珍由周东郊介绍到师范中学任教员，接替周东郊担任党小组长，直至中共满洲省临时委员会成立。1928年3月至4月间，王席珍先后发展了夏守卿、黄沃壤入党，建立了中共营口支部。

---

① 徐文才、王占德主编《中国共产党在辽宁》（民主革命时期）上，辽宁人民出版社，1991，第50页。

四、领导民众进行反帝反军阀斗争

辽宁各地党支部成立后,积极开展革命宣传活动,扩大党的影响,发展党的力量,并广泛发动群众,不失时机地领导群众进行反帝反军阀斗争,深入推动了辽宁各地革命斗争进入新的历史阶段。

沟帮子铁路工人受关内工人革命斗争的影响较深,中共唐山地委和唐山职工运动委员会多次派人到沟帮子指导工人运动。1923年8月,沟帮子铁路分工会成立,沟帮子工人开始有了统一组织。1924年,沟帮子铁路党支部建立,欧阳强任书记,李华灿负责组织工作,林立负责宣传工作。党支部隶属中共唐山地委,日常工作由京奉铁路总工会党团负责。这是辽宁建立的第一个党支部。①

1925年底,为阻止奉军入关西进,中共唐山地委派梁朋万和袁兰祥到沟帮子车站执行军事侦察和破坏铁路的任务。他们的工作得到了欧阳强的大力支持。1926年五一节前夕,袁兰祥代表唐山地委到沟帮子检查工作。欧阳强召开党员会议,听取唐山地委对沟帮子党支部的指示,将政治斗争和经济斗争结合起来,促进工人运动顺利开展。

1926年,铁路当局不给工人开全薪,还用奉票代替银元发薪,而当时奉票因超发而致严重贬值,其实值仅有银元的40%,这是变相克扣工人工资。沟帮子共青团书记谭东贵组织工人包围公事房,要求当局增加工资,弥补奉票贬值给工人带来的损失,斗争最终取得了胜利。

中共奉天支部成立后,积极推动工人运动。在奉天兵工厂任审查处员的中国共产党地下党员李香冷在党支部的指示下,发展了张慧衷等三名工人入党,于1925年10月成立了兵工厂党小组,李香冷任小组长。通过他们积极宣传革命思想,工人们逐渐觉醒,开展了多次反压迫斗争。1926年春,兵工厂一名工人下班时遭到稽查员乔殿一的无故殴打,这激怒了在大门聚集的数百名工人。他们蜂拥而上,将平日作威作福的稽查员痛打一顿,并砸碎了稽查所的门窗。第二天,工人以将乔殿一开除厂籍、向工人赔礼道歉和今后不许打骂工人为条件举行了罢工,迫使厂方接受

---

① 中共辽宁省委党史研究室编《中共辽宁党史大事记(1919—1949年)》,中共党史出版社,1991,第33页。

了工人的条件。① 1927年秋，兵工厂北大门稽查员张新无理扣留工人，并施加打骂、灌汽油等私刑。这引发了工人们的极大愤慨，1000多名工人集聚在北大门，用石头瓦块把北大门稽查员打得头破血流。厂方急忙向工人求情，并撤掉张新的职务，工人的反压迫斗争再次取得胜利。

随着奉天党支部更加深入的宣传，以及受到兵工厂工人斗争的鼓舞，奉天工人运动日益高涨。1926年4月，奉天印刷工人为增加工资、缩短学徒期及劳动时间，在小西边门外德大轩茶庄集会，数百名工人参与其中。警察驱散了集会的工人，逮捕了带头人。工人不服，在北站再次集会，被警察再次驱散。于是，工人决定罢工，并发表了《致印刷工商会长书》《印刷工会宣言》，称印刷工人劳动时间长达十六七个小时，工资低微，工人根本无法养家糊口。宣言书的发表受到了社会的广泛同情。在印刷工人顽强斗争和社会舆论的压力下，资方被迫同意了"增加工资，视劳绩加二成至四成，学徒四年改为三年，工作时间不得超过十二小时"② 等条件，罢工取得了胜利。

奉天英美烟草公司的工人也多次进行反抗外国资本家压迫的罢工斗争。该工厂劳动条件差、劳动环境恶劣，严重摧残工人的身体健康。此外，厂方还制定了名目繁多的扣罚制度和押金制度，限制工人自由，并对下班的工人进行侮辱性的搜身检查。工人们多次反抗资方虐待中国工人的罪恶行径。奉天党支部成立后，十分注重对该公司工人斗争的指导。1925年3月，1300多名工人参加怠工斗争。6月3日，该厂工人进行了声援"五卅"运动的罢工斗争。奉天党支部在推动该厂工人斗争中培养了骨干，发展了党员。1931年，该厂成立了党支部，工人斗争进入新阶段。③

奉天党支部领导的工人斗争，以1927年5月2日奉天制麻会社工人罢工斗争影响最大。奉天制麻会社是日资的麻袋厂。由于日本帝国主义每年将从东北劫掠的物资运送回国需要大量的麻袋，因此制麻会社肆意增加工人的劳动时间和劳动强度，同时缺乏必要的保护措施，经常发生人员伤亡事故。工人不仅工资待遇低，还要面对各种苛刻的规章制度，忍受日本资本家的虐待，不满与愤慨在工人心中不断

---

① 徐文才、王占德主编《中国共产党在辽宁》（民主革命时期）上，辽宁人民出版社，1991，第58页。

② 中共沈阳市委党校地方党史研究室编《中共沈阳地方党史》（民主革命部分），沈阳出版社，1988，第72页。

③ 徐文才、王占德主编《中国共产党在辽宁》（民主革命时期）上，辽宁人民出版社，1991，第59页。

累积。

　　1927年5月2日上午，两名工头叫嚣着要开除正在停工待料的工人，这让工人心头的怒火一下子迸发出来。在工人祁长民的号召下，全厂600多名工人都参加了罢工。他们选举出祁长民、章文山、聂福生、王路九等十几名工人代表，在东兴阁理发馆开会提出了五点要求："1. 工人在劳动中超额者给超额奖，达不到定额时，要按基本工资发给；2. 发工资要以现大洋为本位，不要金票；3. 不许日本工头打骂和虐待中国人，厂方有事应和工人代表协商；4. 恢复原来假期工资制，废除欠一天勤就扣全月四个星期天的工资办法；5. 复工后不许开除或陷害工人。"[1] 他们将这些要求写在《告工人同胞书》中，张贴在工厂的墙外。中共奉天支部派杨志云与工人代表祁长祥和王路九联络。杨志云同他们进行了亲切的谈话，肯定了他们罢工的方向，给予他们鼓励，并指导他们如何组织和召集代表会议，如何组织共济会，安排罢工的独身工人生活，以及如何团结工人坚持罢工斗争。罢工工人在党的直接领导下，迅速成长为坚强的战斗集体。虽然厂方软硬兼施，用尽各种阴谋，但是工人始终坚持条件、毫不动摇。最终，厂方不得不答应全部罢工条件。但是，随后厂方指示日本警察逮捕了工人代表祁长祥，激起了工人的义愤，再度宣布罢工。资本家无奈，只好答应放人，工人才全部复工。这次罢工历时27天，取得了完全胜利，打击了日本资本家的气焰。事后，日本警察侦知罢工是由任国桢和杨志云领导的，于1927年6月29日逮捕了任国桢和杨志云，导致预先计划的奉天各厂工人联合罢工未能实现。

　　在大连党组织领导的民众反帝爱国斗争中，坚持时间最长、影响最大的是1926年4月27日爆发的大连福岛纺织厂（以下简称大连福纺）大罢工。大连福纺是日本纺织托拉斯福岛纺织株式会社的一家企业。1925年春，大连福纺建成投产时有1万多纱锭、500多名工人。1926年春，增加到近2万纱锭、1200名工人。1926年4月，"关东州"当局宣布金票涨价，每1元金票兑换1.2元小洋（奉洋）。4月25日，厂方用小洋开饷，按金票扣饭费。发饷的工头又从中克扣。工人的微薄工资本已难以养家糊口，加上厂方如此盘剥，于是引起了全厂中国工人的不满。工人向厂方提出按小洋收饭费的合理要求遭到拒绝，这就更加激怒了工人。26日，大连党组织领导人杨志云、傅景阳、唐宏经、王立功等人开会讨论了福纺工人罢工的策略问

---

[1] 中共沈阳市委党校地方党史研究室编《中共沈阳地方党史》（民主革命部分），沈阳出版社，1988，第78页。

题，帮助修改了罢工要求，把工人群众提出的要求归纳为 6 条：不得打骂和虐待工人；准许孩子妈妈在工间给孩子喂奶；增加工资三分之一，不许涨饭费；每两周有一个公休日，公休日干活发双倍工资；缩短劳动时间，每天以 10 小时为限；降低内宿工人房租，外宿工人发补助费。① 但是这些合理要求遭到了日方蛮横无理的拒绝。工人再也按捺不住心中的怒火，纷纷要求立即罢工。27 日上午 10 时 30 分，工人拉下电闸，拉响汽笛。伴随着汽笛声，工人像潮水般涌出工厂大门，开始了闻名全国的大连福纺工人大罢工。福纺纱厂专务取缔役（公司理事）角野久造以为依靠大连警察署的力量，工人很快就会回厂复工，所以对罢工采取强硬态度。但是，中共大连特支和大连中华工学会对罢工的有力领导，打破了他的幻想。罢工第三天，角野久造以找工人代表协商复工为名，将侯立鉴、初玉昆、刘庆枝逮捕入狱。日本警察对工人代表实施严刑拷打，强迫他们让工人复工；但是工人代表宁死不屈，不答应条件决不复工。

　　大连特支一方面发动工人抗议日方逮捕工人代表，一方面以工学会名义举行记者招待会。会上，傅景阳详细介绍了大连福纺工人深受日本资本家奴役的悲惨境遇。他激动地说："这次'福纺'罢工是工人实在难以忍受日本资本家的残酷压榨而开始的。罢工的要求，仅仅是争取做一个真正中国人的生存权利。希望各位记者能主持公道。"② 次日，《泰东日报》刊登了大连福纺罢工的真相。5 月 29 日，大连福纺罢工工人发表《致大连全体工友书》，表明斗争目的："我们因为受不（了）厂主的残酷剥削，所以全体罢工反抗，要求增加工资，减少工时，改良待遇。"③ 罢工赢得了大连各阶层人民的同情与支持。6 月 24 日，中共大连地委工运委员、大连中华工学会委员长傅景阳在福纺纱厂外的北场子组织集会，声援罢工工人。沙河口工场（大连机车车辆厂前身）、中村铁工所（大连机床厂前身）、昌光硝子（大连玻璃厂）、大连窑业会社（大连电瓷厂前身）、大华冶金（大连钢厂）、大连电气（大连电业局前身）、大连机关（大连铁路分局机务段前身）、大连机械制作所（大连重型机械厂前身）、西森造船所（大连渔轮厂前身）、小野田洋灰株式会社（大

---

① 徐文才、王占德主编《中国共产党在辽宁》（民主革命时期）上，辽宁人民出版社，1991，第 65 页。

② 同上书，第 66 页。

③ 《大连福纺罢工工人致大连全体工友书》，载中央档案馆、辽宁省档案馆、吉林省档案馆、黑龙江省档案馆编《东北地区革命历史文件汇集（一九二三年——一九二八年三月）》，1988，第 156 页。

连水泥厂前身）等十几支工人队伍赶赴福纺纱厂进行声援。① 傅景阳发表讲话，工人们高呼口号"打倒帝国主义！""工人大团结万岁！""反对逮捕工人！"一厂罢工，全市声援，这在大连历史上前所未有，表明大连工人阶级团结战斗的力量空前增强。

大连工人运动高涨，令殖民当局惊恐万分。6月25日，大连警察署高等系主任小坂，"拟以胁迫嫌疑罪"逮捕了傅景阳，又"拟以业务妨害罪"逮捕了大连中华工学会周水子分会委员长陈德祥，以及工学会干部曲作霖、刘伯伦。在日本殖民者愈加穷凶极恶，罢工极其困难时，中共大连地委青工委员王立功、大连中华工学会副委员长唐宏经等人冒着随时被捕的危险，深入工人中间，研究坚持斗争的策略，阻止日本资本家和警察破坏罢工。中共大连地委和大连中华工学会还组织起草了《福纺罢工工友泣告周水子会农村父老书》，响亮地提出了"工农联合起来！"的战斗口号。② 唤醒广大农民对自己前途的觉醒，许多农民冒着被日本警察逮捕的危险，援助罢工工人。

中共北方区委非常关注大连工人这次罢工斗争的进展。1926年7月，中共北方区委书记李大钊派邓鹤皋等党的干部到大连，领导解决福纺纱厂罢工问题和扩大党的组织。李大钊和中共北方区委组织部部长陈乔年向邓鹤皋布置任务，作出指示，"大连党的工作和工人运动有发展，形势是比较好的。但在帝国主义的力量很集中的地方，工人不能长期罢工，在争取到某些经济上的胜利时要及时复工，保存力量，目的是今后长期的斗争。"③ 邓鹤皋到达大连后，在罢工领导人崔仁山家里召开罢工骨干分子会议，传达北方区委指示，要求一方面坚持罢工斗争，一方面寻找机会同厂方谈判，争取罢工胜利。

7月24日，日本福岛纺织株式会社监察役兼社长八代裕太郎为解决旷日持久的罢工问题专程从大阪到大连，表现出愿意让步的意向。中共大连地委认为，复工的时机已经到来，决定由崔仁山、汪子馨作为工人代表与日方谈判。经过两轮谈判，7月25日八代裕太郎答应了工人提出的复工条件，双方达成了复工协议。从政治上看，厂方保证了工会组织和工人夜校的存在；从经济上看，提高了工人的工资待遇，延长了午休时间，每月还有两个休息日。7月26日，大连中华工学会福纺纱厂

---

① 刘功成、王彦静：《20世纪大连工人运动史》，辽宁人民出版社，2001，第215页。

② 《福纺罢工工友泣告周水子会农村父老书》，中央档案馆、辽宁省档案馆、吉林省档案馆、黑龙江省档案馆编《东北地区革命历史文件汇集》（一九二三年——一九二八年三月），1988，第158页。

③ 同①书，第224页。

分会向全厂罢工工人发出复工通知，工人陆续回厂。震动全国、坚持了 101 天的大连福纺大罢工胜利结束。1927 年 3 月，随着上海工人第三次武装起义胜利的消息传到大连，日本殖民当局惊恐万分，在巨大的政治压力下，大连地方法院宣布，因福纺罢工入狱的傅景阳等人全部无罪释放。

大连福纺大罢工坚持百日之久，波及大连全市，震动全国，是东北地区工人运动史上规模和影响最大的一次罢工运动，与省港大罢工遥相呼应，沉重地打击了英日帝国主义，其意义远远地"超过了'罢工'的意义以上"[①]，是辽宁党组织成立后领导工人运动的光辉篇章。

第二节 中共满洲省委建立和发展

一、中共满洲省临委建立

1927 年，东北的党组织建设已有相当的基础，工农革命运动也有了显著的成绩。1927 年 4 月 27 日至 5 月 9 日，中国共产党在武汉召开第五次全国代表大会。会议强调，"现时的革命阶段的主要特质，就是无产阶级在斗争之中取得领导权。"[②] 提出党员要深入工厂、矿山、铁路等基层，发动革命斗争。中共五大结束后，5 月 18 日，由中共中央政治局常委蔡和森主持，召开了邓鹤皋、尹才一、关向

---

① 邓中夏：《中国职工运动简史》，人民出版社，1979，第 253 页。
② 《政治形势与党的决议案》，载中央档案馆编《中共中央文件选集（一九二七）》，中共中央党校出版社，1989，第 57 页。

应、陈日新、穆景周、曲文秀等人参加的东北工作会议。会议讨论了东北地区的革命形势和党的建设问题。会议认为，东北各地党组织不断扩大，中共北方区委被破坏后，急需建立东三省省委，统一东北地区党的工作。会议决定，成立中共满洲省委。[①] 5月19日，蔡和森与邓鹤皋谈话，传达了中央赞成他回东北组建中共满洲省委的指示，并指定他为中共满洲省委书记，原北满地委书记吴丽石任中共满洲省委组织部部长。中共中央决定，派邓鹤皋和大连地委工运部部长尹才一赴奉天筹备中共满洲省委。

按照中央的指示，邓鹤皋于1927年6月离开武汉，经上海乘船回到大连后，立即着手筹建中共满洲省委工作。他派王立功到北满地委向吴丽石传达中央的决定，并约吴丽石来大连。吴丽石到达大连后，在邓鹤皋处所共同筹划建立中共满洲省委事宜。1927年6月29日，中共奉天市委书记任国桢和奉天支部组织负责人杨志云被捕入狱。7月，吴丽石赴奉天主持工作。由于叛徒出卖，7月25日邓鹤皋在大连被捕，中共满洲省委筹建工作被迫停止。

8月7日，中共中央在汉口召开紧急会议。会议批判了陈独秀右倾机会主义错误，撤销了他在党内的职务，选出了新的临时中央政治局，确定了土地革命和武装斗争的总方针。八七会议后，中共中央决定派顺直省委组织部部长，曾经在东北从事地下工作的陈为人赴东北，继续中共满洲省委筹建工作。10月14日，陈为人从天津到达奉天。陈为人与吴丽石取得了联系，他们往返于奉天、大连、哈尔滨、长春、抚顺之间，共同磋商筹组满洲省委工作。

10月24日，在哈尔滨道里十二道街48号地下党员阮节庵家中，来自东北各地党的活动分子14人，代表东北地区200余名党员举行会议，即东北第一次党员代表大会。会议传达了中央八七会议精神，批判了党内的右倾思想错误，通过了《我们在满洲的政纲》《满洲工人运动决议案》《满洲农民运动决议案》。会议决定，建立第一届中共满洲省临时委员会。满洲省临委由执行委员3人、候补执行委员2人、监察委员3人、候补监察委员2人组成。陈为人被选为书记兼宣传委员、秘书长，吴丽石为组织委员兼农运委员，王立功为工运委员，胡步三为省军委书记，省妇委书记韩慧芝兼管机关工作，团省委书记张任光。满洲省临委机关设在奉天。

会议上通过的《我们在满洲的政纲》，提出了"取消日本与张作霖所定的一切

[①] 中共辽宁省委组织部、中共辽宁省委党史研究室、辽宁省档案馆编《中国共产党辽宁省组织史资料》，1995，第34页。

侵略的条约""驱逐日本军警出境""收回一切租借与日本所经营的铁路矿山航业及其他重要的产业""取消一切不平等条约（尤其是领事裁判权）"等明确的反帝爱国纲领，主张保护工农民众利益的任务"农村中一切政权归农民协会""城市中一切政权归革命委员会"。① 中共满洲省临委在《满洲工人运动决议案》中，分析满洲工人阶级状况，指出："东三省产业工人30万，是中国重要工业区域之一。处日本和苏联之间。北满的工人与南满的工人，状况不同，其运动的意义和方式也当然不同。三十万产业工人中，北满居五万。南满二十五万人中，属于日本产业及受日本帝国主义资产阶级的严重压迫的二十万人。其余的则属于中国的官僚资产阶级。在北满五万人中，属于苏联产业性及受苏联利益的二万人，其余则属于中国资产阶级及日本资产阶级。"② 上述产业工人中，除中东路工人有赤色工会组织外，其余各地的工会还没有建立起来。因此《满洲工人运动决议案》要求，"各地党部一律成立健全的职委。职委中要以工人同志占大多数，负指导工人运动的责任"。③ 并要求以铁路工人、矿工、城市交通、电气与兵工厂工人为中心，深入开展党和工人运动的组织发动工作，各地党部要将有能力的工人党员同志吸收参加党的指导工作，以增强党的战斗力。在《满洲农民运动决议案》中，满洲省临委要求各地党部，"利用知识分子同志与失业工人往农村中去找工作，作农民运动"。④ 组织农民反抗日本在中国领土内对农民的一切苛捐杂税及残酷的剥削压迫。要把工人运动与农民运动结合起来，建立起农民运动委员会，使之担负起领导农民运动的责任。

代表大会结束后，中共满洲省临委将上述政纲及各种决议发给东北各地党组织，同时向满洲各地党组织发出了《中共满洲省临委临字通告第一号》，宣布："现据中央新决议及满洲各地活动同志大会决议，已成立满洲省临委，管理奉吉黑

---

① 《我们在满洲的政纲》，载中央档案馆、辽宁省档案馆、吉林省档案馆、黑龙江省档案馆编《东北地区革命历史文件汇集》（一九二三年——一九二八年三月），1988，第174-175页。

② 《工人运动决议案》，载中央档案馆、辽宁省档案馆、吉林省档案馆、黑龙江省档案馆编《东北地区革命历史文件汇集》（一九二三年——一九二八年三月），1988，第176页。

③ 同上书，第179页。

④ 《满洲农民运动决议案》，载中央档案馆、辽宁省档案馆、吉林省档案馆、黑龙江省档案馆编《东北地区革命历史文件汇集》（一九二三年——一九二八年三月），1988，第181页。

三省党务。"① 要求各地同志自接到此通告之日起，"第一，当立即举行改组或恢复组织。第二，须将省临委的新决议与中央的训令切实执行，万勿徘徊观望，抛弃本阶级的利益，藉口压迫力太大，群众无组织，党无基础，不作种种领导群众拥护本身利益的斗争。第三，各地同志对于工作政策有何意见，均可就地建议与提交省方审阅，不宜有意见而含默不言，只表示消极怠工甘受党律的责备。"② 中共满洲省临委的成立，使东北地区党的组织有了统一的领导机构，为各地党组织指明了新形势下的工作方向，振奋了各地党组织和全体党员的斗争精神，使东北人民的革命事业进入了新的发展阶段。

中共满洲省临委成立后，积极开展对东北党组织的整顿、恢复和自身发展。当时，由于大革命失败，全国各地党组织相继遭到破坏，东北的革命形势也受到严重影响。1927年4月17日，哈尔滨反动当局派出警察搜查了5处党的活动地点，逮捕了警察党支部负责人吴宝祥，中共北满地委委员何安仁、地委工运负责人姜文周，共青团地委书记吴晓天，地委组织部部长、代理地委书记高洪光等人。中共北满地委和各基层党组织遭到严重破坏，党员由140余人锐减至30余人，团员由61人减至不足50人。地委主要领导仅剩4人，中共北满地委书记吴丽石由于赴上海汇报工作得以幸免。③ 同年6月，奉天市委书记任国桢和组织部负责人杨志云被捕，奉天党组织遭到严重破坏。不久，大连党组织也遭到严重破坏，只剩下纪幼柏等少数党员坚持工作。

考虑到东北各地党组织遭到严重破坏，中共满洲省临委根据八七会议精神，决定加强各党支部巩固工作，提高各级党支部的战斗力，保存力量、扩大影响，将恢复党组织作为一切工作的基础。在第一号通告中，向各级党支部提出"当立即举行

---

① 《中共满洲省临委临字通告第一号——通告省临委成立（一九二七年十二月一日）》，载中央档案馆、辽宁省档案馆、吉林省档案馆、黑龙江省档案馆编《东北地区革命历史文件汇集》（一九二三年——一九二八年三月），1988，第172页。

② 同上书，第172-173页。

③ 徐文才、王占德主编《中国共产党在辽宁》（民主革命时期）上，辽宁人民出版社，1991，第77页。

改组或恢复组织"的要求，随后中共满洲省临委派出工作人员前往奉天、大连、哈尔滨、长春等地进行细致的恢复和整顿党组织工作。哈尔滨成立了市委，兼管中东铁路沿线党的工作，有70名党员10余个支部；长春、吉林成立区委（相当于县委），共4个支部19人；奉天组织了区委，有10个支部19人；奉天的外县中已有5县有支部，28人；大连成立了市委，有4个支部17人；旅顺建立了支部。中共满洲省临委成立后，发出了通告、报告，还编辑出版了《满洲通讯》等。① 省临委也派人到抚顺、延边、营口等地开展工作，同时把沟帮子党支部划为省临委直接领导。

为总结经验教训，更好地开展工作，1928年1月29日在奉天召开了东北第二次党员代表大会。会议代表听取了中央政治局扩大会议决议案的传达报告，随后陈为人作《中共满洲省临委政治党务报告》。他在报告中详尽分析了东北的政治形势，揭露奉系军阀勾结日本帝国主义残酷剥削和压榨工农群众的罪行，总结了各地工农民众的斗争情况。他指出："增加苛捐杂税，使农民的生活到了挺（铤）而走险的状态。工农阶级受了这些不可忍耐的剥削与痛苦，自发的暴动与斗争，已不断的层出，如盘石农民之围县城，大刀会之与奉省军队相抗至今犹蔓延发展，吉长路一部分工人的第二次罢工，关东州南关岭工人之流血斗争，大连油篓工人之罢工与抚顺矿工之暴动，已将奉天的军阀与日本资产阶级的威严撕得粉碎。"② 这样的政治环境有利于党在东北开展工作。陈为人在报告中肯定了各地党组织恢复和发展所取得的成绩，"一是内部揩油、偷钱吃闲饭等现象基本消失。二是党员发展到二百五十名，有百分之七十是工人，工人成份（分）大为提升。三是没有机会主义蔓延。"③ 同时，他也指出了省临委工作中存在的不足，包括指导机关不健全、下级同志没有兴奋起来、省临委巡视工作少、群众工作没有尽到领导责任、纪律腐化、上级党部与

---

① 中共辽宁省委组织部、中共辽宁省委党史研究室、辽宁省档案馆编《中国共产党辽宁省组织史资料》，1995，第35页。

② 《中共满洲省临委政治党务报告——满洲的政治经济形势及党的工作情况》，载中央档案馆、辽宁省档案馆、吉林省档案馆、黑龙江省档案馆编《东北地区革命历史文件汇集》（一九二三年——一九二八年三月），1988，第324-325页。

③ 同上书，第327页。

下级党部的关系不好、技术的工作不好、党团的关系不好、没有在广大的产业的地方与农村中设支部的组织。① 与会代表充分发挥民主集中制的优良传统，在讨论中积极发言，对省临委的工作做出了中肯的批评和建议。

大会选出了新的中共满洲省临委会，其中执行委员 7 人、候补委员 3 人、常务委员 3 人。书记陈为人，组织委员吴丽石，工运委员王立功。大会通过了《中共满洲省第二次代表大会对中央扩大会议决议案之决议》。这次代表大会对东北党组织建设是有力的推动。根据决议，会后成立了东边道特委（东南特委），苏子元任书记。

中共满洲省临委第二次代表大会结束后，省临委就自身建设和指导下级党支部工作方面的问题进行了切实的改进。为了认清形势，总结成绩，克服困难，1928 年 3 月 28 日由陈为人主持召开了中共满洲省临委第二次（扩大）执行委员会会议，出席会议 8 人，缺席 1 人。

陈为人在会上作了《政治党务报告》，分析了省临委第二次代表大会以来满洲的政治形势变化，"（1）奉系军阀很忙碌筹备关外的大战与对工农阶级的剥削。（2）日本帝国主义对满洲积极的进攻。（3）工农普遍的感觉不安。"② 由于奉系军阀勾结日本帝国主义残酷镇压工农群众，致使广大群众忍无可忍采取各种方式进行反抗斗争，党在这一时期工作有了进展。陈为人在报告中说，这段工作"同志们是兴奋了起来的，工作确有大进展的趋势"。同时也向大会提出了值得注意的问题，指出应特别注意党的秘密工作，防止白色恐怖蔓延。要十分注意土匪改造工作策略。在工人运动中要注意接近工人和发动工人的方法，要把工人运动作为满洲党的中心工作。陈为人在报告中再次强调加强党的建设问题，要求在重要产业区、农业区、军队中都建立党的支部组织。随后，会议通过了对省临委常委会的改组，常委

---

① 《中共满洲省临委政治党务报告——满洲的政治经济形势及党的工作情况》，载中央档案馆、辽宁省档案馆、吉林省档案馆、黑龙江省档案馆编《东北地区革命历史文件汇集》（一九二三年——一九二八年三月），1988，第 325-326 页。

② 《中共满洲省临委第二次扩大执行委员会报告与决议（一九二八年三月二十八日）》，载中央档案馆、辽宁省档案馆、吉林省档案馆、黑龙江省档案馆编《东北地区革命历史文件汇集》（一九二三年——一九二八年三月），1988，第 402 页。

有：书记陈为人（兼秘书、军事委员），组织、工运委员金红（唐宏经），宣传、农运委员吴丽石。王立功因病退出常委会休养。

会议结束后，中共满洲省临委加紧对各地党组织的调整与发展。1928年建立了中共辽阳区委。1928年春，满洲省临委派张希平到台安主持工作。随着党员数量的增多，台安党支部改为台安特别支部。5月，陈为人派邹立孟到营口建立党组织。8月，省临委派苏振久到抚顺建立党组织。

1928年6月18日至7月11日，中国共产党第六次全国代表大会在莫斯科召开。中共满洲省临委派唐宏经、张任光、于治勋、王福全、朱秀春5人参加了六大。9月，中共满洲省临委为加强党的建设和贯彻党的六大精神，由陈为人在奉天主持召开了中共满洲省临委第三次党员代表大会。与会代表21人，代表奉天、哈尔滨、大连、抚顺、辽阳、台安、沟帮子等25个基层党组织230名党员。大会的任务，一是肃清过去"左"倾路线造成的影响，使党的工作走上健康发展的道路；二是提出政治总路线，明确党当前的重要任务；三是改组省临委及健全党组织。

大会首先传达了中共六大会议精神，随后陈为人代表省临委作《政治报告》《党务报告》《职工运动报告》。他结合全国的形势，对东北的政治状况进行了详细分析，提出了省临委的政治总路线及党的任务。党的政治总路线是，"要适应目前革命的局面，从引导日常斗争中，取得成千上万群众围绕在党的口号周围。尤须注意努力促成工人阶级革命领导权，以准备革命高潮的到来。"① 提出当前的任务包括：加紧职工运动建立党的基础，努力实现每个大企业皆有党的支部；必须努力于反日工作，才能获得一般群众同情；反对军阀战争，特别加紧反国民党工作；在农村中加紧贫苦农民工作，组织雇农工会、农民协会等；在军队中设法成立士兵的本身组织，纠正匪运工作过去的错误；赞助小民族运动；防止机会主义；发现肃清盲动主义。②

大会通过了《关于接受中共"六大"决议案的决议》《政治党务决议案》《农民运动决议案》。大会决定，改中共满洲省临委为中共满洲省委，并选举陈为人、吴丽石、唐宏经、张任光等为正式委员，候补委员3人。省委书记陈为人，组织委

---

① 《政治报告（一九二八年十月）》，载中央档案馆、辽宁省档案馆、吉林省档案馆、黑龙江省档案馆编《东北地区革命历史文件汇集》（一九二八年四月——一九二九年二月），1988，第192页。
② 同上书，第192-194页。

员吴丽石,工运委员唐宏经。

中共满洲省委经过一年多的努力,至1928年底,省委所属下级组织已有3个县委(哈尔滨、奉天、关东)、3个区委(奉天、沈北、延边)及抚顺、台安、安东等特支,发展党员270人。

二、中共满洲省委建立初期领导的工农革命运动

满洲省临委在对满洲工人阶级状况分析中认为,满洲是日本帝国主义进行侵略的根据地,满洲30万产业工人中有20万在日资工厂中遭受剥削。在日本资本家和奉系军阀共同剥削之下,他们的待遇极低,因此具有反日反封建军阀的斗争意识,反日情绪尤为激烈。中共满洲省临委在分析了满洲客观形势的基础上,对党的自身状况也进行了合理的考量,认为东北党员人数少,分散在北满、南满的广大区域,同时党员缺乏斗争经验,因此陈为人在给中央的报告中指出:"因为革命主观力量之薄弱,所以虽有革命客观的具备条件,不能立时爆发群众作大的斗争,这一点,我们以为是耻辱的。"① 由于中共满洲省临委对于满洲的主客观形势有着切合实际的分析,所以八七会议后,中共满洲省临委没有陷入"左"倾盲动主义路线中去,制定了相对符合东北现实情况的工运方针和路线。

1927年12月24日,中共满洲省临委通过工作计划决议案,提出"工人运动应以广大的重要的铁路工人、矿工、城市工人、兵工厂工人、海员工人为主要的工作"。② 为此,中共满洲省临委重点在工人中发展党员,指导工人在日常经济、政治斗争的工作。在党组织的推动下,辽宁各地爆发了工人的罢工斗争。

1927年12月28日晚,大连南关岭车站装卸工人在临近年关时想从车站储煤场拿些煤取暖,结果遭到日本监视员的毒打。饥寒交迫的工人压抑不住心中的怒火,

---

① 《陈为人关于中共满洲省临委工作情况给中央的报告》,载中央档案馆、辽宁省档案馆、吉林省档案馆、黑龙江省档案馆编《东北地区革命历史文件汇集》(一九二三年——一九二八年三月),1988,第212页。

② 《中共满洲省临委关于目前工作计划决议案》,载中央档案馆、辽宁省档案馆、吉林省档案馆、黑龙江省档案馆编《东北地区革命历史文件汇集》(一九二三年——一九二八年三月),1988,第223页。

200多名工人手持扁担、石块、棍棒将车站办公室、运转室、站长室等处的铁路运输设备统统砸毁，并把平日欺压工人的日本监视员打翻在地。虽然这场斗争遭到日本军警的镇压，但是震动了"关东州"。1928年初，沙河口工场团支部发动和领导工人群众争取放假回家的火车票。1928年1月8日，大连小岗子和沙河口的100余名油类工人联合起来，提出每月工资由15元增至20元。业主只答应部分要求。工人于2月8日再次发动罢工，迫使业主同意将工资增至26元。2月23日，150名工人再次罢工。由于正值油篓生产旺季，业主只能让步将工人工资由每月26元增至36元，工人取得胜利。

南关岭车站装卸工人和大连油篓工人罢工斗争的胜利，推动了党的工作。大连党组织高度重视，派人领导罢工，扩大影响，并将决定写进1928年1月20日通过的《中共关东县委新决议案》。1月23日，南满巡视员张任光向中共满洲省临委汇报大连工人斗争情况，他说："南岗岭运煤工人与油篓工人之流血斗争，这是表现群众在没有出路的时候是决然不顾一切而起来斗争的。"① 他认为，由于大连工人受到日本侵略者的残酷剥削和压迫，因此普遍怀有强烈的反日思想。他向满洲省临委建议，"关东党最大的特殊的政治任务，便是号召广大的反日运动，以无产阶级的要求为唯一的政治目标。"② 张任光的报告受到了满洲省临委的高度重视。随后，满洲省临委连续向大连派出得力的同志，及时加强大连工人运动的领导力量。1928年，党先后发动和领导了大连码头、窑业、盐业、土木建筑、海运、交通、印刷等行业工人，进行了规模不同的罢工斗争。例如，1928年大连运输公司工人为要求罢免侵吞工人伙食费的工头而举行罢工，最终取得胜利。6月至8月，盐业工人、炼瓦工人要求增资和借资而举行罢工，均取得了胜利。

满洲省临委非常重视奉天兵工厂的工人斗争。省临委书记陈为人多次深入工人中间，了解工人的思想和生活状况，并与王立功一起研究指导工人斗争的方法和策略。1927年秋，党领导兵工厂1000多名工人有计划、有组织地进行反稽查压迫斗争。1928年2月20日，奉天城内12家造纸厂367名职工为增加薪金举行同盟罢

---

① 《南满巡视员报告——关东州的情势及党的任务》，载中央档案馆、辽宁省档案馆、吉林省档案馆、黑龙江省档案馆编《东北地区革命历史文件汇集》（一九二三年——一九二八年三月），1988，第271页。

② 同上。

工，全行业响应，700余名工人参加斗争，坚持半月之久，最终取得胜利。2月28日，奉天大安烟厂工人要求增加工资、缩短工时被厂方拒绝，党派出人员领导罢工的工人，加强指导。满洲省临委还派出工作人员到英美烟草公司及京奉铁路工人中进行组织和宣传。1928年，省临委工运部部长王立功以做杂工为掩护进入英美烟草公司秘密宣传革命理论，启发工人觉悟，培养积极分子，为该公司建立党组织和开展工人运动奠定了基础。

在中共满洲省临委的积极指导下，除了奉天、大连，营口、抚顺等地也爆发了工人反压迫斗争。1928年2月1日，营口东亚烟草公司1000名工人要求发放工资时将奉票改为银元，以免因奉票贬值而造成经济损失。厂方只答应将一半的薪水改为银元发放，引发了工人的罢工。斗争坚持了22天，最终公司让步按95%比例发放银元。同月，营口生生火柴厂爆发了工人要求将奉票换成大洋的斗争，也获得胜利。1927年，满洲省临委派王仁斋到抚顺开展工运工作。1928年初，省临委又派杜省吾和王立功到抚顺西露天矿，在工人中间开展活动。王立功因病休养后，唐宏经到抚顺接替他的工作。此后，苏振久、王鹤寿都曾经到抚顺发动和领导工人斗争。①

正是在满洲省临委和各级党部的积极工作下，满洲工人运动有了显著的成绩。1928年，满洲省临委在给中共中央的工作报告中写道："以上这数处的斗争，正在向进步的方向伸展，奉天工人的斗争是有抬头的新形势。"② 党中央对中共满洲省临委的工作和满洲工人运动十分关心。1928年11月，周恩来同志参加中共六大和共产国际六大后从莫斯科回国途径沈阳时，检查了满洲省临委的工作。他向满洲省临委传达了六大决议精神，阐明了中国社会性质和革命基本任务，指出了当时革命形势不是高潮，而是处于两个高潮之间。总的任务不是进攻和普遍组织武装起义，而

---

① 徐文才、王占德主编《中国共产党在辽宁》（民主革命时期）上，辽宁人民出版社，1991，第88-90页。

② 《中共满洲省临委临字报告第二号——关于工农斗争、党组织状况及今后工作问题》，载中央档案馆、辽宁省档案馆、吉林省档案馆、黑龙江省档案馆编《东北地区革命历史文件汇集》（一九二三年——一九二八年三月），1988，第371页。

是积蓄力量，争取群众准备新的高潮。① 他详细听取了满洲省临委书记陈为人对满洲省临委的工作汇报，随后亲自到兵工厂看望了工人党员，亲切询问工人生活、思想状况，勉励他们做好党在工人中的工作。② 周恩来同志对中共满洲省临委和基层支部的指导，对满洲工人运动的关心，使东北各级党组织和广大工人备受鼓舞。自中共满洲省临委传达党的六大精神后，满洲工人运动进入了新的历史发展阶段。

中共满洲省临委在开展工人运动的同时，同样十分重视推动农民运动。在满洲省临委成立时通过《满洲农民运动决议案》，提出了"没收大地主的土地""打倒土豪劣绅贪官污吏""反对日本购买土地政策""组织农民协会，乡村一切政权归农民协会"等口号。③ 在中央一再催促各地立即发动农民暴动的影响下，满洲省临委也提出："我们的同志要尽量的参加进入活动，扩大反抗所谓官地清丈的风潮，尽可能的领导作包围县城，逐出县官等斗争，在这斗争中必须提出反抗官厅农民土地、耕者有其田、农民武装起来等口号。"④ 但是，东北农村的现实情况与关内有很大区别。东北农村阶级分化严重，农民面对着军阀、地主、日本殖民者多种压迫，阶级矛盾和民族矛盾都十分尖锐。而东北农民没有经过大革命洗礼，党在农村基层的工作很薄弱，组织建设很不完善，农民的革命觉悟和斗争精神不高，因此省临委认为，在满洲单独组织农民暴动的条件不足。满洲省临委坚持实事求是地认为，"在这斗争中，如果只有工人的孤立行动，或是农民的孤立行动，都是很危险与没有最后胜利保障的"。⑤ 这种工农联合斗争的指导思想是符合当时满洲的实际情况

---

① 中共沈阳市委党校地方党史研究室编《中共沈阳地方党史》（民主革命部分），沈阳出版社，1989，第101页。

② 徐文才、王占德主编《中国共产党在辽宁》（民主革命时期）上，辽宁人民出版社，1991，第91页。

③ 《满洲农民运动决议案》，载中央档案馆、辽宁省档案馆、吉林省档案馆、黑龙江省档案馆编《东北地区革命历史文件汇集》（一九二三年——一九二八年三月），1988，第180页。

④ 《中共满洲省临委字通告第五号——关于农运问题》，载中央档案馆、辽宁省档案馆、吉林省档案馆、黑龙江省档案馆编《东北地区革命历史文件汇集》（一九二三年——一九二八年三月），1988，第183页。

⑤ 《中共满洲省临委关于目前工作决议案》，载中央档案馆、辽宁省档案馆、吉林省档案馆、黑龙江省档案馆编《东北地区革命历史文件汇集》（一九二三年——一九二八年三月），1988，第183页。

的。

满洲省临委认为满洲的农运工作重点在于着力做好农民启蒙和发动，提出凡是在满洲的贫苦农民，包括朝鲜难民，应一律享有土地所有权；允许农民无代价地开垦荒地，没收大军阀、大地主的土地及财产；抗租抗税抗债等。在组织工作方面，满洲省临委将满洲划为五个农运区域，分别是：中东线的牡丹江流域；沈辽区域（沈阳、辽阳之间）；"关东州"各县；柳河一带的区域；与热河、蒙古（今内蒙古自治区）接近的区域。①满洲省临委要求各级党部，在已有部署的牡丹江、柳河区域，应加派同志去工作；对尚未有部署的沈辽与热河、蒙古接近的区域，应该在最短时期内找出线索，派同志去工作；对"关东州"区域，应找出散在农村中的大连的同志与工友，担任农运工作。

满洲省临委特别强调，"东三省目前农运的主要，应是从发动农民日常争斗开始，即是已往有农民原始的暴动的区域，亦须领导农民走上有组织的斗争道路。"②满洲省临委十分注重引导农民斗争的方式，避免出现盲动而导致农民运动失败，在报告中指出："我们主观上的指导必须开垦式的很艰难的去发动群众，引导农民走上斗争之路，千万不能空想。在工作一开始时便号召农民暴动或利用一两处胡匪或是大刀会去领导农暴，这样只能使初期的农民斗争走入过早暴动，或是不发动群众而只是武装行动的军事投机的错误之途。结果，广大农民群众的力量不能养成和表现出来，并且会因单纯的武装行动受日本帝国主义和奉系军阀的严重压迫而使群众有一时的消极影响。"③南方各省的农民暴动相继失败，给满洲省临委制定农运斗争策略提供宝贵的经验教训。满洲省临委在报告中提醒各级党组，"机会主义的失败在满洲尚没开始表演过，满洲省委应切实利用长江、珠江与北方各地失败之宝贵经

---

① 《中共满洲省临委关于目前工作决议案》，载中央档案馆、辽宁省档案馆、吉林省档案馆、黑龙江省档案馆编《东北地区革命历史文件汇集》（一九二三年——一九二八年三月），1988，第225页。
② 同上书，第225-226页。
③ 同上书，第226页。

验，一开始便走上正轨的斗争道路"。① 满洲省临委在客观分析东北农运现实情况的基础上，提出从日常经济斗争、政治斗争开始，逐步推动农运工作的斗争策略。

满洲省临委成立后，在恢复各级党组织的过程中，开始逐步展开农村工作，相继派出党员干部、进步工人深入乡村中进行革命宣传，如邢培卿、邹立孟到沈北，王纯一、李维舟到台安。省临委还针对各地农村缺乏干部的问题，从 1928 年开始开办了短期干部训练班，前四期分别在柳河区、沈辽区、奉天市区、"关东州"区、吉哈区、锦州区举行，每期七八人。在开办训练班期间，省临委领导同志亲自出席为学员授课。陈为人讲解马列主义知识和党的建设问题；组织委员兼农运委员吴丽石讲述如何深入农民群众中，组织农民开展减租减息反抗苛捐杂税的斗争。这些受培训的干部经过学习，理论水平和工作能力大幅提升，成为推动满洲农运工作的重要力量。

1927 年春，因奉票贬值，农民收入锐减，爆发了遍及东北的雇农罢工运动。1927 年底，奉系地方政府用清丈土地的方式大肆搜刮民脂民膏。各县清丈局的贪官污吏在清丈土地过程中，与地主豪绅相勾结，采取各种卑鄙手段搜刮民脂民膏，甚至侵吞农民土地。如果地多纳粮少，农民就得多纳税、多交粮；如果开垦荒地未到官府登记注册，农民就要按清丈局定出的高价购买；如果农民无力纳税或购买，土地将被没收，然后由官府低价卖给地主豪绅。奉系地方政府倒行逆施，引发农民强烈不满，盘石农民 5000 余人围困县城，迫使县长做出让步。东边道一带兴起了以"除暴安良"为宗旨的大刀会农民运动，直接与官军对抗。满洲省临委十分重视东边道的农民运动，为了加强党的领导，决定成立东边道特委。

随着农民斗争情绪日益高涨，党组织也在农村不断壮大。满洲省临委派团省委组织委员陶翔明到新城堡建立中共沈北区委。1928 年 11 月，陶翔明在新城堡村党员朱庆荣家中召开了沈北党员代表会议，13 名代表参加。会上，陶翔明传达了满洲省临委的部署。代表们经过热烈讨论，决定成立中共沈北区委，苏振久任区委书

---

① 《中共满洲省临委关于目前工作决议案》，载中央档案馆、辽宁省档案馆、吉林省档案馆、黑龙江省档案馆编《东北地区革命历史文件汇集》（一九二三年——一九二八年三月），1988，第 228 页。

记。① 沈北区委成立后，积极筹备组织农民协会，发动贫雇农开展减租增资运动，宣传革命思想，并为党掩护同志、传送文件等做了大量工作。到1928年，沈北区、"关东州"区、柳河区都有了农村党支部。1928年8—10月，沈北区委发展党员从27人增至48人。新发展的都是农民党员。这与满洲省临委成立之初全省173名党员中"无农民成份"和1928年全省250名党员中仅有5名农民党员相比，可见农运工作有了长足的进步。

三、中共满洲省委在挫折中艰苦奋斗

中共满洲省临委自成立之日起，积极领导东北的工农运动，对奉系当局和日本殖民机构的反动统治造成严重影响。敌人千方百计破坏满洲省临委和各级党支部，妄想将革命扼杀在摇篮中。面对日益严酷的政治环境，满洲省临委在挫折中坚持斗争，推动东北工农运动不断发展。

1928年4月29日，中共关东县委书记兼宣传委员曲文秀亲自上街张贴反日标语，返回途中遭遇日本警察盘查。他态度紧张，引起日本警察的怀疑，于是被带到警署。在敌人的拷打下，曲文秀写下《我所怀抱的共产主义》自首书，叛变投敌，带领敌人搜捕关东县委的党团员。关东县委的所有委员及大连地方党组织领导人等47人先后被捕。大连工人运动遭受严重挫折。

1928年12月23日，中共满洲省委扩大会议在奉天大东边门外共产党员牛思玉家中举行。参加会议者有：省委书记陈为人、组织部长吴丽石、工运部长唐宏经，以及王鹤寿、牛思玉、张任光、李梅五、刘国栋、潘敬久、李正权、张德禄、王赞生、王化民、李荣等共14人。会议由满洲省委组织部长吴丽石主持，会议主要议题为"总结满洲省委第三次代表大会以来，三个月各地工作的成绩和缺点，讨论党中央对满洲工作的指导及满洲的政治形势而决定为实现省委中心任务的办法，在东北几个主要城市如抚顺、大连、吉林等地努力建立几个工厂党支部的组织，在鞍山、铁岭设法寻找线索。在奉天如何设法打入日本人办的工厂里去（如毛织、麻

---

① 中共沈阳市委党校地方党史研究室编《中共沈阳地方党史》（民主革命部分），沈阳出版社，1989，第100页。

袋、窑业、烟草、机关）等问题"。① 由于缺乏秘密工作经验，思想上轻敌麻痹，忽略了安全措施，参会人员服装各异，被密探告密。会议进行到中午，小东警察分局的十余名警察破门而入，将参会人员全部带回警察局盘问。除了团省委书记张任光在途中趁敌不备逃脱，其余13人均被捕。

满洲省委遭受了严重破坏，省委主要负责人几乎全部被捕，一些外地的党组织负责同志也被捕。由于党的干部损失巨大，导致满洲省委工作和群众运动因缺少领导而陷入停顿。同时，党的一批机密文件（包括政治报告、组织报告）落入敌手，给党组织恢复和开展工作造成了严重困难。

1928年12月，中共中央派刘少猷和程寄如（刘的夫人）从上海到奉天参加工作。他们抵达奉天后，得知满洲省委已被敌人破坏，立刻向中共中央作了汇报。在满洲省委被破坏后，东北党的工作陷入危急时刻，他明确表示，"善后急需料理，弟不得不勉力任之。"② 此时当务之急是尽快恢复党组织。他指出："目前最迫切的是沈阳方面，是整理组织，所有支部不因此次的破坏而涣散，对外是急恢复关系，在最短期间急把省委机关建立好，开始工作。"③

1929年1月2日，刘少猷主持召开了东北地区党团组织联系会议。会议分析了形势，统一了认识，决定立即组建满洲临时省委。鉴于省委遭到破坏后缺乏干部，"决定抽调团的书记张任光同志到党工作，同时调哈尔滨新出狱、比较观念清楚、比较满洲一般工人同志更有活动能力的韩西平同志，是铁路工人，来省委工作，暂由猷、任光、西平三同志组织省委临时常委，猷担任书记兼军委书记，西平担任组织，任光宣传。"④ 满洲临时省委成立后，向中央写了请示报告。中共中央根据满洲临时省委的请示，于1929年2月16日正式批准了新组建的中共满洲省委名单。省委委员7人：王立功、刘少猷、韩西平、张子安、王仲一、孟坚、张一修；候补委

---

① 安振泰主编《中共辽宁党史人物传》第2卷，辽宁大学出版社，1991，第129-130页。
② 徐文才、王占德主编《中国共产党在辽宁》（民主革命时期）上，辽宁人民出版社，1991，第102页。
③ 《中共满洲省委给中央的信——关于上届省委被破坏和新省委组建的情况》，载中央档案馆、辽宁省档案馆、吉林省档案馆、黑龙江省档案馆编《东北地区革命历史文件汇集》（一九二八年四月——一九二九年二月），1988，第336页。
④ 同上书，第335页。

员3人：任国桢、刘子奇、大李；省委常委3人：王立功、刘少猷、韩西平；候补常委2人：孟坚、张子安。中共中央决定，张任光不再回满洲省委工作，王立功任省委书记，因其在上海养病由刘少猷任代理书记。

此时，因多次遭到破坏，东北党组织非常薄弱，在东北50余万产业工人中仅有60多名党员。同时，各地党支部普遍存在着长时间不过支部生活，有的支部党员散漫没有积极向群众进行宣传教育，在组织发展过程中对产业工人未给予足够重视，在重要产业中没有建立党组织，相当一部分党员政治水平较低。

刘少猷认为，东北地区党在工农群众中基础薄弱，与南方地区大不相同，开展工作十分困难。他对于满洲革命形势的分析是，"党在群众中的基础亦非常薄弱，交通工人只有一小点线索，沈阳、哈尔滨、抚顺党的组织亦非常弱小，在农村中的工作尚未有计划的开始。在这样的情形之下，决不能对革命形势作过分的估量，这样必然会走到过去幻想速成、暴动夺取政权、断送革命的盲动主义"。① 因此，今后应该从促进工农运动入手，逐步扩大影响，壮大革命队伍。在他的主持下，新的满洲省委反复分析形势，总结经验教训，进而提出满洲省委当时的政治任务：强固党的基础；努力职工运动；开始农村斗争，领导农民斗争；加紧反日凡一切帝国主义的工作；开始兵士妇女运动工作；启发阶级斗争意识；努力提高党员政治水平；帮助弱小民族的解放运动；改善党团关系。② 满洲省委规定，每周召开3次会议研究工作，并派出省委常委和委员赴各地巡视指导工作。从1929年初开始，先后派王仲一巡视抚顺，韩西平、李继元巡视沈北。经过几个月的努力工作，各市、地党的组织逐步恢复，各项工作逐步步入正轨。

这一时期，由于大部分领导同志被捕，沈阳党组织大部分瓦解，关系中断。刘少猷十分重视沈阳党的工作，要求满洲省委积极在沈阳产业建立支部。经过耐心的工作，沈阳市各区县的组织得到了恢复，并和省委建立了密切的联系。此外，抚顺、大连、营口、台安等地的党组织均已恢复并开始工作。1929年统计，整个东北地区有19个地区，建立了32个党支部，有党员254名。党员成分也有所改变，工

---

① 《中共满洲省委政治任务决议草案》，载中央档案馆、辽宁省档案馆、吉林省档案馆、黑龙江省档案馆编：《东北地区革命历史文件汇集》（一九二八年四月——一九二九年二月），1988，第347页。

② 同上书，第347-348页。

人党员占到50%。①

满洲省委非常重视工农运动发展。在抚顺铁厂，由于日本工头毒打中国工人引发工人抗议，与警察发生冲突，160余人被捕。满洲省委立即派省委常委前去抚顺进行指导，使其发展成为有组织的反帝斗争。此后，奉天大安烟厂、奉天南满路、营口亚东烟厂的工人相继举行了罢工。1929年1月，全东北参加罢工斗争的工人达五千人次以上。② 此时，东北农村的抗捐运动风起云涌，农民纷纷起来同地主展开斗争，尤其以沈北、庄河、台安一带最为激烈。满洲省委及时派出巡视员到上述地区指导农民进行斗争。

1929年4月12—15日，在沈阳召开了满洲省委第一次全体执行委员会议。会议初步总结了前省委遭受破坏的教训，着重对前段工作进行了总结，认为满洲工作在过去这一时期没有发展的主要原因是，"党的各级指导机关太不健全，尤其满洲省委党的基础没有建立起来，还停留在小团体的时代，党的干部太缺乏，同志工作的经验的缺乏与工作方法之不了解、如何健全满洲党的最高指导机关，健全地方党部，培养党员的政治水平，是满洲党目前极（亟）待解决的问题"。③ 全会讨论了省委的政治报告、党务报告和各地的报告，总结了党的组织工作和宣传工作；根据六大精神规定了党的方针和路线；通过了《满洲党政治任务决议案》，号召满洲各级党组织和全体党员接受全会提出的工作路线。全会对东北地区革命斗争开展起到了积极的作用。

以刘少猷为代理书记的满洲省委在前省委遭遇敌人严重破坏，东北党的主要领导人被捕，各项工作陷入困顿的艰难时刻勇挑重担，为满洲省委恢复工作发挥了核

---

① 中共辽宁省委组织部、中共辽宁省委党史研究室、辽宁省档案馆编《中国共产党辽宁省组织史资料》，1995，第115页。

② 徐文才、王占德主编《中国共产党在辽宁》（民主革命时期）上，辽宁人民出版社，1991，第105页。

③ 《中共满洲省委给中央的信——省执行委员会全体会议情况》，载中央档案馆、辽宁省档案馆、吉林省档案馆、黑龙江省档案馆编《东北地区革命历史文件汇集》（一九二九年三月——一九二九年十月），1988，第18-19页。

心作用。但是，满洲省委内部并不团结一致。中央决定，调刘少猷回上海工作，省委书记由从上海养病归来的王立功担任。1929年5月28日，中共满洲省委在致中共中央的信中对刘少猷的工作进行了激烈的批评，指出："以后望中央再向满洲派工作人员的时候，应万分的注意！因为满洲需要的是领导的人材（才），能得到同志们信仰的人。"① 1929年4月13日，中共中央驻满洲特派员谢觉哉在给中央的报告中指出，满洲党需要一个有本事的领导者，首先做点斩除荆棘的垦荒工作，经过相当时日，不难有好的成绩出来。② 党中央在认真研究满洲的现实问题后反复斟酌。1929年6月4日，在中央政治局会议上，决定派刘少奇同志担任满洲省委书记。

四、中共满洲省委领导革命斗争的新形势

1928年末东北易帜，奉系集团统一于南京国民政府，东北地区党的活动和革命斗争更加困难。满洲省委要求中央速派"有能力的人才"来东北领导工作。1929年6月4日，中共中央政治局决定刘少奇出任满洲省委书记。6月7日，中共中央在上海召开了满洲工作会议，专门研究东北的革命形势和党的工作任务。6月8日，党中央正式批准组成新的满洲省委，常委刘少奇、孟坚、丁君羊，候补常委任国桢、刘子奇。③ 7月14日，刘少奇同何宝珍一起抵达沈阳，随后与满洲省委接上关系，住在沈阳工业区78号。

新的满洲省委班子组成后，立即领导东北全体党员和革命群众开始新的斗争。为了确保满洲省委和各级党组织的安全，汲取过去的教训，这届省委十分强调党员的组织纪律性，制定了一系列规章制度，对违反秘密工作纪律的同志要给予组织上的处罚。

---

① 《中共满洲省委给中央的满字十四号信——关于刘少猷问题》，载中央档案馆、辽宁省档案馆、吉林省档案馆、黑龙江省档案馆编《东北地区革命历史文件汇集》（一九二九年三月——一九二九年十月），1988，第134页。

② 徐文才、王占德主编《中国共产党在辽宁》（民主革命时期）上，辽宁人民出版社，1991，第106页。

③ 中共辽宁省委组织部、中共辽宁省委党史研究室、辽宁省档案馆编《中国共产党辽宁省组织史资料》，1995，第49页。

满洲省委首先将工作重点放在恢复和调整各地党组织、团组织工作上,先后派出孟坚、杨一辰、丁君羊、张干民、于培贞、廖如愿、刘伯刚等到沈阳整顿和建立党组织。在省委的努力下,沈阳的基层党组织基本恢复到 1928 年 12 月省委被破坏之前的状态。抚顺特支在安达领导下组织恢复很快,还成立了兄弟团等群众组织。7 月末,杨靖宇接替安达担任抚顺特支书记,工作进展更为迅速。省委还派专人去大连恢复旅大地区党组织。至 9 月底,全东北共有 28 个党支部 182 名党员。

8 月 22 日,满洲省委书记刘少奇和省委常委孟坚在奉天纺纱厂组织工人罢工时,被人告发而被捕。两人被捕后,省委常委只剩丁君羊一人。为了满洲省委能正常工作,在中央特派员陈潭秋的主持下,省委于 8 月 29 日召开了紧急会议,决定由丁君羊、任国桢、饶漱石三人组成省委临时常委会,主持省委工作。由于奉天高等法院没有刘少奇所谓"煽动工潮"的确凿证据,经过组织的营救,刘少奇、孟坚于 9 月中旬被取保候审。中共中央根据省委领导成员的变化情况,于 9 月 21 日指示,取消了满洲省委临时常委会。满洲省委于 9 月 27 日重新确定了省委组成人员及分工,并于 10 月 19 日向中央报告了省委委员调整情况。[①]

1929 年 7 月"中东路"事件爆发后,中共中央和满洲省委进行了多次讨论,分析政治形势和斗争策略。7 月 20 日,满洲省委发表《满洲党团省委为中东铁路事变告满洲民众书》,表明党在这一事件中的立场。9 月下旬,刘少奇亲赴哈尔滨领导工人的罢工斗争,有力地推动了东北工人运动的发展。

在满洲省委恢复和发展群众运动过程中,合格的干部队伍成为最为迫切的需要。满洲省委决定,送学员到上海党中央训练班对干部进行培训。刘少奇利用 1929 年 12 月到上海向中央汇报工作的机会,向中央提出这一建议。此外,满洲省委还在抚顺以工会名义设立了工人培训班,对先进工人进行革命理论和斗争经验传授。东北党的工作基础薄弱,本地干部少,群众运动难以展开。而开办训练班可以提高基层干部的政治水平和工作能力。1930 年初,满洲省委派到中央各种训练班受训的干部有任国桢、赵尚志、张干民、李维舟、郭任民等十余人,其中大部分参加培训的干部回到东北后都担任了领导职务。抚顺干部训练班也培养了大批革命积极分子。

[①] 《中共满洲省委给中央的报告——关于省委委员名单、分工、经费等问题》,载中央档案馆、辽宁省档案馆、吉林省档案馆、黑龙江省档案馆编《东北地区革命历史文件汇集》(一九二九年三月——一九二九年十月),1988,第 395 页。

在刘少奇的大力推动下，满洲省委的工作卓有成效。东北地区工农群众的革命热情日益高涨，各界人士的反帝爱国运动蓬勃发展。

满洲省委指导沈阳工人将政治斗争与经济斗争结合起来，特别将工运工作的重点放在奉天纺纱厂和奉天兵工厂。奉天纺纱厂的党支部书记常宝玉，被叛徒崔凤耆出卖，导致罢工流产。在纺织厂党支部遭到破坏后，满洲省委继续发动群众对随意逮捕工人进行抗议，同时发动群众争取八成现洋和立即开支。奉天兵工厂是当时中国最大的兵工厂，中央在给满洲省委的指示信中明确指出："兵工厂更成为我们必须工作的目标"。[①] 满洲省委遵照中央的建议，派杨一辰去兵工厂开展工作。兵工厂的党组织在1928年末遭到严重破坏。为了打开兵工厂的工作局面，刘少奇指示杨一辰通过开办工人夜校深入接触工人。1930年初，兵工厂党支部重新建立，并发展十余名赤色工会会员。

这一时期，随着党组织逐步恢复，工人运动逐步从低谷中走出。1930年1月，爆发了辽宁财政厅200余名下层雇员和勤杂工人的罢工、奉天电灯厂工人要求改善生活待遇的罢工、奉天制糖厂工人要求加薪的罢工、北宁路路局工人要求发放拖欠工资而举行的罢工。在罢工过程中，满洲省委都进行直接的领导，使罢工取得了胜利。

新一届满洲省委十分重视农民运动，在台安、辽中、沈北及南塔一带领导农民斗争。1929年末，中共台安县特支成立后，陆续在朱家房子、遵化屯、张家窝堡等地建立了农会组织，并结合当时情况开展了抗捐抗税等斗争。[②] 在沈北郊区，党领导了雇农要求增加工资的斗争、老瓜堡种菜农业工人为增加工资改善伙食进行的怠工斗争。在磐石、延吉、清源、柳河等反动统治薄弱的偏僻山区，农民群众在我党领导下组织了农民游击队，同日本帝国主义和土豪劣绅进行斗争。

考虑到东北党的力量薄弱，党员的思想理论水平较低，因此对党的政治任务和工作路线的理解不够正确，以刘少奇为代表的满洲省委清醒地认识到，"为挽救党在满洲的损失，纠正过去各种错误的现象，必须确定党在目前的政治任务与工作的

[①] 徐文才、王占德主编《中国共产党在辽宁》（民主革命时期）上，辽宁人民出版社，1991，第115页。
[②] 同上书，第118页。

正确路线，才能使满洲的党走上布尔什维克的道路。"① 经过几个月的革命实践，中共满洲省委各项工作逐步走上正轨。1929年10月18日，满洲省委起草了《中共满洲省委目前政治任务决议案草案》。这个决议案是满洲省委对工作经验的总结，也是满洲革命斗争的纲领性文件。在决议案中，满洲省委全面深刻地分析了世界革命危机的紧迫性，中国政治现状及革命形势的开展，满洲的重要地位和帝国主义对满洲的侵略，满洲经济发展及其前途，进而确定了满洲党组织目前的任务和工作路线，为东北革命工作指明了前进方向。

1930年初，主持中共中央工作的李立三错误地估计了政治形势，过分夸大了革命斗争中的有利因素，忽视敌强我弱的现实情况，提出了一系列"左"倾盲动冒险的错误主张。1月11日，在李立三主持下，中共中央通过了《接受国际一九二九年十月二十六日指示信的决议》（以下简称《决议》）。《决议》提出："现时虽不能预言转变到革命形势的速度，即实行武装暴动直接推翻反动统治的形势的速度，但我们必须如国际所指示，在现在就准备群众，去实现这一任务，并积极地开展和扩大阶级斗争的革命方式。中央现在正号召全党同志在这一路线上加倍努力。"② 会议提出，"党必须以反军阀战争与武装保护苏联为发展独立的群众革命运动的主要任务"③。"立三路线"想通过一省或数省的暴动（尤其是城市暴动）夺取全国政权，这是完全脱离中国革命实际的空想。

刘少奇在领导东北地区党的工作中对"左"倾盲动主义思想进行了必要的抵制，使满洲省委的工作得以顺利开展，并取得了相当的成就。1930年2月26日，李立三领导下的中共中央对满洲省委的工作提出了批评："满洲工作是后起的，最主要的缺点是反日和重工业工人中的工作不足，与沿铁路的农村和中心军队中的工作一般缺乏。"④ 随后，中央于3月下旬将刘少奇调离满洲省委。4月9日，刘少奇

---

① 《中共满洲省委目前政治任务决议案草案》，载中央档案馆、辽宁省档案馆、吉林省档案馆、黑龙江省档案馆编《东北地区革命历史文件汇集》（一九二九年三月——一九二九年十月），1988，第386页。
② 《接受国际一九二九年十月二十六日指示信的决议——关于论国民党改组派和中国共产党的任务（一九三〇年一月十一日中央政治局会议通过）》，载中央档案馆编《中共中央文件选集》第6册，中共中央党校出版社，1989，第3-4页。
③ 同上书，第8页。
④ 《中央通告第七十号——目前政治形势与党的中心策略（一九三〇年二月二十六日）》，载中央档案馆编《中共中央文件选集》第6册，中共中央党校出版社，1989，第29页。

致信中央,详细说明了满洲省委的工作状况,同时对中央的批评进行了反驳,在信中写道:"我以为中央同志们的观察和批评,是有些不正确的。根据这种观察与批评会要做出取消的错误,会使满洲同志们莫名所以,不知道谁是正确的,或者还是帮助取消派的。"① 虽然刘少奇领导满洲省委工作卓有成效,但是中央依然决定对满洲省委领导成员进行调整。

五、"左"倾错误路线对满洲省委的影响及其纠正

1930年3月下旬,中共中央派李子芬(化名刘树清)前往东北,组建新的中共满洲省委。4月2日,满洲省委召开会议,确定新的省委委员7人、常委3人,李子芬任满洲省委书记。

3月13日,中共中央发出第71号通告,要求各级党组织"在伟大的国际斗争日——五一节,党必须坚决去发动广大群众起来组织伟大的政治罢工与示威运动"②。中央在布置这项工作时特别强调,"这一日在上海南京武汉香港天津唐山哈尔滨奉天青岛……等重要城市与产业中心必须极力组织广大群众的示威行动"③。中共中央将东北地区的哈尔滨和沈阳作为工作重点。《通告》还突出强调在党内反对右倾。4月上旬,满洲省委召开党团省委联席会议,讨论如何执行《通告》。会上,有人提出东北地区的党组织和群众组织比较薄弱,缺乏斗争经验,斗争方式应当与关内有所区别。在"左"倾思想的支配下,省委没有听取这些意见,继续采取了一系列"左"的做法,背离了"长期隐蔽,积蓄力量,尽量利用合法的机会争取群众,领导群众扩大党的影响"的白区工作方针,对持有不同意见的同志都视为"右倾",给予严厉的批判。会议通过了《满洲党团省委对于"五一"的工作决议》

---

① 《刘少奇给中央的信——关于中央对满洲省委工作批评的答辩(一九三〇年四月九日)》,载中央档案馆、辽宁省档案馆、吉林省档案馆、黑龙江省档案馆编《东北地区革命历史文件汇集》(一九二九年十一月——一九三〇年四月),1988,第348页。

② 《中央通告第七十一号——组织五一劳动节的全国总示威运动(一九三〇年三月十三日)》,载中央档案馆编《中共中央文件选集》第6册,中共中央党校出版社,1989,第37页。

③ 同上书,第39页。

（以下简称《决议》）。《决议》错误地估计了满洲的政治形势，提出："在满洲只要有党、团组织的地方那必须坚决组织广大群众的示威，尤其在东北的经济与政治中心，如哈尔滨、沈阳、抚顺、大连等地，一定要号召广大的政治罢工与政治示威。"① 满洲省委还指出，在进行这一工作过程中，要特别注意党内的右倾危险，对于一切错误观念必须严厉纠正与斗争，"对于这一路线怀疑与动摇的同志，并须特别注意与之谈话批评。倘仍不接受，当不犹豫的（地）予以纪律的裁判，因为只有坚决与右倾斗争，才能执行中央所指示的正确路线。"②

在"左"倾思想影响下，满洲省委开展了一系列公开示威活动。1930年4月13日晚，辽宁国民外交协会举行"追悼抗俄将士大会"。满洲省委决定针锋相对，依靠党的外围组织辽宁青年反帝大同盟在会场外举行抗议活动。为了显示力量，部分党员和抗议群众进入会场，与场内的追悼人员相互高呼口号，双方群情激愤。

4月12日晚，辽宁国民外交协会组织国民党常识演讲会。反帝大同盟书记杜兰亭以及赵尚志和陈尚哲等人进入会场。赵尚志挺身而出，向群众控诉英日帝国主义在上海屠杀工人的罪行，揭露帝国主义的残暴，继而高呼"打倒帝国主义！""打倒国民外交协会！"等口号，并散发传单。宪兵司令部派遣侦缉处长雷恒成在会场内进行严密监视。散会后，杜兰亭、赵尚志、陈尚哲被押往宪兵司令部。

面对敌人的严刑拷打，赵尚志严守党的机密，顽强不屈。而杜兰亭、陈尚哲在被捕后招供叛变，供出了党团组织领导人和机关。杜兰亭等人被捕后，满洲省委领导人并未产生警惕，没有采取相应的应急措施。4月14日，反帝大同盟机关被破坏，党的许多机密文件落入敌手。18日，平旦中学有4人被捕，其中刘陆晨、袁效之两人为党员。同日，满洲省委、团省委在团省委秘密机关陶翔鸣家里召开党团联席会议，参加会议的是省委主要领导。会议进行到下半夜两点。为便于次日开会，参会的主要领导留宿陶家。由于杜兰亭向敌人告密，19日晨，敌宪兵侦缉队闯入省委秘密机关，逮捕了省委书记李子芬、中央巡视员邱旭明、团省委书记饶漱石。敌

---

① 《满洲党团省委对于"五一"的工作决议》，载中央档案馆、辽宁省档案馆、吉林省档案馆、黑龙江省档案馆编《东北地区革命历史文件汇集》（一九二九年十一月——一九三〇年四月），1988，第325页。

② 同上书，第330页。

人继续坐捕,又逮捕了省委组织部长丁君羊和省委秘书长刘碧云等人。① 从 4 月 12 日到月末,满洲省委相关人员 30 多人被捕,满洲省委遭受了自成立以来最严重的破坏。5 月 17 日,满洲省委在给中共中央的报告中写道:"自四月九号至五月五号在奉天、哈尔滨、抚顺等地同志及革命群众被捕者成群打伙几数批,其未被捕而同志、群众逃亡者亦大有人在。"② 被捕人员在经过分头审讯后,陆续被释放了一批。最后,李子芬、丁君羊、饶漱石、王纯一、刘碧云、赵尚志、郭庆芳、宋小坡等 19 人被关进监狱。满洲省委遭受的这次破坏,使一年多来沈阳地区恢复和发展起来的党组织再次遭到严重削弱,党领导的进步群众组织反帝大同盟也遭受严重损失,庆祝五一国际劳动节的活动不得不完全停止。

在满洲省委委员中,仅有王永庆一人没有被捕。4 月 24 日,由王永庆、杨一辰、郭隆真、徐克峻和宋奇组成临时工作委员会,代行省委职权。党中央很快接到驻奉天特科人员邵一纯关于满洲省委被破坏的报告,决定让正在上海向党中央汇报工作的廖如愿火速返回沈阳,恢复满洲省委。

1930 年 4 月 28 日,廖如愿到达沈阳。5 月 2 日,在沈阳小南门外一个小树林中召开会议。会议决定成立中共满洲临时省委。由当时在哈尔滨的满洲省委常委林仲丹担任满洲省临委书记兼宣传部长,王永庆担任职运书记,杨一辰负责辽宁工运兼抚顺工作。中央调郭隆真另行安排工作。会议临近结束时,被前来抓捕盗贼的敌人发现,参会人员全部被捕。巡警确认他们不是盗贼后,经过法院几次纠缠,于 5 月 6 日释放了全部被捕人员。

5 月 7 日,林仲丹从哈尔滨回到沈阳。5 月 17 日,他向中央详细汇报了省委的情况,指出:"此次满党所受(这)样严重的打击的教训,在每次斗争中,我们欠有坚决性是主要的原因,而事先工作的布置和秘密工作的注意都未做到,亦为憾事。"③ 他与廖如愿研究决定,成立新的满洲省委,省委书记由林仲丹担任,省委有

---

① 中共沈阳市委党校地方党史研究室编《中共沈阳地方党史》(民主革命部分),沈阳出版社,1989,第 123 页。

② 《中共满洲省委给中央的报告——关于省委被破坏及目前工作情况》,载中央档案馆、辽宁省档案馆、吉林省档案馆、黑龙江省档案馆编《东北地区革命历史文件汇集》(一九三〇年五月——一九三〇年十月),1988,第 2 页。

③ 同上书,第 11 页。

正式委员6人、候补委员2人。面对遭到敌人破坏后的干部短缺情况，满洲省委向中央提出："目前满洲党的工作异常繁重，希望中央于最短期间派人前往。"① 中共中央于5月派刘焜、李雾仙到东北工作。

6月11日，中共中央召开政治局会议。会议通过了《目前政治任务的决议》，提出："在全国革命高潮之下，革命可以在一省或几省重要省区首先胜利，在新的革命高潮日益接近的形势之下，准备一省或几省的首先胜利建立全国革命政权，或是目前战略的总方针。"② 至此，以李立三为代表的"左"倾冒险主义在党中央取得统治地位。同年7月18日，中共中央在上海召开全国组织工作会议。满洲省委组织部长杨一辰和省委委员孟坚出席会议。会议宗旨是，贯彻6月11日中央政治局会议精神，通过武装暴动，夺取全国政权的冒险主义计划。通过的决议案提出："党的当前任务就是号召广大群众以革命战争来消灭军阀战争，坚决准备汇合各种革命势力的总暴动来推翻军阀统治，建立苏维埃的中国。"③ 7月21日，中共中央提出策略路线："各省须成立行动委员会，以集中力量来发动目前的工作，同时必须积极的动员全党，使同志能了解革命形势的转变，坚定对于策略执行的决心。"④ 依照通知将党、共青团、工会的各级领导机关合并，成立从中央到地方的各级行动委员会。

满洲省委贯彻执行了中央的主张。1930年8月6日，满洲省委召开全体委员会会议，决定撤销中共满洲省委、共青团满洲省委，成立满洲总行动委员会（简称总行委）。总行委由8人组成，林仲丹担任书记。共青团满洲省委书记王鹤寿对"左"倾盲动的口号和撤销团省委的做法提出异议，被撤销职务。

---

① 《中共满洲省委给中央的报告——关于省委被破坏及目前工作情况》，载中央档案馆、辽宁省档案馆、吉林省档案馆、黑龙江省档案馆编《东北地区革命历史文件汇集》（一九三〇年五月——一九三〇年十月），1988，第11页

② 《新的革命高潮与一省或几省首先胜利（一九三〇年六月十一日政治局会议通过目前政治任务的决议）》，载中央档案馆编《中共中央文件选集》第6册，中共中央党校出版社，1989，第121-122页。

③ 《中央通告第八十三号——为苏维埃政权而斗争（一九三〇年七月十八日）》，载中央档案馆编《中共中央文件选集》第6册，中共中央党校出版社，1989，第169-170页。

④ 《中央通告第八十四号——为充分实现六月十一日政治决议的策略路线（一九三〇年七月二十一日）》，载中央档案馆编《中共中央文件选集》第6册，中共中央党校出版社，1989，第169-174页。

总行委成立后提出,"组织以抚顺为中心的地方暴动"①。随后,在总行委指导下,中共抚顺特支于8月成立了干事会,张干民任书记,李鹤年、郝金贵任委员。8月下旬,中共中央派陈潭秋、韩源波等人到满洲总行委工作。8月27日,总行委进行改组,陈潭秋任总行委书记,林仲丹改任职运书记。省委改组后,奉天市委改为市行委。南满特委、东满特委、北满特委也改为特行委,党团和工会的经常性工作陷入停顿。在盲动主义错误路线的指导下,总行委计划采取脱离实际的硬拼的斗争方式,指示山海关、锦州驻军中的同志准备发动士兵暴动,还派人到锦州、台安等县布置地方暴动。

9月24—28日,中共六届三中全会在上海召开,陈潭秋和林仲丹参加了会议。六届三中全会认为,"政治局在六月十一号的政治决议案之中,犯了些冒险主义的与'左'倾关门主义的错误。"② 会议决定,停止李立三等人组织全国总起义和命令红军进攻中心城市的冒险行动,撤销各级行动委员会,恢复各级党组织和群众团体的独立组织和经常工作。10月24日,满洲总行委主席团召开会议,传达了中央六届三中全会决议。会议决定,撤销武装暴动计划,撤销满洲总行委,恢复满洲党、团省委;并决定召开省总行委扩大会议,进一步贯彻六届三中全会精神。

11月16—22日,在沈阳召开满洲总行委扩大会议。参加会议的有北满、东满、南满、大连、沈阳及吉林等地党组织负责人共13人。会议传达了中央六届三中全会精神,深刻分析了满洲群众工作无法更为深入的原因:"满洲群众斗争,不能更广大的开展的原因,主要的是群众组织基础薄弱,斗争经验缺少——特别是党的领导薄弱,这正是在全国范围内'革命发展不平衡'的原因,过去省委忽视了这种形势,忽视了满洲革命主观上的弱点,认为满洲革命的条件,与关内没有丝毫的不同,过分估量了满洲革命的形势,过分估量了反动统治的崩溃的程度,以致将中央所指示的一般的革命策略,机械的不能配合满洲的实际情形,切实正确的运用,造

---

① 《中共满洲省委给中央的报告——关于满洲工作状态及工作计划》,载中央档案馆、辽宁省档案馆、吉林省档案馆、黑龙江省档案馆编《东北地区革命历史文件汇集》(一九三〇年五月——一九三〇年十月),1988,第109页。

② 《对于中央政治局报告的决议(一九三〇年九月)》,载中央档案馆编《中共中央文件选集》第6册,中共中央党校出版社,1989,第305页。

成了严重的策略上的错误。"① 对执行"立三路线"后所进行的各项工作，满洲省委也进行了深刻的反省："不顾客观条件的抚顺暴动计划，忽视主观力量的北宁路政治罢工的布置。与没有工农斗争配合的某部队兵士暴动的决定，以及东南北满方开始的游击战争向中心城市与交通要道发展的指示显然是错误的。"② 按照中央对满洲党组织政治方针的指示，会议确立了今后的工作任务是"要达到争取广大群众，组织政治罢工，积极地切实的准备武装暴动，更须很切实的很耐心的加紧领导工人群众的日常斗争，部分斗争，使他们和现在红军的战斗和全国反帝国主义国民党斗争联系起来。只有在各种斗争的基础上，才能汇合成为一个总的斗争"。③ 会议通过了《满洲目前的政治形势与党的任务今后的工作任务》《满洲政治讨论结论》《组织问题决议案》。会议决定，撤销满洲总行动委员会及各级行动委员会，恢复中共满洲省委和团省委及各级党团组织。会议选出了省委委员13人、候补委员7人、省委常委5人、候补常委2人，陈潭秋任省委书记。

1930年12月初，陈潭秋和王鹤寿到哈尔滨布置"纪念广州"暴动工作。12月7日，在北满特委书记孟坚家中召开特委会议。会议讨论了纪念工作和中东路工人斗争的问题。散会时适逢警察局查户口，参会的9人全部被捕，被关押在特区警察署。敌人对陈潭秋进行了严刑拷打，但他坚贞不屈，鼓励团结被捕的同志坚持斗争。他们在狱中被囚禁了一年多，在党中央和省委的营救下终获自由。

陈潭秋等人被捕后，满洲省委召开了紧急会议，决定由何成湘担任代理省委书记，由何成湘、韩源波、刘焜组成临时省委常委会，主持满洲省委工作。1931年1月4日，满洲临时省委常委、军委书记韩源波到北满博克图组织东北军十五旅三十八团兵变。因开会走漏消息而被敌人逮捕，韩源波、卢秀云、高万久、李庚辰、李广海五位党员被害于博克图西沟。

---

① 《满洲目前的政治形势与党的任务及工作路线》，载中央档案馆、辽宁省档案馆、吉林省档案馆、黑龙江省档案馆编《东北地区革命历史文件汇集》（一九三〇年十月——一九三〇年十二月），1988，第135页。

② 同上书，第137页。

③ 同上。

1月7日，中共六届四中全会在上海召开。会上，王明等人提出一系列比"立三路线"还要"左"倾的错误主张。会议通过了《中共四中全会决议案》，开始了第三次"左"倾错误路线在全党的统治。1月16日，中共中央派张应龙到东北传达六届四中全会精神并任满洲省委书记。2月1日，张应龙主持召开了省委扩大会议，传达六届四中全会精神，讨论东北地区党内斗争问题。会议选出新的省委。省委委员7人，候补委员3人，常委是张应龙、何成湘、刘焜、马德水。张应龙任省委书记，何成湘任组织部长，马德水任职工部长，廖如愿任军委书记，徐宝铎任省团委书记，罗登贤任中央驻满洲代表。①

同年3月26—27日，满洲省委召开第二次扩大会议，省委和各地代表13人参加。会议总结了贯彻中共六届三中、四中全会的情况和存在的问题，分析东北的形势，确定了党的中心任务。会议通过了职工运动、农民运动和反帝运动等决议案，并再次调整了省委领导成员名单。会议决定成立民族部、发行部、宣传部，编辑出版《斗争》《进攻》《满洲红旗》《消息三日刊》《妇女通讯》等刊物。

中央六届四中全会的决议案并没有从本质上认清"左"倾错误路线的危害，相反它批判"立三路线"，"是用'左'倾的空谈掩盖这右倾的消极"。② 这就使长期存在于党内的"左"倾思想不仅没有克服，反而更加扩大。在共产国际代表的支持下，王明"左"倾教条主义宗派集团打着反对三中全会"调和路线"旗号夺取了党的领导权。

六届四中全会不仅没有弥合党内的矛盾，反而使矛盾更加激化。全会刚刚结束，不满王明路线的罗章龙等人以反对四中全会为名，成立"临时中央干事会"（即所谓"第二中央"），罗章龙自任书记，派唐宏经、徐文雅、张伯文到东北策划建立"反王明"大本营。

对于这种分裂党的活动，满洲省委进行了坚决抵制，在第二次扩大会议上通过决议"四中全会后右派小组唐宏经、徐文雅等到满洲做破坏党和青年团的活动，省委便坚决领导全党与青年团反对他们的活动，与之作无情的斗争，最后开除唐宏经

---

① 中共辽宁省委组织部、中共辽宁省委党史研究室、辽宁省档案馆编《中国共产党辽宁省组织史资料》，1995，第55-56页。

② 忠发：《中央政治局报告》，载中央档案馆编《中共中央文件选集》第7册，中共中央党校出版社，1989，第15页。

的党籍，北满特委也开除了一些反党的右倾组织分子"。①

为了加强党的领导，满洲省委于1931年4月10日通过了《关于通过发展党的组织的决议案》（以下简称《决议案》）。《决议案》指出，当前的问题是"第一次扩大会议到现在四个多月，整个党员的数量是减少——扩大会时约两千党员，现在不到一千二百人（主要原因是东满、北满遭受了大的破坏）。新的发展非常缓慢，有的地方在和平发展，其或在停顿之中"②。《决议案》要求各级党组织，一方面特别要注意在斗争中去发展党员，每一斗争、每一群众运动都要尽量获得组织上新的发展，大胆地介绍工农群众中积极、勇敢、忠实的分子；另一方面，要注意经常地个别发展党员工作，要扩大党的政治影响，吸收积极的阶级觉悟的分子入党。要加紧对新党员的训练。③

1931年11月，满洲省委军委书记廖如愿、宣传部秘书杨先泽携带传单和进步刊物在街上被日本宪兵搜出，因而被捕。杨先泽叛党，供出了廖如愿的住处。满洲省委书记张应龙前往廖如愿的住处时被捕，随后自首叛变，供出刘焜的住所，致使省宣传部长刘焜被捕，省委再度遭到破坏。中共中央鉴于东北地区严峻的形势，于1931年12月委派正在东北巡视工作的中央政治局候补委员、中央驻满洲代表罗登贤重新组建满洲省委。新组建的省委委员先后有11人，省委常委6人，罗登贤任省委书记。鉴于九一八事变后，敌人在沈阳的统治更加残酷，而哈尔滨尚未被日本占领，对党组织活动较为有利，省委经请示中央，于1931年底将省委机关由沈阳迁往哈尔滨。

---

① 《中共满洲省委第二次扩大会议决议案》，载中央档案馆、辽宁省档案馆、吉林省档案馆、黑龙江省档案馆编《东北地区革命历史文件汇集》（一九三一年一月——一九三一年四月），1988，第189页。
② 《中共满洲省委关于发展党的组织决议案》，载中央档案馆、辽宁省档案馆、吉林省档案馆、黑龙江省档案馆编《东北地区革命历史文件汇集》（一九三一年一月——一九三一年四月），1988，第217页。
③ 同上书，第218-219页。

第十一章 九一八事变与辽宁沦陷

第一节
九一八事变爆发

一、不抵抗政策的确立

面对日本在外交上咄咄逼人的气势，国民政府和东北地方当局依然幻想通过妥协和让步换取和平的局面。8月20日，蒋介石在南京接见日本民政党议员菊池良一，进行了长谈。蒋介石表达了"希望日中及亚洲各民族为黄种大联合而奋斗"。菊池则请蒋介石考虑聘用日本教官10余人及中止排日行动。蒋介石深以为是。[①] 张学良此时驻北平，也频频致电东北留守人员，注意与日方的外交工作，必须小心隐忍。9月4日，张学良致电荣臻，交代处理"中村事件"的态度："接汤尔和电，言日方对中村事件表示极严重，谓我方有事推诿，日陆军方面异常愤慨等语。已复以此事真相实不甚悉，并非故事推诿，现正在调查中，如责任确在我方，定予负责者以严重之处置。"[②] 面对日方的嚣张气焰，张学良深知以东北一隅之力难以与之抗衡，只能隐忍退让，力保和局。9月6日，张学良致电臧式毅："查现在日方外交渐趋吃紧，应付一切，亟宜力求稳慎。对于日人，无论其如何寻事，我方务须万方

[①] 参见韩信夫、姜克夫主编《中华民国大事记》第3册，中国文史出版社，1997，第227页。
[②] 《致荣臻电（1931年9月4日）》，载毕万闻主编《张学良文集》第1册，新华出版社，1992，第478页。

容忍，不可与之反抗，致酿事端。即希迅速密令各属，切实注意为要。"① 同日，张学良致电张作相："我国遵守非战公约，不准衅自我开。"② 在对日外交上，南京国民政府和东北行政当局达成一致意见。据何柱国回忆，9月12日蒋介石和张学良在石家庄有过一次密谈，事后张学良对他说蒋介石告诫张学良，"严令东北全军，凡遇日本进攻，一律不准抵抗。"③ 国民政府和东北地方当局在日军频繁演习之际，仍然坚持消极防御的策略。

这种被动挨打的策略无疑捆住了一线将士的手脚，面对日军的进攻将陷入既不能战也不能退的困境。据第七旅参谋长赵镇藩回忆，九一八事变前夕，旅长王以哲曾召集团以上军官研究对付日军进攻的方案。王以哲下达了不抵抗的命令，大家认为如果遭到日军进攻而采取这一策略，全军必然被歼灭。王以哲只能苦笑着回答："这是中央的命令，有什么办法？我们要绝对服从。"第七旅的军官都不赞同这种意见，朱参谋说："中央命令固然要服从，可是也不能坐着等死。"有人说："根据上峰的指示，敌军不来我们不能走，但是敌军若来了我们想走也不成，只有起来应战，不抵抗怎么能成呢？"最后，王以哲做了个见机行事的决定。所谓"见机行事"，就是敌来我跑，但是逃跑也得抵抗啊，否则也逃跑不了。经过反复研究，第七旅决定对于日军进攻，采取"衅不自我开，作有限度的退让"的对策：如果敌军进攻，在南、北、东三面待敌军进到距营垣七八百米的距离时，在西面待敌军越过铁路时，即开枪迎击；在万不得已的情况下，全军退至东山嘴子附近集结，候命行动。④ 可见，不抵抗政策造成东北军面对日军进攻时无所适从，难以有效回击。

---

① 《致臧式毅等电（抄件）（1936年9月6日）》，载毕万闻主编《张学良文集》第1册，新华出版社，1992，第479页。

② 《致张作相电（1931年9月6日，北平）》，载毕万闻主编《张学良文集》第1册，新华出版社，1992，第480页。

③ 何柱国："九一八"沈阳事变前后》，载全国政协文史资料研究委员会编《文史资料选辑》第76辑，中国文史出版社，1986，第66页。

④ 参见赵镇藩：《日军进攻沈阳北大营纪实》，载吉林省政协文史资料委员会编《东北的沦陷与抗战1931—1945》第1卷《事变》，吉林人民出版社，2014，第98页。

二、九一八事变与沈阳沦陷

国民政府和张学良一再忍让的策略当然不能阻止日军的行动。关东军原定于 1931 年 9 月 28 日实施柳条湖计划，这是一个高度保密计划，陆军方面根本没有告知日本外务省。其实，所谓币原外交在侵略中国东北的问题上和日本陆军并没有根本的分歧，但是代表日本政府的币原希望军部不要实行过于激进的方案。日本是国际联盟的成员，以及《九国公约》和《非战公约》的签字国，此时还是政党为首的日本政府担忧因贸然在中国东北采取军事行动，引发欧美列强的疑虑和不满，从而在国际社会遭受谴责，因此日本外务省力主通过谈判手段解决"满蒙问题"。但是随着中日关系日益紧张，日本军部已经没有耐心继续等待日本政府通过外交渠道解决问题，在关东军的少壮派军官看来，只有武装占领才能彻底解决"满蒙问题"。

虽然关东军的计划严格保密，但是日本政府还是有所警觉。8 月中旬，日本国内已经开始传言日军要出兵满洲，导致"满铁"股价大跌。9 月 15 日，日本驻沈总领事林久治郎电告币原外相："关东军正在集结军队，提取弹药器材，有在近期采取军事行动之势。"这造成了日本政府的恐慌，币原向陆相南次郎提出抗议："此种做法将从根本上推翻以国际协调为基本原则之若槻内阁外交政策，绝不能容忍。"① 南次郎在与陆军参谋长金谷范三商议后，决定派参谋本部第一部长建川美次赴东北，查明事件真相，同时压制关东军动武的阴谋。9 月 15 日，陆军参谋本部俄国班班长桥本欣五郎连续给板垣发出三封电报。桥本后来回忆："策划满洲事变的消息一经走漏，我就立即发出了坚决行动的电报。可是时间过去了，并没有真的坚决行动起来。只好再次给板垣发出密码电报'必须在建川到达奉天之前坚决行动！'然后，依旧没有坚决去做。又发出了第二次密码电报：'不必担心国内，应坚决行

---

① ［日］信夫清三郎编《日本外交史》下册，天津社会科学院日本问题研究所译，商务印书馆，1980，第 554 页。

动!'"①

日本陆军高层没有想到的是,建川美次恰恰支持关东军的侵略计划,他在知道自己将被派往中国东北后,急不可耐地想知道关东军的具体计划,"私下同大川周明勾结,一起商量在会见本庄前弄清板垣和石原意图的方法。大川答应建川的要求,决定让冈村的房客中岛信一乘飞机飞往大连"②。9月17日,中岛信一"肩负着建川对板垣的联络任务,带着3万日元乘飞机飞往大连"③。他先到大连,然后转到辽阳,找到了正在陪同关东军司令官本庄繁检阅部队的板垣。板垣知道建川此次来东北的目的,立即和石原在辽阳白塔旅馆进行商议,认为应当提前发动进攻。

9月18日中午,建川美次到达沈阳,花谷正到他居住的菊文饭店探听口风。花谷正回忆:"对于我说的事,他似乎已基本理解,可是他万万没有料到今晚动手。然而他绝对没有制止之意,这大致还是清楚的。"④ 建川的纵容使关东军内部的狂热分子更加有恃无恐。随后,攻击北大营的日军铁路守备队第二大队第三中队的105名全副武装士兵,在川岛正的率领下,以演习为名集结在距离北大营约3公里的文官屯车站南侧。9月18日晚9时,川岛命令工兵出身的河本未守中尉率领几名士兵,装作巡查铁路,沿着南满铁路南下。河本走到距北大营东南角约800米的地段停下,在铁路的一侧安置炸药,点燃导火索,炸毁了一段铁路,以此嫁祸东北军破坏南满铁路,作为进攻的借口。

就在九一八事变这一巨大国难爆发之际,东北行政当局处于无人主政的混乱状态。此时,中华民国陆海空军副司令兼东北边防军司令长官张学良正在北平。他因为患伤寒症住进了协和医院,病情严重不能理事。9月初他才大致痊愈,但依然在医院调养。张学良在北平期间,东北军政事务交给东北边防军副司令长官兼吉林省主席张作相、辽宁省主席臧式毅和东北边防军参谋长荣臻代为管理。但是九一八事变当晚,张作相因父亲去世回锦州奔丧而未在沈阳,臧、荣两人权威不重,不敢负

---

① [日]桥本欣五郎:《桥本大佐手记》,张德良译注,载沈阳市政协文史资料研究委员会编《沈阳文史资料》第7辑《"九一八"事变专辑》,沈阳市政协文史资料研究委员会办公室,1984,第198页。
② [日]关宽治、岛田俊彦:《满洲事变》,王振锁、王家骅译,上海译文出版社,1983,第196页。
③ 同上书,第181页。
④ [日]花谷正《"满洲事变"是这样策划的》,张德良译,载吉林省政协文史资料委员会编《东北的沦陷与抗战1931—1945》第1卷《事变》,吉林人民出版社,2014,第83页。

第十一章 九一八事变与辽宁沦陷

图 11-1 沈阳柳条湖铁路

其责。面对日军的疯狂进攻,东北军驻沈阳的部队实际上无人指挥。由于事前传达了"衅不自我开"的逃跑策略,因此北大营的官兵放松了警惕。

北大营驻扎的第七旅是东北军装备最为精良的部队,该旅有3个团,连同特种兵、后勤部队,共计约1万人。旅长王以哲是张学良的心腹爱将。事变当晚,第七旅旅长王以哲因出席省政府会议,留宿三经街私宅。第七旅3名团长只有六〇二团团长王铁汉在日军进攻后赶到军营,旅司令部只有参谋长赵镇藩留守。日军炮击北大营,随后步步进逼。在万分危急的时刻,赵镇藩用电话向参谋长荣臻请示应对办法,荣臻依然坚持不抵抗政策,命令:"不准抵抗、不准动,把枪放到库房里,挺着死,大家成仁,为国牺牲。"赵镇藩回答:"把枪放到库房里,恐怕不容易办到吧。"过了不久,他又借汇报情况为由,再次打电话给荣臻,希望他改变指示。赵镇藩说道:"这个指示已经同各团长说过了,他们都认为不能下达,而且事实上做不到。官兵现在都在火线上,如何能去收枪呢?"荣臻仍然坚持说:"这是命令,如不照办,出了问题,由你负责!"① 赵镇藩将这个命令传达给官兵,士兵们知道后极为愤慨。六〇二团二营的官兵听到"叫队伍不要动,把枪交回库里,回宿舍睡觉,日本人要什么给什么"的命令,都"气不打一处来",纷纷质问:"要命也给吗?"②

---

① 赵镇藩:《日军进攻北大营亲历记》,载全国政协文史和学习委员会编《文史资料选辑合订本》第2卷第6辑,中国文史出版社,2011,第104页。
② 姜明文:《"九一八"亲历记》,载沈阳市政协文史资料研究委员会编《沈阳文史资料》第7辑《"九一八"事变专辑》,沈阳市政协文史资料研究委员会办公室,1984,第56页。

赵镇藩鉴于枪不能收，只能再次请示荣臻。荣臻仍说不准抵抗，但指示必要时可以向东转移。

图 11-2　日军炮轰东北军北大营

图 11-3　北大营部分爱国官兵奋起抵抗

在北大营陷落的过程中，第七旅官兵伤亡惨重，有 148 人捐躯，另有 186 人负伤，还有 26 辆乐鳌式战车、112 挺各式机枪、33 门迫击炮和平射炮、1302 支长短枪支，以及大批弹药落入敌手。① 日军死亡 2 人，伤 23 人。第七旅从北大营撤出后，在沈阳东大营集合，随后去往锦州，最后撤入关内。王以哲后来沉痛地检讨："如果'九一八'之夜我们坚持抵抗，事情就不是这样的结局，敌人的野心可能遭到制止。我们犯了一个根本性的错误。我们将成为千古罪人。"②

日军在攻陷北大营的同时，第二十九联队第一、第二大队从"满铁"附属地出动，开始进攻沈阳城。沈阳地方军警接到不抵抗的命令后，大多未做抵抗，只有工业区公安六分局的 30 余名警察在日军进犯该局时，"死力抵抗，双方肉搏亘 3 小时

---

① 陈觉编著《九一八后国难痛史》上，辽宁教育出版社，1991，第 44-45 页。
② 李树桂：《"九一八"事变目击记》，载北京文史资料委员会编《文史资料选编》第 12 辑，北京出版社，1982，第 36 页。

之久，后因子弹告罄，外无应援，遂被日军攻入"①。其余各处军警均被日军缴械。身在沈阳的东北集团高层人物，王以哲出城寻找溃散的部队，荣臻化装入关，黄显声撤往锦州，辽宁省主席臧式毅则被俘虏。9月19日凌晨，日军在沈阳大西门升起日本军旗，基本控制了内城南北线。随后，日军进驻东北边防军司令长官公署和辽宁省政府各机关。辽宁省警务处处长黄显声命令在公安总局及公安总队部集中的警员及公安队官兵尽量携带弹药，以分局分队为单位撤出沈阳，连夜经新民赴锦州待命。②至此，沈阳全城沦陷。

图11-4 王以哲

在获知日军向北大营进攻后，关东军司令官本庄繁立即下达了进军令：

（1）驻辽阳的多门第二师团主力向奉天集中，攻击该地的中国军队。

（2）驻公主岭的独立守备第一大队、驻铁岭的第五大队、驻辽阳的第六大队的两个中队，立即向奉天集中。

（3）驻连山关的独立守备第四大队"扫荡"凤凰城，并占领安东。

（4）驻大石桥的独立守备第三大队占领营口。

（5）驻长春的第三旅团准备进攻长春附近的中国军队。③

与此同时，本庄繁还向驻朝鲜军司令官林铣十郎发出紧急求援的电报。

当时日本关东军在中国东北的军队只有第二师团，下辖两个旅团，总兵力为1万人，此外还有6个独立守备队，每个守备队900人左右。再加上其他附属部队，日本关东军在东北的总兵力不过两万余人。而此时东北军在东北的兵力部署，时任东北讲武堂步兵教导队副队长郑殿起有准确的记录："辽宁省步兵4个旅、骑兵1个旅、炮兵1个旅和1个团，省防军有步兵3个团和骑兵4个团、卫队2个团，此外还有东北讲武堂学员和学兵2000人，合计兵力4.5万人。吉林整编后兵力有6500人。黑龙江有官兵2.7万人。九一八事变时东北军在沈阳的兵力有步兵第七

---

① 陈觉编著《九一八后国难痛史》上，辽宁教育出版社，1991，第62页。

② 熊正平：《沈阳沦陷纪略》，载吉林省政协文史资料委员会编《东北的沦陷与抗战1931—1945》第1卷《事变》，吉林人民出版社，2014，第83页。

③ 日本政府参谋本部编《满洲事变作战经过概要》第1卷，田琪之译，中华书局，1982，第4页。

旅，约有官兵8000人。东北边防军司令长官公署卫队两个团约有官兵4000人，东北讲武堂学员和学兵能参加战斗的有650人。东塔空军警卫部队约500人。警员约千人，虽配有步枪，但是破旧不堪，并且未经过战斗训练，只能维持城市秩序和指挥交通。"① 郑殿起认为，东北军在1928年11月整编后总兵力只有28万人，调停中原大战调进关内10余万人。1931年6月，平定石友三叛变，仅留辽宁省两个步兵旅和1个骑兵旅、1个炮兵旅，其余都调进关内。黑龙江两个国防步兵旅也调进关内。所有调进关内的部队都是东北军精锐，是主要战斗兵种。虽然东北军精锐大部入关，造成东北空虚，但是九一八事变爆发时关东军与东北军的兵力对比依然悬殊，在装备上东北军也不逊于日军，两军之间差距最大的是训练水平和战斗意志。

此外，东北军此时的军事部署战略主要是对苏作战而不是对日作战。1931年夏，日本就已经做好了侵占东北的准备，正规军达1.4万人，还有在乡军人1万余人，警察3000人，共2.7万人。日军的部署是以沈阳为中心，沿南满铁路和安奉铁路部署，以便利用铁路运输的良好条件，伺机机动部队以确保首战沈阳必胜。而中东路事件发生后，东北军将主要兵力用来防备苏联，在关外的十几万部队分散配置在30多个要点上，说明东北军并没有在战略上将日本视为真正的对手。对日军而言，贸然以区区4个中队的兵力发起进攻，完全就是一场军事冒险。而关东军之所以敢如此冒险，一方面由于日军轻视中国军队，另一方面由于他们清楚中方不会抵抗，正如关东军在"满蒙问题处理案"中所认为的，"中国恐怕会采取不抵抗之消极态度以避之，而向列国提出申诉。"② 因此，日军的猖狂恰恰建立在对国民政府和东北集团准确判断的基础上。日军在侵占沈阳的同时，南满路、安奉路沿线的日军全面出击，占领复县、盖平、海城、营口、辽阳、铁岭、四平、公主岭、安东、凤城、本溪、抚顺等地。9月19日，日本关东军司令部移驻沈阳，第二师团移驻长春。③

---

① 参见郑殿起：《"九一八"事变时我军在东北的实力》，载辽宁省政协文史资料委员会编《辽宁文史资料》总第31辑《"九一八"纪实》，辽宁人民出版社，1991，第32-34页。

② 赵东辉、苏燕：《"九一八"全史》第1卷，辽海出版社，2001，第253-254页。

③ 辽宁省政协文史资料委员会编《辽宁文史资料》总第30辑《"九一八"大事记》，辽宁人民出版社，1991，第114页。

三、不抵抗政策的严重后果

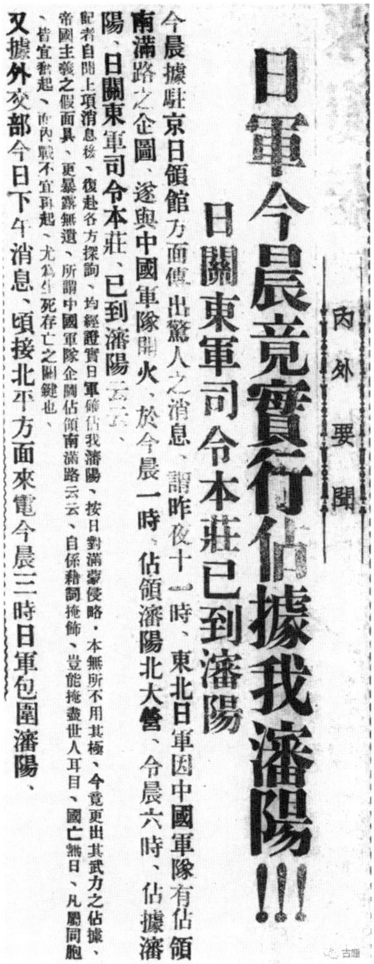
内外要闻

日軍今晨竟實行佔據我瀋陽!!!

日關東軍司令本莊已到瀋陽

今晨據駐京日領館方面傳出驚人之消息、謂昨夜十一時、東北日軍因中國軍隊有佔領南滿路之企圖、遂與中國軍隊開火、於今晨一時、佔領瀋陽北大營、今晨六時、佔據瀋陽、日關東軍司令本莊、已到瀋陽云云、

記者自聞上項消息後、復赴各方探詢、均經證實日軍確佔我瀋陽、按日對滿蒙侵略、本無所不用其極、今竟更出其武力之佔據、帝國主義之假面具、更暴露無遺、所謂中國軍隊企圖佔領南滿路云云、自係藉詞掩飾、豈能掩盡世人耳目、國亡無日、凡屬同胞、皆宜奮起、而內戰不宜再起、尤為生死存亡之關鍵也、

又據外交部今日下午消息、頃接北平方面來電今晨三時日軍包圍瀋陽、

图 11-5 《南京晚报》刊登沈阳陷落的消息

九一八事变当天，蒋介石正在乘军舰从南京到南昌指挥“围剿”中央苏区的途中。9 月 19 日，国民党中常会临时会议，急电蒋介石回南京主持一切。[①] 蒋介石行至湖口，得知消息立刻返回南京。9 月 21 日下午抵达南京后随即召开会议，商讨对日方略。蒋介石主张，以日本侵占东省事实，先行提出国际联盟与签订《非战公约》诸国，理由是“此时惟有诉诸公理”。同时“团结国内，共赴国难，忍耐至于相当程度，乃出以自卫最后之行动”。在会议上议定以下方略：（1）外交方面，加设特种外交委员会，为对日决策研议机关；（2）军事方面，抽调部队北上助防，并将讨粤及“剿共”计划悉予停缓；（3）政治方面，推派蔡元培、张继、陈铭枢三人赴广东，呼吁统一团结，抵御外侮；（4）民众方面，由国民政府与中央党部分别发布告全国同胞书，要求国人镇静忍耐，努力团结，准备自卫，并信赖国联公理处断。[②] 从会议的决议可以看出，蒋介石处理九一八事变的基本策略就是镇静忍耐，以待国际联盟的裁断，诉诸“公理”解决，自卫决不轻言武力，其实就是不抵抗政策。

9 月 22 日，蒋介石在南京市国民党员大会上发表讲话，明确提出了以“逆来

① 韩信夫、姜克夫主编《中华民国大事记》第 3 册，中国文史出版社，1997，第 227 页。

② 《蒋介石召集会议决定对日方略纪事》，载姜念东主编《历史教训——“九一八”纪实》，吉林文史出版社，1991，第 201 页。

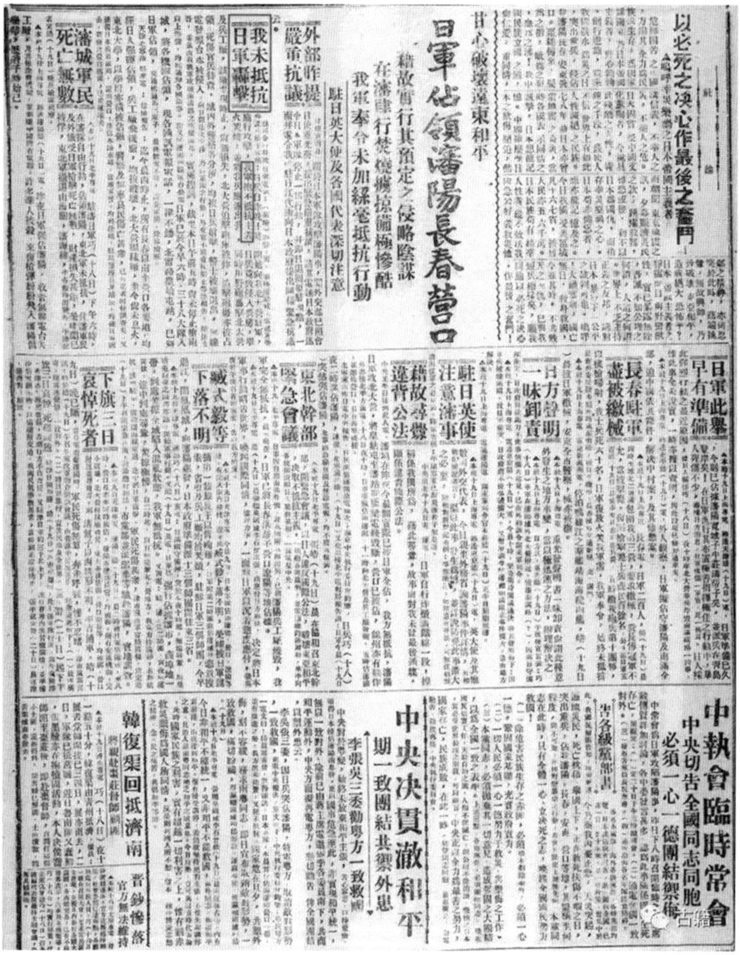
以必死之決心作最後之奮鬥

甘心破壞遠東和平
日軍佔領瀋陽長春營口
藉故實行其預定之侵略陰謀
在瀋肆行焚燒擄掠備極慘酷
我軍奉令未加絲毫抵抗行動

外部昨提嚴重抗議
駐日英大使及各國代表深切注意

我未抵抗 日軍轟擊

瀋城軍民 死亡無數

日軍此舉 早有準備

長春駐軍 盡被繳械

日方聲明 一味卸責

駐日英使 注意瀋事

藉故尋釁 違背公法

東北幹部 緊急會議

臧式毅等 下落不明

下旗三日 哀悼死者

中執會臨時常會
中央切告全國同志同胞
必須一心一德團結禦侮

告各級黨部書

中央決貫澈和平
期一致團結共禦外患
李張吳三委勸粵方一致救國

韓復榘回抵濟南

晉鈔慘落 官方無法維持

图 11-6　1931 年 9 月 20 日国民党中央机关报《中央日报》的报道

顺受”的态度对待九一八事变，他讲道：“此次严重之国难中，我国民是否能全体一致，举国一心，发挥真正之爱国精神，以救国难，亦为一很大之试验。余深信凡我国民值此民族根本存亡所关之今日，必能一致奋起，共救危亡，以挫日本之野心，而证明其观察之错误。唯国家当重大事变发生时，国民之精神，固不可消沉散漫，行动上尤切忌轻浮，力量从组织而生，必须动作一致、步骤一致，守严整之纪律，服从统一之指挥，一德一心，作必死之奋斗，而后始能发生效力，断不可人自为战，以陷分裂。现在日本暴行发生，已将五日，中央政府已作严密之研究，决定所取之步骤。此时世界舆论已共认日本为无理，我国民此刻必须上下一致，先以公理对强权，以和平对野蛮，忍痛含愤，暂取逆来顺受态度，以待国际公理之判断。

第十一章 九一八事变与辽宁沦陷

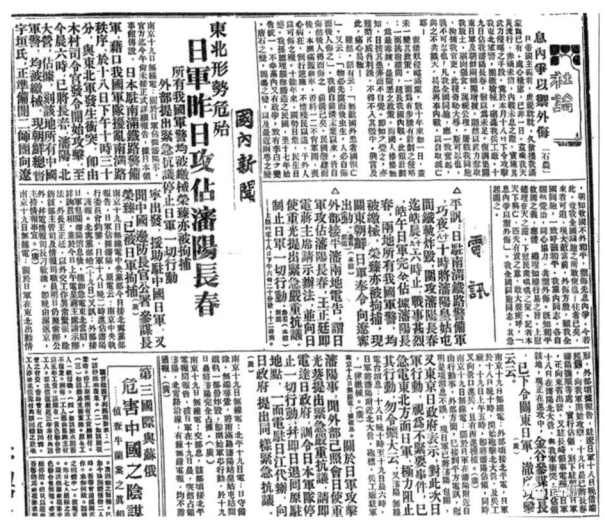

图 11-7　1931 年 9 月 20 日《大公报》（长沙）关于九一八事变的报道

我全体同志，服从三民主义，革命救国，自当有不顾生死之决心，以保民族之生存。但国家生死存亡，关系至大，此时务须劝告民众，严守秩序，服从政府，尊重纪律，勿作轨外之妄动，而为有秩序、有步骤之奋斗，此刻暂且含忍，决非屈服，待至国际条约信义，一律无效，和平绝望，到忍耐无可忍耐，直至不应忍耐之最后地步，则中央已有最后之决心，与最后之准备，届时必领导全体国民，宁为玉碎，以四万万人之力量，保卫我民族生存与国家人格。"① 蒋介石在这次讲话中基本阐明了国民政府应对九一八事变的基本态度，要求全体国民服从统一指挥，勿为轨外行动，也就是明确限制了人民群众反日爱国行动，特别是武装抗日活动。对于中日问题的解决，蒋介石完全寄希望于国联，期待欧美列强能够出面向日本施压，因此杜绝武装冲突，以逆来顺受换取国际舆论的同情。可见，蒋的这一讲话和 9 月 21 日国民党高层会议的决议精神是相一致的。

同日，中国国民党中央执行委员会发表《告全国同胞书》，强调："此次外患性质之严重，为从前所未有，欲期公理得伸，强暴敛迹，必得动作一致，步骤一

---

① 《蒋介石在南京市国民党员大会上的讲话（1931 年 9 月 22 日）》，载姜念东主编《历史教训——"九一八"纪实》，吉林文史出版社，1991，第 201 页。

图 11-8 《申报》刊载国民政府《告全国国民书》

致,听统一之指挥,守严整之纪律,而后乃能造成整个之力量,以收确实之效果。"① 9月23日,国民政府发表《告全国国民书》,讲道:"政府现时既以此次案件诉之于国联行政会,以待公理之解决,故希望我全国军队,对日军避免冲突,对于国民,亦一致告诫,务须维持严肃镇静之态度。至对于在华日侨,政府亦严令各地方官吏妥慎保护,此为文明国家应有之责任。吾人应以文明对野蛮,以合理态度显露无理暴行之罪恶,以期公理之必伸。然为维持吾国家之独立,政府已有最后之决心,为自卫之准备,决不辜负国民之期望。"② 因为害怕爱国学生点燃抗日的怒火,国民党中央特意发表《告全国学生书》,写道:"试问在此时期,就能人各一主张,人各一利害,而使其听命于统一指挥者耶?不特战时为然,及平常生聚训练之时,亦必有统一之指挥,乃能有充分之准备。即如全国学生,今无一不愿荷枪前敌,为国捐躯,然义愤固可薄天,但仓皇失措,既为无益之牺牲,复无补于国家之危亡。"③ 蒋介石一再在文告中强调对日军避免冲突,这就是不抵抗政策的公开表示。蒋介石和南京国民政府虽然也谈到要自卫,但是自卫的前提是到了忍无可忍的情况。可是日军占领沈阳后,并未丝毫停步,相反"辽吉要地,多被蹂躏,强暴之举,继续未已",连蒋介石也承认到了民族根本存亡之所关的关键时刻。如此时刻还要继续忍耐,也就无所谓准备自卫。对于南京国民政府而言,与其说惧怕日寇,不如说更怕爱国群众掀起反日浪潮而无法控制,从而动摇统治,所以才一而再、再

---

① 《中国国民党中央执行委员会告全国同胞书(1931年9月22日)》,载姜念东主编《历史教训——"九一八"纪实》,吉林文史出版社,1991,第201页。
② 《国民政府告全国国民书(1931年9月23日)》,载姜念东主编《历史教训——"九一八"纪实》,吉林文史出版社,1991,第204页。
③ 《国民党中央告全国学生书(1931年9月28日)》,载姜念东主编《历史教训——"九一八"纪实》,吉林文史出版社,1991,第205页。

而三地要求统一指挥,服从领导,反对武装抗日。总而言之,九一八事变后,蒋介石和南京国民政府就制定了对日妥协、忍耐镇静、避免冲突的决策,将全部希望都放在国联调停上。这种消极的政策就是不抵抗政策。

蒋介石政府之所以采取不抵抗政策,其根源在于以下几点:

第一,蒋介石从内心来讲就怀有恐日情绪,他认为一旦开战中国必亡,因此不敢对日宣战。冯玉祥曾回忆,蒋介石在一次会议上讲道:"枪不如人,炮不如人,教育训练不如人,机器不如人,工厂不如人,拿什么和日本打仗呢?若抵抗日本,顶多三天就亡国了。"①

第二,这是蒋介石"攘外必先安内"政策的必然结果。自四一二反革命政变开始,国民党反动派就将"防赤反共"当作第一要务,对中国共产党和革命群众举起屠刀,残酷镇压。1931年,宁粤之争愈演愈烈,苏皖各地遭遇百年不遇的洪灾,日本在东北蠢蠢欲动,可谓天灾人祸、民不聊生的时刻。7月23日,蒋介石在南昌行营发出《告全国同胞一致安内攘外》通电,"略谓本人正在前方'剿赤',忽于军中接读朝鲜华侨惨案,与石友三叛变,暨粤桂诸逆犯湘赣之报,总阅各方报告,始了然此'四者皆互为因果',在此'生死存亡,间不容发之秋,自应以卧薪尝胆之精神,作安内攘外之奋斗','必期于最短期内剿灭赤匪','赤匪有一未灭,则中正之责任一日未尽'。"②在蒋介石看来,"安内"是"攘外"的前提,要"攘外"必先"安内",两者次序有别,即如果没有实现"安内"就无法"攘外"。此时的蒋介石将大部分精力和兵力都用来"围剿"中央苏区,以及讨伐两广地方实力派,而并未将日本侵略东北的行径当作急务。为了不让九一八事变干扰到国民党"剿共",他甘愿牺牲东北,以换取暂时的和平。

第三,蒋介石和南京国民政府牺牲东北对日妥协,保全自己,削弱东北军的实力。蒋介石的实力基础在江浙地区,背后是英美帝国主义和江浙财阀的支持,因此他最大的利益关注点在关内,特别是江南地区。东北自"易帜"后一直处于半独立状态,张学良率领的东北军作为当时国民党内最有实力的地方派系,对于蒋介石而言同样是潜在的威胁。因此,不抵抗政策导致东北沦丧,对于南京国民政府而言并没有实质上的利益损失;相反,削弱东北军更有利于蒋介石整合国民党派系,增强中央的权威。所以,九一八事变后中日两国间展开了秘密外交,蒋介石和南京国民

---

① 冯玉祥:《我所认识的蒋介石》,黑龙江人民出版社,1980,第30页。
② 韩信夫、姜克夫主编《中华民国大事记》第3册,中国文史出版社,1997,第216页。

政府以牺牲东北来换取自身安全,如日本驻汉口总领事坂根准三在给币原外相的密电中就提到,"从可靠方面获悉,9日晨归汉之何成濬对亲密者作如下秘密谈话:此次彼南京之行,是应蒋介石电召,列席讨论时局对策之秘密会议……结果,决定承认日本在满蒙之一切既得利益,取缔排斥日货运动,并牺牲张学良之地位,把京津地区转让给阎锡山,以求与日本妥协。倘如此还有困难则进一步让步,此际惟须维持蒋介石之地位。"① 从电文内容可知,国民党中央政治会议特种外交委员会的秘密会议上,国民党中央已经作出决定承认日本在东北的既得利益,以对日妥协,甚至准备让张学良做"替罪羊",由阎锡山出面收拾华北残局,可见蒋介石为了保住自己的地位不惜牺牲国家与人民的利益。

　　九一八事变发生当晚,张学良在北平得到来自沈阳的报告,得知日军发动进攻。他立即召见陆海空军副司令行营参谋长戢翼翘、秘书长王树翰、平津卫戍司令于学忠、河北省主席王树常等人商议对策。张学良心腹荆有岩记述当时的情景:"概南京中央认为准备不足不能对日作战,在这以前,就曾得到指示:'东北对日本的问题,要照应全面,力避冲突,万不可逞一时之愤。'现大事临头,仍不考虑。外交部长王正廷妄图依靠国际联盟,认为国联保持均势,必能制止日本的侵略。因此,南京方面坚决主张不抵抗,下达命令于张副总司令。"② 情势紧迫,张学良决定唯"中央命令"是从,电令荣臻不可抵抗。这种消极的态度最终导致沈阳陷落。

　　9月19日,张学良发表通电谴责日军的侵略行径,同时继续表明态度:"职等现均主张坚持不与抵抗,以免地方糜烂。"③ 同日,他与天津《大公报》记者谈沈阳事变,继续阐明东北当局不抵抗的政策:"秩序未坏,我方官民,悉不准备抵抗。吾信臧式毅主席必在城内,努力维持,不令秩序破坏。此事自应由政府负责交涉。日本此次,既未下最后通牒,又未宣告开战,而实际采取军事行动,令人不解,仍

---

① 《驻汉口坂根准三总领事致币原外相电(第七一六号)》,载日本外务省编《日本外交文书昭和战前特集·满洲事变》第1卷第2册,日本外务省发行,1977,第345页。

② 荆有岩:《"九一八"之夜的张学良》,载辽宁省政协文史资料委员会编《辽宁文史资料》总第31辑《"九一八"纪实》,辽宁人民出版社,1991,第117页。

③ 《通告日军侵占沈阳电(1931年9月19日,北平)》,载毕万闻主编《张学良文集》第1册,新华出版社,1992,第481页。

望国民冷静隐忍，勿生枝节。"① 张学良回答外报记者时再次强调："惊悉中日冲突事件，惟东北军既无抵抗之力量，亦无开战之理由，已经电沈，严饬其绝对不抵抗，尽任日军所为。"② 可见，执行不抵抗政策是张学良解决东北问题的指导思想，同时他冀望于南京，将解决中日矛盾的主动权完全交予国民政府。

19日上午，张学良召集东北外交委员会成员商议对策——这一委员会是1931年8月为了研究东北外交问题成立的，当日参加会议的有顾维钧、汤尔和、章士钊、汪荣宝、罗文干、王荫泰、王树翰、刘哲、莫德惠等人，其中多位是中华民国外交界的重要人物。顾维钧作为外交界的领袖人物，提出建议："立刻电告南京要求国民政府向国际联盟行政院提出抗议，请求行政院召开紧急会议处理这一局势。"③ 张学良深以为是，表示赞同。不过，顾维钧又向张学良解释，国际联盟对于中日事件很难有任何有效的行动。诉诸国联，是为了引起世人的注意，联合欧美列强对日本施压，需要派人去东北了解日本负责人的意向，为解决中日悬案营造良好气氛，为最终妥协达成协议进行铺垫。张学良对此建议没有同意，后经过顾维钧的劝说，决定派人打听日本的底线。汤尔和也在会上提出，他刚刚从日本回国，因此对日本国内政治形势有所了解："根据他在日本的观察，日本内阁现正在抑制日本军部势力，不愿使东北的事态扩大。"汤又说，币原外相亲自和他谈过，日本如吞并满蒙，实不啻吞了一颗炸弹。如用国联的力量来抑制日本，正可使日本内阁便于对付军部。④ 之后，张学良又邀请了平津的名流和东北军重要将领磋商东北问题，包括李石曾、胡适、吴达铨、周作人、朱启钤、潘复、张志潭、胡惟德、陈篆、曹汝霖、陆宗舆、王克敏、王揖唐、顾维钧、汤尔和、章士钊、汪荣宝、罗文干、王荫泰以及王树翰、刘哲、莫德惠、于学忠、万福麟、王树常、戢翼翘、鲍文樾等27人，与会者均认为应"依靠国联、听命中央为是"⑤。

---

① 《对天津〈大公报〉记者谈沈阳事变》，载毕万闻主编《张学良文集》第1册，新华出版社，1992，第483页。
② 《尽任日军所为——对外报记者谈沈变》，载毕万闻主编《张学良文集》第1册，新华出版社，1992，第483页。
③ 顾维钧：《顾维钧回忆录》第1分册，中译本，中华书局，1983，第414页。
④ 洪钫：《九一八事变时的张学良》，载全国政协文史和学习委员会编《回忆张学良和东北军》，中国文史出版社，2017，第203页。
⑤ 同上。

经过两次会议，张学良更加相信国民政府和依靠国联。第二次会议后，由章士钊、汪荣宝起草电文，向南京政府阐明东北外交问题的意见。9 月 23 日，张学良派万福麟、鲍文樾飞赴南京晋见蒋介石。蒋介石叮嘱两人："你们回去告诉汉卿，现在他一切要听我的决定，万不可自作主张，千万要忍辱负重、顾及全局。"① 万、鲍两人回到北平后，张学良召集戢翼翘、于学忠、王树常、王树翰商议。于学忠建议，应集中数旅兵力给敌人以打击，以挫其侵略气焰，并取谅于国人。同时令吉、黑两省军事负责长官返回防地掌握部队。② 此时，东北军在吉、黑尚有兵力 10 余万，这些部队因张学良奉行不抵抗政策而军心动摇，陷入群龙无首的局面。在日军的诱降和进攻之下，很多部队不免军心涣散，不仅失去战斗力，甚至屈膝投降成为汉奸。如果按照于学忠的建议，集中兵力与日军一战，不仅可以向国人表示东北军抗日御侮的决心，还可以提振军心士气；但是张学良没能采纳于学忠的建议，这是一个严重的错误，最终导致辽、吉、黑迅速陷落。

张学良与蒋介石不同，毕竟东北是张氏父子起家的地方，是东北军集团的根基所在，一旦东北有失，东北军集团损失最大。可是为什么在九一八事变后张学良要采取不抵抗政策呢？原因在于张学良对时局的一系列错误判断。

第一，张学良对九一八事变日军发动进攻的严重性估计不足。在事变之前，日军就不断进行演习和挑衅，而张学良和南京国民政府都抱着"衅不自我开"的态度，想通过不断退让来维持住东北的和平局面。所以九一八事变当晚接到荣臻急电的张学良，依然认为这不过是一次军事挑衅，而非全面进攻，因此他依然按照此前的方针避免冲突。就如他 9 月 24 日致蒋介石、王正廷的电文所说："我方以日军迭在北大营等处演习示威，行动异常，偶一不慎，深恐酿起事端，曾经通令各军，遇有日军寻衅，务须慎重，避免冲突。当时日军突如其来，殊出意外，我军乃向官方请示办法，官方即根据前项命令，不许冲突。又以日军此举，不过寻常性质，为免除事件扩大起见，绝对抱不抵抗主义。"③ 这里所谓"官方"指的是南京国民政府，也包括张学良自己。其实日军采取如此规模的军事进攻是出乎所有人意料的。9 月

---

① 洪钫：《九一八事变时的张学良》，载全国政协文史和学习委员会编《回忆张学良和东北军》，中国文史出版社，2017，第 203 页。

② 同上。

③ 《致蒋介石王正廷电（1931 年 9 月 24 日）》，载毕万闻主编《张学良文集》第 1 册，新华出版社，1992，第 490 页。

28日，北平抗日救国市民大会举行后派代表往见张学良，要求其表态。张学良对此解释道："不抵抗主义实乃误会。此次事件除我想不到外，即各位亦恐想不到。事前为防止日人挑衅，故令其取不抵抗主义，此可证我方之酷爱和平也。"① 实际上就在日军全面占领沈阳后，张学良还没有意识到日军的阴谋是全面占领东北。他在给东省特区公署的电文中依然不认为日军会进入哈尔滨："据报日军有进入哈埠之说，当经派人赴日公使馆质询，据称哈埠日居留民，近极恐慌，曾经请兵保护，现已决定派警察百名，并不派兵。至洮南、通辽两处，日军亦不前往。而前赴吉林之军队，且将于日内撤退，等语。查所述各节，固难尽信，惟闻语气之间，尚属诚恳。"② 此时九一八事变已经爆发一个星期，日军已经大举进攻，打算彻底吞并东北，而张学良还天真地认为日军不会进入吉、黑两省，所以仍然坚持执行不抵抗政策。他的这种错误判断导致东北军没有坚定反击的决心，造成了严重的后果。

第二，张学良对日本政府和军部相互间制衡的控制力估计不足，幻想日本政府能够约束军部。张学良和日本政界有着密切的联系。1929年，日本政友本党的两名众议员就到沈阳面见张学良的心腹王家桢，寻求竞选资金的支持，以支持床次竹二郎组阁。王家桢在和张学良商议时提到出资支持日本政治家建立亲华政府的好处："若是床次组了阁，日本在东北保有的不合理的特权，如在商埠地及南满铁路附属地所设的警察，应该合理地另行规定有限制的职权等。"③ 张学良认同王家桢的建议，拿出50万元支持政友本党，只是最后床次未能如愿组阁。通过此事可知，张学良还是相信日本政府能够控制军部，只要中国军队不抵抗，两军矛盾不激化，那么日本政府就有充足的理由来限制日军的进攻。但是张学良没有意识到，"雄狮首相"滨口雄幸遇刺伤重去世后，日本政党内阁已经名存实亡，军部如脱缰的野马在军国主义的道路上难以回头了。张学良期待的中日两国政府协商解决问题的途径最终没有实现。

第三，张学良认为应当全局抗战，认为仅凭东北一隅不足以与日本抗衡。国民

---

① 《接见北平抗日救国市民大会代表的答词（1931年9月28日，北平）》，载毕万闻主编《张学良文集》第1册，新华出版社，1992，第496页。

② 《致东省特区长官公署等电（1931年9月25日，北平）》，载毕万闻主编《张学良文集》第1册，新华出版社，1992，第490页。

③ 王家桢：《一块银元和一张收据——张学良枪毙杨宇霆、常荫槐和收买日本政友本党的内幕》，载全国政协文史和学习委员会编《回忆张学良和东北军》，中国文史出版社，2017，第121页。

政府反复强调全国应服从领导、统一指挥，命令东北军不许与日军发生冲突。这表明，一旦张学良下令东北军武装抵抗日军，国民政府只会作壁上观，不会给予一枪一弹的支持，这种情况在"中东路事件"中已经展露无遗。张学良在事变当天就和东北军的高级将领谈到这点："日本图谋东北，由来已久。这次挑衅的举动，来势很大，可能要兴起大的战争。我们军人的天职，守土有责，本应和他们一拼，不过日军不仅一个联队，它全国的兵力可以源源而来，绝非我一人及我东北一隅所能应付。现在我们既已听命于中央，所有军事、外交均系全国整个的问题，我们只应速报中央，听候指示。我们是主张抗战的，但须全国抗战；如能全国抗战，东北军在最前线作战，是义不容辞的。"① 张学良提出的全局抗战有保存实力的考虑，特别是经过"中东路事件"，他也不敢轻信国民政府。此外，他仅仅考虑了军队抗战，而没有想到发动群众，其实反帝爱国的真正力量之源是人民。如果张学良当时能够意识到这一点，振臂一呼，率领东北军奋起抗击，东北民众给予大力支持，全国爱国人士必将集合起来，蒋介石政府就会陷入孤立的境地，很有可能挫败日军的军事冒险。

虽然不抵抗政策是南京国民政府定下的基调，张学良只是执行者；但是作为东北边防军司令长官，守土有责，责无旁贷。因此九一八事变造成的严重后果，张学良必然要承担相当的历史责任。

---

① 洪钫：《九一八事变时的张学良》，载全国政协文史和学习委员会编《回忆张学良和东北军》，中国文史出版社，2017，第202页。

第二节
锦州抗战失利与辽宁全境沦陷

一、锦州抗战时期中日政局的变化

九一八事变后,关外的东北军急剧分化。长春及其周边地区沦陷后,吉林省城已经岌岌可危,代理吉林军政的长官公署参谋长熙洽着手安排投降事宜,命令中将参议安玉珍和秘书长张燕卿前往土门岭迎接多门师团,日军兵不血刃占领吉林省城。随后,关东军先后唆使东省特别行政区行政长官张景惠,在哈尔滨地区建立亲日组织;唆使洮辽镇守使张海鹏在洮索地区建立"独立政权",还支持他趁机侵入黑龙江。在此危急时刻,10月10日,张学良电请国民政府允许黑河警备司令、步兵第三旅旅长马占山代理黑龙江省主席兼代驻黑龙江副司令。马占山说服张学良、万福麟放弃不与日军冲突的方针,要求对日军实行坚决抵抗,从而打响了著名的"江桥抗战"。11月6日,马占山判断日军将发起全面进攻,于是下令歼灭进犯之敌。同日,马占山通电全国:"占山原以此事国联已有办法,力主避免冲突",但日军侵略不止,"大难当前,国将不国,惟有淬厉所部,誓死力抗,一切牺牲,在所不惜"。① 虽然因实力悬殊,马占山所部最终放弃齐齐哈尔,撤往海伦,但是"江桥抗战"沉重地打击了日军的嚣张气焰,同时振奋了全国人民的抗日精神。黑龙江东北军的抗战也促使国民政府调整对日政策。11月14日,南京国民政府第四次全国代表大会举行第一次大会。大会决议电慰黑龙江省代主席马占山及黑龙江省东北

---

① 韩信夫、姜克夫主编《中华民国大事记》第3册,中国文史出版社,1997,第216页。

军将领，同时通过刘家述等43名代表关于"严令各省文武官吏若遇外侮入侵，应作正当防卫，严守疆土，与城存亡，不得放弃职守"的提案，并将决议交国民政府切实办理。①

齐齐哈尔失陷后，日军为了占领东北全境，南犯锦州。锦州位于辽西走廊，依山面海，北宁线由此而过，是扼守东北进关的战略要地。九一八事变后，东北边防军司令长官公署和辽宁省政府已不能行使职权，于是张学良呈报南京国民政府，宣布："沈阳东北边防军长官公署及辽宁省政府均被日军占领，不能再行使职权，现将两机构暂移设锦州办公，由张作相代理边防军司令长官，米春霖代理省主席。28日，米春霖偕同在平省府委员离平赴锦州组织临时省署。"②两行署成立后，开始收拢从沈阳撤出的部队，集结兵力，与尚未沦陷的各地保持联系，指导抗日活动。两行署的存在表明辽宁省还没有完全沦陷。

10月7日，本庄繁下令独立飞行第十中队及第八中队8日起飞对锦州进行轰炸。10月8日，日军6架侦察机、5架战斗机和1架客机从沈阳机场起飞。午后到达锦州，对军政两署所在的东北交通大学进行了狂轰滥炸和机枪扫射。关东军作战主任参谋石原莞尔在客机上对轰炸效果进行了观察。由于军政两署的人员及时撤离，没有造成重大伤亡，但是平民百姓伤亡20余人，被炸者"头颅糜烂、肚破肠出、血肉模糊、惨不忍睹"③。

10月8日，日本陆军"三巨头"陆相南次郎、参谋总长金谷、教育总监武藤在东京讨论"满洲事变"解决方策，决议向日本政府提出以下意见："一、满洲事变由中国不法行为所引起，故一切责任应由中国负之；二、满蒙悬案，特别如铁道及商权问题等，当乘此时期解决之。满洲新政权的实现，应以地方问题交涉之：（一）新政权树立，日侨之生命财产得有安全保障后方能撤兵；（二）满洲事件为日中两国地方问题，国联倘欲干涉，当促其反省。"④从这个条件来看，日军下定决心要在东北扶植亲日派"政权"，并且要将挑起事端的责任甩锅给中国，同时阻止国联对日军的侵略行径进行调查。

10月9日，辽宁省代理主席米春霖因日机轰炸离锦赴平，行署及重要职员均随

---

① 韩信夫、姜克夫主编《中华民国大事记》第3册，中国文史出版社，1997，第270页。
② 同上。
③ 陈觉：《"九一八"后国难痛史》上册，辽宁教育出版社，1991，第316-319页。
④ 同①书，第250页。

行，临时省署已空无一人，两署实际上陷入瘫痪。中国驻国联全权代表施肇基以日军飞机轰炸锦州，东北局势严重，刻不容缓，申请国联提前开会解决中日问题。① 日本外务大臣币原因英国大使林特美要求日政府解释日机轰炸锦州事件，于10月10日发表宣言："诡称日机轰击锦州，系因中国军队正集中该处，日军在'自卫'和'维持秩序'上有迅速行动之必要。如中国士兵不向日机开火，则日机不致轰炸该地临时省政府及兵营。日机掷弹自卫，并不违犯国际公法。"② 由于日机轰炸震惊国联，英美等国担心日本的侵略扩大到关内将影响他们的在华利益，因此向日方提出警告。第一次世界大战时飞机轰炸大城市也给欧洲各国留下了恐怖的记忆，因此纷纷谴责日方的野蛮行径。币原倒打一耙，企图把责任推给中国，但是国联行政院并没有相信日本的谎言，提出限期日军撤出占领的决议。对于日本而言已经得到的利益怎么会拱手交出，因此对国际反应采取"不予理睬"的对策。

12月11日，日本政局发生变化，若槻内阁总辞职，币原的协调外交告终。"尽管民政党在议会里占绝大多数，但害怕军部和右翼反对的元老西园寺公望，却奏请让第二大党政友会的总裁，犬养毅出来组阁。"③ 犬养毅身为在野党总裁，曾对币原的协调外交进行猛烈攻击，但是他反对关东军策划的东北独立方案。他曾说："以现在的趋势向建立独立国家推进，势必招致与九国公约的正面冲突。"④ 为了解决"满洲问题"，恢复对军队的控制，犬养毅安排荒木贞夫出任陆相，希望依靠他的人望来约束军部。然而荒木上任后，起用的都是具有法西斯主义思想的皇道派青年军官，结果日本陆军内部的派系斗争更为尖锐。与此同时，外务省也出现了"下克上"的风气，白鸟敏夫勾结内阁书记官长森恪和陆军省军事课的铃木贞一，架空了外相芳泽谦吉。参谋本部和外务省都由激进派人物掌握，关东军进攻锦州的积极性大为增加。

就在日本政局发生变化的时候，南京国民政府也出现了政局变化。蒋介石因实行不抵抗政策而遭到全国人民的反对，加之两广实力派逼宫，蒋介石采取以退为进的策略，于12月5日宣布下野，辞去国民政府主席、行政院院长和陆海空军总司

---

① 韩信夫、姜克夫主编《中华民国大事记》第3册，中国文史出版社，1997，第251页。
② 同上。
③ ［日］信夫清三郎编《日本外交史》下册，天津社会科学院日本问题研究所译，商务印书馆，1980，第566页。
④ 同上书，第567页。

令职务。同日，国民党中常会临时会议推荐林森代理国民政府主席，陈铭枢代理行政院院长。后由孙科出任行政院院长，陈友仁出任外交部部长，张学良出任北平绥靖公署主任，两广实力派控制南京国民政府。

图 11-9 林森

12月2日，蒋介石下野之前，召开了国民党中央执委会政治会议，会上参会人员对于是否将锦州设为中立区展开了激烈的争论，最后得出决议："一、东三省事件应积极进行，于国联切实保证之下解决。二、锦州问题，如无中立国团体切实保证，不划缓冲地带，如日军进攻，应积极抵抗。三、天津与日租界毗连之处，如有中立国切实保证，得划临时缓冲地带，以避免冲突。"① 设立锦州为中立区，就意味着放弃锦州，这自然让全国民众难以接受，同时也难有第三方接手，因此这一决议案表明国民政府十分清楚锦州很难坚守，所以在和、战之间摇摆不定。

蒋介石下台后，依然操纵南京政府，特别是利用宋子文断绝新政府的财政，使其陷入困境。蒋介石和汪精卫合谋掣肘新政府施政。最终，孙科内阁无法坚持，只能辞职，汪精卫出任行政院院长。3月8日，蒋介石出任南京国民政府军事委员会委员长，蒋汪合作政府出台。就在国民党各派系忙于争权夺势的时候，东北的形势愈加恶化。

二、锦州抗战失败的政治影响

12月21日，关东军以"讨匪"为名开始进犯锦州，分别向法库、田庄台、牛庄发起进攻，"以夺取锦州为目的，是日拂晓在南满路沿线、四洮路、大虎山与通辽间及开原、铁岭等地同时开始总攻击"②。在这危急时刻，国民政府于12月25日给张学良发来"坚决抵抗"的电文："本日中执委会决议'对于日本攻锦州应尽力

---

① 《中国国民党中央执行委员会政治会议第二九七次会议速记录》，载王建朗主编《中华民国时期外交文献汇编（1912—1949）》第6卷上，中华书局，2015，第57页。
② 韩信夫、姜克夫主编《中华民国大事记》第3册，中国文史出版社，1997，第291页。

之所能及，积极抵抗'，'仰即积极筹划自卫，以固疆圉，并将办理情形按日呈报，毋稍懈忽'。"① 蒋介石下野后，南京国民政府发来了前所未有的命令——"抵抗"，但是这一命令却只是一纸空文，国民政府既没能提供任何物资援助，也没有任何援军。

张学良很清楚，锦州是难以坚守的。12月21日，他给于学忠下达了指示："我军驻关外部队，近当日本来攻锦州，理应防御，但如目前政府方针未定，自不能以锦州之军固守，应使撤进关内，届时以迁安、永平、滦河、昌黎为其驻地。"② 但是思虑再三后，张学良决定坚守锦州，与日军正面作战。面对锦州防御力量不足的情况，张学良只能急电南京请援。12月25日，张学良致电国民政府主席："火速饬拨现款百万元，用发目前火食饷需。亦知中央财政同感困难，然对士兵饱暖，不得不请，并请速拨枪弹某口径者1600万发，某口径者800万粒，某生的重炮弹1万发，某生的野炮弹7万发，某生的某野炮弹3万发……，所有弹款，务请于一星期内发到，而子弹需用最急，尤请日内照拨。"③ 12月26日，他再度致电国民政府："对锦必尽力设法固守，但日军倾全国之力，我仅一隅之师，彼则军实充足，器械精良，陆空连接，大举进犯；我则养饔不充，械弹两缺，防空御寒，均无准备，实力相较，众寡悬殊，凡此情形，谅为钧府所洞察，战端一开，非一时所能了；关于补充增援诸项，必须筹有确切办法。再日本在天津现已集结大军，锦战一开，华北全局必将同时牵动，关于此节，尤须预筹应付策略；否则空言固守，实际有所为难。良部官兵，已有牺牲决心，但事关全国，深恐无补艰危。且善后问题，不可不预加筹计。良职责所在，誓效捐糜，对此大难当前，绝非有何畏惧。"④ 虽然锦州情势危急，但是国民政府对于张学良两份电文，只是答复已交参谋、军政两部核办，而没有任何实际行动。12月28日，张学良再次急电南京国民政府："迩来日军着着进逼，锦县危急万分。我军誓死抵御，敌人迄未得逞，然士气虽壮，款弹两缺，敌如大举前进，即举东北士兵尽数牺牲，亦难防守。事关全国，钧府既迭责

---

① 韩信夫、姜克夫主编《中华民国大事记》第3册，中国文史出版社，1997，第293页。
② 同上书，第292页。
③ 《呈国民政府主席电（1931年12月25日）》，载毕万闻主编《张学良文集》第1册，新华出版社，1992，第563-564页。
④ 《呈国民政府电（1931年12月26日）》，载毕万闻主编《张学良文集》第1册，新华出版社，1992，第564页。

其尽职,自应援以实力,事出急迫,惟应仍恳俯赐查照前电,迅饬主管各部,火速照拨,以济眉急。"① 但南京国民政府仍然只以虚言宽许,未见任何援助行动。

图 11-10　辽西的抗日义勇军

12月31日,日军大举向大虎山、沟帮子进攻,东北军第十九旅孙德荃部、第十二旅张廷枢部及抗日义勇军在顽强抵抗后被迫撤退,日军距锦州仅有40里。同日,东北军中下级军官发表联合宣言:"谓日军攻锦,血战五日,东北军死伤枕藉,'自一中全会之后,请发弹药接济,无一应者,是中央抗日能力,仅于一纸电文,数张标语',东北将士,决心为东北而死,'望南方同胞,弗徒以空言作抵抗'。"② 面对内外严峻形势,张学良知道锦州已成孤城,以东北军当时的实力很难继续坚守,"边防公署参谋长荣臻,于29日返抵锦州,即下令各军向关内撤退。将长官公署移设滦州北关师范学校。荣臻于31日晚9时,偕随4员及卫兵50余人,乘专车一列入关。1日午后始抵滦"③。

1931年12月31日,固守沟帮子防线的东北军第十九旅"拼力抵抗,死伤惨重"。三次电告南京国民政府,没有答复。参谋长荣臻下令部队陆续向关内撤退。

1932年1月2日,锦州陷落,标志着辽宁全境陷入敌手。新任国民政府外交部部长陈友仁对记者谈道:"锦州驻军进入关内一事,过渡政府不负责任,应由张学

---

① 《呈国民政府主席电(1931年12月28日)》,载毕万闻主编《张学良文集》第1册,新华出版社,1992,第564-565页。
② 韩信夫、姜克夫主编《中华民国大事记》第3册,中国文史出版社,1997,第292页。
③ 金先:《锦州失陷经过》,载辽宁省政协文史资料委员会编《辽宁文史资料》总第31辑《"九一八"纪实》,辽宁人民出版社,1991,第148页。

图 11-11 撤向关内的东北军

良负责,因过渡政府迭令张学良坚守锦州,新政府成立,亦必赓续此旨意。"① 南京国民政府空言抵抗,而对东北军没有丝毫援助,不肯对日宣战,动员全国力量抗日,只是要求前线战士死战,而以空言相敷衍,理应对锦州失陷承担主要责任。而锦州守军虽然面对重重艰难,但是毕竟有数旅之众,更有抗日义勇军为羽翼。此外,关内还有东北军精锐10余万,如果张学良能够率部死战,发扬为国牺牲的精神,从而激发全国民众的抗日热情,则国内国际舆论都将为之一变。但张学良还是选择放弃锦州退守华北,结果招致全国民众的谴责,这一点他自己也深感愧疚。1932年1月6日,张学良致电国民政府自请处分:"学良待罪行间,循躬责己,罪戾至深,尚祈严予处分,以昭赏罚之公,临电不胜迫切待命之至。"② 锦州战事的失败,是不抵抗政策导致的严重后果。至此,不仅辽宁全境陷落,而且华北门户洞开,民族危机日益加深。

图 11-12 陈友仁

---

① 韩信夫、姜克夫主编《中华民国大事记》第3册,中国文史出版社,1997,第296页。
② 《自请处分电(1932年1月6日)》,载毕万闻主编《张学良文集》第1册,新华出版社,1992,第564-565页。

第三节

国际联盟对九一八事变的处理

一、中国在国联的抗争与《白里安决议草案》出台

国际联盟是根据1919年巴黎和会通过的《国际联盟盟约》于1920年1月成立的国际组织,总部设在日内瓦。该组织的宗旨是"维护国际和平和安全",创始会员国为《凡尔赛合约》的缔约国,至九一八事变发生的时候,共有会员国50余国。国际联盟的权力机构是行政院,行政院在相当大的程度上由英法操纵。美国虽然没有参加国际联盟,但是对国联的决议有很大的影响力。九一八事变后,西方各国对日本的态度是对其侵略行为采取绥靖政策,同时由于日本打破了"一战"后亚洲的战略平衡,因此由英美操纵的国联对日本采取强烈谴责的态度,要求对日本进行制裁。

九一八事变后的第二天,国民政府驻国联代表施肇基就向国联行政院报告了日军侵占沈阳的情况——"电令国际联合会中国代表团,向该会行政院提出,请其按照国联盟约决定制止办法。"由于日本继续向长春、吉林进攻,施肇基提出三次抗议,认为日本方面故意使事态扩大,"其破坏东亚和平之责任应更加重大"。施肇基要求日军立即撤退,将所占领的各地完全交还中方。9月22日,国民政府驻美代办容揆回电,称美国政府对于此事深为惊异,静待确切消息再定方针。据施肇基电

称:"行政院开会,英代表提议即刻恢复原状,并将此次会议录送美国。"① 9月23日,五国委员会讨论处理事变的办法。中国代表施肇基因日本拒不承认侵略中国的行径,建议国联派遣一个调查委员会到东北进行实地调查。五国委员会赞同这项提议,但是美国因为怕陷入东亚的矛盾冲突之中,因此拒绝参加。日本也担心调查团的调查结果对自己不利,同样坚决反对。这个调查委员会只能将建议暂时搁置。

9月30日,国联行政院主席白里安提出了决议草案。

这个草案没有对日本侵略行径有任何的谴责,仅仅要求日本政府有条件地将军队撤离,并且没有任何撤兵的具体日期。中国代表希望日军完全撤退和完全恢复原状,因此对草案没有规定撤军日期表示失望,但是草案作为解决事变的初步办法,还是加以接受。而日方表示不同意中国的解释,但是接受这一草案。该决议草案对于当时以撤兵的谎言欺骗国际舆论的日本而言,起到了掩护的作用。日本驻国联代表芳泽谦吉在给币原外相的电文中就认为,"修正案虽然比原案作了相当的修改,但大体上对我方有利。"② 这一决议案公布后,国际舆论较为乐观,认为日军会尽快实施撤军。

图11-13 白里安

然而日本政府所承诺的撤军根本就是骗局。10月8日,日军轰炸锦州,国际舆论为之哗然。于是在中国的要求下,10月13日,国联行政院提前召开会议。会议主席白里安和国联秘书长杜吕蒙提出了解决中日问题的折中方案:中日从即日起不扩大军事行动;由国联派遣中立国代表监督日军撤兵;在行政院所规定的日本撤兵的期限中,中日进行直接谈判,解决两国间的争端。③ 对此,施肇基于10月20日送交白里安一份备忘录,在其中代表国民政府郑重宣布:东三省事件,须日军撤离占领区域,并将占领区域内行政警察权完全交还中国当局后,始能进行直接谈判;在日军撤退前,中国绝对拒受任何条件。④ 同日,芳泽谦吉递交了日本方面撤军的

---

① 《中华民国政府外交工作报告(1931年9月)》,载王建朗主编《中华民国时期外交文献汇编(1912—1949)》第6卷上,中华书局,2016,第194页。

② 日本外务省编《日本外交文书 昭和战前特集·满洲事变》第1卷第3册,日本外务省,1977,第209页。

③ 陈觉:《"九一八"后国难痛史》下册,辽宁教育出版社,1991,第1256页。

④ 同上书,第1257页。

条件，其要点是："一、中日相互担保各不侵略，保障彼此领土完整；二、中国境内各种排日形式，包括抵制日货在内，须永远取消；三、保障中国境内日人生命与财产之安全；四、中国须偿付用以筑造满洲各铁路之日款，并承认满洲筑造铁路之现有条约；五、承认现有条约权利，包括日人在满洲租地之问题在内。"①

图 11-14　施肇基

在参考双方的意见后，10 月 22 日，白里安又提出一个有明确撤军日期的方案，内容要点是："一、限日军在下月 16 日理事会召开之前撤至铁路区域以内；二、重申中国保侨诺言，并望中国采取可令他国代表察视满洲诺言之实行方法；三、撤军实现后，中日直接开议双方之间各悬案；四、设调解委员会。"② 中日代表各向本国政府请示该案。23 日理事会会议上，施肇基表示中国屈从理事会之意愿，接受草案。而日本代表提出修正案，对撤兵期限及美国参与调解都表示不满，坚持必须先谈判再撤兵。10 月 24 日，理事会就草案进行表决，结果 13 票同意，只有日本一票反对。因未达成一致意见，决议未能通过。③

此时金融危机导致的全球性大萧条影响各国，日本经济也遭受重创，其中石油、橡胶、钢材等重要战略物资都需要进口，如果英、美、法等国能够对日本实行经济制裁，限制战略物资的出口，将沉重打击日本的军事实力，迫使其暂停对中国的侵略。可是这些西方大国为了自身利益，不愿和日本正面为敌，美国就表示无法参加对日经济制裁，英法也不愿承担《国际联盟盟约》规定的义务。对此，施肇基向国联理事会提出诘问，要求答复："一、国联会章是否有效？国联应否不援用会章第十五、第十六两条切实遏止日人举动？二、非战公约是否有效？三、九国公约是否有效？四、日本可否滥用天津日租界作为妨碍华人安全之根据？五、日人夺取盐税，是否不为直接破坏中国财政制度之行为？"④ 19 日，杜吕蒙为了避免因中国

---

① 韩信夫、姜克夫主编《中华民国大事记》第 3 册，中国文史出版社，1997，第 257 页。
② 同上书，第 258 页。
③ 同上书，第 258-259 页。
④ 同上书，第 274 页。

正式提出适用《国际联盟盟约》第十五条和第十六条而造成理事会的尴尬境地，怂恿日方提出派遣调查团到东北的方案。芳泽谦吉在请示日本政府后正式提出这一提案。

二、李顿调查团成立与满洲调查

为什么日本改变在派遣调查团这一问题上的态度？其目的在于：第一，因为派出调查团，国联会等待调查团的调查结果，这样至少要耗费几个月的时间，给了日本躲避经济制裁的机会。第二，日本希望通过国联调查证明中国"不能确保外国人的生命财产安全"，"不能实行与外国签订的条约"。[①] 以此证明日本出兵是为了保护在东北侨民的生命财产安全，为侵略行径寻找借口。第三，此时日本已经拿下东北的大部分地区，需要时间在各地筹划伪政权。因此日方提出派遣调查团的建议。芳泽谦吉还声称："日本认为调查团不仅视察满洲，还须视察全中国，尤须调查抵制日货运动，调查员对以往中日军事不得批评，对中日交涉一概不得干涉。"[②] 在国联行政院的斡旋下，于12月10日通过了派遣调查委员会的决议案，一致决定派遣由5人组成的调查委员会到中国调查。

1932年1月21日，调查委员会在日内瓦成立，其成员是：

委员长　英国李顿伯爵，曾任印度代理总督，当时担任英国枢密院顾问。

委员　法国克劳德陆军中将，曾任驻华部队参谋长、法属印度支那司令官，当时担任殖民地防御委员会主席、军事参议官。

委员　美国麦考益陆军少将，曾任菲律宾副总督。

委员　德国希尼博士，殖民地问题专家，曾任德属东非洲总督。

委员　意大利马克提伯爵，曾任驻南美各国公使。

此外还有陪查员2人：中国方面为顾维钧，日本方面为吉田伊三郎。调查委员会秘书长为国联交通处处长法国人哈斯。

---

① 日本外务省编《日本外交文书　昭和战前特集·满洲事变》第1卷第3册，日本外务省，1977，第610页。

② 韩信夫、姜克夫主编《中华民国大事记》第3册，中国文史出版社，1997，第275页。

从调查团的人员构成可知,都是各国有丰富殖民地统治经验的官员。李顿调查团于2月3日从日内瓦启程,先绕道美国和日本,美国麦考益将军在纽约加入调查团。2月29日,调查团抵达日本,在日本会见了天皇、犬养毅首相、芳泽外相、荒木陆相、大角海相及工商界代表。日方向调查团诬告九一八事变是中国"以暴力对待外国,片面变动条约","损害日本权益",实行"排日运动"等引起的。①

3月14日,调查团抵达上海,中国陪查员顾维钧进入调查团。3月26日,调查团抵达南京,会见了国民政府军事委员会委员长蒋介石等要员。中方向调查团陈述了日本在东北发动九一八事变和在上海发动"一·二八"事变的真相。随后,调查团访问了杭州、汉口、重庆等地。4月9日,调查团到达北平,在北平会见了张学良和东北其他军政要员及各界代表。4月21日,调查团抵达沈阳。

调查团在东北停留了6周,访问了沈阳、长春、吉林、哈尔滨、大连、旅顺、锦州等城市。会见了关东军司令官本庄繁、"满铁"总裁内田奥哉、日本驻沈总领事森岛守人、伪满洲国执政溥仪和其他伪政权官员,与东北各界民众和在东北的西方人士进行了广泛接触。

图11-15 李顿(右)和顾维钧

日本为了欺骗调查团,指使汉奸弄虚作假。1932年5月3日,李顿与溥仪会面,询问他怎样来到东北,怎样建立"满洲国"。溥仪考虑到身边坐满了关东军的参谋和高级顾问,只能按照预先安排好的说法:"我是由于满洲民众的推戴才来到满洲的。我的国家完全是自愿自主的。"②

日本为了干扰调查团,防备调查团接触东北爱国群众,对调查团

---

① 日本外务省编《日本外交文书 昭和战前特集·满洲事变》第2卷第1册,日本外务省,1977,第694-695页。

② 溥仪:《我的前半生》,群众出版社,1982,第429页。

第十一章 九一八事变与辽宁沦陷

图 11-16 李顿调查团在南京

图 11-17 李顿调查团与日本关东军会谈

图 11-18 李顿调查团与溥仪会面

进行了严密的监视①。据"满铁"社员富永顺太郎回忆,关东军参谋部增设第四课,课长是松井太久郎大佐。5月间,听说国际联盟调查团要来东北调查九一八事变,第四课经过讨论,定下了"表面郑重欢迎,暗中严加监视"的接待原则。富永顺太郎按照松井的安排,从铁路总局电气科无线电组借得录音机一部,暗置于准备给李顿居住的房间。日方还对调查团中方随行人员进行严密监视。"在沈阳时,我们下榻大和饭店。在我的房间门口,经常有两个日本侦探不分昼夜地监视我的动静。白天,当我在室内工作时,每隔二三小时,必有一个假扮服务员的日本侦探借故进来窥伺。当我和外边通电话时,我听见的机器声音,表明有人暗作记录。当我出门散步时,侦探必在我背后10米左右跟来,一刻不离。"②当调查团到达哈尔滨的时候,关东军还企图刺杀顾维钧。

东北爱国人士则千方百计冲破日本侵略者的阻拦,向调查团提供日军的罪证,揭露日军侵占东北的罪恶行径。沈阳爱国人士刘仲明、张查理、李宝实、毕天民、巩天民等,秘密收集了日军罪行的大量证据,通过英国朋友的帮忙交给调查团。

三、《李顿报告书》发表

调查团结束对东北的调查后,于6月5日返回北平。此时日本打算承认伪满洲国的消息传来,调查团于7月间再次访问日本,劝说日本政府应先与《九国公约》缔约国进行商讨后再决定是否承认伪满。但是日本政府已经下定决心承认伪满,拒绝了调查团的忠告。调查团重返北平开始起草调查报告。9月4日,《国际联盟调查团报告书》(以下简称《报告书》)在北平签字。10月2日,《报告书》公开发表,又称《李顿报告书》。

---

① [日]富永顺太郎:《日本关东军对国联调查团进行间谍活动》,载全国政协文史和学习委员会编《文史资料选辑合订本》第26卷第76辑,中国文史出版社,2011,第251页。

② 吴秀峰:《国际联盟处理九一八事变前后经过》,载全国政协文史和学习委员会编《文史资料选辑合订本》第26卷第76辑,中国文史出版社,2011,第238页。

《李顿报告书》所列出的解决东北问题的原则和方法，表面上承认中国在东北的主权，但是中央政府只保留有限的权力，而自治政府内部拥有广泛权限的顾问，很可能将自治政府引向傀儡政权。日本代表参与讨论东北自治方案，本身就是承认了日本在东北的特殊地位，严重损害中国的主权。与日本重订新约，日本在保留原有权利之下，必然向国民政府索取更多的利益。而保护他国现有条约权利和进行所谓国际合作，无非是在东北实行列强利益均沾的政策。依照《李顿报告书》，东北就由日本一家独霸变为几个帝国主义大国共同管理的殖民地。

四、中日双方对《李顿报告书》的反应

《李顿报告书》一公布，举国哗然，国内舆论同声谴责。10月4日，国民政府行政院第十九次会议讨论《报告书》，以事关重要，决议将该报告分发各部会首长审阅。立法院院长胡汉民对《报告书》发表意见："此书决不必要，调查团草此书，为自毁立场。应否认有所谓满洲政府之存在，及所谓满洲国境之存在。东北问题之最终解决，不在国联，不在公约，而在我国人民最后之自决。"全国民众救国团体联合会通电全国，称《报告书》"显系抑弱扶强"，表示"依赖国联，极端错误"，要求一致猛醒，誓死抵抗，全力自救。中国博爱会等15个团体致电国民政府称："调查团报告书无异国际共管，求救不如自救，求人不如求己，速与日本经济绝交，出兵讨伐叛逆。"① 10月9日，冯玉祥、李烈钧、柏文蔚、程潜等15名国民党中常委通电全国，指摘《报告书》的谬误，要求国民政府"于政策上须有坚决之转变，放弃不抵抗主义及依赖国联之谬想，速解人民束缚，切实与人民合作，全国动员，以抗暴日而收复失地"②。

然而，面对全国舆论对《李顿报告书》的谴责，国民政府依然坚持既有政策，迷恋和依赖国联。蒋介石对《报告书》的意见是："在目前情势之下，中国政府为取得国联及一般国际舆论之同情起见，对于报告书自宜采取温和态度，不可表示过

---

① 韩信夫、姜克夫主编《中华民国大事记》第3册，中国文史出版社，1997，第419页。

② 同上书，第420页。

度之反抗。"① 10月26日，国民政府对《报告书》的意见由外交部致电国联中方代表："凡妨害主权领土完整者明白表示不接受，凡无害主权领土者原则接受。"②

已经实现独占东北的日本对于《报告书》十分不满，因为《报告书》给予日本的权益，远远没有满足其野心。11月21日，日本政府正式向国联递交了《对李顿报告书的意见书》，声称《报告书》的调查结果"陷于根本之误解"，按照《报告书》的建议，"使满洲成为变相的国际共管之事，殊为'满洲国'及日本不能受诺"；撤退满洲军备，有造成该地混乱不安之虞，"实不能适用"。③ 日本政府的公告说明，日本为了独霸东北，是绝不会与英美妥协，已经得到的利益不会向列强作丝毫让步。

1932年11月21日，国联在日内瓦召开会议，中日双方代表进行了辩论。行政院经捷克代表提议，将《李顿报告书》送交国联大会进行讨论。12月6日，中华民国驻国联首席代表颜惠庆提出四点要求："大会应令日本解散所谓'满洲国'政府；宣布不承认'满洲国'政府；宣布日本破坏国联盟约、非战公约与九国公约；确定日期发表最后解决双方争议之报告。"④ 一些中小国家（如捷克、爱尔兰）都支持中国的立场；相反，英、法、意、德等大国看似公正，其实都偏袒日本。12月9日，国联特别大会宣布休会，决定委托1932年3月时成立的十九国委员会继续处理《报告书》和中日间的矛盾。1933年2月9日，国联十九国委员会致函日本代表团，询问日方是否接受李顿调查团报告书关于满洲地方于中国主权及行政完整之范围内，建立高度自治权之原则，作为调解中日矛盾的基础。2月14日，日本复函国联，但是仍然没有明确的答复，只是说："确信维持与承认'满洲国'之独立，为远东和平之惟一保障，而此全体问题，将终由中日两国依此基础解决。"⑤ 在此情况下，十九国委员会认为已不具备调解的基础，因此开始起草《国联报告书》。1933年2月21日，国联特别大会复会，十九国委员会将报告书草案提交大会。24日，大会对报告书进行表决，出席大会44国，其中42国投赞成票，日本1国反

---

① 《蒋介石对报告书意见（1932年10月17日）》，载王建朗主编《中华民国时期外交文献汇编（1912—1949）》第6卷上，中华书局，2016，第258页。
② 韩信夫、姜克夫主编《中华民国大事记》第3册，中国文史出版社，1997，第425页。
③ 陈觉：《"九一八"后国难痛史》下册，辽宁教育出版社，1991，第1481-1482页。
④ 同②。
⑤ 同上书，第464页。

对，暹罗 1 国弃权，于是大会通过《国联报告书》。该报告书明确指出东北是中国领土，其主权属于中国，日军在东北的军事行动不属于自卫，所谓满洲独立运动是受到日本参谋本部的操纵，东北民众并不支持这一政权。报告书还要求日本将南满铁路以外的军队撤出，最后要求所有成员无论在法律还是事实上均不承认满洲现行之制度。应当说，十九国委员会报告书比《李顿报告书》对日本的批评更为严厉，但还是缺乏有力的措施制止日本的侵略行径。

2月20日，日本召开紧急会议，决定：如果国联大会通过十九国委员会报告书，就断然退出国联。同日，日本外相内田康哉将训令发给日本驻国联代表松冈洋右。因此，24日日本代表团投出反对票后即中途离席。2月25日，日本代表团向国联提交陈述书，对国联不顾日本反对通过十九国委员会报告书表示"遗憾"，指责报告书不承认"满洲国"之独立以及"满洲国"主权属于中国等提法，并表示设置顾问委员会违反日本主张，绝对不能接受。① 3月27日，日本枢密院通过退出国联通告书，经日本裕仁天皇批准，由外相内田电送国联秘书长。同日，日本首相斋藤实发表退出国联声明。从此，日本走上为了侵略中国而不惜在国际遭受孤立的道路。

九一八事变后，国民政府诉诸国联，争取国际舆论的同情与支持，希望英美给予帮助，对日本施压，恢复东北原状。驻国联代表施肇基、颜惠庆等人为维护领土和主权完整，与日本帝国主义进行艰苦的斗争。但是，南京国民政府将希望寄托在列强身上，而英美一心只想自己的利益，打算在东北搞门户开放，因此中国的希望只能落空。而只顾外交途径解决，又带来了军事上的消极防御想法；一味退让，最后导致东北全境沦陷。国联在处理九一八事变中表现出低效无能，没有采取任何经济、军事制裁的措施。日本毁约退盟，国联威信丧失殆尽，说明以国际联盟为主导的世界安全体系已经走向崩溃。

---

① 韩信夫、姜克夫主编《中华民国大事记》第3册，中国文史出版社，1997，第464页。

第十二章 辽宁伪政权建立和法西斯统治

第一节
辽宁伪政权粉墨登场

一、"奉天地方维持会"成立

九一八事变后，日本帝国主义相继占领了辽、吉、黑三省，关东军开始着手扶植汉奸出任伪职，成立殖民机构。

当时辽宁能够被日本利用的知名人物首选辽宁省主席臧式毅。九一八事变后，臧式毅先派秘书长赵鹏第到长官公署和日军交涉，随即派东北边防军长官公署副官处处长李济川、省署教育会会长姬金声速赴北平向张学良报信。当时在沈阳的高层人物如王以哲、黄显声、荣臻等人都化装出逃，唯有臧式毅表示，"我是省长，是一省之父母官，在这种时候不能走。"① 日军占领沈阳后，对臧式毅进行了严密的监视。由于臧是一省之长，具有极高的声望，日军想利用他出面组织伪政权。9月22日，关东军司令本庄繁派板垣征四郎到臧式毅家中探视。板垣对臧说："本庄司令官本想亲自来见阁下，因为有事不得抽身，派我来见阁下传达意旨。本庄长官对于阁下的为人是很钦佩的，我们对阁下也是很敬仰的。这次不幸发生这样事变，实在遗憾，但是责任应在贵方，我们日方迫于不得已，才出此自卫的手段。我们的目的

---

① 王文锋：《臧式毅的一生》，载吉林省政协文史资料委员会编《东北的沦陷与抗战（1931—1945）》第8卷《人物》，吉林人民出版社，2014，第189页。

是中日共存共荣，尤其满蒙地方，必须中日双方携手合作，才能达到开发产业、繁荣经济、提高人民生活的目的，才能共同担负起保卫满蒙安全的责任，不使满蒙陷入白种人之手和避免'赤化'的祸患。我们现在很希望张学良将军幡然觉悟，仍以辽宁省主席的身份和我们合作，发出布告，保境安民，负责处理一切地方行政事务。至于阁下的生命财产和地位，本庄司令官负责保证绝对安全，请勿顾虑。"① 板垣告诉臧式毅仍然以省主席的身份同日方合作，其实就是在诱降臧。

在这期间，在关东军特务机关长土肥原贤二的策划下，成立了以袁金铠为委员长的"奉天地方维持会"。9月下旬，本庄繁派板垣到辽阳请出了奉系"文治派"代表人物于冲汉。1926年后，本庄繁曾担任张作霖的军事顾问，与于冲汉非常熟悉。张学良上任后，于冲汉淡出东北领导核心。此次日本人主动邀请他出山，他满心欢喜地同意。于冲汉返回沈阳后，住在通天街私宅，日军派大佐参谋板垣征四郎、中佐参谋石原莞尔、少佐参谋和知鹰次、上尉参谋今田四郎和"满铁"奉天公所长镰田弥助等反复与于冲汉接触，催促其尽快组织伪政权。于冲汉邀请担任东北政务委员会委员的袁金铠出来一同为日本人服务。袁金铠曾担任奉天省军民两署秘书长，是张作霖颇为倚重的智囊，后来又担任东北政务委员会委员，但张学良启用少壮派人物后，他便遭遇冷落，因此对张学良深为不满。这次有机会在政坛重新大显身手，利益熏心的袁金铠满口答应。

在采取何种名称上，两人详细地筹划了一番。于冲汉原本考虑将伪政权称为"东北地方自治委员会"，袁金铠则认为含有自治的字样，有脱离中央之嫌，同时认为"东北"两字也有不妥，据说熙洽在吉林独树一帜，而黑龙江则群龙无首，处于混乱状态，所以取"辽宁"两字比较妥当。② 10月2日，袁金铠在辽宁省政府召集各厅处长开会。当时辽宁财政厅厅长张振鹭、建设厅厅长鲁穆庭、警务处处长黄显声都已经离开沈阳，参加的省府高级官员只有教育厅厅长金毓黼，此外还有辽宁商会、农会、教育会的会长和各法团代表。袁金铠发言："目前时局不定，群龙无首，人民无所适从。我们本着'天下兴亡、匹夫有责'的大义，拟组织辽宁地方维持委员会，代行辽宁省政府职权，以安民心。一俟秩序恢复正常，这个会立即解散，决

---

① 王子衡：《九一八事变后日本侵略者和汉奸在东北的阴谋活动》，载吉林省政协文史资料委员会编《东北的沦陷与抗战（1931—1945）》第1卷《事变》，吉林人民出版社，2014，第168页。

② 同上。

不拖延。"① 参会人员都随声附和，提议袁金铠为"委员长"、阚朝玺为"副委员长"，于冲汉、赵欣伯为"委员"，辽宁省第一个伪政权由此产生。

二、臧式毅附逆与伪奉天省成立

袁金铠虽然甘当汉奸，但是他在奉系集团中更多扮演的是智囊的角色，缺少处理具体政务的能力，也很难做出让关东军满意的"政绩"。于是，关东军决定利用被软禁的臧式毅出任伪省长，企图依靠臧式毅在辽宁的威望恢复旧有的行政系统，诱降各县，从而达到顺利统治全省的目的。12月上旬，板垣征四郎和驹井德三来到软禁臧的鲍宅，对其威逼利诱；臧式毅贪生怕死，最终不惜出卖国人利益投靠日本人。双方谈定了条件：（1）参加东三省"新的政权"组织，充任官吏；（2）日本军队驻在东三省境内；（3）东北的国防由日军负责；（4）东三省负责日本驻军军费的一部分；（5）东三省境内的铁路全部由日本经营。②

臧式毅在出卖东北主权的契约上签字后，被送回了臧公馆。12月15日下午，伪奉天市市长赵欣伯率领武装警察200余名突然通知辽宁商会开会，强迫所有出席人员签字，推荐臧式毅为"省长"，随后列队到省署将呈文交给袁金铠，胁迫其辞职和解散"维持会"。12月16日下午，臧式毅在赵欣伯的陪同下拜访了关东军司令官本庄繁，随后来到伪省府，召集各厅科长以上人员开会，宣布就任"奉天省长"。日军当然不会对臧式毅完全放心，按照关东军的建议，金井章次就任伪省府首席顾问兼交通委员会顾问，中野琥逸担任伪奉天市首席顾问，同时各厅都安排了日本顾问，整个伪奉天省府的权力都操纵在日本顾问手中。臧式毅死心塌地地为日本服务，但是日本人依然对其进行严密监控。日本宪兵军曹横山政雄对其寸步不离，连在家起居都不离左右。有客到访必经其同意才能会面，而且会面时他要在一旁监听。这种情况一直持续到1934年臧式毅出任伪满洲国民政部大臣才停止。③

虽然日本人对臧式毅并不放心，严加监控，但臧式毅已经心甘情愿投敌了。上

---

① 王子衡：《九一八事变后日本侵略者和汉奸在东北的阴谋活动》，载吉林省政协文史资料委员会编《东北的沦陷与抗战（1931—1945）》第1卷《事变》，吉林人民出版社，2014，第168页。

② 王文锋：《臧式毅的一生》，载吉林省政协文史资料委员会编《东北的沦陷与抗战（1931—1945）》第8卷《人物》，吉林人民出版社，2014，第190页。

③ 同上。

任后他就派伪财政厅厅长赵鹏第去劝降辽宁东边道镇守使于芷山,许诺不变动其部队,保证其安全。在臧的诱降下,于芷山马上率部投降日军。但该部位于本溪桓仁的第一团团长唐聚五拒绝投降,宣布成立辽宁民众自卫军,抗击日本侵略者。于芷山率伪军镇压,被打得大败。臧式毅请求板垣出兵"征讨",在装备和兵力都占优势的日军面前,自卫军损失惨重。

1931年,米春霖奉张学良的命令从北平到锦州,代理臧式毅的辽宁省主席之位,并在锦州成立辽宁省政府。臧式毅按照本庄繁的旨意,给张学良写信,并派伪省政府咨议徐绍卿赴北平将信交给张学良。其内容是日本就要占领锦州、绥中一带,应将东北军及军民机关一律撤入关内,以避免战争。同时他按照关东军的策划,以伪奉天省政府的名义发出通告,诬陷辽西的抗日义勇军为土匪,请求关东军兴兵"讨匪",为日军进攻辽西制造借口,最终实现日军对辽宁全境的占领。[①]

第二节
关东军筹划成立"满洲国"

一、日军内部关于"满洲建国"争议

10月24日,关东军提出《解决满蒙问题的根本方案》。按照这一方案的指导方针,建立的"独立国"应当"与中国内地决裂,表面上由中国人主持,而实权则操在我方手中为目的,在此过程中,促使政权神速发展,并于实质上,在各个方

---

① 王文锋:《臧式毅的一生》,载吉林省政协文史资料委员会编《东北的沦陷与抗战(1931—1945)》第8卷《人物》,吉林人民出版社,2014,第190页。

面经营我方事业,以确立不可动摇的牢固基础"①。虽然政权由中国人主持,但是实权应由日本人掌控,可见关东军所设想的这个"独立国家"就是一个傀儡机构。在方案中,关东军对辽、吉、黑、热四省都作出了安排:"在辽宁省,依靠我方内部支持,建立特殊政府,做出善政之实绩。同时,争取吉、黑两省亲日政权的迅速建立与稳定。对热河,则等待形势之逐步好转。吉、黑两省政权基本建成后,立即靠我方的内部支持,本着'宁差图早'的精神,实行该两省与辽宁省政府的联省统一,继而使之宣告建立接受我方要求条件的新国家,并以奉天省城为首都。这时,热河省根据形势,争取一开始就统一进来。"② 关东军的想法是利用这个"独立国家",尽快整合东北的政治资源,完成殖民统治,"建立新国家运动,表面上一定要用中国人之手来办,但是在内部,则要给以较之过去更为强有力的支持,而加以促进,特别是要争取迅速实现黑龙江省政权的刷新、锦州政府的荡平、学良势力的消灭。"③

而日本陆军部对于关东军建立"独立国家"的建议深为忧虑。参谋次长二宫治重就致函本庄繁指出:"急速地将独立政权导向独立国,结果会露骨地向国内外暴露我们的野心,在大局上反而是不利的。"④ 10月31日,白川义则大将来到伪奉天市传达陆军三长官(陆军大臣、参谋总长、教育总监)会议的讨论结果:"关于满洲的部分:(一)绝对排除国际联盟及其他外国的干涉。(二)同新政权进行交涉。(三)承认该政权和中国本部形式上的关系,实质上是独立的。……"⑤ 显然,陆军高层所定义的政权在本质上和关东军的方案十分接近。所不同的是,陆军部认为这一"独立政权"应当在名义上继续从属于中国政府,而关东军则要彻底消除两者间的关系。

虽然犬养内阁起初不赞成"满蒙独立"方案,但是由于形势的变化,其态度逐步发生了转变。1932年1月12日,驻伪奉天代理总领事森岛守人电告犬养毅:"大

---

① 《解决满洲问题的根本方策(1931年10月24日)》,载姜念东主编《历史教训——"九一八"纪实》,吉林文史出版社,1991,第296页。

② 同上。

③ 同上书,第297页。

④ 赵东辉、苏燕:《"九一八"全史》第1卷,辽海出版社,2001,第369-370页。

⑤ 《满洲事变机密政略日志(节录)》,载姜念东主编《历史教训——"九一八"纪实》,吉林文史出版社,1991,第304页。

势至此，唯有以新国家之建设为既定事实，从速就对外关系之善后措施确定一定之方针，尽力阻止外国方面之干涉，以资确立帝国在满蒙的地位，舍此别无他法。"① 3月12日，日本内阁会议通过了《处理满蒙问题方针要纲》，在文件中写明："由于满蒙的现状可以脱离中国本部政权而独立，成为一个政权统治下的地区，应逐步诱导，使它具有作为一个国家的实质。"② 由于国联调查对日本不利，同时国联又打算派出调查团赴东北调查九一八事变真相，因此日本政府非常慌张。犬养毅一开始打算在东北承认中国主权，在经济上建立日中联合的新政权，以便在事实上实现日本的目的，然而在执政的政友会内部都无法达成共识。日本政府和关东军都急切地希望"在调查团来到之前，造成既成事实"。③ 所以《处理满蒙问题方针要纲》是集合了陆军省、海军省、外务省以及关东军等各方面意见而成的。

随着《处理满蒙问题方针要纲》的发表，日本统治东北方案已经基本形成。其实，无论日本政府、军部还是关东军，都将吞并东北并最终实现直接的殖民统治作为目标。所不同的是，关东军处理问题比较激进，而日本政府和军部需要面对国际舆论的压力，因而更为谨慎。最终日本没有选择赤裸裸地直接占领，而是选择了迷惑性更强的建立东北"独立国"的方案，归根结底是畏惧中国人民高涨的爱国热情，不敢太过造次，同时还要面对国际舆论的反对。

二、关东军炮制"满洲国"计划

九一八事变后，关东军参谋长三宅光治少将在沈阳召集板垣征四郎、土肥原贤二、片仓衷等人再次密谋，制定了《满蒙问题解决方案》，决定将逊位的清帝溥仪召到东北，启用熙洽（吉林地区）、张海鹏（洮索地区）、汤玉麟（热河地区）、于芷山（东边道地区）、张景惠（哈尔滨地区）五名"镇守使"，协助日本"建立一

---

① [日]信夫清三郎编《日本外交史》下册，天津社会科学院日本问题研究所译，商务印书馆，1980，第573页。

② 《处理满蒙问题方针纲要（1932年3月12日）》，载姜念东主编《历史教训——"九一八"纪实》，吉林文史出版社，1991，第318页。

③ [日]信夫清三郎编《日本外交史》下册，天津社会科学院日本问题研究所译，商务印书馆，1980，第571页。

个以东北四省和内蒙古为领土的独立满蒙新国家",使它与中国本土断绝关系。表面上由中国人统一管理,其实权力掌握在日本人手中。① 启用溥仪作为伪政权的首脑,是建立"满洲国"的重要步骤。

日本外务省不赞同关东军利用溥仪的做法,币原外相坚决反对抬出溥仪,他"认为拥立宣统皇帝的计划,完全是一个时代的错误,它恐怕对将来帝国在满蒙的经营也留下严重的祸根"②。因此,他电告日本驻天津总领事桑岛主计,"劝宣统帝务须自重"③。虽然日本政府明确反对拥戴溥仪,但是关东军已经决定把溥仪带到东北,而执行这一计划的就是臭名昭著的特务头子土肥原贤二。他曾回忆:"关于迎接溥仪的问题,首先是在板垣和石原等之间谈起的。我在大约一个半月以后辞去奉天市长,被派往天津,目的是为了在天津发起一场暴动。这场暴动是潘燕七和李际春等人搞的。我知道他们在石友三失败之后,想再制造一次动乱,所以企图利用他们一举颠覆华北,并趁兵荒马乱之际,将溥仪由天津带出。但害怕国内的币原外相不愿溥仪出走,桑原领事也对此戒备森严。"④ 1931年11月3日夜,土肥原见到了溥仪,他对溥仪说:"关东军对满洲绝无领土野心,只是诚心诚意地要帮助满洲人民建立自己的新国家。"希望溥仪"不要错过这个时机",很快回到祖先发祥地,"亲自领导这个国家"。溥仪作为这个"国家"的元首,"一切可以自主"。他要求溥仪"无论如何要在十六日以前到达满洲","动身的办法由吉田安排"。⑤ 土肥原秘密会见溥仪的事情第二天被报纸披露出来,舆论哗然,很多人对溥仪提出忠告:"不要认贼作父,要顾惜中国人的尊严。"⑥ 为了达到目的,土肥原指使特务大搞阴谋活动,在礼品中放置炸弹和威胁信,对溥仪进行恫吓。为了将溥仪带离天津,土肥原费尽心机。"当时币原外相慑于外国的干涉,甚至发出如发现溥仪逃走即或击

---

① [日]关宽治、岛田俊彦:《满洲事变》,王振锁、王家骅译,上海译文出版社,1983,第431页。
② 同上。
③ 日本外务省编《日本外交文书 昭和战前特集·满洲事变》第1卷第2册,日本外务省,1977,第18页。
④ [日]土肥原贤二:《为配合溥仪出走而制造天津暴动》,载吉林省政协文史资料委员会编《东北的沦陷与抗战(1931—1945)》第1卷《事变》,吉林人民出版社,2014,第216页。
⑤ 溥仪:《我的前半生》,群众出版社,1982,第280-281页。
⑥ 同上书,第284页。

毙亦无妨碍的训令。"① 常规的办法难以脱身，于是土肥原利用汉奸便衣队在天津制造混乱，对华界进行骚扰，日本驻军趁机宣布戒严，断绝日租界和华界的往来，用装甲车将溥仪运到港口。11月10日晚，溥仪终于在日方的安排下登船。11月13日，到达营口港"满铁"码头。随后，关东军派人将溥仪和郑孝胥等人安排到汤岗子翠阁温泉旅馆严加封锁。此时随着国联调查，国际舆论对日本非常不利。军部、外务省和关东军在利用溥仪充当傀儡的问题上分歧极大。关东军决定等局势稳定以后，再推溥仪出场。11月8日，将溥仪护送至旅顺，同时断绝他与外界的一切联系。

1932年1月，随着锦州陷落，日军侵占东北的大规模军事行动告一段落。关东军立刻开始着手炮制伪满洲国的具体步骤。1月4日，关东军司令官本庄繁召集参谋长三宅光治、参谋板垣征四郎、石原莞尔、片仓衷以及顾问驹井德三、松木侠等，研究在国联调查团到东北之前成立伪满蒙中央政府。1月6日，板垣带着本庄繁的指示回东京向日本军部汇报，决定在东北建立一个完全控制的"国家"。1月13日，板垣征四郎从东京带回了日本政府和军部认可的处理方案，从而大大加快了整合各伪政权，拼凑伪满洲国，"使之具有国家形态"的步伐。关东军还指挥"满铁"组织班子进行伪满洲国具体筹备的各项工作，如伪满洲国成立所需的"宣言""条约"等文稿，大都出自他们之手。1月16日，"满铁"人员策划成立伪满洲国的"第一次集会"，会议记录讨论事项："关于新国家建设问题：（1）国家首脑的确定。（2）独立宣言。（3）国家根本机构要纲的确定。"②

2月5—25日，关东军参谋部召开10次"建国幕僚会议"，就建立伪满洲国的步骤、纲要和伪满洲国的行政、财政、军事、文化、交通以及内蒙古等问题进行了广泛的讨论。与此同时，关东军唆使于冲汉主持召开了奉天、吉林、黑龙江及哈尔滨特区派来的1000余人参加的"建国促进大会"，发表宣言，制造"脱离中国，建立满洲国"的舆论声势，给建立伪满洲国抹上一层"民意"的色彩。

---

① ［日］土肥原贤二：《为配合溥仪出走而制造天津暴动》，载吉林省政协文史资料委员会编《东北的沦陷与抗战（1931—1945）》第1卷《事变》，吉林人民出版社，2014，第216页。
② 张志：《伪满洲国出笼经过》，载吉林省政协文史资料委员会编《东北的沦陷与抗战（1931—1945）》第1卷《事变》，吉林人民出版社，2014，第265页。

三、"四巨头"会议与"满洲国"成立

2月16—17日,在板垣征四郎的操纵下,在沈阳召开了"四巨头"会议,伪奉天省省长臧式毅、伪吉林省省长熙洽、伪黑龙江省省长马占山、伪哈尔滨行政长官张景惠出席会议。这次会议的内容是:"板垣征四郎建议,以四省首长组织行政委员会,以张景惠为委员长,熙洽、马占山、臧式毅、齐默特色木丕勒、凌升为委员。"① 2月18日,伪东北行政委员会在伪奉天省公署正式成立。举行祝酒宴后,伪东北行政委员会以委员长和委员的名义通电宣布"东三省独立",其电文大致如下:"张学良在东三省的虐政,日本商民亦受其害,日本以同文同种的友谊膺惩张学良,驱逐其势力,为拯救东三省三千万民众于水火,并拥护日本之既得权,有建设王道乐土、新政权、新组织的必要。"② 2月19日,在伪奉天市市长赵欣伯宅邸,伪东北行政委员会成员和板垣、土肥原举行了会议。板垣提出:"新国家以溥仪为元首","国都问题,为控制北满对苏联的关系,主张设在长春"。土肥原说:"建设独立新国家,日本处于指导援助地位。"③ 臧式毅对此的反应是:"并不问我们的意见如何,我们亦无意见提出,……名为会议,实则听候发表。"④ 最后通过这次会议,关东军协调了东北各伪政权的关系,一致同意了建立伪国家的方案:(1)"国名":"满洲国";(2)"国体":君主;(3)"国号":大同;(4)"国都":将长春改为新京;(5)"国旗":黄色带五色。⑤ 在"四巨头"会议达成上述意见后,板垣命令张景惠和臧式毅等派代表请溥仪任"国家元首"。为了使溥仪的就任更像是出自东三省的民意,大小汉奸们上演了一出"恳请"溥仪出山的闹剧。张景惠、臧式毅派出两批"推载使"赴旅顺迎请溥仪。第一批"推载使"是"奉天"代表冯涵清等6人,他们3月1日到达旅顺面见溥仪,"恳请"他出任"执政"。溥仪以责任

---

① 赵东辉、苏燕:《"九一八"全史》第一卷,辽海出版社,2001,第390页。
② 张志:《伪满洲国出笼经过》,载吉林省政协文史资料委员会编《东北的沦陷与抗战(1931—1945)》第1卷《事变》,吉林人民出版社,2014,第265页。
③ 同上书,第267页。
④ 同上。
⑤ 同上书,第268页。

重大拒绝。6名使者返回沈阳。第二批"推载使"共计32人于3月4日到达旅顺，向溥仪奉呈"新国家执政推载书"，溥仪接受请求，同意出山。①

3月1日，日本帝国主义以伪满洲国政府名义发表宣言，宣布"满洲国"成立，张景惠等人以伪东北行政委员会名义声称："即日与中华民国断绝关系，创设满蒙新国。"② 3月9日，关东军又操纵溥仪就任"执政"典礼。典礼是在长春前吉长道尹公署衙门举行的。参加典礼的有关东军司令官本庄繁、"满铁"总裁内田康哉、关东军参谋长三宅光治、参谋板垣征四郎，以及郑孝胥、罗振玉、宝熙、商衍鎏、张景惠、臧式毅、熙洽、张海鹏等人，还有蒙古王公贵福、凌升、齐默特色木丕勒等人。他们向溥仪三鞠躬，由张景惠、臧式毅献上"执政之印"，郑孝胥代"执政"宣言。溥仪身穿西式大礼服，正式就任伪满洲国"执政"。

溥仪就任"执政"后，根据关东军提出的名单，任命了伪满洲国的官吏：伪国务总理兼文教部总长郑孝胥、伪民政部总长兼奉天省省长臧式毅、伪外交总长谢介石、伪军政总长兼黑龙江省省长马占山、伪财政总长兼吉林省省长熙洽、伪实业部总长张燕卿、伪交通部总长丁鉴修、伪司法总院长冯涵清、伪立法院院长赵欣伯、伪监察院院长于冲汉、伪最高法院院长林启、伪参议府议长兼北满特区长官张景惠，以及伪参议袁金铠、罗振玉、福贵等。日本人驹井德三为伪国务院总务长官。

图12-1 溥仪走进"执政"就任会场

图12-2 "日满议定书"签字场面

---

① 张志：《伪满洲国出笼经过》，载吉林省政协文史资料委员会编《东北的沦陷与抗战（1931—1945）》第1卷《事变》，吉林人民出版社，2014，第269-270页。

② 韩信夫、姜克夫主编《中华民国大事记》第3册，中国文史出版社，1997，第335页。

第十二章　辽宁伪政权建立和法西斯统治

第三节
辽宁沦陷时期行政治理

一、伪奉天省行政机构

1932年3月9日，伪满洲国颁布第10号"敕令"，公布所谓"省公署官制"，规定了伪省公署的机构设置、人员编制和职责。同年4月23日，伪奉天省公署成立，设伪省长1人、伪秘书长1人、秘书若干、伪参事官两人。伪省长由臧式毅兼任，伪秘书长为阮振铎，伪参议为金毓黼、穆元植、王兹栋。伪省公署内设5厅：总务厅，厅长金井章次；民政厅，伪厅长赵鹏第；警务厅，厅长三谷清；实业厅，伪厅长徐绍卿；教育厅，伪厅长韦焕章。1933年1月30日，伪省长公布了所谓"奉天省公署顾问部章程"，决定了顾问及咨议归属伪省公署顾问部，由最高顾问统辖。顾问部设有最高顾问1名、顾问及咨议若干名。伪省公署最高顾问为总务厅厅长金井章次，顾问升巴仓吉；咨议有山田弘之、山崎幸太郎、黑柳一晴。伪财政厅主席顾问色部贡，顾问三浦义臣；咨议有大矢信彦、中滨义久、南乡龙音。伪实业厅主席顾问星野龙南，顾问高井恒则；咨议有横濑花雄七、工藤重之、新井重己。①

1934年，东北被划为14个省，伪奉天省进行行政改革，分置出伪安东省和伪锦州省。同年10月12日，公布新的"省公署官制"。12月1日，成立新的伪奉天省，葆康出任伪省长，公署内设机构仍为五厅，厅内下设科、股有所变化。1937年7月1日，伪满洲国地方行政再次改革，以敕令465号重新公布"省官制"，建立

---

① 辽宁省地方志编纂委员会办公室主编《辽宁省志·政府志》，辽海出版社，2005，第104页。

次长制，概由日本人担任以便操纵政权。同年 7 月 14 日，伪奉天公署第 14 号令，废除了伪总务厅，改设伪省长官房；增设伪土木厅。1938 年 1 月，改伪民政厅为伪民生厅，裁撤伪教育厅，其事务统归伪民生厅管理。1941 年，改伪土木厅为伪建设厅。伪满末期又增设了伪交通、兴农、经济、勤劳 4 个厅。

伪奉天省所辖市县随着"行政改革"不断缩小。1934 年 12 月之前，伪奉天省共辖 1 市 58 县。随着伪锦州省、伪安东省的成立，伪奉天省辖县变为 28 个县。1937 年 12 月，伪奉天省辖县为 7 市 22 县。至 1945 年抗战胜利之前，伪奉天省辖 7 市 13 县。

图 12-3　1931 年 12 月至 1932 年 3 月伪奉天省公署使用的"奉天政府印"

图 12-4　1932 年 3 月至 1945 年 8 月伪奉天省公署使用的"奉天省印"

二、辽宁沦陷时期伪公署法西斯统治

（一）推行伪法，严密监控群众

1932 年 9 月 12 日，日伪政权公布了"治安警察法"，取缔和剥夺了人民结社、集会与言论自由。它规定，如在室内举行行政集会，发起人必须在会前 12 小时向相应的警察署提出申请,说明会议时间、地点和内容。警察随时可以以"保持安宁秩序"为由勒令解散集会。禁止发表言论,在街头、大路和公共来往之处,不准张贴图画、散发传单、进行演讲。同时还公布了"暂行惩治叛徒法"和"暂行惩治盗匪法",把反对日伪统治的爱国团体和人士诬为"盗匪"和"叛徒"。规定,凡参与谋议或加入结社者判无期徒刑或10年以上有期徒刑,对"首魁"处以死刑;"意图犯"(所谓思想犯)亦要判刑或处死。还规定,日伪军队指挥官和高级警官在执行"讨伐"任务时,享有"临阵格杀"和"裁量斟酌措置"的权力,从而纵容日伪军警对东北人民滥用暴力,肆意制造血案。

1933年12月22日,伪满当局公布了"暂行保甲法"。1934年1月17日公布了"暂行保甲法施行规则",同年12月22日又公布了"保甲法"。① 1937年12月,日伪公布了"军机保护法",并重新公布了"暂行惩治叛徒法""暂行惩治盗匪法"。规定,如平民被认为犯有其中某项罪名,则"牌"(10户编为1牌)内各家均将被课以200元的连坐金,进一步强化对东北人民的严密监视和统治。1939年9月,日伪当局公布实施"监察令",规定检查范围包括日伪各级伪官署、伪官吏、伪民间团体,以加强对傀儡政权和汉奸组织的监控和掌握,迫其死心塌地地为日伪当局卖命。1940年12月,日伪制定"国民邻保组织确定纲要",实行"国民邻保",在20个城市中强制建立"邻保组"6.1万个。1941年12月,日伪当局公布"治安维系法",规定对所谓以变革国家为目的的团体组织者、参与者、指导者处以死刑。

1943年9月,公布"保安矫正法""思想矫正法",在伪奉天、本溪、鞍山、阜新、抚顺、法库等地设立"矫正院",实行"预防犯罪"为名的残酷镇压。仅奉天"矫正院"1944年就关押无辜群众4000人次,绝大多数被折磨致死;鞍山"矫正院"关押700余人,至1945年8月只剩下300人,其余已被折磨致死;弓长岭"矫正院"收押4000多人,至1945年8月仅剩下200多人;法库"矫正院"仅1943年就活埋400余人。②

随着日本帝国主义在各个战场遭受重大打击,它更加恐惧东三省民众反抗其殖民统治。1943年10月,日伪当局公布了"紧急动员法",进一步全面控制辽宁群

---

① 黄显升:《伪满时的保甲制、街村制》,载吉林省政协文史资料委员会编《东北的沦陷与抗战(1931—1945)》第2卷《殖民》,吉林人民出版社,2014,第144页。
② 辽宁省地方志编纂委员会办公室主编《辽宁省志·政府志》,辽海出版社,2005,第338-339页。

众，军警宪特更加肆无忌惮地到处制造法西斯恐怖。在城市，居民被编成"邻保组"。在农村，推行"保甲"制度，规定10户组成最小单位"牌"，然后由村或相当于村区域的"牌"组成"甲"，并由1个警察管辖区域内的若干"甲"组成"保"。被编入"保、甲、牌"的各家均置于连坐制之下。

这些所谓"法律"的公布和实施，使日伪统治下的辽宁成为人间地狱。老百姓的言行稍有不慎，便会触犯名目繁多的"法律"，遭遇飞来的横祸，或被拘留审讯，或被逮捕下狱，轻则严刑拷打，重则惨遭杀害。日伪当局对中国人民进行严密监视，其残暴统治达到无所不用其极的地步。

（二）镇压爱国人士，制造血腥惨案

日伪当局为实现所谓新满洲"治安确立"，组建了庞大的警察特务组织，进行"治安整肃"，残酷镇压抗日民众和抗日组织，在各地城乡大搞"检举"，搜查、破坏中国共产党及其他抗日组织，大肆捕杀爱国抗日人士，对无辜群众进行血腥屠杀，制造了难以计数的惨案、血案。

1932年9月15日，抗日救国军进攻抚顺，重创日本军队。日本军队展开报复行动，于1932年9月16日将抚顺煤矿附近的栗家沟、平顶山等村村民3000余人集中，然后实施了灭绝人性的屠杀，之后又追杀了闻讯逃亡的千金堡村24名居民。此次屠杀，平顶山村3000余名无辜百姓惨遭杀戮，其中三分之二是妇女、儿童，400多户人家几乎被杀绝，800多间民房被烧毁。幸存者有100余人，其中大部分因为无人救治而伤重死亡，最后只有四五十人幸存。1970年，抚顺市对平顶山屠杀现场进行了挖掘，仅在宽5米、长80米范围内，就发现尸骨800余具。平顶山惨案是九一八事变后日本法西斯大规模屠杀和平居民的起点，也是日本军队实施杀光、烧光、抢光"三光"政策的起点。

1934年，抗日义勇军在朝阳县镜子山村北部的水泉沟南山，打死了日本军官小野。日军随后展开疯狂的报复。8月30日，伪县警务科调集150多名马队包围水泉沟和邱家沟，以开会为名召集村民，将在家的人赶到3间房子里面，封住门窗，点起大火，有的人破窗而出，随即被机枪打死。水泉惨案中共计有100余名无辜群众遇害。

1937年，新宾县下沟分驻所警队俘虏了山林队首领平日本，同时抓住农民吴清山夫妻等4人，押至下湾子。伪木奇警察署特派警察过来，将平日本等5人杀害。

图 12-5　平顶山遇难同胞遗骨馆

当场,一个伪警察用尖刀将平日本心脏挖出后生吃,并将两男性生殖器割下挂在分驻所铁丝网上。①

在统治辽宁的14年里,日伪当局使用各种酷刑,如火烤、冷冻、剜心、扒皮、灌煤油、"点天灯"等,制造无数惨案,如平顶山惨案、水泉惨案、清原大屠杀、庄河惨案等。这些累累罪行将日伪反动统治者钉在历史耻辱柱上。

(三) 发展殖民工业,进行经济掠夺

九一八事变后,日本迅速以武力夺取、控制了辽宁重点工矿企业、各大银行、交通通信资产设施,进而通过其一手炮制、扶持和操纵的伪奉天、伪安东、伪锦州省傀儡政权,大力发展殖民工业,全面垄断和大肆掠夺辽宁经济、资源。伪奉天、伪锦州、伪安东省公署秉承殖民者"谋求日本及日本人的利益为第一要义",把"竭尽全力增大对日本的贡献",一切人力、财力、物力服务"大东亚圣战"奉为"基本国策",充当日本殖民者经济掠夺的帮凶。

九一八事变第二天,日军就占领了东三省兵工厂,以及东三省官银号、边业银行、中国银行、交通银行等四大银行及四行联合发行准备库,随后又强占了辽宁矿

---

① 曹之文:《日伪在新宾制造的部分惨案》,载吉林省政协文史资料委员会编《东北的沦陷与抗战(1931—1945)》第3卷《军事》,吉林人民出版社,2014,第64页。

务局及附属各矿、辽宁纺纱厂、被服厂、粮秣厂等重点工矿企业。日军劫掠的辽宁官方资产总计约17亿元奉大洋。①

九一八事变后,关东军在占领东三省兵工厂后,1932年11月设立了由日本军部和财阀控制的株式会社奉天造兵所,垄断东北的军火生产。

图12-6 伪奉天造兵所

1932年,伪满洲国成立后,根据其颁布的"遗产处理法"宣布对辽宁一切"遗产""逆产"进行没收。原各大中国银行储备的黄金、白银和现钞,以及没收的工厂、矿山等重要资源成为日伪"发展"殖民经济的物质基础。

图12-7 九一八事变第二天,日本关东军占领了沈阳城内的东三省官银号大金库

---

① 辽宁省地方志编纂委员会办公室主编《辽宁省志·政府志》,辽海出版社,2005,第338-339页。

1933年3月1日，日伪发布所谓"满洲国经济建设纲要"，将发展工矿企业重点定向为"开发矿山资源、基础工业和国防工业"。先后在沈阳、抚顺、阜新、辽阳等地改扩建工厂，在鞍山、本溪、抚顺、大连等地发展钢铁工业，在本溪、安东、锦西等地扩建有色金属矿，在抚顺、阜新等地修建火力发电厂，在抚顺、锦州、大连等地修建炼油厂。1937年，为满足日本扩大侵华战争的需要，开始实施第一次"产业开发五年计划"。

图12-8　"满铁"铺设敦图铁路

图12-9　满洲重工业开发株式会社旧址

日伪还实行奴役政策。1938年12月1日发布所谓"劳动统制法"，以确保"国防""国家建设"及战时体制的装备所不可缺少的劳动力。以"勤劳奉公"强迫劳工义务劳动。还有"行政供出"和"紧急就劳"，以强制手段摊派和抓捕劳工。抓捕劳工就是以搜捕逃跑的劳工为名，随意抓人。这种暴行在东北沦陷末期频繁进行。1943年4月27日，伪奉天市就在全市大肆搜捕抓获劳工3160人，其中"流浪者"1062人、行商者333人、摊贩141人、车夫270人、收废品者103人，以及其他无辜群众。① 这些被抓的劳工在军警的监督下，或被送往劳役地，或被投入监狱、"矫正院"、劳动集中营等。

1941年12月22日，随着太平洋战争爆发，伪满洲国颁布了所谓"战时紧急经济方案要纲"，规定伪满洲国的经济"政策"必须充分满足日本战时紧急需要，实行对经济的高度"统制化"，保证农产品增加，紧缩"国内"配给，增加对日输出，特别是钢铁、煤炭、液体燃料、轻金属、农产品等物资，限制"国内"消费并增加产量。所谓"战时体制"，日本在"日满经济一体化"的口号下，将交通运输、农业、金融贸易等以及人民生活消费的各个方面都纳入"大东亚战争"的目标"统制"中。

图12-10 昭和制钢所

总之，东北沦陷期间，辽宁地区被人为肢解。而日本侵略者一手炮制和扶植起来的伪奉天省、伪安东省、伪锦州省等傀儡政权，秉承日寇的旨意，依靠军警宪特，实行残暴的法西斯统治，充当殖民者掠夺财富的工具，对辽宁人民犯下了累累罪行。

---

① 辽宁省地方志编纂委员会办公室主编《辽宁省志·政府志》，辽海出版社，2005，第349页。

第十三章 党领导的民众反日斗争和抗日武装

第一节
中国共产党领导民众反日斗争

一、中国共产党发出抗日救亡号召

九一八事变后,中华民族面对穷凶极恶的日本侵略者,首先要做的抉择是坚持抵抗还是妥协投降。南京国民政府顽固地坚持"攘外必先安内"的方针,在日军进攻之下节节退让。与此相反,中国共产党则发出以武装民众的民族革命战争反对日本帝国主义侵略中国东北的号召,旗帜鲜明地反对日本帝国主义的侵略,广泛发动全国的爱国群众积极开展救亡运动,成为民族危难之际的中流砥柱。

九一八事变发生后次日上午,中共满洲省委在沈阳小西边门附近的省委机关召开常委紧急会议。参加会议的有:省委书记张应龙、组织部长何成湘、宣传部长刘焜(赵毅敏)、秘书长詹大权、军委书记廖如愿等。在会议上,大家分析了当前的局势,讨论了应对事变的措施,并提出了斗争的任务。会后,中共满洲省委于9月19日发出《中共满洲省委为日本帝国主义武装占领满洲宣言》(简称"九一九宣言"),这是九一八事变后中国抗战第一个完整宣言,是中国共产党在十四年抗战中发挥中流砥柱作用的最早体现,让当时迷茫中的爱国军民看到了希望与方向。为了反抗日本帝国主义侵略,号召全体中国人民抗日救亡,中国共产党相继发表了多个宣言。1931年9月20日,中共中央发表了《中国共产党为日帝国主义强暴占领东三省事件宣言》《由于工农红军冲破第三次"围剿"及革命危机逐渐成熟而产生的党的紧急任务》；9月22日，作出《关于日本帝国主义强占满洲事变的决议》；9月30日，发表了《中国共产党为日本帝国主义强占东三省第二次宣言》。

中国共产党的宣言、决议，深刻揭露了日本帝国主义发动九一八事变的事实真相和罪恶目的，谴责日军侵占中国领土、残害中国无辜民众的累累罪行。九一八事变的性质是"日本帝国主义的积极殖民政策之产物，是日本武装占领整个满洲及东蒙的最露骨的表现，是将满洲更殖民地化，而作更积极的进攻苏联的军事根据地的实现"①。通过《宣言》，中国共产党指出了日本疯狂占领东北的目的，"现在它更公开更强暴的占领中国土地，其显明的目的显然是掠夺中国，压迫中国工农革命，使中国完全变成它的殖民地，同时更积极更直接的实行进攻苏联，企图消灭全世界第一个无产阶级的祖国，世界革命的大本营，及实行第二次世界大战，特别是太平洋帝国主义战争，实行更大规模的屠杀政策以瓜分中国。"②

中国共产党分析当时的国际形势，认为日本发动战争的原因是，"现在正是各国帝国主义内部互相矛盾冲突，经济恐怕与政治危机更剧烈发展的时候，它们这种冲突和危机必然引导它们到第二次公开的厮杀，尤其是太平洋日美冲突的风云甚嚣尘上，中国便是他们这种冲突火并不能放过的战场。他们一方面指使各自的军阀实行火并，另一方面有机可乘便直接出兵中国，以扩张他们在华的利益。"③ 日美矛盾是帝国主义矛盾的体现，而随着苏联社会主义革命建设取得成功，特别是第一个五年计划的顺利实施，苏联在远东地区的影响力显著提升，这同样给日本造成了恐慌，导致关东军铤而走险。"这次日本强占东三省显然是捷足先登，准备大规模的屠杀以牺牲中国，自然帝国主义与苏联的矛盾是最根本的矛盾，所以反苏联的战争是主要的危险。"④ 此外，随着中国民主革命不断发展，使日本愈加恐慌，在中国的半殖民地奴役制度难以维持的情况下，不惜采取军事侵略的手段。"帝国主义强盗也非常明白：现在世界革命积极发展，中国工农革命运动日益高涨，工农红军与苏

---

① 《中共中央关于日本帝国主义强占满洲事变的决议（一九三一年九月二十二日）》，载中央档案馆编《中共中央文件选集》第7册，中共中央党校出版社，1991，第442页。
② 《中国共产党为日本帝国主义强暴占领东三省事件宣言（一九三一年九月二十日）》，载中央档案馆编《中共中央文件选集》第7册，中共中央党校出版社，1991，第396页。
③ 同上书，第397页。
④ 同上书，第398页。

维埃区域又英勇的冲破了帝国主义国民党军阀第三次的围剿，土地革命与反帝国主义的浪潮，尤其在万案韩案之后，已经大大汹涌起来。这一革命浪潮的高涨，必然要根本上推翻外国帝国主义及中国豪绅地主资本家国民党的反动统治，建立工农兵苏维埃政权。外国帝国主义看着中国国民党军阀已经不能消灭中国革命，看着他在中国的走狗军阀国民党等已经不能随心所欲的替它保护并扩张对华掠夺的利益，因此便直接占领满洲中国领土。"[①] 日本需要公开的武装干涉来挽救和维持他们在"满蒙"的特权，加之国民政府的一味妥协和其他帝国主义国家的绥靖政策，因此日本才敢于铤而走险发动九一八事变。

中国共产党在宣言中对国民政府的不抵抗政策给予了严厉的谴责，指出，正是国民政府的妥协退让才让日本侵略者有恃无恐，"促使日本这个政策通行无阻的，不能不归功于国民党的无耻的投降帝国主义及出卖民族利益。国民党政府事前参预了日本武装占领满洲的计划，命令自己的军队无条件的缴械与投降，将千百万的劳动群众给日本帝国主义蹂躏、虐杀、奸淫与剥削。而事变时亦只有空口的抗议，'镇静的'外交，向强盗机关（国联）乞求，希望美国主持公道，或者在纪念周上大哭一次，而实际上更加紧对于群众的民族自觉和反帝国主义斗争的残酷压迫。国民党政府的投降帝国主义与无耻出卖民族利益，给日本帝国主义的殖民地政策与武装占领作开路先锋。"[②]

中共中央明确提出，应该以武装民众的民族革命战争反抗日本帝国主义的侵略，因为国民政府顽固实行不抵抗政策，中国共产党必须义不容辞地承担起领导中华民族抗击侵略者的责任。中共中央在决议中着重指出了党在事变过程中的中心任务："加紧的组织领导发展群众的反帝国主义运动，大胆地警醒民众的民族自觉，而引起他们到坚决无情的革命斗争上来，……领导群众（为）反对帝国主义的暴力政策，反对帝国主义的奴役和侵略，……反对帝国主义的强盗战争而斗争。"[③] 面对日本帝国主义的侵略，不能有丝毫的幻想。维护中国的领土完整和主权独立，维护

---

① 《中国共产党为日本帝国主义强暴占领东三省事件宣言（一九三一年九月二十日）》，载中央档案馆编《中共中央文件选集》第7册，中共中央党校出版社，1991，第397页。

② 《中共中央关于日本帝国主义强占满洲事变的决议（一九三一年九月二十二日）》，载中央档案馆编《中共中央文件选集》第7册，中共中央党校出版社，1983，第418-419页。

③ 同上书，第421页。

民族尊严和国家统一，必须依靠中国人民自己的力量。中国共产党清楚地认识到这一点，“只有工农兵劳苦群众自己的武装军队，是真正反对帝国主义的力量”①。中国共产党希望能够唤醒爱国群众对日本侵略的仇恨和抗日救国的热忱，以武装斗争彻底击败日本侵略者。

1932 年初，日本完全占领东三省后，又悍然发动了“一·二八”事变，遭到了中国人民和世界人民的强烈反对。即便日本得寸进尺，南京国民政府依然不肯对日宣战，“一面抵抗，一面交涉”，依然幻想和日本达成和平协议。为了达到这一目的，不惜压迫抗日群众和爱国官兵。为了表示对日绝不妥协的态度，1932 年 4 月 15 日，中华苏维埃共和国临时中央政府发表了《对日战争宣言》，指出：“要认识只有苏维埃政府，才能真正的领导全国的民族革命战争，直接对日作战，反对帝国主义瓜分中国；只有中国工农红军才是真正实行民族革命战争的民众武装；只有全世界的无产阶级被压迫民族和苏联，才是真正能联合以反对帝国主义的国际力量。苏维埃临时中央政府号召全国工农兵及一切劳苦群众，在苏维埃的红旗之下，一致起来积极的参加和进行革命战争，在白区各地自动武装起来，推翻反动的国民党在全中国的统治，建立全中国民众的苏维埃政权，成立工农红军，联合全世界的无产阶级被压迫民族与苏联，来实现以民族革命战争

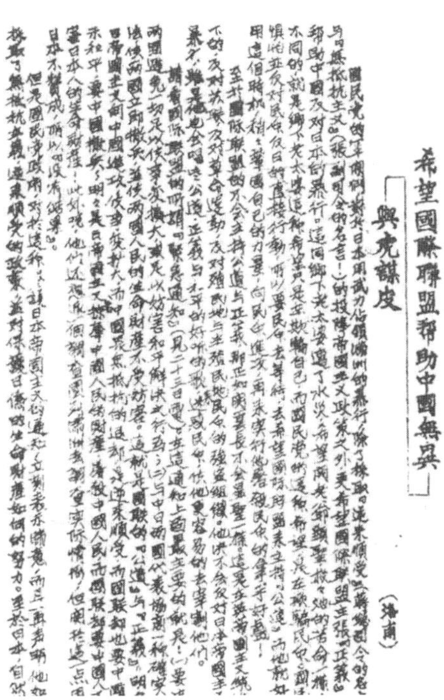
希望國際聯盟帮助中國無異與虎謀皮

（洛甫）

图 13-1　中共中央机关报《红旗周报》刊载洛甫（张闻天）所写的《希望国际联盟帮助中国无异与虎谋皮》

① 《中共满洲省委为日本帝国主义武装占领满洲宣言》，载中央档案馆、辽宁省档案馆、吉林省档案馆、黑龙江省档案馆编《东北地区革命历史文件汇集》（一九三一年七月——一九三二年一月），1988，第 49 页。

驱逐帝国主义出中国，反对帝国主义瓜分中国，彻底争得中华民族真正的独立与解放。"①

二、中国共产党领导的工农群众反日斗争

九一八事变后，东北各地民众立即展开了不屈不挠的反抗日本帝国主义的斗争，范围遍布辽宁城乡各地。随着日军侵略的扩大和加深，辽宁各界反日活动此起彼伏，有力地打击了日本侵略者和伪政权。

九一八事变一发生，沈阳各界人士就做出了激烈的反应和抗争。工人罢工，学生罢课，商人罢市。其中奉天兵工厂的工人反日斗争最为激烈。事变三天后，在中国共产党地下党员梁永盛的带领下，工人以厂方无故扣发工资并携款出逃为由，一拥而出将粮站的粮食一抢而空。9月23日，奉天兵工厂发电站30多名工人罢工，使全厂停电停水。同时有两万余名工人愤然离厂，其中一部分人参加了抗日义勇军。奉天兵工厂工人罢工，使日军急于开工、生产制造武器的计划落空。而兵工厂的工人参加义勇军后，利用自己的专业知识建设小型兵工厂，修理制造枪支弹药，有力地支援了义勇军抗战。这期间相继发生了皇姑屯铁路工厂工人罢工、英美烟草公司工人罢工、安东缫丝厂工人罢工、纺织工人同盟罢工，北宁线和南满路的工人纷纷罢工。

1932年8月7日，发生了爱国青年工人尚吉元刀劈日寇，火烧"满洲纺织株式会社"的英雄事迹。尚吉元于1932年在营口开往天津的客轮上认识了东北民众抗日救国会派往东北义勇军第二军团的联络员马鸿德，表明要为抗日事业作贡献。返回辽阳后，他制定计划将刀和火柴带到整棉科，砍死了日本守卫，点燃了车间。尚吉元被赶来的日本守备队枪弹击中后不幸牺牲。这次火烧纱厂的英雄之举，让日寇损失不小，"当时'满洲纺织株式会社'有三万一千三百六十枚纱锭和五百台布机。这次斗争迫使工厂停产三天，大约减产近三百件棉纱和三千余匹棉布。设备、

---

① 《中华苏维埃共和国临时中央政府宣布对日战争宣言》，载姜念东主编《历史教训——"九一八"纪实》，吉林文史出版社，1991，第508页。

原料、半成品的直接损失以及清理现场的费用等项的损失，总在一亿日元以上。"①

九一八事变后，沈阳城内及商埠地有大小商铺近1.5万家关门停业，沈阳的商品贸易处于停顿状态，日本对华贸易也受到严重影响。日军多次强迫店铺开门营业，但是收效甚微，直至9月28日仅有五分之一的商铺恢复营业。大中小学校全部停课、罢课，很多学生离校回乡，参加到抗日救国运动中去。宋黎、张希尧等爱国学生积极进行抗日救国宣传，鼓励留在辽宁的东北军将士放弃不抵抗政策，主动向日寇反击。1932年伪满洲国成立，东北各地民众又掀起反对日伪统治的斗争高潮。3月9日，伪满洲国"执政"溥仪举行就职典礼，沈阳市民对街上悬挂的伪国旗"五色旗""满地飞扬，徒增反感"，一时在街上流传这样的传言："红蓝白黑黄到底"，意思就是伪满政权不能持久。伪满洲国政权在大街小巷张贴的标语"也均被人撕毁"②。

与此同时，反日暴动席卷辽宁的广大农村。虽然日军一开始重点进攻东北的大中城市，农村受到的影响不大，但随着日军侵占范围和深度的扩大，辽宁农民的反日斗争逐步兴起，而且多采取武装暴动的方式给日军以沉重的打击。九一八事变之前，东北很多地方就有农民自发组织的反日团体如大刀会、红枪会、黄沙会等。九一八事变爆发后，中共奉天市委派干部到新民等地给予指导，发展一大批积极分子加入党组织和团组织，建立支部。这些农民武装成分都比较复杂，农民、知识分子、士绅、地主和绿林好汉都参与其中。

1932年3月16日，由刘震清、唐德胜和邱良忱率领的农民武装向庄河县城发起攻击，伪军不敢接火而纷纷逃跑，"义勇军"迅速占领庄河城。随着日军反攻，甚至使用了飞机进行轰炸，刘震清等人带领部队上山打游击。中国共产党党员鞠抗捷回到家乡决心投身于此，参与改造"义勇军"组织工作。其后，刘震清投敌，唐德胜和邱良忱牺牲。在队伍涣散之际，山东招远因办"红枪会"失败而在东北避难的一些人物与"义勇军"残部共筹大刀会。8月，在长岭乡塔庙宣告庄河大刀会成立，郭殿政、倪元德为正副总指挥，实际负责人是鞠抗捷。12月16日深夜，大刀会得知敌"靖安"游击队要来"清剿"，鞠抗捷立即组织力量，布置作战方案。土城子之役激战一夜，大刀会击毙击伤敌人10余名，缴获步枪、机枪共20支（挺），

---

① 杨大明：《尚吉元杀寇烧厂的英勇事迹》，载辽宁省政协文史资料委员会《辽宁文史资料》第7辑，辽宁人民出版社，1983，第38页。

② 陈觉：《"九一八"后国难痛史》下册，辽宁教育出版社，1991，第1901页。

战马30匹,击毙日本侵华陆军大佐联队长森秀树。① 可见,大刀会武装依托乡土有着不错的战斗力。土城子战斗后,庄河大刀会名声大振。随后他们兵分两路:一路由总团长郭殿政率领,向东援助处于困境中的邓铁梅领导的"东北民众抗日救国第二十八路军";一路由参谋长鞠抗捷率领,向北援助岫岩刘景文领导的"东北民众抗日救国会第五十六路军"。12月24日,大刀会队伍到达邓铁梅的部队驻地,双方经过研究,决定在文家街一带伏击日军。黄昏时分,战斗打响,抗日部队迅速抢占制高点,用机枪压制敌人火力。大刀队冲入街内,直捣敌人阵地。日军被逼到街后的红花岭,义勇军乘胜追击,与敌人展开肉搏。日军招架不住,丢下50多具尸体狼狈逃窜。义勇军沉重地打击了敌人的士气。但是,此后日军相继进行了三次"大讨伐",终因敌我双方实力悬殊,大刀会几次失利后被迫解散。郭殿政、鞠抗捷相继入关参加抗战,继续从事抗日救国活动。

辽宁城乡广大民众以不同形式同日军及伪政权当局进行了顽强的斗争。"据有关方面统计,1932年,东北各大城市曾经发生10次大罢工。参加人数在1.8万以上;1933年罢工次数增到18次,参加人数在2.5万人以上;1934年罢工次数超过20次。"② 工人除了罢工,还有的抢夺武器、拉出队伍,直接组织义勇军,或在共产党的领导下进行隐蔽斗争。而广大农民则在农村与日军进行激烈的斗争,使用镰刀、锄头、木棒、刀枪组织起抗日武装,与日军进行决死的搏斗。

三、中国共产党加强对义勇军的领导

1931年9月22日,中共中央作出《关于日本帝国主义强占满洲事变的决议》。9月23日,中共满洲省委为了组织抗日武装,作出《对士兵工作紧急会议》。以上宣言和决议的发表,吹响了反抗日本帝国主义的号角,不愿做亡国奴的东北民众打破国民政府不抵抗政策的禁锢,纷纷组织各种形式的抗日义勇军、自卫军和救国军,开展游击战争,沉重地打击了日伪反动势力。

辽宁是东北的军政中心,也是东北连接关内的主要通道,战略意义十分重要。

---

① 陈士聪:《庄河大刀会的抗日活动》,载辽宁省政协文史资料委员会《辽宁文史资料》第7辑,辽宁人民出版社,1983,第30页。

② 姜念东、伊文成、解学诗、吕元明、张辅麟:《伪满洲国史》,吉林人民出版社,1980,第506页。

沈阳沦陷后不久，辽宁就出现了抗日义勇军，在不断的斗争过程中形成了三大活动区域："以北宁路（北平至沈阳）、大通路（大虎山至通辽）、营沟路（营口之沟帮子）为中心的辽西、辽北义勇军活动区；以安奉路（沈阳到安东）、南满路中段（沈阳至盖平间）为中心的辽东三角地带和辽南义勇军活动区；以通化、桓仁为中心的东边道义勇军活动区。辽宁各地义勇军最盛时达到15万以上。"①

东北抗日义勇军兴起后，中国共产党对义勇军给予充分肯定和热情称赞，同时积极主动地加强与义勇军武装的联系，并给予指导。1932年2月，满洲省委确立"援助和联合其他非党的一切抗日武装力量共同反抗日本侵略者"的方针。3月31日，满洲省委在《接受中央关于上海事件致各级党部信的决议》中进一步指出："大规模的组织义勇军的工作，用目前各地的反日战争来动员广大群众建立其义勇军的组织，党应积极领导去参加这一战争，尤其是中东线、松花江、辽西、安东、吉林的地方更须以义勇军组织游击队，在敌人后方发展游击战争，袭击敌人粮食与运输，解除敌人的武装，用各种办法夺取武装，武装自己。"② 为了贯彻中共中央和中共满洲省委关于加强对义勇军领导的指示，满洲省委从1931年10月开始先后派遣200余名党团员到各路义勇军中工作，还从反帝大同盟、互济会、反日会等进步团体中选派骨干力量到义勇军中从事活动。同时动员大批青年学生、知识分子参加义勇军。在党的领导和影响下，义勇军发展极为迅猛。

辽西抗战时期，辽宁警务处长黄显声带领公安骑兵总队进行抗日斗争，共产党员刘澜波组织东北民众抗日救国会积极支持辽西抗战。黄显声将军受命在辽西地区组织抗日义勇军，因为缺乏帮手，他专门将刘澜波调到自己身边。在黄显声的帮助下，刘澜波趁此机遇推动义勇军组建，并亲自为义勇军起草纲领性文件《收编加委方案》。他还协助黄显声击溃了亲日派分子凌印清和张学成组织的伪军。

1931年12月辽阳义勇军兴起时，共产党员冯基平、张一吼、杨寿天和反帝大同盟盟员李兆麟等到辽阳联络义勇军抗日。李兆麟接受任务后奔走于各群众武装和山林队之间，宣传抗日救国理论，促成了"长江""三省""燕子"等小股武装联合，于1932年3月在辽阳三家子成立"辽阳义勇军"，推选苏景阳为司令、李兆麟为副司令。不久，这支部队被救国会统编为东北抗日义勇军第二十四路军，发展到

---

① 张洪军：《"九一八"全史》第3卷，辽海出版社，2001，第159页。
② 《中共满洲省委接受中央关于上海事件致各级党部信的决议》，载中央档案馆、辽宁省档案馆、吉林省档案馆、黑龙江省档案馆编《东北地区革命历史文件汇集》（一九三二年二月——一九三二年七月），1988，第56页。

数千人，成为辽宁地区抗日义勇军的主力。

自1931年汤沟起义开始，邓铁梅率领的东北民众自卫军成为辽东三角地带义勇军的代表。1932年春，东北民众救国会派东北大学学生苗可秀到邓铁梅部担任总参议兼军官学校教育长，成为邓铁梅的得力助手。1932年夏，曾任满洲省委常委的邹大鹏到邓铁梅部担任政训处长。他在部队中积极宣传党的抗日救国主张，提出建立部队政治工作制度，建立农民协会和反日会等群众组织。这些建议都被邓铁梅采纳。由于有政治工作制度作保障，邓铁梅部军纪严明，得到了辽东民众的一致拥戴。

东北义勇军经历了从兴起、发展至低潮阶段。1933年春，大规模的义勇军斗争已失败。个中原因，一是国民政府阻挠破坏，不仅不支持义勇军的抗日斗争，反而断绝义勇军来自关内的一切给养，并使用各种手段分化瓦解义勇军。二是日本侵略者的力量过于强大。随着日本全面占领东北，到1932年末日军已有兵力达十余万人。日军训练有素、装备精良，而义勇军缺乏正规训练，装备不足，虽然付出巨大的代价和牺牲，依然难免失败。三是义勇军队伍良莠不齐，缺乏统一指挥，行动分散、纪律不严、脱离群众。

东北抗日义勇军在全国范围首先举起了武装抗日的旗帜，给日本帝国主义以沉重打击，产生了巨大影响。在国民政府不抵抗政策让全国人民大失所望、国家和民族面临生死存亡的关键时刻，东北义勇军的斗争给予亿万民众巨大鼓舞，显示了中国人民誓死不屈的斗争精神。东北抗日义勇军的斗争为中国共产党领导和创建抗日武装创造了条件，提供了经验。义勇军大规模斗争失败后，余部大部分接受了中国共产党的领导，发展成为党直属的部队，被改编为东北抗日联军，以新的姿态继续进行抗日斗争。

第二节
中国共产党抗日武装建立与发展

一、中国共产党创建党直接领导的抗日武装方针的确立

1931年9月22日，中共中央在《关于日本帝国主义强占满洲事变的决议》中提出："党应该加紧士兵中的工作，各省委应该派大批同志到白军中去发动他们的争斗，组织他们的游击战争。""特别在满洲更应该加紧组织群众的反帝运动，发动群众斗争（北宁路中东路哈尔滨等），来反抗日本帝国主义的侵略，加紧在北满军队中的工作，组织它的兵变与游击战争直接给日本帝国主义以严重的打击。"① 这里，中共中央已经提出了加强军队政治工作、组织兵变和游击战争的问题。随着抗日斗争的深入，中共满洲省委逐渐认识到建立党直接领导的抗日武装的必要性，于是根据中共中央的有关指示，结合东北当时抗日武装斗争的实际情况，制定了党创建抗日武装的方针。

1932年4月22日，中共满洲省委在给中央的报告中指出："发动满洲游击战争，领导反日的民族战争，开辟满洲新的游击区域与苏维埃区域是满洲党目前最中心最迫切最实际的战斗任务。"② 满洲省委将开展和领导反日民族战争作为东北党组

---

① 《中共中央关于日本帝国主义强占满洲事变的决议（一九三一年九月二十二日）》，载中央档案馆编《中共中央文件选集》第7册，中共中央党校出版社，1991，第423页。

② 成湘：《满洲目前政治经济状况及群众斗争与党在群众中的工作》（1932年4月22日），载《东北抗日联军斗争史》编写组《东北抗日联军斗争史》，人民出版社，1991，第80页。

织的中心任务,并提出发展游击战争、创建党领导的抗日武装的方针。满洲省委也积极开展对义勇军的工作,争取他们接受党的抗日主张,坚持抗日斗争,并逐步使之成为党领导的人民武装。根据这一决策部署,满洲省委派遣大批优秀干部深入农村和各地义勇军中积极发动群众创建游击队。辽宁各地党组织也积极响应号召。1932年2月20日,中共满洲省委给东满特委发出指示:"东满党目前的主要任务是发动和领导工农群众日常的经济的、政治的斗争,在斗争过程中,动员和组织广大群众,发动与领导游击战争。"① 省委随即相继派出张振国(张玉燕,吉林特支书记)、杨君武(又名杨佐青,负责中共北满地委兵运工作)、军委书记杨林、杨靖宇到南满地区指导辽宁党组织创建游击队。

二、南满地区抗日游击区建立

九一八事变后,中共满洲省委派遣大批共产党员和爱国进步人士参加抗日义勇军队伍,协助各路义勇军抗击日本侵略者。同时,开始创建由我党直接领导的抗日游击队,最早组建和领导的抗日游击队是磐石游击队。

满洲省委成立之初,磐石县就有党的活动。虽然当时没有建立党组织,但是省委一直非常重视磐石地区的工作。1930年初,满洲省委派朝鲜族党员朴凤、王耿、全光到磐石县开展工作。同年8月,满洲省委派陈德森到南满地区巡视工作。陈德森根据共产国际的决定和满洲省委的指示,主持召开了中共磐石县第一次代表大会,正式成立了中共磐石县委(1931年8月21日改组为中共磐石中心县委),朴凤任书记,县委机关设在琉璃河套。县委下设磐石和磐北两个区委,伊通和双阳两个特别支部,以及盘石境内7个基层党支部,共有党员40余人。②

九一八事变后,磐石县委根据满洲省委的指示,组织领导磐石人民群众掀起反日斗争高潮。九一八事变之前,磐石就成立了由李红光担任队长的"打狗队",职责是保卫县委机关,惩处汉奸走狗。九一八事变后,磐石地区在县委领导下迅速建

---

① 中共辽宁省委党史研究室编《中共辽宁党史大事记》(1919—1949),中共党史出版社,1991,第79页。

② 徐文才、王占德:《中国共产党在辽宁》(民主革命时期)上,辽宁人民出版社,1991,第153页。

立了反日会、农民协会、青年会和妇女会等反日群众组织,开展反日活动。

随着斗争的深入,磐石县委决定以赤卫队为基础,吸收有斗争经验的抗日青年组建抗日游击队。1932年6月4日,在中共磐石中心县委领导下,磐石抗日游击队(磐石工农反日义勇队)在磐东三道岗成立,共30余人,张振国任队长,杨佐青任政委,辖第一、二、三分队。① 李红光任第二分队政治指导员,孟杰民任分队长。磐石抗日游击队受到了当地群众的拥护,队伍扩展到50余人。日伪当局千方百计瓦解破坏游击队。6月14日,两名奸细混入游击队内部,发动了"东沟惨变",3名游击队员牺牲,杨佐青负伤返回哈尔滨治疗。

磐石抗日游击队因执行中共中央"北方会议"的错误决议,采取没收地主土地和收缴抗日山林队枪支的做法,激化了与地主及山林队的矛盾,导致游击队的处境日渐孤立,不仅要同日本军警作战,而且时常遭到地主武装和山林队袭击,遭受了很大的挫折。为了保存实力,游击队一度暂时归并到当地抗日山林队常占的名下;但是,常占没有坚持抗日的决心。磐石中心县委召开紧急会议,决定游击队脱离常占,独立行动。磐石抗日游击队重新改编,由孟杰民任大队长,张振国任政委。抗日游击队的未来发展问题迫切需要省委指明方向。1932年11月,省委候补委员、代理军委书记杨靖宇到达游击队驻地。杨靖宇到达磐石后即着手整顿队伍,"将磐石工农反日义勇军称为中国工农红军第三十二军南满游击队(亦称磐石游击队),孟杰民任总队长,王兆兰任副总队长,初向臣任政委,辖第一、二、三大队和教导队。"②

11月下旬,杨靖宇去海龙巡视工作。由于南满游击队警惕性不高,导致连续遭受反动地主武装暗算,总队长孟杰民、副总队长王兆兰、政委初向臣相继牺牲,部队士气受到很大的挫折。在此危急关头,杨靖宇重新回到磐石。事实证明,杨靖宇是"政治上在满表现得最坚决",工作作风也最"艰苦、深入、努力"的领导干部。③ 在杨靖宇和省委巡视员刘过风的帮助下,游击队转危为安。杨靖宇非常重视南满地区的义勇军、山林队、大刀会、红枪会等抗日组织,主动与他们联系。杨靖宇对南满各地义勇军的真诚,让各路义勇军都对他肃然起敬,这为联合义勇军成立

---

① 《东北抗日联军组织序列》,载《东北抗日联军史料》编写组编《东北抗日联军史料》上册,中共党史资料出版社,1987,第355页。

② 同上。

③ 朱诚如主编《辽宁通史》第5卷,辽宁人民出版社,2010,第316页。

抗日民主联军奠定了基础。1933年春，中共满洲省委任命杨靖宇为南满游击队政委。1933年1—8月间，日军调集伪军对游击队和其他抗日武装进行了疯狂的进攻。杨靖宇率领南满游击队连续作战，粉碎了日伪军四次"大讨伐"，并主动出击，先后作战60余次，毙伤日伪军130余人，游击队人数扩大至250余人，在南满声威大震。

在南满游击队不断取得胜利的形势下，驻烟筒山的伪吉林警备第五旅步兵第十四团迫击炮连60多名士兵，在共产党员曹国安、宋占祥（宋铁岩）的动员下于1933年5月举行起义。据参加起义的张瑞麟回忆，"全连一百二十来人，除在东门执勤的五六个士兵和被打死、打伤的连排长外，其余全部出来了（那五六个人第二天也撵上队伍）。带出步枪一百余支、每人200发子弹，还有我们最后带出的一门迫击炮，炮弹二十余箱。"① 这支起义队伍被编为中国工农红军第三十二军南满游击总队迫击炮独立大队，在杨靖宇带领下参加了攻击伊通县、营城子、大兴川、永吉县第六区、磐石县东集场子镇等战斗，取得了很大的胜利。这一起义行动，极大地动摇了磐石附近伪军的军心，极大地提高了南满游击队的威望，增强了游击队的实力，鼓舞了根据地和游击队队员的信心。南满游击队的活动区域遍及磐石玻璃河套、红石砬子，以及桦甸、伊通、双阳、永吉等县，受到爱国群众的热烈欢迎，动摇了日伪军在这一地区的统治，成为南满抗日武装的骨干力量。

中国共产党在南满创建的另一支抗日武装是海龙游击队。海龙县处于东边道西部，是长白山区向辽河平原的过渡地带。九一八事变后，唐聚五在桓仁首先举起义旗，东边道各县纷纷响应。其中，包景华在海龙创建辽宁民众自卫军第九路军。为了壮大抗日力量，中共海龙中心县委派共产党员王仁斋、刘三春到包景华部开展工作。1932年春，海龙中心县委着手组建自己的抗日武装。首先在柳河龙岗山成立游击队，队长蔺秀义。1932年8月，在中共海龙中心县委的领导下，建立海龙反日游击队（海龙工农义勇军）。② 从包景华部的党团员骨干中抽调出10余人，补充到海龙反日游击队中去。由于游击队独立活动困难，于是在王仁斋的联络下，游击队加入辽宁民众自卫军第九路军中。1932年末，在日伪军的大举进攻下，辽宁民众自卫

---

① 张瑞麟：《炮筒山伪军迫击炮哗变前后》，载吉林省政协文史资料委员会编《东北的沦陷与抗战（1931—1945）》第9卷，吉林文史出版社，2014，第107页。

② 《东北抗日联军组织序列》，载《东北抗日联军史料》编写组编《东北抗日联军史料》上册，中共党史资料出版社，1987，第356页。

军节节败退。包景华万般无奈,解散部队后只身入关,于是海龙反日游击队开始独立作战。由于受到"左"倾盲动主义的影响,同时缺少军事作战经验,海龙游击队遭受很大损失。1932年11月,这支队伍仅剩下15人。

为了壮大党的抗日武装,扩大南满游击区,1933年1月,杨靖宇从磐石到海龙视察工作,整顿海龙反日游击队,"将海龙游击队改称为中国工农红军第三十七军海龙游击队,王仁斋任队长,刘三春任政委。"① 经过整顿后,这支游击队在海龙、清河、柳河一带进行活动。不久,吉林抗日救国军田霖余部在苏剑飞的率领下返回柳河一带。1932年8月,海龙游击队与苏剑飞部在柳河县大牛沟相遇。经过王仁斋、刘三春与苏剑飞协商,两支队伍合并。苏剑飞任队长,王仁斋任书记,队伍发展至80余人。随后,根据中共海龙中心县委的指示,队伍向辉南、磐石方向前进。

在中共满州省委和杨靖宇的努力下,磐石和海龙都建立起由党领导的抗日武装力量,这是中国共产党在辽宁地区建立独立自主的武装的开端。这两支部队在满洲省委领导下不断发展壮大,后成为东北抗日联军的主力部队和中间力量,为抗日斗争作出了巨大的贡献。

三、"北方会议"对辽宁抗日斗争的影响

1932年6月上旬,中共临时中央在上海法租界秘密召开了北方各省代表联系会议(以下简称"北方会议")。出席这次会议的有河北、河南、陕西、山东的省委书记,满洲省委派组织部长何成湘参加会议。会上,各省汇报了本地的工作情况。何成湘代表满洲省委汇报了东北的特殊情况。由于东北已经沦陷,东北社会的主要矛盾已经由阶级矛盾转变为民族矛盾,加之东北党力量薄弱,群众基础和组织建设都不同于关内各省,因此建议党中央在确定东北的革命任务时能够从东北实际情况出发,不要照搬苏区模式来解决东北问题。然而坚持"左"倾错误的临时中央指斥"北方落后论"是机会主义,认为"所谓'北方落后论',是实际上企图将中国的南部与北部间隔与对立起来,企图否认革命危机在中国北方的存在,企图曲解正确

---

① 《东北抗日联军组织序列》,载《东北抗日联军史料》编写组编《东北抗日联军史料》上册,中共党史资料出版社,1987,第356页。

的革命不平衡理论为北方的革命运动的完全消沉。这种理论的结果必然要走上取消主义的道路"①。会上，临时中央批评北方"特殊论"与北方"例外论"，认为这是没有根据的机会主义的胡说，实质上是企图否认革命危机在北方的存在。临时中央对北方各省提出了要求，"北方会议号召各省的党部为实现北方苏维埃区域而斗争，指出创造北方苏维埃区域的问题，已经放在北方各省的工作议事日程之上。"② 临时中央坚持"左"倾错误观点，没有意识到民族矛盾已经成为当时的主要矛盾。"北方会议"的错误，不仅使东北党丧失了领导东北人民进行抗日民族战争的有利时机，也使扩大党的影响、巩固和发展党的组织建设等各项工作受到极大的损害。

"北方会议"结束后，何成湘回到东北，召开了满洲省委会议，传达和贯彻"北方会议"精神。随后，临时中央派李实到东北。1932年7月12日，满洲省委在哈尔滨南岗召开了省委扩大会议。出席会议的有李实、罗登贤、何成湘、詹大权、金伯阳、张贯一（杨靖宇）、冯仲云等14人。会议通过了《满洲省委扩大会议告同志书》，对前届省委进行了严厉的批评："过去省委机会主义的领导，正因为对于革命形势估计的不足，正因为对于建立满洲苏维埃政权而斗争没有信念与决心，以至形成最可耻的右倾机会主义路线，'左'倾的空谈掩盖着一贯的右倾机会主义的实质。"③ 会议通过了新的省委组成名单，李实、何成湘、金伯阳三人担任省委常委，李实任代理书记。7月12—24日，新的满洲省委连续召开了三次扩大会议，通过《关于接受中央北方会议的决议》《关于武装保卫苏联、反对帝国主义进攻苏联的决议》《关于拥护苏维埃与红军、反对帝国主义国民党第四次"围剿"的决议》。前满洲省委书记罗登贤遭到严厉的批判，被撤销了满洲省委书记职务。

新组建的满洲省委根据"北方会议"精神，全盘否定了前省委的工作，批评前省委没有把建立苏维埃政权提到议事日程上，反日而不积极反国民党，反日而不反豪绅地主，没有开展土地革命，等等。新省委号召，"满洲全党同志以布尔什维克

---

① 《革命危机的增长与北方党的任务（北方各省委代表联系会议基本通过，一九三二年六月二十四日）》，载中央档案馆编《中共中央文件选集》第8册，中共中央党校出版社，1989，第356-357页。

② 同上书，第356页。

③ 《中共满洲省委扩大会议告同志书——关于开展两条战线的斗争及创建苏维埃政权问题》，载中央档案馆、辽宁省档案馆、吉林省档案馆、黑龙江省档案馆编《东北地区革命历史文件汇集》（一九三二年二月——一九三二年七月），1988，第143页。

的坚定性为创造满洲新的苏维埃区域而斗争！"① 为了实现这一中心任务，省委确定了具体工作方针，派出人员赴奉天、大连、长春、东满、南满磐石等地，直接贯彻"北方会议"和省委扩大会议的决议精神。

中共奉天特委书记陈德森没有出席省委扩大会议。会议点名批判他的"右倾"错误，免去其特委书记职务，改组奉天特委。宣传部长马龙友提出不同意见，也被免职。满洲省委将陈德森、马龙友开除党籍。② 新组成的奉天特委全部为工人党员。在随后的两个月里，奉天特委进行了多次改组。10月5日，奉天特委不顾斗争环境险恶，冒险召集辽西、抚顺、辽阳等地党代表举行会议，传达"北方会议"精神，结果特委机关被敌人破坏，代理书记郝培壮等人被捕，奉天特委遭受严重破坏。

1932年9月12日，满洲省委巡视员金伯阳到达大连，主持支部会议，批评大连特支书记张洛书对中央和省委决议"消极怠工"的态度，导致沙河口支部、大连油坊支部都停止了工作，支部同志四散，赤色工会也与党脱离了关系。

满洲省委一再号召罢工、罢市、罢课，搞飞行集会，导致党的秘密组织和党员身份公开，结果遭到敌人逮捕，造成了严重的损失。

在农村工作中，满洲省委要求党组织普遍进行抗租、抗债、抗捐，没收地主土地，进行土地革命。满洲省委在给磐石中心县委的指示信中严厉批评他们，"对于土地革命表现着极严重的机会主义的动摇，反日运动没有与群众的日常斗争和土地革命密切的联系起来，没有打算如何使反日运动走向土地革命。"③ 为了建立苏维埃政权与创建红军，满洲省委将磐石游击队改称中国工农红军第三十二军南满游击队。磐石游击队由于执行"北方会议"精神，直接没收地主的土地，严重激化了与当地地主武装及山林队的矛盾，导致工农抗日武装的处境日益孤立。

---

① 《中共满洲省委扩大会议决议——关于接受中央北方会议的决议》，载中央档案馆、辽宁省档案馆、吉林省档案馆、黑龙江省档案馆编《东北地区革命历史文件汇集》（一九三二年二月——一九三二年七月），1988，第189页。

② 《中共满洲省委关于开除聂树先、马龙友、陈德森、关××等党籍的决议》，载中央档案馆、辽宁省档案馆、吉林省档案馆、黑龙江省档案馆编《东北地区革命历史文件汇集》（一九三二年八月——一九三二年十二月），1988，第177-178页。

③ 《中共满洲省委给中共磐石中心县委的指示信——关于县委过去的机会主义错误和当前工作任务》，载中央档案馆、辽宁省档案馆、吉林省档案馆、黑龙江省档案馆编《东北地区革命历史文件汇集》（一九三二年八月——一九三二年十二月），1988，第40页。

对于抗日义勇军，由于受到"左"倾错误路线的影响，满洲省委认为对待抗日义勇军的方针存在严重错误，"一方面认为义勇军是胡子土匪而消极不理，或企图以上层的勾结利用来代替真正的艰苦的群众工作，另一方面则空喊'组织真正的土地革命的反帝的游击战争'与'变义勇军运动为革命的游击战争'却拒绝广大群众要求斗争的领导与放弃利用一切可能打入义勇军中去树立我们的革命工作。"① 按照满洲省委的意见，对义勇军的工作主要是争取下层统一战线，导致一些抗日义勇军的将领对共产党和红军游击队不信任，甚至发生公开对立。在辽阳、台安、辽西，奉天特委派党员进行义勇军下层工作，准备兵变都告失败。

"北方会议"坚持的"左"倾教条主义错误给满洲各级党组织和抗日事业带来了严重的危害。然而，基层党组织和广大党员根据本地区的客观实际，对错误路线进行了一定的抵制，使东北党的各项工作和抗日民族解放事业得以继续发展。

第三节

抗日斗争在辽宁的发展

一、"一·二六"指示信在满洲省委的传达和贯彻

在共产国际东方部的主持下，召集了专门会议，讨论日本帝国主义侵略下东北人民反日游击队的抗日斗争应采取的策略问题。由此形成了两个文件，1933年1月

---

① 《中共满洲省委为加紧义勇军的工作致各级党部的一封信》，载中央档案馆、辽宁省档案馆、吉林省档案馆、黑龙江省档案馆编《东北地区革命历史文件汇集》（一九三二年八月——一九三二年十二月），1988，第110页。

17日中华苏维埃临时中央政府工农红军革命军事委员会发表了《为反对日本帝国主义侵入华北愿在三条件下与全国各军队共同抗日宣言》（简称《一·一七宣言》）。在宣言中中共中央明确提出，在下列条件下，中国工农红军准备与任何武装部队签订作战协定来反对日本帝国主义的侵略："（一）立即停止进攻苏维埃区域；（二）立即保证民众的民主权利（集会、结社、言论、罢工、出版之自由等）；（三）立即武装民众创立武装的义勇军，以保卫中国及争取中国的独立统一与领土的完整。"① 中共中央已经意识到，要团结具有爱国精神的民众及士兵进行联合一致的民族革命战争；将反对日本及一切帝国主义的斗争与反对国民党反动军阀政府的卖国和投降斗争结合起来，争取中国的独立统一与领土完整。

同年1月26日，中共中央发出了《给满洲各级党部及全体党员的信——论满洲的状况和我们党的任务》（简称《一·二六指示信》）。如果说《一·一七宣言》是向全国民众发出的呼吁，那么《一·二六指示信》则是针对东北已经沦为日本帝国主义殖民地的独特环境而发出的特殊指示。这两个文件对于促进抗日民族统一战线形成，以及指导东北抗日游击战争和建立东北抗日联合战线都起到了积极作用。

《一·二六指示信》对日本帝国主义占领东北的现状进行了分析。日本占据东北，其根本目的是以东北为基地进而征服中国。中共中央认为，虽然东北全境沦陷，但是日本难以顺利建立殖民统治，"满洲已经被日本占据一年零四个月了，日本帝国主义用全部的力量把满洲变为它垄断的殖民地，变为进一步的进攻中国革命，公开的武装干涉中国革命，进行冒险主义的反革命的反对世界上第一个无产阶级——苏联的战争，以及争夺为着太平洋的霸权，而与自己极大的竞争者——美国，彼此进行强盗战争，而最后是对本国工农和一切劳苦群众，加紧经济上和政治上的进攻等等的大本营。日本帝国主义的这个计划能完成到什么程度和如何范围，这首先要依满洲的内部为转移，如果日本帝国主义因有张学良和南京政府完全可耻的投降政策——'不抵抗'而能在短期间占据全满洲，那末现在它不得已而承认了，须要十万武装整齐的正式日本军队，用十年的工夫，才能在满洲建立起应有的

---

① 《中华苏维埃临时中央政府工农红军革命军事委员会为反对日本帝国主义侵入华北愿在三条件下与各国军队共同抗日宣言》，载姜念东主编《历史教训——"九一八"纪实》，吉林人民出版社，1991，第510页。

秩序来,这个承认是十分有价值和十分值得注意。"① 中共中央指出,在日本帝国主义殖民统治下,广大东北各阶层群众的政治经济地位都在急剧恶化,不仅东北普通工人农民小资产阶级,而且相当一部分资产阶级也对侵略者抱有敌视的态度。在对这现实情况认真研判的基础上,中共中央提出了党领导东北人民进行抗日斗争的总策略方针:"一方面尽可能的造成全民族的(计算到特殊的环境)反帝统一战线,来聚集和联合一切可能的,虽然是不可靠的动摇的力量,共同的与共同的敌人——日本帝国主义及其走狗斗争。另一方面准备进一步的阶级分化及统一战线内部阶级斗争的基础,准备满洲苏维埃革命胜利的前途。"② 共产国际第十二次全会在这个策略基础上提出了总政治口号——没收日本帝国主义及民族叛徒的财产,总同盟抵制日本帝国主义及"满洲国",扩大广大群众的游击运动,反对日本侵略者,努力建立选举的民众革命政权,从而得到东北广大人民群众的支持。当然,实现这一策略需要中国共产党正确和灵活地实行全民族的反帝国主义,首先确定反日统一战线,并且牢牢掌握和保证无产阶级在统一战线中的领导权。

《一·二六指示信》明确了党在东北新的中心工作,放弃"北方会议"提出的在东北组织罢工、打土豪、分田地,急于组织红军和建立赤色政权的"左"倾错误主张。指出,党的中心工作应当是反日统一武装斗争中将游击队改编为人民革命军,建立选举的民主政权和反日会等组织。虽然《一·二六指示信》依然还有一些不成熟的理论甚至是错误的政策,比如在东北特殊环境中实行反日统一战线,但是又提出准备苏维埃胜利的前途,这与当时的现实情况是相矛盾的主张。对于中间势力缺少具体区别,特别是对东北的上层统一战线存在着较大的疑虑。《一·二六指示信》还是对"左"倾错误路线进行了纠正,党在东北的抗日武装力量在艰难曲折的道路上得以前行。

1933年春,《一·二六指示信》精神传达到了满洲省委。5月15日,中共满洲省委在哈尔滨道里召开省委扩大会议,学习讨论中共中央给满洲各级党组织与全体党员的信(即《一·二六指示信》),一致通过关于接受这一指示信的《满洲省委关于执行反帝统一战线与争取无产阶级领导权的决议》(以下简称《决议》)。在

---

① 《中央给满洲各级党部及全体党员的信——论满洲的状况和我们党的任务(一九三三年一月二十六日)》,载中央档案馆编《中共中央文件选集》第9册,中共中央党校出版社,1989,第21—22页。
② 同上书,第30页。

《决议》中,满洲省委检查了接受"北方会议"后所犯的"左"倾冒险主义错误以及在工作中造成的损失,明确提出满洲党组织当前的中心任务,即"在目前满洲反帝民族解放运动现阶段上,必须执行民族革命统一路线,开展广大群众的日常政治、经济斗争,夺取和巩固无产阶级的领导权,建立满洲的人民革命军与选举的民众政府"①。1933年5月15日,中共满洲省委给南满人民革命军政委、政治部及全体党员发了指示信。信中指出:"在过去的一年中,南满人民革命军创造了许多光荣的战绩,但在统一战线问题仍存在关门主义和忽视统一战线内部的阶级斗争的倾向,在运动游击战术、军队的政治工作等方面,也还存在一定的错误。今后要巩固和猛烈扩大人民革命军,建立统一战线,建立临时的革命政权和革命根据地,建立群众组织和扩大游击区,并把坚决地发动群众和反日游击战争结合起来。"②

中共满洲省委在接受中央《一·二六指示信》后,随即分别派代表或写信或以地方党的组织来人向其传达中央这一指示信和省委的决议。东北各地的党组织和抗日游击队在接到中央的指示信后都进行了认真讨论,并坚决地在实践中加以贯彻,促进了抗日武装统一战线形成。中国共产党领导的游击队与其他抗日武装义勇军、大刀会、红枪会改善关系,很多抗日武装决定接受党的领导进行改编。1933年8月,中共满洲省委认为建立东北人民革命军的条件已经成熟,于是开始在南满创建东北人民革命军的工作。

二、南满地区抗日统一战线初步形成

为了更好地传达《一·二六指示信》精神,满洲省委于1933年5月将杨靖宇召回,专门研究如何在南满贯彻《一·二六指示信》。杨靖宇于5月31日向省委提交了自1932年11月以来磐石党和游击队发展情况报告。满洲省委在认真研究杨靖宇的报告后,于7月1日发出《中共满洲省委给磐石中心县委及南满赤色游击队的

---

① 《满洲省委关于执行反帝统一战线与争取无产阶级领导权的决议》,载《东北抗日联军史料》编写组编《东北抗日联军史料》上册,中共党史资料出版社,1987,第65页。
② 中共辽宁省委党史研究室编《中共辽宁党史大事记(1919—1949)》,中共党史出版社,1991,第92-93页。

信》。在信中，省委肯定了磐石中心县委和红色游击队取得的成绩：击退了日本帝国主义及其走狗"满洲国"六次大的进攻，大大地扩大了党与游击队在南满的政治影响。赤色游击队战斗员与武装发展了三倍。党在过去涣散的状态中，恢复与发展了党的组织。建立了农民赤卫队。同时，满洲省委也指出，磐石党组织执行了破坏反帝统一战线的"左"倾机会主义路线，阻碍了党和赤色游击队应有的发展。① 满洲省委根据满洲政治发展形势，向磐石中心县委提出了未来的战斗任务：巩固与发展赤色游击队，树立党及赤色游击队的领导权，扩大游击运动；组织与领导群众的斗争，广泛地武装民众，建立工农最宽广的组织；发展党的组织，建立与巩固党的领导。②

为了加强和指导磐石党的工作，在杨靖宇回到磐石不久，满洲省委常委金伯阳以省委巡视员的身份赴磐石指导工作。7月14日，满洲省委以磐石人民革命军的名义发表了《为反对日本强盗围剿义勇军宣言》（以下简称《宣言》）。《宣言》指出，凡接受下面条件的各种武装队伍，人民革命军都愿意与之订立对日作战联盟：一、不投降，不卖国，和日本强盗及其走狗"满洲国"作战到底；二、拥护工农及一切反日群众的斗争与运动，保护工农及一切反日反帝团体；三、允许民众自动武装和帮助其武装对日作战。③《宣言》发表后，各路抗日义勇军纷纷与红军游击队接头，很快在磐石一带形成了以红军游击队为主的联合反日武装。

磐石中心县委根据满洲省委新的指示，于1933年8月27日召开会议，讨论省委关于成立南满中心县委的提议，贯彻执行《一·二六指示信》，认真检查这一阶段工作，并起草了《南满中心县委会议决议》（以下简称《决议》）。《决议》反省了过去执行"左"倾错误路线造成的危害，总结贯彻《一·二六指示信》和省委决议取得的成绩和存在的不足，指出县委当前的工作任务。《决议》指出，中心县

---

① 《中共满洲省委给磐石中心县委及南满赤色游击队的信》，载中央档案馆、辽宁省档案馆、吉林省档案馆、黑龙江省档案馆编《东北地区革命历史文件汇集》（一九三三年六月——一九三三年八月），1988，第26-27页。

② 同上书，第32-41页。

③ 《满洲磐石人民革命军为反对日本强盗"围剿"义勇军的宣言》，载中央档案馆、辽宁省档案馆、吉林省档案馆、黑龙江省档案馆编《东北地区革命历史文件汇集》（一九三三年六月——一九三三年八月），1988，第142-143页。

委机械地运用了统一战线之策略,仅与上层联合和外交以后抱着乐观,而忘记了争取和巩固无产阶级领导权,这是严重的错误。忽视和忘却了扩大和巩固赤色游击队的本身,党部的工作仍然微弱,没有执行支部生活和党的任务。没有充分发动工人斗争。放松农协、雇农工会,忽视农民群众基本组织。宣传工作非常机械和模糊。①中心县委强调今后的转变和执行的任务:第一,必须发展扩大和巩固红色游击队,健全和建立党的领导权;第二,必须运用好反日统一战线策略,做好基层工作,发动群众支援游击队;第三,必须组织和领导群众斗争,广泛地建立工农群众的武装组织,并指出,做好吉海路工人的工作。要做好农村工作,把全磐石的乡村都组织起来,建立反日会全县总会、农民委员会;第四,必须扩大和发展工人义勇军、农村自卫队、农民义勇军、青年义勇军,士兵工作和妇女工作也要加强。②《决议》最后强调了加强党的自身建设的重要性,提出党的总的领导机关改变为南满中心县委。南满中心县委成立后,认真执行会议决议,促进南满地区抗日统一战线形成。

南满中心县委遵照省委指示,开始转变游击队(过去的红军三十二军游击队)的路线,提出"创造磐石人民革命军,扩大磐石游击队区域的中心任务"③。经过一系列准备,1933年9月18日,即九一八事变发生两周年之际,在磐石西琉璃河套召开大会,正式宣布将南满游击队改编为东北人民革命军第一军独立师。任命杨靖宇为师长兼政委、李红光为参谋长、宋铁岩为政治部主任。师司令部下设政治部、参谋部、军需部、军医处以及政治保安连、少年营等司令部直属机关。部队下设两个团,即第一团、第二团及一个政治保安连。

东北人民革命军第一军独立师在成立宣言中郑重宣告:"全体战斗员及指挥员誓与日本强盗及走狗'满洲国'斗争到底达到收复东北失地,驱除日本强盗出满洲,推翻走狗'满洲国'的统治,建立民众政府的重大任务。东北人民革命军第一

---

① 《中共南满中心县委会议决议——关于县委工作成绩和错误及今后工作的具体任务》,载中央档案馆、辽宁省档案馆、吉林省档案馆、黑龙江省档案馆编《东北地区革命历史文件汇集》(一九三〇年九月——一九三四年十二月),1988,第80-84页。
② 同上书,第86-95页。
③ 《何成湘关于最近满洲工作的报告(1933年11月24日)》,载姜念东主编《历史教训——"九一八"纪实》,吉林人民出版社,1991,第664页。

军独立师是东北三千万民众的武装力量。"① 同时颁布了《东北人民革命军纲领》《东北人民革命军士兵优待条例》《东北人民革命军暂行规则》《告反日义勇军战士兄弟书》等文件,明确了革命军的性质、任务和纪律。东北人民革命军第一军独立师约有300余人,每名队员的枪械都是新式武器,成分绝大部分是贫农,以及一部分雇农,小部分是工人,党团员人数为160余人,拥有较强的战斗力。

独立师成立后连战连捷,在抗日军民中产生巨大的影响力。特别是经过三源浦、凉水河子、八道江三大战斗之后,独立师威名远扬,十几支抗日军前来接头,要求接受共产党和人民军队的领导。1934年2月21日,在临江县三岔河子召开了抗日军大会,共有17支抗日武装参加。经过六天认真的讨论,决定成立抗日联合军总指挥部,"一致选举杨靖宇为总指挥,隋长青为副总指挥,李红光为参谋长,宋铁岩为政治部主任"②。会议决定,除东北人民革命军第一军独立师所属部队外,其余参加会议的抗日军编为8个支队。

总指挥部成立后,各支队分头活动,具体划分了各自的活动区域。许多抗日军在大会结束后都自觉地认真贯彻抗日联军斗争纲领,说明党的抗日民族统一战线政策取得了积极的效果。独立师在杨靖宇同志带领下,一路南下打击敌人,每到一处都向群众宣传抗日救国的道理,吸纳爱国青年加入到队伍中来。至1934年8月,独立师发展到700多人,活动区域扩展到磐石、桦甸、伊通、双阳、吉林、西安(今辽源市西安区)、海龙(今梅河口市)、东丰、辉南、濛江(今靖宇县)、抚松、临江、金川(今辉南县金川镇)、清原、兴京(今新宾满族自治县)等20多个县,给日伪军以沉重打击,成为南满地区抗日救国的中心力量。

三、南满地区党组织发展和根据地建设

随着第一军独立师不断发展壮大,满洲省委决定成立南满特委,以便领导南满

---

① 《东北人民革命军第一军独立师成立宣言》,载《东北抗日联军史料》编写组编《东北抗日联军史料》上册,中共党史资料出版社,1987,第86页。

② 《东北抗日联军大事记》,载《东北抗日联军史料》编写组编《东北抗日联军史料》上册,中共党史资料出版社,1987,第273页。

地区的抗日斗争。

　　1934年11月6日,在临江县(今浑江市)四道二岔地方召开了全南满党的第一次代表大会。参加会议者32人,分别代表南满中心县委和海龙中心县委,人民革命军第一军独立师党委,西安、吉海各区委、特支以及县团委。满洲省委派出巡视员参会。会上,首先由杨靖宇作《关于目前世界、中国、满洲形势的报告》,接着李东光、吴振山和韩震报告南满中心县委和海龙以及独立师的工作情况。① 经过全体代表的认真讨论,会议通过《中国共产党全南满第一次代表大会的决议》(以下简称《决议》)。《决议》全面总结了南满党的工作,确定了今后的任务。《决议》提出:目前全党的中心任务是千百倍地加强我们的革命的群众工作,用一切力量来扩大巩固人民革命军,最大限度地扩大反日游击战争,领导和扩大反日反满的群众政治经济力量,在正确地运用反日统一战线策略的基础上,把一切抗日反满的力量团结和统一起来,冲破敌人第二期"讨伐",创建临时人民革命政权与根据地,并在这个运动中争取巩固无产阶级的领导权。②

　　根据省委指示,会议决定建立南满临时特委,临时特委委员5人,李东光任常委、代理书记,负责宣传;纪儒林任常委,负责组织;宋铁岩为委员,任军政治部主任兼党务;程明(西安煤矿代表)和老张(吉海路工人代表)为委员。会议决定,在南满临时特委下,分设磐石和通化两个中心县委,西安、江南、清东三个特支。磐石中心县委直接领导吉海路工作,清东特支要向沈海路及其沿线村镇开展工作。会议还一致通过杨靖宇提出的关于建立东北人民革命军第一军第一师、第二师的建议,并在11月7日俄国十月革命胜利纪念日这天,正式宣布成立东北人民革命军第一军。这次代表大会在南满革命斗争史上有着十分重要的意义,对南满党的建设、根据地和人民政权建设、人民革命军发展和反日反满斗争都起到了巨大的推动作用。

---

① 《中共南满第一次代表大会的通知》,载中央档案馆、辽宁省档案馆、吉林省档案馆、黑龙江省档案馆编《东北地区革命历史文件汇集》(一九二八年六月——一九三八年五月),1989,第33页。
② 《中国共产党全南满第一次代表大会之决议》,载中央档案馆、辽宁省档案馆、吉林省档案馆、黑龙江省档案馆编《东北地区革命历史文件汇集》(一九三〇年九月——一九三四年十二月),1989,第51-57页。

1935年2月19日，中共满洲省委在批复信里指定杨靖宇担任南满临时特委常委，同时指出，特委最中心的任务是，"真正把新开展游击区域从组织与实际上去把他巩（固）起来，以人民政府纲领为群众运动的中心，立即开始建立南满特区政府的准备工作。"①

随着南满临时特委和东北人民革命军第一军的建立，南满党组织积极筹建人民革命政权和根据地。首先建立了反日会等群众团体，反日会遍布南满游击区的17个县。1934年8月20日，各地代表聚集在磐石，成立南满反日总会。南满各地成立了具有基层政权性质的农民委员会，"到1934年11月为止，南满地区已成立农民委员会三百多个。"② 开展选举运动，建立各县区地方政府，创建并巩固根据地。

1935年5月，中共南满特委在工作报告中指出："第三地带桓仁、宽甸、兴京一带群众对我们影响好，是第一师经常活动的地方，有些建立了群众和党的组织，一师和通化县委要为建立桓仁特区政府而斗争，……"③ 在一师的积极努力下于1935年8月成立了桓仁特区政府，特区政府处于桓（仁）兴（京）本（溪）宽（甸）四县的接合部。这里是日伪统治的薄弱地区，有利于根据地建设。特区政府成立后积极进行地方政权建设，筹备军需物质，对土匪进行说服教育，促使其接收抗联改编。

1935年8月17日，在河里地区召开了民众代表会议，共计25个代表出席。会上，成立了南满特区人民革命政府筹备委员会，通过了《临时东北人民革命南满特区政府组织条例（草案）》（以下简称《条例》），其中明确南满特区政府的性质和宗旨是，"东北人民革命政府南满特区政府，由南满（吉林南部与奉天东部之各县份）人民代表而组成，其目的在领导组织南满中国民族的反日民族革命战争，努

---

① 《中共满洲省委给南满特委的信——关于南满工作的主要缺点、目前的任务及磐石党路线争执等问题》，载中央档案馆、辽宁省档案馆、吉林省档案馆、黑龙江省档案馆编《东北地区革命历史文件汇集》（一九三五年一月——一九三六年三月），1988，第66页。
② 徐文才、王占德：《中国共产党在辽宁》（民主革命时期）上，辽宁人民出版社，1991，第190页。
③ 中共辽宁省委组织部、中共辽宁省委党史研究室、辽宁省档案馆编《中国共产党辽宁省组织史资料》，1995，第87-88页。

力完成东北人民革命政府正式成立,为实现东北人民革命政府纲领而斗争"。①《条例》确立,"南满人民代表大会为最高政权机关,代表大会直接由各游击区域抗日队伍将士及一切人民代表大会选举之",在人民代表大会中选举出执行委员会,在执行委员会中选举 7 人为常务委员,组成常委委员会,是为南满特区政府的常务权力机关。在常委会下面设立人民部,分别是人民军事部、人民粮食部、人民财政部、人民内务部、人民司法部、人民教育部、人民外交部、人民民族部。②

会议结束后,筹建工作迅速展开。在不到一个月内,临江、金川、柳河、通化、桓仁、辉南等地分别召开了群众代表会议,并建立了一批乡政府。临江、濛江、金川、柳河等地还筹备建立区政府。同年 10 月 6 日,东满和南满特委会议决议中指出:"南满已经建立 15 个乡政府 56 个区政府"。③ 这些抗日政权建立后,组织发动群众积极开展抗日救国活动,动员参军参战、筹备军需给养、支援人民革命军。南满特区政府的政策有力地保障了经济教育发展。为保障军需和群众生活,南满特区政府针对粮食困难的情况,规定"在游击区内,农民所种之粮,不准出口",为抗日游击根据地建立打下了经济基础。游击根据地内各政权组织为恢复群众的生产活动,对设立能够帮助农民检修生产用具的检查机构,并以学习考试的方式,对农民给予生产补贴。通过制定有针对性的方针政策,根据地群众的生活在一定程度上得到了改善,而且有力地支援了战争。同时,南满特委和各中心县委先后创办了 10 余种刊物,并设立小学、成年识字班、夜校、党校等机构,对于宣传抗日、教育群众起到了重要作用。

1935 年 8 月 1 日,中共中央发表《为抗日救国告全体同胞书》(即"八一宣言"),指出:"我国家我民族已处于千钧一发的生死关头。抗日则生,不抗日则死。抗日救国,已成为每个同胞的神圣天职!"④ 呼吁全国"停止内战,以便集中

---

① 《临时东北人民革命南满特区政府组织条例(草案)》,载中央档案馆、辽宁省档案馆、吉林省档案馆、黑龙江省档案馆编《东北地区革命历史文件汇集》(一九二八年六月——一九三六年三月),1989,第 285 页。

② 同上书,第 286-287 页。

③ 徐文才、王占德:《中国共产党在辽宁(民主革命时期)》上,辽宁人民出版社,1991,第 191 页。

④ 《为抗日救国高全体同胞书》,载《东北抗日联军史料》编写组编《东北抗日联军史料》上册,中共党史资料出版社,1987,第 162 页。

一切国力（人力、物力、财力、武力等）"① 去为抗日救国的神圣事业而奋斗，并提出了组织国防政府和抗日联军的主张。同年 10 月，中央红军到达陕北。"八一宣言"发表和红军长征的胜利，鼓舞了全国人民的斗志，掀起了全国抗日救亡运动的新高潮。

"八一宣言"给身处抗日前线的东北军民以极大的鼓舞。南满党团特委号召全体民众一致动员起来，一致对日作战，"有枪出枪，有粮出粮，有钱出钱，有力出力"，协助人民革命军驱逐日寇。"八一宣言"的发表，推动了满洲抗日武装斗争进入新的发展阶段。

1935 年 9 月初，东北人民革命军第二军西征队在军政治部主任李学忠带领下，从东满游击区到濛江那尔轰与东北人民革命军第一军第二师八团会合。这标志着东满和南满游击区连成一片。东南满抗日游击战争迎来了新局面。

1936 年 2 月 20 日，由杨靖宇、王德泰、赵尚志、李延禄、周保中等署名，发表《东北抗日联军统一军队建制宣言》（以下简称《宣言》）。《宣言》响应"八一宣言"，指出："每一个有热血、有头脑的中国人都知道：除抗日以外无生路。因此自去年秋天以来，全中国南北各地勃发抗日救国运动，中间经过虽有曲折，可是抗日则生，不抗日则死，成为全中国同胞一致的思想行动了。"②《宣言》宣布，废除抗日军一切不同的名称，"一律改组建制为东北抗日联军第一、二、三、四、五、六军，以及抗日联军游击队"③。

自 1934 年 11 月举行南满党的第一次代表大会后，南满地区的抗日群众运动和游击战争有了飞速发展。为了总结工作经验，明确今后党和抗日联军的任务，1936 年 7 月上旬在金川的河里地区，召开了南满党的第二次代表大会。参加会议的有杨靖宇、李东光、刘佐健、王仁斋、周建华等人，会议通过了《中共南满第二次代表大会决议案》（以下简称《决议》）。《决议》分析了国际国内形势和今后的中心任务，总结自一大以来工作成绩和经验教训，提出了今后的任务。《决议》指出，目

---

① 《为抗日救国告全体同胞书》，载《东北抗日联军史料》编写组编《东北抗日联军史料》上册，中共党史资料出版社，1987，第 165 页。

② 《东北抗日联军统一军队建制宣言》，载《东北抗日联军史料》编写组编《东北抗日联军史料》上册，中共党史资料出版社，1987，第 168 页。

③ 同上书，第 169 页。

前满洲反日民族革命战争的运动,是日益深入和扩大。但反日运动仍然处于准备阶段,还没有发展到和日帝作最后决战的阶段。因此现阶段的策略不是将一切反日力量总动员去和敌人作拼命一战,而是发动组织各种反日斗争来更大地准备和蓄积群众的反日力量,培养大批领导干部扩大力量。①《宣言》肯定了自一大以来南满党的工作"在地方方面党组织数目扩大了五分之一,成立五个新县分内的党部",指出今后要巩固扩大东北抗日联军,建强地方党部和军队中的领导机关,重视兵士工作、工人工作和农民工作。② 会议宣布,将东北人民革命军第一军正式改编为东北抗日联军第一军,并把共产主义青年团南满特委改为东北抗日救国青年团南满总会。

南满党的第二次代表大会,全面总结了一大以来的经验教训,制定了贯彻党的抗日民族统一战线的具体措施和实施方案,有力地推动了南满地区党的建设和抗日游击战争的发展。

随着东北抗日游击战争的迅速发展,面对敌人更大规模的"讨伐",需要将东满和南满的抗日武装力量联合起来共同作战。基于这种考虑,1936年6月,东满省委书记兼第二军政委魏拯民率一连兵力到达金川河里地区和杨靖宇等南满省委同志会面,并参加了南满党的第二次代表大会。魏拯民在给周保中的信中提到:"我今年阴五月之际,到南满特委和一军部去——□□第二次代表大会以后和主要军党负责人讨论了□□满党及整个问题,一、二军和组织抗日联军第一路总司令□□的一切活动,东满党和南满党因合组一路军的关系□□组织一个省委、一个特委,特委在省委直接领导之下。"③ 这说明,东满、南满党组织和第一、第二军的共同领导问题已经在酝酿之中。

1936年7月,中共东满、南满省委和东北抗联第一、二军主要领导干部,在河里根据地(今吉林省通化市通化县兴林镇)惠家沟召开了联席会议,即著名的

---

① 《南满党第二次大会决议案》,载《东北抗日联军史料》编写组编《东北抗日联军史料》上册,中共党史资料出版社,1987,第173-174页。
② 同上书,第175-177页。
③ 《魏拯民给周保中的信——关于东南满组织一个省委及一二军组织抗联第一路军等问题》,载中央档案馆、辽宁省档案馆、吉林省档案馆、黑龙江省档案馆编《东北地区革命历史文件汇集》(一九三三年五月——一九四三年六月),1988,第201页。

"河里会议"。魏拯民传达了共产国际第七次代表大会精神和中共驻共产国际代表团《关于撤销中共满洲省委,组建南满、北满、东满、吉东4个省委及成立抗日联军的指示》。会议根据这些指示精神和东满、南满斗争实际,详细商讨了东满、南满地区抗日斗争形势和抗联第一、第二军的战斗任务及党的整个工作问题。

会议决定,将刚刚改编的东北抗日联军第一、第二军合编组建东北抗日联军第一路军,总兵力5000余人。杨靖宇任总司令兼政治委员及第一军军长,王德泰任副总司令兼第二军军长,安广勋任参谋长,魏拯民兼任总政治部主任。第一路军下设2个军6个师。① 第一军辖第一、二、三师,第二军辖第四、五、六师。会议还决定,将东满、南满两个省委合并组成中共南满省委(亦称"东南满省委",不再设东满省委),魏拯民任省委书记,杨靖宇等13人为委员。②

"河里会议"在南满党的发展史和东北抗日联军发展史上具有重要的历史意义。它实现了东满、南满新组建的抗联第一路军,是我党在东北领导的抗日部队中最有影响和最有战斗力的武装力量之一。在中共南满省委的正确领导下,抗联第一路军在南满、东满及朝鲜的甲山、茂山等广大地区,展开了游击战争,采取敌分我合、敌进我退,以优势兵力各个击破的灵活战术,屡屡挫败日伪"讨伐"部队,沉重地打击了日本侵略者和伪满政权。

四、奉天党组织在挫折中坚持反日斗争

九一八事变后,沈阳的局势十分紧张。日本侵略者为建立反动统治,对沈阳进行严密控制,给党的活动造成了极大的困难。1931年底,满洲省委迁往哈尔滨。11月中旬,满洲省委军委书记廖如愿和宣传部秘书杨先泽携带党的文件,在街头被敌人岗哨查出后而被捕。随后,满洲省委书记张应龙、宣传部长刘焜被捕,省委再次遭到严重破坏。在这危急关头,中央巡视员罗登贤重新组建满洲省委,并任书记。

---

① 中共辽宁省委组织部、中共辽宁省委党史研究室、辽宁省档案馆编《中国共产党辽宁省组织史资料》,1995,第107页。

② 同上书,第104页。

省委其他成员有：组织部长何成湘、宣传部长夏树先（尚钺）、职运部长金伯阳、军委书记杨林。① 由于满洲省委机关迁往哈尔滨，为了加强对奉天以及南满地区的领导，省委决定改组奉天市委为奉天特委。特委书记由原省委候补委员陈德森担任，马龙友担任宣传部长兼秘书长，机关继续设在沈阳。

奉天特委领导着南到大连、北至清原，西至北镇、东至丹东地区及奉天市内地下党组织的革命活动。其领导的各市、县组织有：一、本溪湖特支（设在本溪湖煤铁公司）；二、新民特支（设在新民县城）；三、台辽县委（设在台安县城）；四、辽阳特支（设在辽阳县二区小堡）；五、抚顺特支（设在抚顺煤矿）；六、安东特支（设在安东市内）；七、大连市委（设在大连市内）；八、北镇特支（设在北镇县城内）；九、清原特支（设在清原县城内）；十、磐石中心县委；十一、海龙中心县委。② 在沈阳市内先后成立有兵工厂支部、满洲医大支部、纺纱厂支部等13个支部。

奉天特委成立后，面对强大的敌人，在极端严酷的白色恐怖下，带领广大党员和群众进行了艰苦的斗争。

奉天特委十分注意党组织自身建设和发展工作，经常派人或用书信对其下属组织台安县委、北镇特支、本溪特支、抚顺特支及沈阳市内各支部给予指导，深入基层进行组建和扩大党的组织。1931年11月，成立了被服厂支部。1932年1月，成立肇新窑业支部；2月，成立台辽中心县委。截至1932年3月，新民特支有党员8人，发展团员24人，成立共青团新民支部。1932年，由于辽中暴发洪水，不少朝鲜难民迁入沈阳，奉天特委在难民中发展党员，成立了朝鲜难民所党支部。③

奉天特委组织党团员进行了大量的抗日宣传。奉天特委成立后，经常散发传单、张贴标语，揭露九一八事变真相，戳穿日本帝国主义侵略中国的阴谋，号召工农、学生、士兵与日伪反动统治斗争到底。1932年九一八事变一周年之际，中共奉天特委发出号召："满洲十数百万工农劳苦群众、义勇军光荣的进行反日战争。工

---

① 中共辽宁省委组织部、中共辽宁省委党史研究室、辽宁省档案馆编《中国共产党辽宁省组织史资料》，1995，第57页。
② 中共沈阳市委党校地方党史研究室编《中共沈阳地方党史（民主革命部分）》，沈阳出版社，1989，第169页。
③ 同①，第66-67页。

人的罢工、士兵的叛变来回答日本帝国主义，使日本帝国主义与满洲国走狗慌忙失措。'九一八'周年的前夜是更激烈与普遍了！夺取武装，武装起来，进行民族革命战争，是打倒日本帝国主义的唯一武器。"[1]

1932年4月，李顿调查团来到沈阳调查九一八事变真相。奉天党组织发动爱国人士杨子平、刘仲明、车向忱等人，通过各种渠道与调查团接触，揭露日本帝国主义的侵略罪行。宋黎、张金辉、郭明德、江涛等爱国青年用炸药在日本领事馆和日本车站制造爆炸，让日本侵略者大为恐慌。李顿调查团在目睹了沈阳爱国民众对日本侵略者坚决抵抗的态度后，不得不承认东三省是中国的一部分，"满洲国"只是日本扶植的傀儡政权。

奉天特委成立后非常重视工人运动，在中共中央和满洲省委的指导下，千方百计发展和组织工人群众进行罢工斗争。1932年2月29日，奉天特委派在英美烟草公司工作的共产党员金秉坤、李淑珍和英美烟草公司支部一起领导公司一千余名工人进行罢工斗争，抗议厂方不让工人吃早饭、不给加班费。罢工期间，工人还组织了纠察队。2月29日，三名工人在墙上贴标语时被奉天警察局第十分局的巡警逮捕，党支部发动500多名工人包围第十分局，迫使警察释放被捕的工人。最终，罢工坚持五天取得胜利。英美烟草公司工人罢工的胜利展示了工人的力量，为沈阳工人运动起到了示范作用。奉天特委的报告指出："今次罢工胜利，不但使群众过去失败情绪转变，而由厂方具体进攻之下变为工友向厂方的进攻，同时更觉醒对无产阶级领导的信仰。所以今次罢工胜利，不但转变了烟厂斗争情绪，同时引起全奉各厂工人的注意，特别是纱厂的工友们，使其摩拳擦掌提起斗争的高涨。"[2] 1932年春，皇姑屯机车车辆厂党支部领导工人为争取1931年底的"花红"进行斗争。4月，党支部书记梁永盛组织万余名工人砸开兵工厂粮站的铁丝网，抢光整个粮库30多个粮仓的全部粮食。日本侵略者虽然派出大批军警到现场，但未敢轻举妄动。这些工人群众的斗争对于日伪反动统治是沉重的打击，鼓舞了人民群众的抗日热情。

从1931年11月成立至1935年春，特委遭受四次严重的破坏，十次更换特委负

---

[1]《中共奉天特委为"九一八"周年纪念告奉天工农兵及劳苦群众书》，载中央档案馆、辽宁省档案馆、吉林省档案馆、黑龙江省档案馆编《东北地区革命历史文件汇集》（一九二九年三月——一九三五年六月），1990，第43页。

[2]《中共奉天特委关于领导英美烟厂工人罢工斗争的报告》，载中央档案馆、辽宁省档案馆、吉林省档案馆、黑龙江省档案馆编《东北地区革命历史文件汇集》（一九二九年三月——一九三五年六月），1990，第121页。

责人。1932年7月，省委认为陈德森犯有右倾机会主义错误，由罗登贤协助特委工作，改组奉天特委，陈德森被撤销职务，由黄哲焕代理书记。其后，省委认为黄哲焕工作不力。9月，重新改组特委，郝培壮代理书记。10月16日，由于叛徒出卖，郝培壮、黄哲焕等人被捕，特委遭遇第一次破坏。满洲省委派赵振起担任特委书记。1932年，中央巡视员蔡明哲到奉天视察工作，认为特委领导力量太弱，决定由特委组织部长张介甫代理特委书记。1933年1月，中央巡视员朱文清到奉天特委检查工作，认为张介甫工作不力，提出由团特委书记王文德代理特委书记。1933年4月，满洲省委为加强奉天党组织的力量，派杨一辰担任特委书记。同年6月，杨一辰被捕，团特委书记张伯生叛变，奉天特委遭受第二次破坏。7月，满洲省委派张有才重建奉天特委。由于叛徒出卖，10月8日张有才被捕，奉天特委第三次被破坏。11月，省委决定，奉天特委的工作由团奉天临时特委书记杨大聪兼任。1934年4月，团省委书记刘明佛被捕叛变，供出了奉天特委交通站，致使杨大聪等人被捕，特委第四次被破坏。满洲省委派夏尚志任书记，重建奉天特委。①

满洲省委指示夏尚志，"你到奉天要特别注意，因奉天党组织屡遭破坏，除杨一辰介绍的关系外，别人介绍的关系不要接，或者发展新的关系。"② 夏尚志到达沈阳后，通过监狱看守王惠逢与杨一辰取得联系，以杨一辰介绍的关系为基础，夏尚志恢复和发展了奉天党组织的工作。1934年8月，满洲省委派小郭（刘誉升）任奉天特委组织部长。1935年初，省委派程二哥（程宪刚）任奉天特委宣传部长。经过几个月的艰苦工作，奉天特委在沈阳市内恢复和建立了兵工厂支部、留日军官候补生支部、沈海路支部等基层组织。

由于敌人对党在沈阳的地下组织进行严密监视，奉天特委屡屡遭遇破坏，与外地党组织几乎失去联系。在这种不利的情况下，经满洲省委批准，1935年1月，中共奉天特委改为中共奉天市委，受满洲省委领导，夏尚志任市委书记。1936年6月中共满洲省委撤销后，奉天市委改由哈尔滨特委领导。1935年3月，夏尚志调离奉天市委，由崔裕民接任市委书记。1937年3月，崔裕民调离，由市委委员马焕廷负责工作；4月，哈尔滨特委遭到破坏，奉天市委与上级失去联系；11月，马焕廷被

---

① 中共辽宁省委组织部、中共辽宁省委党史研究室、辽宁省档案馆编《中国共产党辽宁省组织史资料》，1995，第57页。

② 徐文才、王占德《中国共产党在辽宁（民主革命时期）》上，辽宁人民出版社，1991，第197页。

捕，奉天市委停止活动。①

此后，奉天党组织工作一直处于停止状态。1942年冬，华北局社会部派李长春、周奇赴沈阳，负责重建奉天地下党组织。在中共中央晋察冀分局领导下，成立晋察冀边区政府东北救亡总会，领导机关设在沈阳，以志诚银行为掩护继续进行抗日斗争。

五、中共冀热察（冀热辽）区党委在辽宁的根据地建设

1941年，中共冀热察区党委冀东区分委为了配合冀东地区粉碎日军扫荡计划，坚决"在满洲国的西南大门点起一把抗日大火"②，决定开辟热南抗日游击区。1942年，又开辟了今河北省与辽宁省相毗邻的卢龙、抚宁、临榆、青龙、凌源、绥中等地新的抗日游击区。1942年12月，中共第十三地委（冀东区分委改称）在河北省青龙县花厂峪成立了中共临（榆）抚（宁）凌（源）青（龙）绥（中）联合县工委和政权机构——办事处。张化东任工委书记，宋国祥任办事处主任。联合县工委和办事处隶属第十三地委和专署领导，下辖7个总区区委和7个总区。③ 1943年春，热南及辽西地区抗日斗争形势发展迅速，为了适应新的形势需要，中共第十三地委决定撤销临抚凌青绥联合县工委和办事处，同时成立凌（源）青（龙）绥（中）和承（德）平（泉）宁（城）两个联合县工委和办事处。

凌青绥抗日游击根据地是中国共产党在长城以北建立的抗日游击根据地之一，是冀热辽抗日根据地的重要组成部分。凌（源）青（龙）绥（中）是与原辽西、冀东、热河相毗邻的丘陵山区，东接辽宁西部的兴城、锦西，南临渤海，西南与河北的抚宁、卢龙、迁安相连，西接平泉、承德，北靠宁城、建平，是关内外的咽喉要道。九一八事变后，辽西一带抗日义勇军风起云涌，在锦榆和锦古铁路沿线与进犯的日寇进行了不屈不挠的斗争。

---

① 中共辽宁省委组织部、中共辽宁省委党史研究室、辽宁省档案馆编《中国共产党辽宁省组织史资料》，1995，第65页。
② 中共辽宁省委党史资料征集委员会编《凌青绥抗日游击根据地》，辽宁人民出版社，1986，第3页。
③ 同①，第130页。

为了坚持和巩固冀东抗日根据地，开辟东北新区，冀东党组织在在七七事变之前就在青龙及凌青绥边界的长城沿线开展党的工作，领导当地群众进行反日斗争，开辟了广大的抗日游击区。1943年3月，凌青绥联合县工委成立，张化东任工委书记，张仲三任民运部长兼宣传部长，周鸣岐任工委秘书，信修任办事处民政科长。1943年夏，张化东离任，刘光陆调任工委书记，何济民调任组织部长（工委委员），信修任办事处主任。根据上级党委和军分区的统一部署，组建第七地区队。工委书记刘光陆兼任政委，罗文任队长，马骧任副队长，张兴民任党总支书记。[①]

凌青绥联合县工委成立后，其主要任务是：巩固冀东，发展东北，摧毁敌伪政权，建立地方党政军组织，宣传党的政策，组织群众抗日，打击敌人，巩固与扩大抗日游击区。[②] 主要以武工队的形式开展工作。当时凌青绥地区日伪的统治力量，主要是伪军"讨伐"队、警察署（所）和伪村公所等地方势力。根据这一特点，武工队采取依靠群众、打击首恶分子、争取胁从人员的策略，团结一切可以团结的力量进行抗日斗争，很快在凌青绥地区打开了局面。

随着工作的日益深入，凌青绥联合县工委在有条件的地区逐步建立区一级政权。1942年冬，随着游击区逐步扩大，临抚凌青绥联合县工委增建为五个区，每个总区下设4-6个分区。各总区、分区、村都有专职干部。组织群众开展大生产运动，推行合理负担，进行减租减息、雇工增资的斗争。在根据地内逐步建起了兵工厂、被服厂等。还建立农救会、妇救会、青救会、儿童团等抗日群众组织，协同党组织开展对敌斗争和抗日宣传活动。与此同时，根据减租减息、增资斗争的需要，相应地建立了工会和农会等组织。

由于凌青绥游击区扩大和基层政权建立，干部明显不足，特别是缺少大批有革命理论和熟悉当地情况的地方干部。为了培养合格干部，提高干部素质，1943年4月，凌青绥联合县工委和办事处在靴脚沟村建立了凌青绥工委党校。办事处主任信修任校长，教育科长马玉五执教，教授军事、政治理论课。因是战争环境，学制较短，每期学员学习时间为20天。1943年9月下旬，日寇开始对根据地进行大"扫荡"，之后党校停办。在近半年里，共培养了150余名抗日干部，其中有90人担任

---

① 中共辽宁省委组织部、中共辽宁省委党史研究室、辽宁省档案馆编《中国共产党辽宁省组织史资料》，1995，第130-133页。

② 中共辽宁省委党史资料征集委员会编《凌青绥抗日游击根据地》，辽宁人民出版社，1986，第9页。

分区长以上职务，50人担任游击队长和区小队长。①

凌青绥抗日游击区的巩固和发展，给日伪统治造成严重的威胁。为了扑灭抗日斗争的熊熊烈火，切断党和人民群众的血肉联系，阻止抗日力量由凌青绥地区向东北纵深发展，从1941年春到1942年下半年，日本华北方面军调集兵力，连续发动五次"治安强化运动"，对冀热辽根据地进行"扫荡"，同时疯狂地实行"集家并村"政策，设置"无住禁作地带"和制造"无人区"，以彻底割断人民群众和抗日武装的联系，试图通过残酷与血腥的暴行摧毁中国军民的抵抗意志。"集家并村"是以集体迁移的方式将民众从祖辈居住的地方迁出，集中到日军指定的地点居住。1942年春，日军在从古北口到山海关、长约700余里的长城以北40里、以南20里的冀热辽地区（包括承德、密云、迁安、兴隆、平泉、青龙、滦平、遵化、凌源等县）进行"集家并村"，把所有的小村子都集中到长城40里以外较大的村里，名之曰"部落"。在部落中有服不完的劳役，如修壕沟、筑堡垒、修汽车路和火车道等。在"集家并村"过程中，日本侵略者对当地民众进行惨无人道的屠杀和掠夺。据不完全统计，"凌源县在'集家并村'中被烧毁民房4.6万间，被赶入'人圈'1.2万户，其中3000人被冻死饿死；建昌县要路沟113个村庄，4100多户被赶入19个'人圈'内，两年间死亡6270人。"②

针对敌人严密统治的集家区，凌青绥联合县工委领导群众开展反"集家并村"斗争。八路军和武工队在人民群众中宣传党的政策和反"集家并村"的意义。在凌青绥联合县工委领导下，绥中周岭沟、塔子沟、葫芦套沟、跳石沟、凌源的吴杖子、佛爷洞、要路沟等十几个村庄，成为"无人区"斗争的重要基地。在这些地方，武工队、游击队经常与"人圈"内的抗日群众联合，夜袭"人圈"，拆除围墙、捉汉奸、杀特务，打击敌人，让日伪军日夜不得安宁、惊恐万分。

1944年9月，日军调集伪满西南"国境"线上的伪军对丰（润）滦（县）迁（安）和滦东、热南一带进行"分区扫荡"。由于当时力量对比悬殊，我主力部队不得不撤回冀东，凌青绥根据地缩小。日伪军增设许多据点，向抗日军民疯狂反扑。凌青绥人民没有屈服，反而更加积极地投入抗日斗争中。

1944年9月，冀热边特委提出《对恢复口外工作决定》，指出："必须改变口

---

① 中共辽宁省委党史资料征集委员会编《凌青绥抗日游击根据地》，辽宁人民出版社，1986，第9页。
② 中共辽宁省委党史研究室编《历史永远不能忘记——辽宁人民抗日斗争图文纪实》，辽宁人民出版社，2005，第392页。

外不适时宜的组织形势，使党政民工作在组织领导上完全统一起来，组织武工队，统一领导口外各地区工作。"① 凌青绥联合县工委根据上级指示，撤销了凌青绥联合县工委和办事处，组建党政军民统一的领导机构第十六地区分委，由第十六军分区司令员曾克林任书记，组织部长张化东，委员罗文，办事处主任信修。为开辟新区，组建了凌（源）绥（中）兴（城）联合县工委和办事处、朝（阳）建（平）新（惠）武工队和朝（阳）锦（西）义（县）武工队。之后，队伍开始向朝阳、建昌、凌源、绥中等地挺近。②

承平宁抗日游击区是冀东区党组织在长城以外创建的主要抗日游击根据地之一，它是冀热边（后期称冀热辽）抗日根据地的最北突出地带，范围包括原热河省承德县东部和北部、平泉县大部、宁城县全部以及凌源县西南部、建平县东南部、喀喇沁旗南部、隆化县东北部和围场县东南部地区，总面积1.1万平方公里，人口近百万，有锦（州）承（德）铁路横贯东西，叶（柏寿）赤（峰）铁路在宁城东部通过。

这一地区是连接东北与华北、热河与冀东的咽喉，完全处于伪满洲国境内。由于热河是伪满洲国的"西南国境线"，承平宁地区又处于热河省的心脏地带，因此日本侵略者一直将它作为重要战略防御地区，置于他们的绝对控制之下。这里的对敌斗争形势严峻。

为开辟承平宁抗日游击根据地，冀东区党分委采用完全渗透式的斗争方式，于1940年元旦后相继向宽城、平泉南部地区派出地下工作者，发展党员，建立救国会等群众性抗日组织。7月，冀东军分区司令员李运昌派周治国出关，秘密开辟都山地区，并相机向北发展。

以周治国为队长的武工队，在没有八路军活动的锦承铁路以北光头山一带开辟新区。③ 1941年5月，青（龙）平（泉）工作团成立，其主要任务是以都山为基地，向北发展开辟承平宁地区。同时，青平游击队改建为青平游击大队，已发展到280多人。青平工作团成立后，青平游击大队分两部分活动：一路由周治国率领，

---

① 《对恢复口外工作决定》，载中共辽宁省委党史资料征集委员会编《凌青绥抗日游击根据地》，辽宁人民出版社，1986，第87页。

② 中共辽宁省委党史研究室编《历史永远不能忘记——辽宁人民抗日斗争图文纪实》，辽宁人民出版社，2005，第394-395页。

③ 同上书，第395页。

辗转活动于青龙西部的马尾沟、葫芦峪、熊虎斗，承德县南部的八家、满杖子，平泉南部的党坝、桲椤树、大石湖一带；另一路由李青山、裴文和、苏百熙等率领，挺进平泉东南的松树台一带活动，并以光头山为中心，逐渐向黑里河、承德县三沟川、平泉柳溪川等地发展。经过几个月的艰苦斗争，到1941年秋，青平工作团已开辟出青龙西部、承德县南部和平泉南部的大部地区，并建立了4个抗日区政权。

初期的隐蔽工作为承平宁地区抗日游击根据地建立奠定了基础。经过一年多的艰苦工作，在承平宁地区建立抗日游击根据地的条件日渐成熟。冀东地委和军分区根据"到敌后之敌后"扩大根据地的方针，于1942年4月建立了第一远征工作队（承平宁武工队），周治国任队长兼指导员，主要任务是：挺进锦承路北，以承德、平泉、宁城为中心，发展地方武装，扩大抗日游击区；努力与东北地区党组织和抗日联军取得联系；扰乱锦承铁路线，破坏日伪的战略物资调运。同时，为了同冀东根据地取得联系，建起了两条秘密交通线。远征队挺近平泉、凌源、宁城、建平等地，发动群众，建立了4个区级政府。

为进一步明确武装创建承平宁抗日游击根据地的战略意义，1942年11月27日，冀东地委在《关于建设山地根据地问题的指示》中特别提出："忽视山地根据地的创造，这是非常错误的，必须在军队和干部中彻底纠正。""一定要把热南山地建设起来，要开展锦热路和山海关以北的游击战争。"①

1943年5月，中共冀东地委成立了以杨雨民为书记的中共承平宁联合县工委，以周治国为主任的承平宁联合县办事处，以及以高桥为队长的三区队。②承平宁联合县党政机构为进一步发动群众开展抗日游击战争，先后建立8个区级抗日政府，促使承平宁地区各方面工作都有了很大的发展。联合县建立后，承平宁地区的抗日斗争转入了紧密结合反"集家"斗争、武装开辟大片抗日游击根据地的新阶段。

1943年冬，日伪当局在承平宁地区完成"集家并村"，长城沿线形成了千里"无人区"，承平宁地区抗日队伍陷入空前困难的境地。鉴于这种情况，1944年3月，冀热边特委决定将承平宁联合县工委、办事处划归迁遵青联合县。同时，冀东地委主力部队决定撤回关内。在转移中，三区队长高桥等一批武工队员壮烈牺牲。

---

① 《关于建设山地根据地问题》，载中共辽宁省委党史资料征集委员会编《凌青绥抗日游击根据地》，辽宁人民出版社，1986，第41-42页。

② 中共辽宁省委组织部、中共辽宁省委党史研究室、辽宁省档案馆编《中国共产党辽宁省组织史资料》，1995，第134-135页。

第十三章　党领导的民众反日斗争和抗日武装

1944年夏,周治国带领远征工作队再次返回宁城、平泉、凌源、建平地区开展工作、开辟新区,不仅建立了两个区政权,发展了党员,还建立了农会。日伪军在赤峰、建平一带进行疯狂"扫荡",第六区区委书记贺文涛在当地群众的掩护下坚持斗争。1942—1944年,承平宁抗日游击根据地的斗争异常艰苦。共产党、八路军与人民群众坚持山地斗争,坚持以巩固根据地为主。虽然有一大批共产党员、八路军战士壮烈牺牲,但保住了日伪封锁区里的抗日游击根据地,为其恢复和发展奠定了基础。

1945年2月5日,冀热辽区党委(1944年7月,中共中央为加强对冀热边地区抗日武装力量的领导,决定将中共冀热边特委改为中共冀热辽区委)又发出《关于热辽的工作初步总结意见与恢复开辟热辽工作的决定》,明确指出:"对承平宁,首先要打通工作关系,恢复旧关系,开展新关系。""恢复锦热路北、承平宁。十五地委要集合口外干部,给以恢复开辟工作的教育,建立相当于工委的机关,暂以口里或路南做阵地,建立点线关系,争取与吸收路北抗日分子参加工作。武工队在可能的条件下随时派出,人数不在多少,要精干。"①根据现实工作的需要,1945年8月,承平宁联合县工委和办事处撤销。

1942—1945年,党领导凌青绥和承平宁抗日游击根据地人民,英勇奋战、不畏艰险,沉重地打击了敌人。根据地斗争一直坚持到抗战胜利,对于巩固冀东抗日根据地,扩大开辟热河、辽西等新区以及1945年我军快速挺进东北,起到了重要作用。

---

① 《关于热辽的工作初步总结意见与恢复开辟热辽工作的决定》,载中共辽宁省委党史资料征集委员会编《凌青绥抗日游击根据地》,辽宁人民出版社,1986,第105页。

第十四章 国共在东北的政治较量与辽宁解放

第一节
抗战胜利后中国共产党进军东北

一、关内先头部队奉命挺进辽宁

抗日战争时期,中国共产党领导的抗日武装创建了冀热辽根据地和与辽宁隔海相望的山东抗日根据地,为挺进东北做战略上的准备。1945年8月8日,苏联政府对日宣战。次日,苏军150万诸兵种合成部队,沿中苏、中蒙、中朝边境3500公里的战线,从东、北、西三面向日本关东军和伪军发起了进攻,日本帝国主义灭亡在即。

8月9日,毛泽东主席发出"对日寇的最后一战"的号召,宣布我国抗日大反攻的到来,解放区军民转入全面反攻。8月10日,朱总司令发布第一号命令,令各解放区八路军、新四军、民兵、游击队向日伪军进行大反攻,消灭日伪军,收复失地,积极配合苏军作战。11日,又发布第二号命令:"令原东北军吕正操所部,由山西、绥远现地向察哈尔、热河进发;……原东北军万毅所部,由山东、河北现地向辽宁进发;驻河北、热河、辽宁边境之李运昌所部,即日向辽宁、吉林进发。"[①]

冀热辽区党委、冀热辽军区于8月11日接到延安总部的电令后,召开紧急会

---

① 李运昌:《忆冀热辽部队挺进东北》,载吉林省政协文史资料委员会编《东北的沦陷与抗战(1931—1945)》第10卷《光复》,吉林文史出版社,2014,第161页。

议,决定成立冀热辽军区"东进工作委员会"(简称"前委")和"前方指挥所",由军区司令员兼政委、区党委书记李运昌率冀热辽部队8个团1个营和两个支队及朝鲜支队共1.3万余人,4个地委书记兼政委、地方干部分3路越过长城,向热河、辽宁、吉林进军。具体进军方案是:"十四军分区司令员舒行、政委李子光、副政委黄文率领十三团和挺北支队2000多人为西路军,从兴隆、围场两地出发,向承德方向前进。十五军分区司令员赵文进、地委书记宋诚,率领十一团、五十一团约3000人为中路军,从喜峰口出发,向平泉、赤峰方向前进。十六军分区司令员曾克林和副政委唐凯率领十二团、十八团、朝鲜支队共4000多人为东路军,从抚宁县出发,经九门口向沈阳前进。"① 李运昌率军区直属队和3个团沿东路进军,其余留在冀东的部队由詹才芳、张明运、李中权率领,夺取冀东敌伪据点城镇,消灭冀东境内敌人,解放冀东,并支援挺进东北的部队。在会议上还决定成立冀热辽党委热河分委,由李子光任书记,领导热河党的工作;并成立热河行政公署,领导热河的政府工作。会议确定了冀热辽部队挺进东北、热河的任务:"配合苏联红军作战,消灭东北、热河的日伪武装及日伪汉奸势力;接管敌伪城市,建立人民政权;收缴敌伪武器、资材,扩大部队;为后续部队和干部进入东北开辟通道。西路十四分区和中路十五分区,配合苏军解放热河,东路十六分区和军区第二梯队,配合苏区解放辽宁、吉林。"②

图 14-1 李运昌

西路军十四军分区第十三团、第十六团一部和北进支队2000人,由司令员舒行、政委李子光、副政委黄文率领,8月中旬从冀东平谷出发,经兴隆向承德进军。在兴隆县争取了伪满热河军管区西南地区司令黄方岗率伪满洲国4个团、7个"讨伐"大队和警察共1万余人起义,从而解放了兴隆、承德、滦平,进入承德与苏军会师。8月18日,原在围场活动的北进支队王文部,与从多伦南下的苏军会师,解放了围场、隆化等县。中路十五军分区部队第十一、第五十一团2800余人由司令赵文进、地委书记宋诚率领,8月17日经喜峰口向热河、平泉、凌峰、赤峰、朝阳进军。8月20日,在平泉与苏军会师,在平泉外围解除了伪满军1个旅的武装,接

---

① 曾克林:《先机挺进东北的冀热辽部队》,载辽宁省政协文史资料委员会编《辽宁文史资料》第24辑《辽宁解放纪实》,辽宁人民出版社,1988,第34页。

② 李运昌:《忆冀热辽部队挺进东北》,载吉林省政协文史资料委员会编《东北的沦陷与抗战(1931—1945)》第10卷《光复》,吉林文史出版社,2014,第162页。

管了8座县城，俘虏敌伪人员5000余人。

东路第十六军分区部队第十二团、第十八团、朝鲜支队、临抚昌支队约4000人，由曾克林、唐凯率领挺进东北，从山海关以北九门口绕道越过长城，进入辽宁。8月30日上午，在北宁路上的前所车站与苏军会师。在苏军的配合下，解放了通往东北的交通咽喉山海关，歼灭日军200人、伪军千余人。随后，曾克林部一路进占绥中、兴城、锦西，9月4日进驻锦州卫戍司令部，接管了辽西重镇锦州。之后留下第十八团守卫锦州，其余部队继续向沈阳进军。

图14-2　第十六军分区将士向关外挺进

图14-3　第十六军分区解放山海关

图14-4　出关前曾克林对八路军将士进行动员

八路军一路前进，一路接收，并派兵沿铁路西进到阜新、北票，打通锦承路，与进入热河的部队取得联系。9月5日，曾克林率领第十二团及朝鲜支队2000人乘火车迅速进入东北最大城市沈阳。8月21日，沈阳被苏军解放。当中国共产党的武装进入沈阳时苏军感到十分意外，他们对我军来得这么迅速有怀疑，随即调部队将火车站包围起来，不准我军下车。面对这一情况，曾克林和张化东、刘云鹤带着参谋和警卫人员到苏军沈阳卫戍司令部会见苏军卫戍司令卡夫通少将进行交涉。

卡夫通起初不同意我军进入沈阳市区,最后表示同意下车,但要驻扎在距离沈阳市15公里外的苏家屯区。

随着八路军到达沈阳的消息迅速传开,成群结队的工人、学生、市民纷纷涌上街头夹道欢迎。苏军看到这么多老百姓自发地欢迎中国共产党军队感到十分惊异。卡夫通改变了怀疑的态度,请曾克林所部驻扎到沈阳故宫东面的小河沿。9月7日,苏军派两名上校来曾克林部的司令部,邀请曾克林和唐凯到苏军卫戍司令部会面。当天,苏军驻沈阳部队近卫军第六集团军司令克拉钦科上将、军事委员杜曼宁中将,以及各兵种的军长与曾克林、唐凯会面。双方进行了友好的谈话。苏军宴请了曾、唐二人。接着,双方就如何相互配合消灭日伪残余力量、维持社会秩序进行了研究。

虽然此时日军和伪政权已经瓦解,但是敌伪残渣余孽云集,社会秩序非常混乱,特务、汉奸依然横行无忌。伪省长王贤伟当上了"维持会"会长,伪市县区等反动统治原封未动,伪满官吏改头换面继续在人民头上作威作福。国民政府对伪满官员和汉奸特务加封委任充当接收人员。由于有国民政府在背后支持,这些日伪人员网罗残军,发展发动武装,组织所谓"先遣军",在人民群众中散步谣言,威胁群众不许接近我军,等待中央军的接收。就在曾克林的部队进入沈阳的第二天深夜,敌人就埋设炸弹,引爆入城部队政治部大楼。伪警察、宪兵2000余人没有缴枪,伪警察局长公然在沈阳伪警备司令部门前挂起"中国国民党市党部"的招牌,门前伪军荷枪实弹。汉奸、特务更是有恃无恐,到处制造事端。当时的沈阳经济崩溃,大批工人失业,城内人心惶惶,百姓日夜不安。

图14-5 曾克林

图14-6 唐凯

第十四章 国共在东北的政治较量与辽宁解放

图 14-7 八路军战士进入沈阳

图 14-8 八路军走在从日本人
手中解放的街道上

为了迅速控制沈阳市的混乱局面,有效地进行接管工作,我军首先解除了伪满警备司令部武装。经与苏军协商,成立沈阳卫戍司令部,由曾克林出任司令员、唐凯任政治委员、张化东任副司令员、汤从列任政治部主任,对沈阳实行军管,维持治安,并解除了沈阳市 1 万多名伪军、宪兵的武装。① 随即抽调政工干部组成军事、政治、后勤、卫生、工矿、交通等专业组,分别到市区接管敌伪组织,调查敌伪特务组织,并深入铁西区,组成工人武装。还派人接收了银行、监狱、水电、邮电等政权机关和工厂企业,捣毁了国民党党部和"维持会",对罪大恶极的汉奸、特务分子、反革命分子进行坚决镇压,使沈阳的局面逐步稳定下来。9 月 30 日,党中央

---

① 曾克林:《先机挺进东北的冀热辽部队》,载辽宁省政协文史资料委员会编《辽宁文史资料》第 24 辑《辽宁解放纪实》,辽宁人民出版社,1988,第 40-41 页。

正式下达命令,令进入东北的我军改用"东北人民自治军"番号,苏军也通知中国共产党驻东北各地的部队,可以自由活动,不受限制。

十六分区部队进入沈阳后,一度接管和看守关东军在苏家屯的军火仓库,取得了大量武器弹药,装备了部队。随后,十六分区先后派出部队分五路到辽宁各地肃清日伪残余,接收当地政权。9月14日,十六分区开赴南满,接管了鞍山、辽阳、营口、抚顺、本溪等城市,并消灭了南满的日伪残余势力。9月初李运昌率领前方指挥部和第二梯队5000人及大批地方干部出关,9月16日进入沈阳,苏军派300人到车站迎接。十六分区进入沈阳后,就与东北抗联冯仲云取得了联系。9月中旬,在长春的原东北抗联领导人周保中亲自来沈阳与李运昌取得了联系。与此同时,东北抗联的同志用广播电台向全东北人民传播了冀热辽部队已到沈阳的消息,极大地鼓舞了东北人民。关内解放区派到东北的地下工作人员和原在东北潜伏的地下党员,得到消息后纷纷前来对接关系,仅东北工作委员会系统就有一百余人。这些同志向冀热辽部队提供了大量极有价值的情报,对于东北人民自治军接管东北城市,建立人民政权,收集资材,肃清敌伪残余势力,扩大部队,起到了重要的作用。①

二、"向北发展,向南防御"战略形成

8月14日,苏联政府与国民政府签订《中苏友好同盟条约》。按照此条约,苏军在解放东北3个月之后,必须将主权转交给国民党政府。第二次世界大战结束后,美苏争霸的局面已经形成,国共双方争夺的东北地区成为了敏感区域。随着中国共产党军队进入东北,西方通讯社纷纷发出消息,攻击苏联违反《波茨坦公告》和中苏条约。苏联迫于美英的政治压力,对中国共产党军队在东北的活动进行了诸多干涉。而国民党则妄图依靠中苏条约和美国的军事援助,与中国共产党争夺东北这一战略要地。面对复杂的局面和艰巨的任务,9月14日曾克林和苏军代表卫斯别夫、少校翻译官谢德林等飞赴延安向中共中央汇报工作。9月15日,曾克林到达延安,参加中央政治局会议。此时,毛泽东正在重庆与国民政府进行谈判。在延安的刘

---

① 李运昌:《忆冀热辽部队挺进东北》,载吉林省政协文史资料委员会编《东北的沦陷与抗战(1931—1945)》第10卷《光复》,吉林文史出版社,2014,第168页。

少奇、朱德、叶剑英、陈云、任弼时、张闻天、李富春等中央领导同志出席了会议。

刘少奇主持中央政治局会议，听取曾克林关于冀热辽部队挺进东北配合苏军作战及我军在东北工作情况的详细汇报。刘少奇指出："东北交通便利，工业发达，物产丰富，北靠苏联，东接朝鲜，西北是蒙古，西南是我们老根据地，有山区，有平原，进可攻，退可守，可以成为我们革命的重要战略地区。我们部队进去了，就有了主动权，为毛主席、周副主席在重庆的谈判创造了有利条件。我们在东北发展了革命力量，便可以有力地支持全国，加速中国革命的进程。"①

中央在听取了曾克林的汇报后，根据当时国内外形势和东北的情况，提出了"向北发展，向南防御"的方针，调遣大批主力和干部开赴东北。中央于9月14日深夜作出决定，成立以彭真、陈云、程子华、伍修权、林枫为委员，以彭真为书记的东北中央局，立即赴东北开展工作。② 9月16日，彭真、陈云、伍修权、叶季壮等，由曾克林陪同，乘飞机飞赴沈阳。飞机中途在山海关着陆，彭真一行于17日改乘火车前往沈阳。9月18日，东北局的领导同志到达沈阳。9月19日，召开了东北局第一次扩大会议。会议由彭真、陈云主持，伍修权、叶季壮、李运昌、朱其文、曾克林、唐凯、段子俊、刘达、段苏权等20余人参加。会上，彭真和陈云传达了中央的决定和战略方针，确定东北局当前任务是，"力争控制全东北，组织部队接管城市，控制交通线，迎接党中央派往东北的大批干部和部队，粉碎国民党抢占东北的计划，并确定东北局当前任务是立即收缴敌伪武器，加紧剿匪工作，严厉镇压汉奸和敌特分子；安定社会秩序，迅速恢复生产；发动群众，扩大人民武装，准备与国民党打仗；在接管的城市中摧毁伪政权，建立各级民主政府；在农村组织群众开展反奸反霸、减租减息斗争；大力宣传我党的方针政策，肃清国民党的影响。"③

9月19日，中共中央代主席刘少奇根据党中央决策起草了《目前任务和战略部署》的党内指示电，在电文中对当时国共战略态势进行了分析："国共谈判暂时很难有结果。国民党军队在敌伪掩护下业已进入许多大城市及交通要道，并有进入

---

① 曾克林：《先机挺进东北的冀热辽部队》，载政协辽宁省委员会文史资料委员会编《辽宁文史资料》第24辑《辽宁解放纪实》，辽宁人民出版社，1988，第43页。
② 李运昌：《忆冀热辽部队挺进东北》，载吉林省政协文史资料委员会编《东北的沦陷与抗战（1931—1945）》第10卷《光复》，吉林文史出版社，2014，第169页。
③ 同上。

北平、天津之可能。伪军几乎全部为国民党掌握。热河及察哈尔两省我必须全部控制，东北全境我亦有控制可能，但红军在十二月初将全部撤离东北（热、察两省将更早撤退），我必须迅速作妥善部署，方能保障我党对东北的控制。"① 在指示电中，提出了全党全军当前的主要任务，是继续打击敌伪，完全控制热、察两省，加强全国各解放区及国民党地区人民的斗争，争取和平民主及国共谈判的有利地位。据此，中共中央为积极争取控制东北做出了如下部署：

（甲）晋察冀（除冀东外）和晋绥两区以现有力量对付傅作义、马占山向察哈尔张家口之进攻及将来胡宗南由北平向张家口之可能的进攻，坚决打击傅、马及其他进攻之顽军，完全保障察哈尔全境、绥远大部、山西北部及河北一部，使之成为以张家口为中心的基本战略根据地之一。

（乙）山东主力及大部分干部迅速向冀东及东北出动。第一步，由山东调三万兵力到冀东，协助冀热辽军区肃清伪军，开辟热河工作，完全控制冀东、锦州、热河。另由山东调三万兵力，进入东北发展，并加以装备。

（丙）华东新四军（除五师外），调八万兵力到山东和冀东，保障与发展山东根据地及冀热辽地区。浙东我军即向苏南撤退，苏南、皖南主力即撤返江北。

（丁）成立冀热辽中央局，并扩大冀热辽军区，以李富春为书记，林彪为司令员。罗荣桓到东北工作。将山东局改为华东局，陈毅、饶漱石到山东工作。现在的华中局改为分局，受华东局指挥，其人员另行配备。

（戊）晋冀鲁豫军区竭力阻滞并打击顽军北上部队，准备三万兵力在十一月调到冀东和进入东北。

（己）全国战略方针是向北发展，向南防御。只要我能控制东北及热、察两省，并有全国各解放区及全国人民配合斗争，即能保障中国人民的胜利。②

---

① 刘少奇：《目前任务和战略部署》，载中共中央党史资料征集委员会、中国人民解放军辽沈战役纪念馆建馆委员会、《辽沈决战》编审小组合编《辽沈决战》上册，人民出版社，1988，第9页。

② 同上书，第10-11页。

第二节
解放战争初期国共双方在辽宁的角力

一、国民党的东北战略与对苏交涉

抗战后期，国民党就开始了战后接收东北的准备工作。由熊式辉担任局长的中央设计局下设东北设计委员会，负责研究东北接收问题，由原奉系海军代表人物沈鸿烈主持。沈鸿烈对未来改组东北各省政府、做接收准备、培训接收干部、处理对苏与共产党的关系进行了研判。1945年4月，政学系几名代表人物熊式辉、吴铁城、张群在重庆就东北问题进行了多次讨论，他们认为，"苏联为了保障它在远东的利益和安全，为了消灭这个东方的战争策源地，更不能也不应袖手旁观。中国本身无力单独去消灭盘踞在中国大陆上的日本军队，特别是盘踞在东北的100多万精锐的日本关东军，为了取得抗战的胜利，也只有欢迎苏联参加作战之一途。问题在于：怎样才能依靠苏联参加对日作战以取得自己的胜利，而又不致使共产党的势力乘机进入东北，形成一个更复杂的政治局面。"[①] 他们得出结论，美国为了对日作战的胜利一定会要求苏联参战，而苏联进入东北必然对中国共产党有利，因此对于国民党而言在外交上必须对苏联作出最大限度的让步，才能换取其参加对日作战和对国民党政府的完全支持。

熊式辉的意见得到张群和吴铁城的支持，从而形成了政学系的共同意见。最

[①] 张潜华：《政学系在东北接收问题上的如意算盘》，载全国政协文史和学习委员会编《文史资料选辑合订本》第14卷第42辑，文史资料出版社，2011，第476页。

图 14-9 熊式辉

终,在他们的鼎力推荐下,蒋介石确定熊式辉为国民政府接收东北的代表。1945 年 8 月 31 日,国民政府决定在长春设立军事委员会委员长东北行营,任命熊式辉出任行营主任(1946 年 9 月 22 日改为国民政府主席东北行辕)。行营下设政治与经济委员会,另在长春设立外交部东北特派员公署,办理行营区域交涉事宜。同时决定将东北划为九省,即辽宁、安东、辽北、吉林、合江、松江、黑龙江、嫩江、兴安省。9 月 4 日,国民政府发表东北各级官员任命令:"一、特派熊式辉兼军事委员会委员长东北行营政治委员会主任,莫德惠、朱霁青、万福麟、马占山、邹作华、冯庸为军事委员会委员长东北行营政治委员会委员;张嘉璈为军事委员会委员长东北行营经济委员会主任。二、任命徐箴为辽宁省政府主席,高惜冰为安东省政府主席,刘翰东为辽北省政府主席,郑道儒为吉林省政府主席,关吉玉为松江省政府主席,吴瀚涛为合江省政府主席,韩俊杰为黑龙江省政府主席,彭济群为嫩江省政府主席,吴焕章为兴安省政府主席,沈怡为大连市市长,杨绰庵为哈尔滨市市长;蒋经国为外交部驻东北特派员。"①

国民政府在组织东北行政机构的同时,积极计划向东北调动军队。8 月 25 日,国民政府陆军总部发布《各部分向各地受降地区重要城市挺近的命令》并制定大规模军队调运计划,运用海、空以及内河和铁路运输力量,在美国海军第七、第十三舰队以及空军运输力量的帮助下,将远在内地的四川、云南、滇缅边境的 26 个军(其中美械军计 39 个美械师)运往华北、华东和东北等地,执行受降任务。② 为了加快国民党军队进入东北的速度,国民政府行政院院长宋子文在白宫访晤美国副国务卿艾奇逊,要求美国协助国民政府将军队从广州直接送往大连。艾奇逊答复,美国不直接参与关于接收东北的谈判,可以提供运兵舰船。10 月 16 日,国民政府改组"昆明防守司令部",组成"东北保安司令长官部",首先调其所属第十三军、第五十二军转运东北。10 月 26 日,国民政府派杜聿明为东北保安司令长官,加快军事部署。

10 月 10 日,熊式辉协同经济委员会主任张嘉璈、政治委员会委员莫德惠、热

---

① 韩信夫、姜克夫主编《中华民国大事记》第 5 册,中国文史出版社,1997,第 292 页。

② 同上书,第 283 页。

河省主席刘多荃、东北外交特派员蒋经国等离渝飞赴北平。10月12日,从北平飞往长春,主持东北接收事宜。熊式辉到达东北后,对东北局势做出判断:中国共产党由于苏军的掩护,在城市方面发动群众建立地方政权;在农村方面联络贫农、雇农展开对地主的斗争;在军事方面则利用苏军所收缴的敌伪武器扩充实力,以维护其在各城市各农村的政权。由此,熊式辉就苏军违反关于中苏条约所规定的给予中国中央政府以"道义的"支持的原则提出交涉,并要求苏军协助国民党人员进行"行政接收",但遭到苏军的拒绝。苏军认为,东北各地抗日武装以及民主政权,纯是东北人民自己建立的,与苏军无关;至于"行政接收",那是中国的内政,苏军不便协助和参与。①

10月20日,东北行营副参谋长董彦平在长春会见苏军参谋长巴佛洛夫斯基,"提出要在大连设立航空站,并派接收人员前往大连地区视察。"次日,东北苏军当局答复东北行营,"不准国民党军队在大连登陆、设立航空站和派军事人员视察;对于前往北宁路视察的国民党接收人员,苏军可以陪同,锦州以南地段不能保证安全;不准国民政府收编伪满军队。"② 由于交涉接连碰壁,熊式辉于10月21日匆匆离开长春,22日到达重庆,当面向蒋介石请示对策。蒋介石做了如下决定:

(1) 由外交部把苏军在战利品名义下运走东北工业设备及大量物资之事实以及掩护共产党扩充武力、建立政权、阻碍国民党接收等情况,用备忘录形式送达苏联政府,并要求"尊重中国在东北之完全主权及领土行政之完整"。

(2) 饬令中央各部会及东北九省市重要接收人员迅即飞往长春,做好"行政接收"的各种准备。

(3) 抽调中央精锐部队,立刻由海陆空三路向东北运兵,做好"军事接收"的各种准备。③

熊式辉于10月26日自重庆返抵长春。29日,熊式辉第四次与苏军司令马利诺夫斯基会谈,告以国民党决定在营口和葫芦岛登陆,同时从山海关进军,请苏方协助并保证安全。马利诺夫斯基表示,可以掩护国民党军队在营口登陆,在葫芦岛不能负责。如果国民党经北宁路运兵,在山海关至锦州一段,苏方不能保证国民党军

---

① 张潜华:《政学系在东北接收问题上的如意算盘》,载全国政协文史和学习委员会编《文史资料选辑合订本》第14卷第42辑,文史资料出版社,2011,第484页。

② 韩信夫、姜克夫主编《中华民国大事记》第5册,中国文史出版社,1997,第321页。

③ 同①书,第485页。

队的安全。如果国共发生武装冲突，苏军不予干涉。但是，苏军于 11 月 11 日撤退之前，国民党军队不能进入锦州。① 很显然，苏军并没有丝毫让步，这让熊式辉束手无策。10 月底，新任东北保安司令长官杜聿明飞抵长春，再次与马利诺夫斯基商洽中央军在东北登陆问题。苏方表示，"中国军队可于 11 月 1 日至 10 日之间在营口登陆，但葫芦岛和大东沟两地，由于苏军人数少，如在那里登陆，则不负安全责任。"② 11 月 7 日，熊式辉致马利诺夫斯基备忘录，开列了国民政府与苏军六次会谈的七点中心内容："一、苏方同意于苏军撤退前 5 日，由中国空运部队至长春、沈阳；二、苏方于 10 日前将撤兵日期通知中国；三、苏方保证空运部队之飞行安全；四、中国可用美国飞机空运部队；五、苏方负责解除营口方面非政府军队之武装，并保障国民党军队之安全；六、中国政府所派行政人员即赴各地到任，苏方通知军队协助，请做准备；七、行营即派人至哈尔滨、长春、沈阳筹组地方团队。"③

图 14-10　马利诺夫斯基

在蒋介石决策下熊式辉照会马利诺夫斯基，说明到长春一个半月以来，在接收问题上一再受阻，而且自称在长春市内安全也受到威胁。11 月 15 日，蒋介石见接收东北遇到问题，难以与苏方达成共识，下令东北行营及接收人员全部从长春撤至山海关。11 月 17 日，熊式辉率领东北行营接收人员及各省主席离开长春，但在撤退期间仍留下董彦平率领军事代表团 12 人与苏军保持联络。国民党军队开始在秦皇岛集结，进抵山海关，与辽宁解放区的东北人民自治军形成对峙的局面。

---

① 韩信夫、姜克夫主编《中华民国大事记》第 5 册，中国文史出版社，1997，第 325 页。
② 张潜华：《政学系在东北接收问题上的如意算盘》，载全国政协文史和学习委员会编《文史资料选辑合订本》第 14 卷第 42 辑，文史资料出版社，2011，第 485 页。
③ 同①书，第 334 页。

二、国共双方在山海关及北宁路沿线的争夺

辽宁作为东北的门户,战略地位极为重要。从 1945 年 9 月下旬至 10 月下旬,在大部分出关部队和干部还没有到达东北的时候,中共东北局把工作重点放在南满地区,壮大自身力量,积极扩展解放区,派出干部,推进群众工作。随着国民党集中军队向山海关进军,苏军着手准备将东北主要城市的管理权转交给国民政府。中共中央指示东北局,要及时转变战略以应对大兵压境的局面。

1945 年 10 月 16 日,中共中央电示东北局彭真:"蒋军从秦皇岛登陆,向山海关、锦州攻击前进,是必然的。除令各部兼程急进,胶东方面星夜海运,并令林彪急至沈阳助你指挥作战外,望你就现有力量加强训练,并动员民众坚决阻止登陆,争取时间"。① 10 月 19 日,毛泽东在中央关于集中主力拒止蒋军登陆给东北局的指示中,又加写了一段话:"我党方针是集中主力于锦州、营口、沈阳之线,次要力量于庄河、安东之线,坚决拒止蒋军登陆及歼灭其一切可能的进攻,首先保卫辽宁、安东,然后掌握全东北,改变过去分散的方针。"② 10 月 23 日,中共中央指示东北局,竭尽全力控制东北,"万一不成,亦造成对抗力量,以利将来谈判"。③ 中共中央对形势的判断是,当时《双十协定》刚刚签订,11 月已经有 6 万军队、2 万名干部到达东北,如果能够将国民党进攻部队阻挡在山海关、锦州一线,就有可能在和谈中处于较为有利的地位。

此时蒋介石的注意力还主要在关内,用于进攻东北的兵力有限。蒋介石在重庆军事委员会的演讲中提出"安定关内、再图关外"的方针。国民党的第十三军和第五十二军还在秦皇岛等待弹药和运输工具补充,无力进攻东北。此外让中共中央产生乐观情绪的原因还有苏联在 10 月下旬向东北局表示,"下月 15 日前,如国民党

---

① 彭真:《东北解放战争的九个月》,载中共中央文献研究室、中央档案馆《党的文献》编辑部编《中共党史风云录》,人民出版社,1990,第 352 页。

② 毛泽东:《目前东北发展方针》,载《毛泽东军事文集》第 3 卷,军事科学出版社、中央文献出版社,1993,第 64 页。

③ 同①。

军进攻，苏联红军可协同打击。"① 综合以上原因，中共中央决定集中兵力将国民党军队阻滞在山海关一线，以实现单独占领东北的战略目标。

遵照中共中央的指示，东北局改变过去的分散部署，立即集中军队，准备作战。东北局下令李运昌回锦州执行三项任务："（1）整编部队，准备作战，控制山海关和葫芦岛军港；（2）接运部队和干部继续进入东北；（3）辽西党政军工作受东北局统一领导，听林、彭指挥。"② 李运昌从沈阳返回锦州后立即组织第十九旅、第二十二旅和冀中的第三十一团在山海关、葫芦岛构建工事，准备还击进犯的国民党军，同时传达军委的命令，责成冀热辽军区副司令员詹才芳组织冀东野战军，准备配合山海关和古北口作战。

1945年10月25日，山海关战斗打响。因为兵力不足，没有预备队阻击敌人，在敌众我寡的不利情况下，东北人民自治军于11月16日撤出山海关。国民党军占领山海关后，继续沿铁路沿线向东进攻。东北人民自治军新整编的3个旅没有来得及整训就开赴前线，在兴城、锦西一带节节抵抗敌人；但是由于敌人展开全面进攻，自治军参战部队未经训练，战斗力差，未能阻止敌人前进。此时，东北人民自治军司令员林彪已经赶到前线指挥，而华东新四军第三师主力部队从苏北徒步行军，历时两个月，完成进军东北的任务，到达锦州附近。师长兼政委黄克诚接到东北局的电报，命令所部切断铁路交通，阻止国民党军进入沈阳。据黄克诚回忆，"当时我们的部队经过长途跋涉，非常疲惫，而且面临一系列困难无法解决，很难进行大规模作战。"③ 部队长途行军十分疲劳，未获补充装备，高桥伏击战没有达到预期的目的。11月下旬，东北人民自治军相继撤出了绥中、兴城、锦西。随后，林彪下令主动撤出锦州。11月26日，国民党军占领锦州。锦州陷入敌手后，林彪带领主力6万人撤退至阜新、黑山、北镇一带，冀热辽部队撤退至北票、朝阳、义县一带。

战局发展不如预期顺利，特别是苏联方面不仅没有支持中国共产党军队，反而处处加以限制。伍修权认为，"他们所以出尔反尔，其主要原因是苏联在第二次世

---

① 《彭真传》编写组编《彭真年谱》，中央文献出版社，2002，第302页。
② 李运昌：《忆冀热辽部队挺进东北》，载吉林省政协文史资料委员会编《东北的沦陷与抗战（1931—1945）》第10卷《光复》，吉林文史出版社，2014，第172页。
③ 黄克诚：《从苏北到东北——新四军第三师进军东北参加东北解放战争的回顾》，载中共中央党史资料征集委员会、中国人民解放军辽宁战役纪念馆建馆委员会、《辽沈决战》编审小组合编《辽沈决战》上册，人民出版社，1988，第189页。

界大战中打得很苦,害怕因支援我军再引起战争,结果造成了我们的被动局面。"①既然情况发生了如此重大的变化,中共中央决定对原有部署做出相应的改变。11月28日,中共中央向东北局发出指示:"我企图独占东北,无此可能,但应力争我在东北之一定地位。长春沿线及东北各大城市我应力求插足之外,东满、南满、北满、西满之广大乡村及中小城市与次要铁路,我应力求控制。目前你们应以控制长春路以外之中小城市、次要铁路及广大乡村为工作重心。在长春路沿线各大城市以及营口、锦州、吉林、龙江、安东等城市,则需要准备被国民党军队占驻,我需作撤退准备,目前尽可能抓一把并布置秘密工作及群众工作的基础。但工作重心不要放在这些城市中。"② 根据这一方针,中共中央提出了东北局下一阶段的工作重心,"东北局应本上述方针速作部署,将部队和干部速作适当之分配。你们部队如不能进行胜利的战斗,即应避免作战,免被敌人各个击破,应将一部分主力分散去控制各中小城市、次要铁路和广大乡村,有重心的建立根据地,作长期打算,但林彪在北宁路附近,罗、肖在东满均各须组织一支野战军,作为机动突击力量。"③

东北局经过讨论后复电中央:"在美国支援下的国民党军队,现在已经占领了山海关到锦州一线,虽然国民党的处境甚为困难,但它的部队仍均集结,准备向三大城市及长春铁路干线前进。苏联除要我军队退出大城市外,现在更要我们交还已接收的政权,禁止我们在三大城市中一切足以妨碍他们公开执行中苏协定的措施。"④

苏联力量的存在是中国共产党在东北开展工作的重要保障,但是随着苏联政府下令苏军认真执行中苏条约,冀热辽出关部队在大城市难以继续开展工作。随着国民党军队在辽西集结,一旦苏军将大城市控制权转交给国民政府,中国共产党军队

---

① 伍修权:《我的历程》,解放军出版社,1984,第170页。
② 《中共中央关于准备撤出大城市控制乡村给东北局的指示》,载中共中央党史资料征集委员会、中国人民解放军辽宁战役纪念馆建馆委员会、《辽沈决战》编审小组合编《辽沈决战》上册,人民出版社,1988,第12页。
③ 同上书,第13页。
④ 陈云、高岗、张闻天:《对满洲工作的几点意见》,载中共中央党史资料征集委员会、中国人民解放军辽宁战役纪念馆建馆委员会、《辽沈决战》编审小组合编《辽沈决战》上册,人民出版社,1988,第14-15页。

很难阻止,因此开辟新的根据地必然成为东北工作的重心。于是东北局复电中共中央:"根据以上情况,我们必须承认,首先独占三大城市及长春铁路干线以独占满洲,这种可能性现在是没有的。因此,当前在满洲工作的基本方针,应该不是把我们的全部注意力集中于这三大城市,而是集中必要的武装力量,在锦州、沈阳前线给国民党部队以可能的打击,争取时间。同时,将其他武装力量及干部,有计划地主动和迅速分散到北满、东满、西满,包括广大乡村、中小城市及铁路支线的战略地区,以扫荡反动武装和土匪,肃清汉奸力量,放手发动群众,扩大部队,改造政权,以建立三大城市外围及长春铁路干线两旁的广大的巩固根据地。我们必须经过战争及根据地之建立,以达到包围歼灭大城市之敌及钳击长春铁路干线,使我们能够在同国民党的长期斗争中,取得全局的优势。"① 11月22日,中共中央给中共驻重庆代表团的电报中说:"彭(真)林(彪)电,戌皓(引者注:即11月19日)友方通知他们,长春路沿线及城市全部交蒋,有红军之处不准我与顽作战,要我们退出铁路线若干里以外,以便蒋军能接收,他们能回国。彭、林未答应。我们已去电要他们服从彼方决定,速从城市及铁路沿线退出,让开大路,占领两厢。"② 由此提出了"让开大路,占领两厢"的战略方针。

从"改变过去分散的方针"到集中力量"掌握东北全境",再到"让开大路,占领两厢"中共中央在一个月左右的时间里多次调整东北工作的指导方针,说明东北情况异常复杂,国共之间的态势发生了剧烈的变化。对于东北陌生的政治环境,无论是中共中央还是东北局都需要一个逐步深入了解的过程,在经过反复实践后才能在复杂的环境中总结出一个适应东北现实情况的指导策略。

三、美苏战略考量对国共双方的政治影响

苏联出兵东北,对于中国取得抗日战争的最后胜利确实起到了重要支持作用,

---

① 陈云、高岗、张闻天:《对满洲工作的几点意见》,载中共中央党史资料征集委员会、中国人民解放军辽沈战役纪念馆建馆委员会、《辽沈决战》编审小组合编《辽沈决战》上册,人民出版社,1988,第15页。

② 《中共中央致中央驻重庆代表团电》,载中央文献研究室编《刘少奇年谱》上卷,中央文献出版社,1996,第531页。

但是苏联出兵的目的不仅仅是支持同盟国对日发起最后一战,同时也是为了自身的国家利益。因此在雅尔塔会议上,苏联悍然侵犯中国的主权,要求将东北划为自己的势力范围。苏军进入东北后,对日占时期留下的物资财富和工业设备巧取豪夺,苏军官兵在盟国的土地上以占领军自居,对东北民众做出了种种劣迹。这些恶行自然引起了中国民众的不满和反感。伍修权曾经回忆:"苏军进入我国东北的部队,有的纪律相当坏。据反映在他们的连队里,有部分士兵不是正规军人,而是一些刑事犯人……这些人原来不是正路人,来华后又以胜利者自居,不断酗酒滋事,甚至骚扰群众。在沈阳的大街上,时常见到醉酒的红军士兵……后来他们撤出东北回国时,又从工厂的机器设备到日伪人员的高级家具等,都一一拆运带回苏联。"① 苏军不仅将东北大量的工业设备和原材料抢运回国,而且在东北大量发行军票,解决苏军的军用开支。仅仅 8 个月,苏军发行的军票就超过日本占领东北十四年发行的伪满券的总额。苏军用军票任意购置物资、支付劳务,导致东北严重的通货膨胀。

苏军在东北的所作所为是大国强权主义的表现,是对中国主权的轻视,让中国民众的自尊受到了极大的伤害,难以抑制的怒火最终酿成了反苏游行。2 月 22 日,重庆大中学校万余名师生为"东北问题"发起反苏反共游行,发表《告全国同胞书》《告东北同胞书》《致苏联抗议书》等宣言,高呼"苏军必须立即退出东北"等口号,捣毁了民生路新华日报社营业部。该报社营业部主任杨黎原及职员徐曼君、管佑民等受伤,书籍、财物用具损失达 1 亿元左右。民盟的民主报社亦被捣毁。② 当日,中共代表团召开记者会指出,此次事件纯属预谋已久之有组织有计划的反共事件,希望具有爱国精神的青年学生不要上特务排外阴谋的当,并严正声明:中国共产党始终为和平民主建设而奋斗,绝不受挑拨,也绝不退缩。③

苏军不甘心在没有确保其在东北利益的情况下撤军,直至 2 月中旬滞留在中国东北的苏军依然有 40 多万。2 月 26 日,驻东北苏军参谋长特罗申科对长春各报编辑人员就苏军撤军问题发表谈话,指出:"在若干中外刊物上刊载关于苏军故意延期撤出东北的各种消息,是反动的、反民主分子们的造谣和仇视苏军的结果,这些分子曾企图切断中国人民对把东北由日寇奴役中解放出来的红军之信任与好感",

---

① 伍修权:《往事沧桑》,上海:上海文艺出版社,1986 年版,第 163 页。
② 韩信夫、姜克夫:《中华民国大事记》第 5 册,中国文史出版社,1997,第 390 页。
③ 同上。

并宣布"苏军将于美军撤出中国前撤出东北"。① 在国民政府的多次催促之下,苏军于3月中旬开始从沈阳、抚顺等地北撤。直至5月3日,除大连外的东北苏军全部撤出中国。②

当苏军即将从东北撤离之时,东北问题中另一个国际大国美国从幕后走到了台前。美国非常清楚,东北地区必然成为国共的必争之地。出于美苏争霸的考虑,位于东北亚核心的东北地区具有无可比拟的战略地位,因此协助国民政府尽快控制东北符合美国的国家利益。

国、共、美、苏四方在东北问题上都有着自己的政治诉求,相互牵制,使东北问题陷入困局。蒋介石从未放弃武力解决东北问题,但是一方面苏军迟迟没有撤离东北,使他投鼠忌器;另一方面,国民党军还未完成军事集结和物资准备,在这种情况下国民党军更需要美国的军事援助和战略输送。而1945年9、10月间,美军抢先在秦皇岛登陆,这引起了苏联的警惕。在斯大林看来,美军在华北沿海港口驻扎,显然是对苏联在东北利益的极大威胁,因此苏联作出决定帮助中国共产党在东北建立地方政权,扩大根据地,从而阻挠美国以及美国利益代理人国民政府进入东北。当然,此时美苏双方还比较克制,没有直接正面对抗的打算。

国共斗争的升级,促使美国政界高层人士开始思考,如果美国深陷中国事务难以自拔,那么远东的困局是否将分散美国的注意力。此时,美国与苏联在欧洲及朝鲜半岛势力划分、原子弹研发等问题上已经存在尖锐的矛盾,中国问题久拖不决显然影响美国集中力量与苏联对抗。美国驻华大使赫尔利表示,对中国的情况感到"切乎绝望"。③ 很多议员在众议院会议上指责赫尔利全盘支持蒋介石,导致美国对华外交走入绝境。不久,赫尔利在美全国新闻俱乐部发表演说宣布辞职,并指责职业外交人员设置阻力,批评美国外交政策混乱。11月28日,他向美国新闻界发表辞职书④,彻底将美国对华外交困局暴露在世人面前。杜鲁门政府为了尽快摆脱不利局面,批准了赫尔利的辞职,并任命原陆军参谋长马歇尔为总统驻华特使赴中国调停国共矛盾。

12月17日,马歇尔偕同魏德迈飞抵南京,蒋介石夫妇亲往机场迎接。当晚,

---

① 韩信夫、姜克夫:《中华民国大事记》第5册,中国文史出版社,1997,第392页。
② 同上书,第420页。
③ 同上书,第332页。
④ 同上书,第345页。

第十四章　国共在东北的政治较量与辽宁解放

蒋介石在寓所举行晚宴欢迎马歇尔。宴毕，蒋介石与马歇尔会谈，国民政府外交部长王世杰、魏德迈也参与其中。马歇尔向蒋介石说明立即停战的利害关系，他指出：“美国援华取决于国共争端能够和平解决，除非国民党采取明确的行动解决目前的问题，否则在中国继续保持美国的力量是非常困难的。”蒋介石表示，"杜鲁门总统声明中最重要的内容是中国的统一，而取消中共自治性军队是中国统一的根本途径。国民党目前的方针是占领华北，只要在那里有足够的军队，就可以迫使中共妥协，并希望莫斯科三国外长会议能达成协议，促使苏联履行条约义务，国民党将据此决定在东北采取行动。"①

12月27日，苏、美、英三国外长会议闭幕，发表了公报声明。三国外长一致同意，"必须在国民政府之下建立一个团结而民主的中国，国民政府的各部门必须广泛地由民主分子参加，并且内战必须停止。"② 他们重申了不干涉中国内政的政策，美、苏外长也在尽快撤军的问题上意见一致。虽然苏军还在寻找借口拖延撤军，但是蒋介石判断苏军撤离东北只是时间问题，而国民党军队在美国协助下源源不断地开进东北，全副美械装备的国民党精锐新一军、新六军、七十一军和六十军、九十三军等部由美国军舰陆续运抵东北。蒋介石就东北接收态度表现日益强硬，他电示熊式辉和杜聿明随时完成作战之准备。这表明，一向迷信武力的蒋介石已经准备用军事解决东北问题。

而中国共产党在政协会议后重新审视东北问题解决途径。随着苏军开始撤离东北，中国共产党开始直接面对国民党的军事压力。中国共产党经过半年的积极行动，基本上完成在东北的战略部署，建立了若干根据地。因此，如果能够在政协协议的框架下与国民党进行谈判，从而确立中国共产党在东北地方政权的合法性，则对中国共产党更为有利。1946年1月21日，中共中央就东北谈判条件给东北局发出指示，与国民党谈判的条件是：（一）政府接收东北主权时各党派及东北民主人士及民众团体均须有代表参加，要求取消行营，改为东北行政委员会，包括各党派代表为委员，释放张学良并仍参加接收工作；（二）承认在东北的八路军及东北人民组织的自卫武装，并编为地方自治政府的保安队及民警；（三）派进东北的国民党数目不应超过10万至15万，另驻东北各地军队之数额和运进路线预加协商。③

---

① 韩信夫、姜克夫：《中华民国大事记》第5册，中国文史出版社，1997，第357—358页。
② 同上书，第361页。
③ 同上书，第373页。

1946年1月10日，张群、周恩来确定了建立军事调处执行部协议。协议规定，军调处设在北平，设委员三人：国民政府代表郑介民、中国共产党代表叶剑英、美驻华代办罗伯逊充任主席。三委员各有表决、互让权，一切事宜须经三人一致通过；三人不能协议之问题，应提交军事三人小组决定。由于中国共产党寻求和平的努力和诚意，全国人民一致希望和平的热望，以及国内国际的舆论压力，迫使蒋介石不能不举行和谈。但蒋介石根本无意和平，在与中国共产党举行谈判的同时，他令国民党军向东北解放区大举进攻。杜聿明曾回忆道："我接到蒋介石的指示后，我的司令部人员直属部队特务团、通讯营、汽车等于22日由美舰运葫芦岛转锦州。23日即令五十二军（欠一九五师）冒雪由沟帮子向北镇、黑山解放军进攻，当即侵占北镇，24日侵占黑山。"① 国民党军进入北镇、黑山后，一面积极准备与苏军取得联系接收沈阳，一面仍积极以武力向解放区进犯，幻想打通承锦路确保阜新、北票矿区，巩固北宁路安全。12月27日，杜聿明下令五十二军二十五师进攻盘山、营口，于1946年1月9日占领盘山，10日进入营口。国民党军占领营口后，幻想借停战令颁布后中国共产党军队不会反攻营口，没想到1月13日晚东北民主联军反攻营口，激战两昼夜，全歼国民党营口守军。

马歇尔提议向东北冲突最为严重的营口派出军调部执行小组。马歇尔希望通过此举能够缓解东北的紧张局势，从而避免因为军事冲突导致美方的战略部署被打乱。中国共产党方面接受了马歇尔的建议，而国民党方面则坚决反对。蒋介石考虑的是，如果停战协定扩大到东北，将阻碍国民党军进入苏军撤出的区域。2月9日，东北保安司令长官杜聿明下达了向北宁路两侧进攻的命令，企图消灭沿路不断打击国民党军的人民武装，维持北宁路的交通，为尔后接收沈阳创造条件。② 国民党军占领盘山、台安、辽中、新民、阜新等地。面对国民党军的大举进攻，中共中央决定坚决反击。国民党第十三军第八十九师第二六五团一部于2月11日抢占东北民主联军驻守的秀水河子镇，2月13日从新立屯、彰武进犯法库。是夜，东北民主联军第七旅及第一师4个团的兵力分别从东南、正南及西北、正北四面发起反击。次日凌晨战斗结束，歼灭国民党军1500人，收复秀水河子镇。随后又进行了几次较大的战役，互有伤亡。

---

① 杜聿明：《蒋介石破坏和平进攻东北始末》，载全国政协文史和学习委员会编《文史资料选辑》合订本第14卷第42辑，文史资料出版社，2011，第378页。
② 同上书，第379页。

第十四章　国共在东北的政治较量与辽宁解放

2月20日，马歇尔重提向东北派遣军调小组的建议，"我再次向军事小组国民政府代表张治中将军提出派出军调部小组进入满洲的问题，指出，制止可能发生的冲突和根据军队整编统编方案建立军队复原的基础，都需要这样的小组，但未成功。"① 2月21日，周恩来从延安归来，将毛泽东对于东北问题的态度通报给马歇尔，"（1）三人小组应去满洲；（2）停战令适用于满洲；（3）军队整编方案包括满洲。"② 虽然马歇尔提出的军调小组进入东北的看法有益于调解国共矛盾，但是他并没有向蒋介石施压，使蒋介石认为在未来的东北冲突中美国必然站在自己一方。蒋介石对马歇尔的计划置之不理，坚持不承认中国共产党在东北的地位，要求国民党独占东北。特别是1946年3月中旬国民党召开六届二中全会，在会上国民党内一些持强硬立场的人物明确表示反对和谈。3月7日召开第八次大会，谷正纲、潘公展发言，"公然反对政协决议，扬言共产党'放宽割据之政权'，'放弃武力夺取政权之野心'，'不应以种种问题束缚领袖'。"③ 3月14日上午，国民党六届二中全会举行第十六次大会，白崇禧、刘斐报告东北军事情形，张嘉璈报告东北经济接收情况。会场上有代表散发"武装接收东北"传单，"东北七团体代表"40余人闯入会场情愿，要求"将东北行辕主任熊式辉免职"。李嗣璁等四人临时动议："张委员治中报告：尚有25城市被共军包围，人民在水深火热中，应由调处执行部令共军即日解围，撤退至60里外。"经主席团决定："送政府即电调处执行部切实办理。"④ 对于国民党内弥漫的强硬态度，中国共产党非常警醒，在给各省委、区党委、纵队首长的指示中指出："为了对付国民党内反动派，特别是何、白军人派之阴谋挑衅，除开审慎应付东北问题外，华北、华中各地应即提起警觉，密切注意顽方动态，并在军事上作必要准备，加强整训，加强侦察，严防反动派突然袭击。如果反动派发动进攻时必须能够在运动中坚决、彻底、干净、全部消灭之。"⑤

---

① 中国社会科学院近代史研究所翻译室译《中华民国史资料丛稿·马歇尔使华（一）　马歇尔出使中国报告书》，中华书局，1979，第52页。
② 同上。
③ 韩信夫、姜克夫：《中华民国大事记》第5册，中国文史出版社，1997，第396页。
④ 同上书，第399页。
⑤ 《中央关于目前时局及对策的指示》，载王建朗主编《中华民国时期外交文献汇编（1912—1949）》第9卷下，中华书局，2015，第1055页。

在马歇尔多次要求下，3月9日，蒋介石同意向东北派出军调小组，但同时提出了五项条件："执行小组只管军事不管政治；小组随政府军行动；小组有权去双方中途的一切地点；政府军有权接收中长路及两侧30公里内的全部地区；中共军队撤出矿区和铁路，凡国民党军队接收时，中共军队不得阻拦并应撤退。"① 马歇尔将五项条件转告周恩来，周恩来当即表示这等于让中国共产党军队从东北撤退。3月11日，张治中、周恩来、马歇尔就"调处东北军事冲突草案"继续会谈，双方同意将北平军调部工作范围扩大为东北在内，并派遣执行小组前往东北执行停止冲突。周恩来不同意草案中关于"政府部队有权占领恢复中国东北主权必要之各地区"的规定，其他各项取得原则上的协议。当晚，马歇尔离开重庆回国述职，由吉伦中将代理三人小组美方顾问一职。

马歇尔调停深刻影响了东北的战略态势。为了遏制苏联在亚洲势力范围的扩张，美国需要支持中国成为反共的防波堤，因此必须加强对国民党政府的援助。马歇尔虽然是为了调停国共矛盾来到中国，但同意动用美国海军的舰船为国民党向东北运兵。美国政府的种种行径，让中国共产党很难相信马歇尔能够保持不偏不倚的公正态度。而在马歇尔离开中国的这段时间，吉伦更加偏袒国民党政府。3月30日，他同意再运送两个军到东北。这一期间，国共双方在东北大打出手，在本溪、四平等地展开激战。

4月18日，东北民主联军解放长春，生俘市长赵君迈、秘书长张大同等30余人，城防司令陈家珍重伤，副司令刘德溥毙，官兵死伤4000余人。② 同日，马歇尔回到中国。面对白热化的东北内战，他也只能感叹"局势全面恶化了"③。为了尽快停战，马歇尔紧急会见蒋介石，在谈话中他讲道："虽然我认识到满洲的危急局势，并且考虑到共产党进攻长春是明显违犯他们的协议，但同时我感到，鉴于在中国的局势中本来存在的深刻的不信任和怀疑，政府过去的行为是致命地挑衅的，而且有时候是不可原谅地愚蠢的。我痛惜政府的军事长官在满洲的行为和政府长期拒

---

① 《代表团关于东北问题的对策》，载中共中央文献研究室、中共南京市委员会编《周恩来一九四六年谈判文选》，中央文献出版社，1996，第132页。
② 韩信夫、姜克夫：《中华民国大事记》第5册，中国文史出版社，1997，第415页。
③ 中国社会科学院近代史研究所翻译室译《中华民国史资料丛稿·马歇尔使华（一）马歇尔出使中国报告书》，中华书局，1979，第84页。

第十四章　国共在东北的政治较量与辽宁解放

绝允许军调部执行小组进入满洲。"① 而蒋介石则向马歇尔抱怨美国的支持不足，苏联支持中国共产党导致东北局势不可收拾。4月22日，周恩来与马歇尔会谈说明中国共产党愿意停火，而国民党违背指令，武力占领我方七个城市，"他们既不能遵守这些条款，我们只能被迫采取自卫行动。苏军即将撤走，东北已无接收问题，因此不应再有军队调动，东北应无条件停战。并强调说，非实现全面停战，中共不能参加政府。"② 但是，马歇尔并没有听从中国共产党的警告，依然决定帮助国民党运送两个军到东北，这显然是鼓励蒋介石把内战打下去。

5月20日，马歇尔向报界发表声明，"在声明中请人们注意满洲和华北局势的严重性，注意为了恢复和平正在作出的努力，注意双方正在从事的'不顾后果的仇恨和怀疑的宣传战'的严重危险。"③ 中国共产党发表声明，支持马歇尔继续调停，制止内战。5月22日，东北民主联军撤出长春，同日国民党军进占长春。随着东北停战协定的签订，国共双方的注意力转向关内，后经马歇尔调停，东北停战又延长到30天。

马歇尔调停无法从根本上解决国共双方的矛盾。1946年6月全面内战爆发后，马歇尔仍想让双方回到谈判桌前，但结果是徒劳无益。1947年1月7日，马歇尔奉召回国出任国务卿，临行前发表对华局势声明，称："'和平之最大之障碍，厥为国共双方彼此完全以猜疑相对'。国民政府'最有势力之发动集团，对于余促成真正联合政府之一切努力，几无不加以反对'。中共方面'真正极端之共产党徒，则不惜任何激烈之手段以求达到目的'。对于时局的挽救，系于自由主义在政府中的和在少数党中担起领导作用，而他们如果能够在蒋委员长领导之下活动成功，或可通过一个好的政府而达成统一。"④ 尽快结束国共冲突，让中国将矛头指向苏联，是马歇尔调停所要达到的目的。但是在调停过程中，美国既想表现得不偏不倚，让中国共产党放弃武力对抗，同时吸引民盟为代表的第三方力量与国民党组成联合政府，而在调停活动中又一而再、再而三地为国民党军事进攻提供帮助，这样的对华政策选择注定无法取得成功，最终让中国人民看清美国的真实面目。马歇尔调停的失

---

① 中国社会科学院近代史研究所翻译室译《中华民国史资料丛稿·马歇尔使华（一）　马歇尔出使中国报告书》，中华书局，1979，第85页。
② 韩信夫、姜克夫：《中华民国大事记》第5册，中国文史出版社，1997，第416页。
③ 同①书，第99页。
④ 同②书，第543页。

败,是美国对华政策失败的重要标志。

第三节

辽宁人民政权建立和根据地建设

一、迅速开展建党建政工作

东北局到达辽宁后,加强新政权建立,并报请中央,于10月30日批准正式成立东北人民自治军(1946年1月14日改称东北民主联军,1948年1月1日改称东北人民解放军)总司令部。林彪任总司令,彭真为政委,罗荣桓任第二政委,陈云、程子华为副政委,吕正操、李运昌、周保中、萧劲光为副司令,萧劲光兼任参谋长,伍修权为第二参谋长。从此,东北党政军工作均有了强有力的领导。东北局会议贯彻了党中央制定的战略方针,为我党争取东北指明了方向。从此在东北局领导下,出关部队信心百倍地开始全面建立人民政权的工作。

1945年10—11月,中国共产党在辽宁境内先后建立辽宁省、安东省、辽北省3个省级民主政府。在此后直至1949年4月的三年多里,辽宁、安东、辽北3省政府随着东北解放战争形势的发展及解放区辖境的变化,曾先后多次改变驻地,行政区划亦频繁发生调整变化,但其工作任务与行政职权没有发生大的变化。其主要职能是,"执行东北行政委员会政令、决定与指示,颁行省内政令及地方法规,领导所辖市(专区)县实行民主政治,废除苛捐杂税,清除敌伪残余,开展土地改革运动，动员人民参军参战支援前线等。"①

辽宁省政府 1945 年 10 月 12 日在沈阳市正式成立。张学思任主席，朱其文为副主席。11 月 15 日，省政府从沈阳迁至本溪。1946 年 4 月末本溪失陷后，又迁到安东与安东省政府合署办公。7 月，张学思将通化行署与辽北省政府撤到通化的部分机构合并，在通化组成新的辽宁省政府。11 月，通化失陷，省政府又撤出通化，迁到临江。1947 年夏季攻势胜利后，辽宁省政府于 6 月又从临江迁到梅河口。1948 年 7 月，辽宁省与辽南行署合并，仍称辽宁省，主席张学思，省政府设在瓦房店。

辽宁省政府建立后，首先积极推行民主政治，与各方面人士进行广泛协商，着手建立全省各级人民政权。1945 年 11 月 2-4 日，在沈阳召开了辽宁省首次各界人民代表大会，出席代表 84 人，内有工人、学生、名流士绅。省政府主席张学思，副主席朱其文、吕正操将军先后在会上讲话。朱其文代表省政府宣布施政方针，受到与会代表的热烈支持。会议选举了 28 人的辽宁参议会筹备会。② 随着国民党军向东北地区进攻，辽宁省政府于 11 月下旬撤到本溪。省政府继续进行各级民主政权建设。1945 年 12 月 18 日，省政府公布辽宁行政区划通令，划定了辽宁行政区划，任命了各级政府负责人。1946 年 2 月，在本溪召开了辽宁省第二次各界人民代表大会，出席大会代表百余人。会议认为，全省民主政权建设取得很大的进展，全省 30 多个市县建立了政权，许多地方建立区村政权，建立了人民武装，恢复了社会秩序。

安东省政府，1945 年 11 月 3 日成立，高崇民为主席，刘澜波、吕其恩（后增任）为副主席。11 月 11 日，召开了安东省首次人民临时代表会议，到会人员 300 余人。与会代表一致拥护以高崇民、刘澜波为首的安东省民主政府。大会通电全国，反对内战，呼吁和平。安东省政府驻安东市，受东北局领导。1946 年 4 月 10 日，召开了安东省首届参议会，会议听取了政府工作报告，选举高崇民为安东省政府主席，刘澜波、吕其恩为副主席，选举陈先舟为安东省参议会议长，林一山、张益民为副议长。大会通过了安东省政府施政纲领和各级参议会组织条例、选举条例。1946 年 12 月 14 日，省政府迁出安东。在国民党军队的大举进攻下，全省大部分地区失陷。省政府转移到桓仁、通化一带坚持斗争。1947 年 6 月 10 日安东收复

---

① 辽宁省地方志编纂委员会办公室主编《辽宁省志·政府志》，辽海出版社，2005，第 159 页。
② 中共辽宁省委组织部、中共辽宁省委党史研究室、辽宁省档案馆编《中国共产党辽宁省组织史资料》，1995，第 173 页。

后，省政府又迁回安东市。1948年6月7日，刘澜波任主席。

安东省政府成立后，领导全省政权建立工作，依照中央和东北局对政治形势的判断，先后制定了一系列符合省情、反映人民意愿、保障人民权益的政策，主要有《安东省施政纲领》《安东省各级参议会选举条例》《区村政府组织暂行条例》《惩治战争罪犯条例》等；经济方面还有《安东省土地租佃暂行条例》《安东省处理侨民土地暂行办法》《安东省改善雇工待遇暂行办法》等①。这些条例和法规的制定，使全省各级政府有法可依、有章可循，对于统一全省政规政纪、提高政府威信起到了积极的作用。

1946年10月，国民党军占领安东大部分地区，安东各级政府战斗在敌后，打击敌人、安抚民心，向民众宣传共产党建立民主新中国的主张，从而激发了广大人民群众对敌斗争的决心。1947年6月，东北民主联军发动夏季攻势，收复了安东大部分地区，省政府迁回市内。安东省政府全力领导全省人民渡过难关，恢复生产，支援前线。

辽北省政府，1945年11月3日在四平成立。省政府主席阎宝航，先后任副主席的有：栗又文、朱其文、黄欧东、杨易辰。同年12月，省政府迁往梨树县。1946年4月，省政府迁到东丰县。辽北省政府辖4个专署、2个市和13个县政府。1946年5月18日，国民党军占领四平后，东北行政委员会决定将辽北省一部分干部迁至通化，与辽宁省部分机构和人员合并，组成新的辽宁省政府；另一部分与辽西行署合并，成立辽吉行政公署，管辖原辽北省未被国民党军占领的县（旗）。至此，辽北省建制暂时撤销。②

解放战争时期，为适应当时斗争形势的需要和便于实施行政领导，东北行政委员会除设置省政府外，在辽宁地区还设有4个行政公署，领导辖区内专署和市县工作，包括辽西行政公署、辽南行政公署、辽吉行政公署和旅大行政公署。在当时的历史条件下，行政公署是过渡性质的省级临时行政机构。1946年6月后，随着东北解放战争形势的发展变化，解放区行政机构不断调整，辽西、辽吉、辽南行政公署陆续裁撤，至1949年9月，辽宁地区仅剩一个行政公署——旅大行政公署。

在建立政权的同时，各级党组织也迅速成立并开展工作。1945年9月17日，

---

① 中共辽宁省委组织部、中共辽宁省委党史研究室、辽宁省档案馆编《中国共产党辽宁省组织史资料》，1995，第206页。

② 辽宁省地方志编纂委员会办公室主编《辽宁省志·政府志》，辽海出版社，2005，第159页。

第十四章 国共在东北的政治较量与辽宁解放

中共中央决定成立东北局。9月下旬,在东北局领导下,中共沈阳市委成立,书记孔原,副书记焦若愚。这是当时辽宁省境内最早成立的市委。1945年10月中旬,中共中央东北局决定在沈阳建立中共辽宁省工作委员会,陶铸任书记,白坚任副书记,隶属东北局。① 11月,辽宁省工委根据中共中央和东北局的指示,让出大城市,"迅速在东满北满西满建立巩固的东北根据地",分东西路撤出沈阳。一路由省工委书记陶铸带领撤至法库,于12月初成立了中共辽西省委员会,同时成立辽西行署和辽西军区;另一路由辽宁省工委副书记白坚带领部分干部撤至本溪,在此建立中共辽宁省分委,白坚任书记。沈阳市委撤出市区后,一部分在北郊坚持斗争,一部分在东南郊成立沈阳市委东南郊分委。②

中共辽宁省分委隶属东北局,主要领导辽东根据地建设工作。1946年1月,东北局决定建立中共辽东省委,由辽东省委兼辽宁省分委。1946年4月,随着本溪、安东等城市陷入敌手,东北局决定撤销中共辽宁省分委,所辖组织由辽东省委直接领导。辽宁省分委虽然存在时间不长(只有半年左右),但是能够做到坚决贯彻中央和东北局的指示,带领各级党组织做了大量行之有效的工作,发动群众,领导人民开展肃清土匪、敌伪残余和反奸清算、减租减息斗争,建立了各级民主政权。

为了开展敌后游击战,扩大解放区。1946年5月5日,东北局发出《关于成立辽宁省分委及干部配备的决定》,在通化地区重新成立中共辽宁省分委,白坚继续担任书记,刘汉生担任副书记,仍隶属辽东省委领导。

1946年5月19日,四平保卫战结束,东北战局发生较大变化,东北民主联军实施战略撤退,国民党军占领了辽西和辽东相当一部分城市。面对新的情况,东北局对省级党政机构进行适当的调整。东北局和西满分局,决定将原吉江行政区和嫩江省各一部分与辽西行政区合并,于1946年6月1日建立了中共辽西省委员会。随着国民党军占领辽南部分城市,为了加强党对辽南地区的领导,坚持敌后斗争,6月22日,辽东省委决定成立中共辽南省分委,同时成立辽南行政公署和辽南军区。7月,辽东省委又将大连市委改为中共旅大地方委员会。

10月19日,国民党军为了实现其"南攻北守、先南后北"的战略,打破东北

---

① 中共辽宁省委组织部、中共辽宁省委党史研究室、辽宁省档案馆编《中国共产党辽宁省组织史资料》,1995,第156页。

② 同上书,第144页。

战场的对峙局面，集中十万兵力，分三路向南满解放区大举进攻。在不到半个月中，南满解放区的辉南、盖平、岫岩等县落入敌手，安东岌岌可危，形势异常严峻。驻扎安东的军政机关相继转移至通化。为了坚持安东地区的对敌斗争，辽东省委于1946年11月重新建立中共安东省分委和安东军区。

1946年11月，东北局决定撤销辽东省委，建立中共中央辽东分局（亦称南满分局），将辽东省委下辖的辽宁、安东、辽南三个省分委均改称省委，由辽东分局领导。1947年1月，在临江成立了东北行政委员会辽东办事处，将由东北局领导的辽宁、安东省政府和辽宁行政公署改由辽东办事处领导。①

二、抵制国民党接收大连的斗争

国民党政府和苏联政府签订的《中苏友好同盟条约》规定，日本投降后，大连由苏联红军接管，大连市行政官员的主要人选需经苏联驻军同意，由国民政府委派。1945年10月初，中共中央东北局派韩光到大连，会见苏军大连警备司令部司令官高兹洛夫中将。苏联方面向他介绍了大连的情况，并且希望中国共产党方面尽快派人来大连成立市委和市政府，控制大连政权。

当时敌伪分子已经成立"大连地方治安维持会"，控制了一部分警察武装。1945年10月1日，国民党东北党务专员罗大愚派人到大连公开挂出"国民党大连市党部"的牌子，与维持会相勾结，企图控制大连；但是因为苏军还未撤离，国民党政府无力进入大连。

10月12日，韩光返回沈阳向东北局书记彭真等领导同志汇报大连的情况。彭真指示韩光等同志，"大连的形势很好，对我们非常有利，要抓住这个形势，要'抢形势'，'把大连市的党、政、警等领导机构的架子赶快搭起来，迅速开展工作'。"②彭真还特别指出："大连工人阶级力量强，有革命传统，要把工会建设搞

---

① 中共辽宁省委组织部、中共辽宁省委党史研究室、辽宁省档案馆编《中国共产党辽宁省组织史资料》，1995，第145页。

② 韩光：《大连解放初期公安工作琐记》，载辽宁省政协文史资料委员会编《辽宁文史资料选辑》第24辑《辽宁解放纪实》，辽宁人民出版社，1988，第224页。

好，把工业生产搞好，把党的建设、发展搞好。工作中一定要注意和苏联红军搞好关系，同他们合作好。"①

韩光与中共中央东北局派到大连工作的陈云涛、赵东斌等同志，坚决贯彻彭真和东北局关于"抢形势""搭架子"的指示，回到大连后首先把市委、市政府、市公安总局、市法院等领导机构建立起来。当时东北局对大连的工作方针是，充分利用苏军进驻大连对大连实行军事管制这一有利条件，放手开展工作，但在工作中要照顾苏方的外交政策。

1945年10月27日，大连的中国人公共团体代表会议在"大和旅馆"举行，协商成立大连市政府问题。国民党大连市党部和"治安维持会"等反动团体推选大商人迟子祥担任市长。迟子祥，原名振麟，山东蓬莱人。1903年渡海到大连在一家杂货店当店员，后来逐渐发迹。与大连"山东帮"工商界代表人物刘肇忆、刘仙洲来往密切。大连"本地帮"主要人物，大连商会正副会长张本政、邵慎亭也千方百计拉拢迟子祥，因此迟子祥代表大连大资产阶级的利益。苏军司令官高兹洛夫在会上发言："在苏联军管期间应由中国人出任大连市长……我认为迟子祥居连数十年，他曾担任大连山东同乡会会长，又是治安维持会的副会长，市面情况比较熟悉，适宜担任大连市长。"② 参会的代表一致同意了这一建议。同时，大连职工总会推选中共中央东北局派到大连工作的陈云涛以工会代表身份出任大连市副市长，提名也获得苏军方面和中国团体代表的认可。

大连市政府下设秘书处、财政局、社会局、建设局、教育局、卫生局。虽然代表资产阶级利益的迟子祥任市长，但是没有影响大连工人阶级掌握实际的领导权，没有影响人民民主政权的性质。东北局派往大连的干部赵东斌、张致远分别任公安局、教育局局长，秘书长等关键职务也由共产党员担任。

东北局抓住有利时机组建中共大连市工作委员会。大连市工委由5名委员组成，韩光任书记。11月初，正式改称中国共产党大连市委员会，又增加4名委员，隶属东北局领导。大连市委先后辖旅顺市委、大连县委、金县县委和市内沙河口四

---

① 刘功成、王彦静：《20世纪大连工人运动史》，辽宁人民出版社，2001，第470-471页。
② 黄本仁、王建华：《迟子祥》，载王胜利等主编《大连近百年史人物》，辽宁人民出版社，1999，第139页。

个区委。①

由于大连市处于苏军的军管之下,刚刚建立的市委为了便于同国民党作斗争,采取不公开挂牌、党组织不公开的斗争策略。党的许多活动,均通过在各政府机关和社会组织中任职的党员以其身份为掩护来完成。在苏军的配合下,大连市委有效地控制了大连市政府、大连市警察总局(后改称公安总局)、职工总会等要害部门。大连市委利用这些部门积极开展工作,"在没收敌伪财产、惩办罪大恶极的汉奸特务、取缔烟馆妓院赌场以及遣返日侨等工作中,发挥了积极作用,取得很大成绩。"② 特别是为了预防苏联允许蒋介石政权派员来接收大连市行政权,大连市委组建6000人的公安部队,有力地保障了大连的人民政权。

1945年11月4日,前中共满洲省委工运部长唐韵超(唐宏经)主持召开了大连市总工会筹备会临时代表大会,有200多个工会基层组织负责人参加,决定成立工人纠察队以防止敌人破坏。此后,大连工人运动日益高涨。11月7日,大连各界民众在市体育场举行纪念苏联十月革命节28周年大会,会后举行游行活动。"治安维持会"向工人公然挑衅,工人纠察队与其抗争,双方展开搏斗。工人纠察队队员于纪芝不幸中枪罹难。11月11日,大连职工总会召开于纪芝烈士追悼大会,大连各工厂2万余名工人参加。这是大连职工总会在中共大连市委领导下组织工人向反动势力宣战的大示威。参加追悼会的工人队伍气势磅礴,显示了不可战胜的强大力量,"治安维持会"从此销声匿迹,大连工人阶级成为人民民主政权的牢固基石。

1946年1月30日,大连临时参议会成立,这是当时大连最高权力机关。大连职工总会委员长唐韵超当选参议会议长。中共大连市委书记韩光当选为副议长。赵东斌、于会川等中国共产党党员分别当选市公安局局长和市法院院长。

3月4日,大连市参议会第二次会议召开,增选21名工人会员为议员,议会中共有工人代表31名。在各级政府部门中担任领导的工会干部大为增加。"工人担任市政府科长以上干部的6人,担任区长的5人,担任村长的10人,担任坊长的19人,担任闾长的169人。"③ 大连的政权已经牢牢掌握在工人阶级手里。

---

① 中共辽宁省委组织部、中共辽宁省委党史研究室、辽宁省档案馆编《中国共产党辽宁省组织史资料》,1995,第350页。

② 同上书,第351页。

③ 刘功成、王彦静:《20世纪大连工人运动史》,辽宁人民出版社,2001,第478页。

第十四章 国共在东北的政治较量与辽宁解放

大连市委在顺利完成大连政权建立的同时,与国民党展开了反接收斗争。国民党大连市党部因进行反苏反共宣传而被苏军取缔,罗大愚再次派人到大连建立地下武装,秘密开展反动宣传。在大连市委的领导下,大连市警察局进行了详细的侦察,一举摧毁了国民党的地下武装,逮捕国民党大连市党部骨干100多名,给予其沉重打击。① 但是敌人仍然不甘心失败,熊式辉派"临时防护团"等特务组织以及三个情报组作为接收旅大的内应,都被大连市公安局彻底挫败。②

国民党发动全面内战后,根据形势发展需要,1946年6月,大连市委改由中共辽东省委领导。7月,中共辽东省委决定大连市委改称旅大地委,韩光任书记,刘顺元、柳运光任副书记。③

11月26日,国民党军占领普兰店和貔子窝,推进到金县石河驿苏军关卡。蒋介石下令对大连进行海陆封锁,隔断大连与东北其他地区的联系,发动对大连的接收攻势,妄想迫使大连人民屈服。

此时,大连的形势非常严峻:一方面,市内敌特不时进行破坏;另一方面,严重的经济封锁导致粮食和原料供应紧张。在巨大的困难面前,旅大职工第一次代表大会根据中共旅大地委的部署提出"积极生产,克服困难"的战斗口号。大连各级工会动员工人及家属开展大生产运动及副业生产。大连市内一切可以开垦的土地都种上粮食,甚至人行道和运动场也变成粮田和菜地。1947年,大连市内共开垦耕地10600余亩,生产蔬菜250万斤、粮食150多万斤。④ 大连工会和政府部门还组织了100多个运粮队冒险北上或者通过海路南下购粮,从1946年10月至1947年2月,工会组织运粮队突破国民党军事封锁运进粮食4.2万余吨。采购人员和海员冒着生命危险,运输粮食和生产所需的原料,先后有90余艘船只被国民党击沉抢夺,690余人遇难。⑤

---

① 徐文才、王占德主编《中国共产党在辽宁(民主革命时期)》上,辽宁人民出版社,1991,第258页。

② 同上。

③ 中共辽宁省委组织部、中共辽宁省委党史研究室、辽宁省档案馆编《中国共产党辽宁省组织史资料》,1995,第351页。

④ 刘功成、王彦静:《20世纪大连工人运动史》,辽宁人民出版社,2001,第495页。

⑤ 同上。

经过一年多的艰苦奋斗,通过大生产运动,大连的粮价大幅下降,民生得到了保证,大连人民在旅大地委的领导下粉碎了国民党的经济封锁。在发展生产的同时,旅大地委带领全市人民积极开展支前工作,为人民军队提供大批兵员,为前线输送了大量炮弹、医药、医用器械、棉纱、布匹等物资。旅大地委还以用苏军军官的有力条件,掩护了从华东地区北上的干部和从辽东前线撤下来的部队,使他们在旅大地区得到休整和补充,为东北和全国解放保存了大批有生力量,使旅大地区成为支援东北和全国解放战争的特殊后方基地。

三、确立建立巩固东北根据地的发展方针

根据中苏条约,苏军将在三个月后将东北大城市控制权转交给国民政府。1945年11月,国民党军占领山海关至锦州一线,准备向三大城市及长春铁路干线前进。中央和东北局决定,党政军机关撤出大城市,到距大城市较远的地区开辟根据地。

陈云是最早意识到情况变化的东北局领导。他主持起草以他和高岗、张闻天的名义给中共东北局并转中央的电报中,提出了东北工作的新建议。他认为,"我们必须承认,首先独占三大城市及长春铁路干线以独占满洲,这种可能性现在是没有的。"① 既然无法在大城市站稳脚跟,那么党在东北工作中心应该转向农村和中小城市,"当前在满洲工作的基本方针,应该不是把我们的全部注意力集中于这三个城市,而是集中必要的武装,在锦州、沈阳前线给国民党部队以可能的打击,争取时间。同时,将其他武装力量及干部,有计划地主动地和迅速地分散到北满、东满、西满,包括广大乡村中小城市及铁路支线的战略地区,以扫荡反动武装和土匪,肃清汉奸力量,放手发动群众,扩大部队,改造政权,以建立三大城市外围及长春铁路干线两旁的广大的巩固根据地。我们必须经过战争及根据地之建立,以达到包围歼灭大城市之敌及钳击长春铁路干线,使我们能够在同国民党的长期斗争中,取得

---

① 《对满洲工作的几点意见》,载中共中央文献编辑委员会编《陈云文选》,人民出版社,1983,第222页。

全局的优势。"① 中共中央同意陈云提出的工作方针和战略部署,并给予指示:"要从东北的大城市撤出,'让开大路,占领两厢'。并且指出:我们在东北要取得斗争的胜利,主要决定于东北人民的支持和我党我军与东北人民的密切联系,要好好进行发动群众建立根据地的工作,帮助群众反对汉奸、特务,开展减租运动;只要我们能争取到广大农村及许多中小城市,紧靠人民,我们就能取得胜利。"② 根据中央和东北局的指示,1945年12月1日,安东省工委发出《关于目前开展群众运动的指示》,指出:"目前的中心工作,应明确规定,以放手发动群众,大胆与普遍领导群众起来斗争,大量组织群众,其他如改造伪政权、扩军、搜集敌伪物资等工作都应有机地配合这一工作。只有群众发动起来了,我们才真正有了力量。有了干部,才能更迅速地扩大武装,搜集更多的物资,彻底摧毁伪组织,肃清一切反动分子、警察、土匪、特务分子,才能更进一步扩大民主、巩固政权,这样我们才能真正有了一切。"③

12月28日,毛泽东代表中共中央在起草给东北局的指示中明确指出:"建立根据地的地区,是距离国民党占领中心较远的城市和广大乡村。目前,应当确定这种地区,以便部署力量,引导全党向此目标前进。"④ 该指示还指出了发动群众对于党在东北开展工作的重要性,"如果我们不从发动群众斗争,替群众解决问题,一切依靠群众这一点出发,并动员一切力量从事细心的群众工作,在一年之内,特别是在最近几个月的紧急时机内,打下初步的可能的基础,那么我们在东北就将陷于孤立,不能建立巩固根据地,不能战胜国民党的进攻,而有遭遇极大困难甚至失败的可能;反之,如果我们紧紧依靠群众,我们就将战胜一切困难,一步一步地达到

---

① 《对满洲工作的几点意见》,载中共中央文献编辑委员会编《陈云文选》,人民出版社,1983,第222页。
② 江华:《建立巩固的辽东根据地》,载中共中央党史资料征集委员会、中国人民解放军辽沈战役纪念馆建馆委员会、《辽沈决战》编审小组合编《辽沈决战》下册,人民出版社,1988,第146页。
③ 同上。
④ 毛泽东:《建立巩固的东北根据地》,载中共中央党史资料征集委员会、中国人民解放军辽沈战役纪念馆建馆委员会、《辽沈决战》编审小组合编《辽沈决战》上册,人民出版社,1988,第26页。

自己的目的。"①

在接到中央的指示后,东北局的主要领导进行了深入的讨论,认真思考党在东北的发展战略。1946年2月25日,北满分局负责人陈云在给东北局的电报中再次强调:"现有主力已无独占东北可能,下决心放弃独占东北的打算,应立即执行中央创造根据地的指示,除将适当数量的主力以迟阻蒋顽北进为目的进行作战外,将必需数量的主力及干部分散到东西北满带领新部队,肃清反动势力,创造根据地。如再犹豫,将既不能独占东北,又无依靠的根据地"。② 在陈云的领导下,北满分局整顿部队、反奸清算、进剿土匪、建立政权,积极发展党组织,开始建立巩固的北满根据地。

1946年3月6—8日,东北局部分委员和部分党政军主要领导干部在抚顺召开会议,着重讨论东北形势、和战问题、城市与乡村问题、是否应准备长期作战和作战指导方针等重要问题。据参加会议的陈沂回忆,"三月六日至八日,东北局抚顺会议讨论了东北形势和作战指导方针以及创建根据地的问题。总的说,会议对毛主席《建立巩固的东北根据地》的指示,当时尚无统一的认识和决定;在行动上,有些方面作(做)得好一点,有的则作(做)得差一点,还没有真正开展发动群众的运动。有的地方思想上还没有解决或没有完全解决问题,有的地方甚至还没有见到毛主席的十二月指示,传达和贯彻就更谈不到。"③ 这反映了当时东北局领导内部在一些重大问题上认识并不统一,由于国共和谈进程和政治协商会议的举行,中共中央还没有下决定同国民党决裂。对此,韩先楚回忆道:"由于处于认识过程中,又受到当时与国民党和平谈判这一政治局势的影响,从(1945年)九月下旬起,中共中央虽多次指示东北局'让开大路,占领两厢',大力建立东北根据地,但中间曾多次发生过摇摆和变动,以至在东北局领导层和广大干部中间,对和战问题,

---

① 毛泽东:《建立巩固的东北根据地》,载中共中央党史资料征集委员会、中国人民解放军辽沈战役纪念馆建馆委员会、《辽沈决战》编审小组合编《辽沈决战》上册,人民出版社,1988,第26页。

② 《东北解放战争大事记》,载中共中央党史资料征集委员会、中国人民解放军辽沈战役纪念馆建馆委员会、《辽沈决战》编审小组合编《辽沈决战》下册,人民出版社,1988,第605页。

③ 陈沂:《四平保卫战》,载中共中央党史资料征集委员会、中国人民解放军辽沈战役纪念馆建馆委员会、《辽沈决战》编审小组合编《辽沈决战》上册,人民出版社,1988,第220页。

根据地建设和城乡关系以及作战方针问题,都产生了一定的分歧和混乱。"①

当时到东北工作的一些干部只愿意到大城市工作,不愿意到农村去做发动群众、建立根据地的艰苦工作。1946年4月19日,彭真在为东北局起草的《切不要忽视根据地的建设》指示中,严厉批评了这种倾向,他指出:"现在各机关的工作中心是发动群众,群众不发动起来一切都谈不到,机关再健全也不用。切不要把人员堆积到机关中,机关工作待群众充分发动起来后再健全也不迟。对于斤斤计较工作地位高低,贪图享乐,不愿深入到下层群众中去生根的少数干部,应给予严厉的批评和纠正,应切实肃清党内没落阶级的或个人主义的堕落倾向。"②

虽然东北局开始认识到迅速建立根据地、开展群众运动的重要性,但是抚顺会议并没有形成决议。1946年3月,随着蒋介石破坏政协决议,决定趁苏军撤退的机会增兵东北。毛泽东指示东北局,好好打几仗,杀下蒋介石的气焰,巩固我党我军在东北的地位。国共双方在在本溪、四平进行了激烈的战斗,特别是四平保卫战是东北战场规模空前的大战,东北民主联军虽然毙伤敌人万余人,但自身也元气大伤,被迫放弃四平、长春撤往北满,此时东北民主联军进入最为艰苦的时期。事实证明,固守大城市,同国民党美制武器装备的机械化部队打防御战是我军的劣势。黄克诚在给中共中央的报告中坦诚建议:"在目前情况下,我们的作战方针不能死守城市。……应以消灭敌人为主,应避免被动的守城战,争取主动的歼敌战。而目前争取一个时间来整理部队,恢复疲劳,提高士气,肃清土匪,发动乡村群众最有利。待敌分散后作战,即失掉一些城市,这样做亦较稳妥。"③ 黄克诚的报告真实地反映了当时东北民主联军所遇到的困难,并提出了应当采取的战略方针。

鉴于东北战场的严峻形势,同时东北局领导层内部的意见不统一,难以形成强有力的核心,为摆脱困境,中共中央决定调整东北局领导班子。1946年6月16日,中共中央向东北局下达指示:"目前东北形势严重,为了统一领导,决定以林彪为东北局书记、东北民主联军总司令兼政治委员;以彭真、罗荣桓、高岗、陈云四同

---

① 韩先楚:《东北战场与辽沈战役》,载中共中央党史资料征集委员会、中国人民解放军辽沈战役纪念馆建馆委员会、《辽沈决战》编审小组合编《辽沈决战》上册,人民出版社,1988,第84页。
② 彭真:《切不要忽视根据地的建设》,载中共中央党史资料征集委员会、中国人民解放军辽沈战役纪念馆建馆委员会、《辽沈决战》编审小组合编《辽沈决战》上册,人民出版社,1988,第42页。
③ 刘统:《东北解放战争纪实(1945-1948)》,人民出版社,2004,第197页。

志为东北局副书记兼副政委。并以林、彭、罗、高、陈五人组织东北局常委。"① 林彪接到指示后,从五常赶到哈尔滨开始全面主持东北局工作。

1946年7月初,在哈尔滨举行了东北局扩大会议,中共中央委员林彪、彭真、罗荣桓、陈云、高岗、李富春、李立三、张闻天、蔡畅、林枫,候补中央委员黄克诚、王首道、谭政、陈郁、萧劲光、吕正操、古大存等人参加了会议。会上,大家对前一段的工作进行了总结,纠正了在重大问题上模糊不清的认识。在统一认识的基础上,东北局委托陈云起草了《关于东北形势及任务决议》。7月5日完成初稿后,林彪一面组织东北局进行广泛的讨论,一面将决议草案报送中共中央。毛泽东在仔细研究这个决议后,亲自进行了修改,于7月11日复电林彪。东北局7月7日通过了决议后,根据毛泽东的意见进行了修改,于7月下旬向东北各级党组织和政府进行了传达,这就是著名的《七七决议》。

《七七决议》根据中央对东北工作的指示精神,分析国内外和东北的形势,总结了一年来创建根据地和阻击国民党军进攻的经验教训,统一了对敌强我弱形势、和与战、城市与乡村以及作战方针等问题的认识。《七七决议》明确了东北局的工作中心,"无论目前或今后一个时期内,创造根据地是我们工作的第一位"。② 同时指出:"我们所要创造的根据地,是包括中小城市和次要铁路在内的,但必须认识,创造根据地的主要内容是发动农民群众"。③ 这表明东北局工作方针的重大转变。《七七决议》的通过和发表,是东北解放战争的重要转折。韩先楚在《东北战场与辽沈战役》一文中强调:"(东北局)7月7日会议通过了委托陈云起草的《东北形势与任务》的决议(简称《七七决议》)。这一决议经中央修改后批准,成为我党领导东北人民建立巩固的根据地和夺取东北解放战争胜利的纲领性文件。这是一篇马克思主义的重要文献,它标志着东北的工作方针和作战指导方针,已然沿着中央

---

① 《东北解放战争大事记》,载中共中央党史资料征集委员会、中国人民解放军辽沈战役纪念馆建馆委员会、《辽沈决战》编审小组合编《辽沈决战》下册,人民出版社,1988,第613页。

② 《关于形势和任务的决议》,载中共中央党史资料征集委员会、中国人民解放军辽沈战役纪念馆建馆委员会、《辽沈决战》编审小组合编《辽沈决战》上册,人民出版社,1988,第46页。

③ 同上。

指示的道路走上正轨。"①

随着《七七决议》传达和贯彻，建立巩固根据地的方针得到全面确立。东北全党全军1.2万名干部走出城市深入农村，发动群众；野战军抽调三分之一的兵力进行剿匪，创建根据地。东北解放区出现一派新气象。

四、打击反动势力，开展反奸清算

抗战胜利后，东北各地匪患日益严重。这些土匪很多是敌伪残余（如旧警察宪兵、伪官吏），为了升官发财，乘东北治安混乱之际结伙为匪。特别是国民党反动派为了达到控制东北、阻挠人民军队进军的野心，大量收编敌伪残余、土匪流氓，利用投机分子组织所谓"地下军""先遣军""光复军""保安队"等。据统计，国民党反动派在东北组织的匪伪系统有16个之多，37种名目，先后加委伪军、土匪"总司令"和"总指挥"32个，"军长"33名，"师长"158个。至1945年12月，东北全境土匪总数10万人左右。②当国民党军进攻东北时，这些伪军土匪配合正面之敌，在我军后方进行暴动和叛乱，争城夺地，杀害干部，造成遍地匪患的局面。因此，清剿土匪，肃清敌伪残余，成为发动群众建设根据地、巩固民主政权的重要任务。

在东北局领导下依靠广大群众的支持，大力地进行了剿匪斗争。据东北民主联军总部不完全统计，截至1946年3月底，在东北全区内共进行较大的剿匪战斗212次，毙伤俘土匪共达78495人，缴获长枪25500支、短枪911支、轻重高射机枪565挺、马3056匹，恢复被土匪盘踞的城镇118座，南满、西满的大股土匪基本被消灭。③

从1945年9月开始，反奸清算斗争从本溪、抚顺、辽阳、鞍山、安东、大连等城市展开。12月，运动从大城市深入到中小城市和农村。中共安东工委在《关

---

① 韩先楚：《东北战场与辽沈战役》，载中共中央党史资料征集委员会、中国人民解放军辽沈战役纪念馆建馆委员会、《辽沈决战》编审小组合编《辽沈决战》上册，人民出版社，1988，第91页。

② 朱建华主编《东北解放区财政经济史稿》，黑龙江人民出版社，1986，第12页。

③ 军事科学院军事历史研究部编《中国人民解放军全国解放战争史》第1卷，军事科学出版社，1993，第367页。

于目前开展群众运动的指示》中指出:"当前的斗争任务和斗争对象,应是以反奸、清算、减租、增资为中心,反对日寇、汉奸、特务、走狗、卖国贼的残余势力。从斗争中建立与组织各级工会、农会。"①

在城市工矿企业,反奸清算主要是放手发动群众,向恶霸、汉奸以及大配给店的经理进行清算斗争。在农村,反奸清算则是发动农民向恶霸地主、汉奸进行斗争。辽阳对伪满大臣、臭名昭著的汉奸袁金铠等551人进行审判。海城镇压了伪县长刘连瑞等56人。庄河镇压了伪县长关德权、副县长长岛赖一等20多名汉奸。在辽中县,镇压了大汉奸、大恶霸刘大蹶。安东地区镇压了伪安东省省长曹承宗和次长渡边兰治。北镇县镇压了伪满沟帮子街汉奸鲁化民。广宁镇压了伪检察官王文荣。锦州镇压了伪警察局副局长孙华封。鞍山镇压了罪大恶极的汉奸刘豪武、日本宪兵特务、恶霸李香九、恶霸李宗忱。海城地区处决日伪汉奸22名、土豪恶霸36名。本溪市处决了伪本溪警察局特务股长石田、刑事股长岩崎等。抚顺县清算了汉奸大地主王玉琪、伪警察署长庄宏业、把头王运升等。据不完全统计,截至1946年3月,仅在安东地区就进行了反奸清算斗争1040余次,参加斗争者93万余人,审判和处决战犯、汉奸、特务72人。② 反奸清算斗争狠狠打击了敌伪残余势力,有力地镇压了国民党地下组织的反革命活动,推动了扩军、生产、支前等各项工作。群众的政治觉悟大大提高,斗争积极性大大高涨,党和政府在人民群众中赢得了巨大的威望,为建立巩固的东北根据地奠定了良好的基础。

五、发动人民群众进行土地改革

1945年9月,东北局召开第一次工作会议,明确提出在农村开展减租减息和锄奸反霸斗争任务。12月20日,毛泽东在代中央起草的指示《建立巩固的东北根据地》中指出:"群众工作的内容,是发动人民进行清算汉奸的斗争,是减租和增加

---

① 中共辽宁省委党史研究室编《中共辽宁党史大事记(1919-1949)》,中共党史出版社,1991,第155页。

② 江华:《建立巩固的辽东根据地》,载中共中央党史资料征集委员会、中国人民解放军辽沈战役纪念馆建馆委员会、《辽沈决战》编审小组合编《辽沈决战》下册,人民出版社,1988,第148页。

工资运动,是生产运动"。中央的指示发出后,辽宁各地抽调部队和工作队深入农村开展工作。

为了适应农民要求和进一步发动群众,恢复和发展农业生产,1946年1月1日,辽西省和西满分局召开了辽吉地区全区干部扩大会议,传达中央指示精神,决定在反奸清算运动基础上,结合春耕生产,深入发动农民进行减租减息斗争。辽宁地区各级民主政府相继通过了减租减息议案。辽西行署颁布了《辽西区租佃暂行条例》,新宾县制定了《暂行土地租佃条例》,本溪县制定了《二五减租办法》,安东省工委发出了《关于减租减息增加工资及合理解决土地纠纷问题的指示》。

中共辽东三地委成立后,组成了"二五"减租减息工作团,指导所辖抚顺、本溪、新宾、清原等县先后开展了反奸清算、减租减息的斗争。至1946年4月初,辽东大部分农村实行"二五"减租,很多地方还将开拓地、满拓地以及大汉奸的土地分给农民。

这一时期,由于各级党委、政府认真贯彻党中央和东北局制定的方针,使减租减息和分配日伪土地的斗争顺利开展,沉重地打击了地主、恶霸和敌伪残余,极大地提高了农民的政治地位和经济地位。但是,由于我党我军初来乍到,面对的土地斗争极其复杂,敌伪势力和国民党特务活动十分猖獗,农民普遍有怀疑、畏惧的心理,还没有将群众彻底发动起来,土地改革斗争没有全面展开。

1946年5月4日,中共中央发布《关于土地问题的指示》(以下简称《五四指示》),"决定将抗日战争以来实行的减租减息政策,改变为实现'耕者有其田'的政策。"① 《五四指示》的基本内容是:要坚决地支持和引导广大农民群众,采取各种适当方法,使地主阶级剥削农民而占有的土地转移到农民手中,用一切方法吸引中农参加运动,决不可侵犯中农土地;一般不变动富农土地,对富农和地主有所区别;不可将农村中反对封建地主阶级的办法,运用于城市中反对工商业资产阶级的斗争。② 《五四指示》是抗战胜利后我党土地政策的一次重要转变。

6月25日,中共东北局作出关于组织工作团动员干部下乡发动群众,创建根据地的决定,要求所有同志都要认识到这场斗争的长期性、残酷性,要在全体党政军民干部中造成下乡热潮。在东北局和各省委领导下,1.2万名干部下乡掀起高潮。

---

① 中共中央党史研究室:《中国共产党历史》第1卷(1921-1949)下册,中共党史出版社,2011,第707页。

② 同上。

安东省派出了 5000 余名干部下乡。各地减租减息、清算分地斗争相继展开。辽宁省的新宾、清源、辽源、抚顺、本溪、沈阳郊区等地的土改运动发展迅速。9 月，通化、临江、辑安、柳河、金川、长白、抚松、靖宇、东丰、西安、庄河、盖平、岫岩、复县等地均开始了土改。至 9 月底，安东、辽宁两省不完全统计，共分地 370 万亩，无地、少地的贫雇农人均 1~4 亩。① 在斗争中发展群众组织，全省大部分村屯组织了农会。

1946 年 5—11 月，辽宁各解放区以清算分地为中心的土改运动取得了很大成绩。无地或少地的广大贫苦农民分得了土地、房屋、牲畜、农具和其他物资。翻身农民衷心拥戴中国共产党，扩大了党在群众中的威望，提高了群众的阶级觉悟和斗争意识，培养了大批积极分子，发展了党员，建立了基层党组织，使辽宁土改运动局面焕然一新。

土改运动过程中，依然存在"夹生"问题，辽北、辽东和辽南地区不少地主的经济实力依然强大。针对这种情况，1947 年 6 月 25 日，东北局发出《关于继续完成土地改革深入群众运动》的指示，分析了土改运动以来取得的成绩和存在的不足，"提出深入土改运动，解决夹生，由分配土地进行到'斗财宝、挖干货、追浮物'的斗争"②。至 1947 年 5—6 月，乡村中基本上摧毁了敌伪残余封建势力，农村中群众优势已经建立起来。广大农民从经济上、政治上彻底翻身，东北解放区的面貌发生了根本转变。

---

① 张德良：《辽宁解放综述》，载辽宁省政协文史资料委员会编《辽宁文史资料》第 24 辑《辽宁解放纪实》，辽宁人民出版社，1988，第 368 页。

② 中共辽宁省委党史研究室编《中共辽宁党史大事记（1919-1949）》，中共党史出版社，1991，第 215 页。

第四节
国民党东北政权建立及其反动统治

一、国民党各派系在东北人事安排上的争斗

抗战胜利后，派员接收东北提上了日程，并成为国民党内的焦点。国民党内部派系林立，派系之间争权夺利、相互倾轧。作为权力真空地带的东三省，成为各派系抢夺的目标。接收东北之后的行政区划，从原来的"东三省"划定为"九省二市"，官位越多，就越引发各派的争夺。

东北籍官员，特别是出身于东北军集团的将领一心想洗刷"丢失东北"的骂名，"打回老家去"是东北军上下的夙愿。正如何柱国所说："我们东北军的夙愿是收复东北，回到老家。"① 蒋介石为了利用东北军的影响力，在国民党接收东北的相关机构里网罗了大批原东北军军政人员。此时，释放被幽禁的张学良，让其主政东北的呼声很高；但是蒋介石不敢放虎归山，于是选择在东北军内部享有声望的何柱国出任东北行营参谋长，希望他能够与苏军洽谈撤军及筹划东北接收事宜。1945年8月30日，蒋介石宣布成立以熊式辉为主任的东北行营。9月1日，国民党发表熊式辉为东北行营主任的任命，何柱国任东北行营参谋长。

何柱国将担任东北行营参谋长这一重要职务，引起了国民党内诸派系的不满。

---

① 何柱国：《我的双眼是怎么失明的》，载全国政协文史资料委员会编《文史资料存稿选编》第19册《军政人物》上，中国文史出版社，2002，第823页。

陈诚就认为,何柱国是第二个张学良。① 10月9日,在参加为东北外交特派员蒋经国举行的晚宴后,何柱国突然双目失明,无奈之下赴美就医才得知自己竟然是中毒。② 这一突发事件发生在何柱国即将赴任东北之际,显然他成了国民党内部派系斗争的牺牲品。

其他东北籍官员也被熊式辉边缘化。1945年8月,吉林籍的董彦平担任东北行营中将副参谋长;但是熊式辉并不给予他信任,无奈之下董彦平只能装病辞职。其余原东北军代表人物莫德惠、朱霁青、万福麟、马占山、邹作华、冯庸、张作相、王树翰等人都只担任有名无实的政治委员会委员职务。③ 莫德惠在"中东路"事件结束后曾任中东铁路理事长,本来是接收中东路的最合适人选,但最终由行营经济委员会主任委员张嘉璈出任理事长,政学系彻底控制了东北接收的政治财经大权。

在蒋介石发布熊式辉为东北行营主任的任命后,又将东北三省划为"九省二市",分别为辽宁、辽北、安东、吉林、松江、合江、黑龙江、嫩江、兴安九省,以及哈尔滨、大连两市。沈阳于1947年6月升为直辖市。将东北三省划为九省,从而方便国民党各派系的大员安排门生故吏和身边亲信。杜聿明在文章中这样说道:"东北是土地肥沃、物产丰富、工业建设又比较内地发达的一个区域,许多喽啰都想在苏联军队击退日寇侵略者之后,分到一碗现成饭。于是僧多粥少,争食者众,各方奔走活动几乎无法应付。"④

国民党各派系进行政治分肥,东北九省的每一位主席都有着深厚的政治背景。辽宁省主席徐箴,原与陈果夫接近,后又和张群有关系。辽北省主席刘翰东,是陈诚在保定军官学校时的同期同学。安东省主席高惜冰,依附过盛世才,与CC派及政学系都有一定的渊源。吉林省主席郑道儒,是国民政府秘书长吴鼎昌任贵州省主席时的亲信。松江省主席关吉玉,与孔祥熙交好,在四川担任财政厅长,又取得了张群的好感。合江省主席吴翰涛,原任张学良秘书,后经于右任提名得任监察委

---

① 何柱国:《我的双眼是怎么失明的》,载全国政协文史资料委员会编《文史资料存稿选编》第19册《军政人物》上,中国文史出版社,2002,第823页。

② 同上书,第824页。

③ 张潜华:《政学系在东北接收问题上的如意算盘》,载全国政协文史和学习委员会编《文史资料选辑》第14卷第42辑,文史资料出版社,2011,第478页。

④ 杜聿明:《蒋介石破坏和平进攻东北始末》,载全国政协文史和学习委员会编《文史资料选辑》第14卷第42辑,中国文史出版社,2011,第362页。

员。黑龙江省主席韩俊杰，也是监察委员，曾长期追随于右任。嫩江省主席彭济群，水利专家出身，由于和国民党元老李石曾的关系，进入国民政府任职。兴安省主席吴焕章，在1930年吴铁城到东北作蒋介石的说客时就投入吴的门下，为吴通风报信，进行情报工作，因而长期担任立法委员。哈尔滨市长杨绰庵、大连市长沈怡，都是与熊式辉、张群有关系的人，可视为政学系的中层分子。长春市长赵君迈，是赵恒惕的弟弟，与蒋经国有勾结。

东北九省主席人选公布后，无论吴铁城还是张群都收到不少请托信件，陈果夫、陈立夫、陈诚、朱家骅、谷正纲都提出了需要安排到东北各省的人员。熊式辉将各方推荐名单集中起来，请吴铁城由中央党部人事处连夜赶制一个总名单，最终基本上敲定了赴东北接收的行政人员名单。从东北九省的人事任命可见国民党内派系之复杂，斗争之激烈，各派系只顾谋取私利而丝毫不考虑国家的前途命运。

二、国统区的政治统治危机

1946年全面内战爆发后，辽宁大部分地区沦为国民党统治地区。国民党不顾全国民众希望和平的意愿，悍然发动内战，导致辽宁各地民众陷入战乱之中。在接收过程中，国民党要员贪腐成风、中饱私囊，国统区的生产始终陷入停滞状态，财政金融改革失败导致物价上涨、通货膨胀，加之军事上不断失败，国民党的统治已经摇摇欲坠，政治危机空前加剧。

国民党进入东北后，从1945年11月开始以国民政府经济部东北区特派员办公处和东北行营经济组的名义接收了日伪的工矿、电业、商业及研究机构。由于国共双方在东北的对峙局面，国民党接收的厂矿主要集中于辽宁省锦州、锦西、沈阳、抚顺、鞍山、本溪、辽阳、营口等地区，辽北省四平地区，吉林省长春、永吉等地区。到1946年10月，国民党军侵占安东、通化后，东北工矿业的70%~80%落入国民党官僚资本手中，其中重工业140余处，约占东北全部重工业的80%。[①] 国民

---

① 魏福祥：《解放前辽宁工商业发展概述》，载辽宁省政协文史资料委员会、中国民主建国会辽宁省委员会、辽宁省工商业联合会编《辽宁文史资料》第26辑，辽宁人民出版社，1989，第22页。

党东北行政当局将接收的企业分配给四大工业系统接管：(1) 资源委员会系统接管28个单位、391个工矿；(2) 资源委员会东北电力局系统接管了9个单位；(3) 生产管理局系统接管了1307家工厂；(4) 中纺公司系统接管了9个较大的纺织企业。①

东北经济在苏军驻军期间遭到严重破坏。苏军拆走了成套的生产设备，运走了大量工业原料。据国民政府估计，仅在鞍山，苏军拆走的设备就价值1.66亿余美元，损失生产能力70%②。而这些所谓"接收大员们"不仅没有积极恢复生产，反而利用这一机会把苏军拆运后剩余的机器拆毁卖掉，大发国难财，"例如营口一轻铁工厂，除苏联拆走一部外，余者被国民党以40亿元代价卖给了上海资本家。"③在本溪，设备除了被苏军拆走的之外，"遗留的本溪工厂设备，尽遭国民党变卖"④。

由于国民党的腐败无能，导致国统区的工业生产未能得到恢复，始终处于低谷。鞍山钢铁公司1946年底制定了年产20万吨钢的修复计划。1947年该计划减半。在解放军发起夏季攻势后，国统区煤电两缺，交通阻断，鞍钢复产计划流产。1948年2月鞍山解放时，鞍钢实际上已经完全停产。本溪、抚顺的钢厂也基本上丧失生产能力。其他诸如有色金属工业、煤炭工业、电力工业、化工工业、机械工业、纺织工业几乎都陷入停工状态。"由于各主要厂矿企业遭到严重破坏，加上原料、电力缺乏，开工率一般不到5%，有的停业倒闭，有的则毁为兵营，结果造成大批工人失业。"⑤

东北国统区工业生产严重萎缩和下降，导致产业工人大量失业，失去生活来源。而雪上加霜的是，国民党当局金融政策的失败引发了更为严重的后果，"国统

---

① 朱诚如主编《辽宁通史》第5卷，辽宁民族出版社，2010，第409页。
② 东北工业部：《鞍山的钢铁工业》，载东北解放区财政经济史编写组《东北解放区财政经济史资料选编》第2辑，黑龙江人民出版社，1987，第92页。
③ 魏福祥：《解放前辽宁工商业发展概述》，载辽宁省政协文史资料委员会等编《辽宁文史资料》第26辑，辽宁人民出版社，1989，第22页。
④ 东北工业部计划处：《本溪煤铁公司概况》，载东北解放区财政经济史编写组《东北解放区财政经济史资料选编》第2辑，黑龙江人民出版社，1987，第99页。
⑤ 同③书，第23页。

区的职工生活也因财政金融危机而日益恶化,在残酷剥削下过着极为悲惨的生活"①。1945年12月21日,国民政府中央银行开始发行东北九省流通券(简称九省券),仅限在东北流通,不能汇兑,不能进关。1948年3月开始,又准许法币出关,比价为1∶10。从发行九省券到1948年5月为止,国民政府透露,发行数额达到1万万亿元。②国民党当局毫无节制地滥发货币,是对东北人民的巧取豪夺,由此引发了恶性通货膨胀,物价飞涨、经济崩溃。1947年12月20日,沈阳物价达到"大米每担高达蒋币350万元,高出上海两倍以上,面粉140万元一袋,高粱米每斤也要2万元"。③1948年10月5日,抚顺的物价与1945年8月相比上涨5万倍。④在这种恶性通货膨胀之下,普通工人微薄的薪水很难养家糊口,"抚顺粮价逐日上升,职工等每月收入菲薄,不能温饱,每日三餐只减为一餐,以至豆腐渣豆饼高粱米混合而为粥。虽少数同仁稍有积蓄亦皆典当一空。全家老幼嗷嗷待哺,可怜之甚不可言状。"⑤

面对空前严峻的财政金融危机,国民党当局于1948年8月9日颁布《财政经济紧急处分令》,实行所谓"币制改革",发行金圆券以代替九省券和法币,规定按照法币1∶300万、东北流通券1∶30万的比价进行兑换。截至国民党东北政权覆灭,"在东北,大约发行了金圆券2亿5千2百万元。"⑥"币制改革"未能挽救国统区经济,金圆券巨额超发很快导致更为严重的通货膨胀,发行所谓"新货币"最终成为国民党当局掠夺人民财富的手段。金融改革彻底失败表明,国民党政权彻底崩溃已为时不远。

---

① 东北工业部:《八一五至东北全部解放时期东北国营工业概况》,载东北解放区财政经济史编写组《东北解放区财政经济史资料选编》第2辑,黑龙江人民出版社,1987,第174页。
② 朱建华主编《东北解放区财政经济史稿》,黑龙江人民出版社,1986,第512页。
③ 《东北日报》,1943年1月6日。
④ 傅波、曹德全主编《抚顺编年史》,辽宁民族出版社,2004,第535页。
⑤ 同上书,第531页。
⑥ 同②。

三、辽宁人民反抗国民党统治的斗争

国民党不顾民意的内战政策，接收过程中的贪污腐败，独裁政府的治理失败，使其迅速丧失了抗战胜利后所获得的政治资源。身处国统区的辽宁人民，为了生存掀起了反抗国民党黑暗统治的斗争。东北局和辽宁地区各省委指示辽宁国统区各城市工委及其所属的地下党组织，紧密配合前线的军事斗争，深入发动和领导国统区人民开展"反饥饿""反内战"运动。

1948年初，国民党反动派面对东北岌岌可危的局势，强迫在沈阳的东北大学等大专院校及中山中学等中学迁往北平，并强令将图书资料、仪器设备运往国统区。广大学生掀起了"反迁校"斗争。为加强对学生运动的领导，沈阳市工委成立了地下学联，发动全市各大中学校的学生和教师，开展大规模的反迁校运动。沈阳市工委决定，对于迁校一要反对，二要派人同往。沈阳市内反迁校的重点是东北大学、沈阳医学院、中山中学等。经过反迁校斗争，全市4万多学生中，只有5000多人去了北平。①

被迫迁往北平的学生因为衣食无着，学校无法上课，生活困苦。此时，北平参议会通过决议，要求将东北学校一律停办，将学生交给傅作义予以严格训练，编入军队。1948年7月5日，愤怒的东北学生4000余人高喊"反饥饿、反迫害、反对参议会"的口号到北平参议会示威游行，要求质问参议会会长许惠东及副总统李宗仁，结果遭到国民党反动军队开枪镇压，造成学生死伤百余人。这就是震惊全国的"七五"惨案。

消息传来，沈阳的青年学生在中共地下党组织、地下学联领导下，掀起了一场揭露国民党法西斯暴行、粉碎其迁校阴谋的抗暴斗争。7月9日，东北各地20多所大专院校派出40多名代表集会于沈阳师专，决定成立东北在沈学生抗议七五惨案联合会（简称"七五"抗联），选举齐玉林为主席。7月12日，"七五"抗联在沈

---

① 徐文才、王占德主编《中国共产党在辽宁（民主革命时期）》上，辽宁人民出版社，1991，第312页。

阳市中山体育场（今人民体育场）举行追悼大会。在沈阳的48所大学、中学学生万余人参加了大会。他们印发了《对'七五'惨案的公开抗议书》，派代表向国民党政府提出严惩凶手、抚恤难属、医治伤残学生、释放被捕学生、保证在平学生生命安全等要求。

国民党当局恨之入骨，磨刀霍霍，伺机反扑。"东北剿总政委会"发文，严禁省市各机关团体请愿捐款、集会结社，军警当局还令"七五"抗联停止活动。"七五"抗联严辞拒绝军警的要求，抗暴斗争迅速向前发展。在各界群众的支持下，"七五"抗联提出全市举行罢工、罢课、罢教、罢市。① 国民党当局十分恐慌，他们不仅以"放假"伎俩瓦解学生力量，派特务恐吓学生，而且于8月3日秘密绑架了"七五"抗联负责人。沈阳医学院、沈阳师专等学校也被机枪、摩托车、水龙头封锁，警探密布，陷阱纵横。沈阳地下党组织认为，粉碎敌人迁校阴谋和揭露敌人镇压学生暴行的目的已达到，当务之急是保存实力、迎接沈阳解放。在经过与国民党当局谈判交涉后，被捕学生获释，"七五"抗联便停止了活动。"七五"惨案引发的学生运动，沉重地打击了国民党在辽宁的统治，激发了国统区民众的斗争意志。

在积极开展学生运动的同时，党领导的国统区工人罢工示威斗争也日益发展。1948年春，锦州国民党联勤总部六十五被服厂3000多名工人，在地下党领导下举行反对扣压工资的罢工，坚持7天取得胜利。1948年7月中下旬，在地下党组织的领导下，爆发了以沈阳为中心，东至抚顺、西到新民、北抵铁岭、南达本溪的两万多名铁路员工反对拖欠工资的大罢工。② 国民党在东北生产军火的最大工厂——沈阳兵工厂，也是我党开展工作的重要目标。从1947年开始，我党先后派多名党员进入工厂开展工作，很快将有进步思想的兵工厂训育科科长争取过来，利用训育科的合法名义创办工人夜校，由党员给工人讲课，对工人进行革命教育。不少工人经过教育，提高了革命觉悟。1944年，兵工厂很多工人逃离沈阳，到解放区瓦房店兵工厂工作。③ 国民党在军事上节节败退之时，想把辽宁重要的工矿设备南迁，工人

---

① 朱诚如主编《辽宁通史》第5卷，辽宁民族出版社，2010，第414页。
② 徐文才、王占德主编《中国共产党在辽宁（民主革命时期）》上，辽宁人民出版社，1991，第313页。
③ 同上书，第314页。

在党组织的领导进行了护厂反拆迁斗争。1948年初,国民党打算将合成燃料厂机器设备2000余吨运往上海,并准备破坏厂房。工人知道消息后,同厂方进行坚决的斗争,使国民党破坏工厂的企图未能得逞。9月,国民党派往抚顺制钢厂接收的王国钧企图将一台3吨重的电炉拆运去石景山,遭到工人反对。在抚顺发电厂共产党员李炳善和李向荣的组织下,工人组成护厂队,日夜坚守在工厂,保护机器,防止敌人破坏。10月30日晚,护厂队将国民党的警卫缴械,直至解放军入厂接收。①

以学生和工人为主体进行的国统区反抗独裁暴政的斗争,有力地配合了正面战场解放军的军事进攻,加速了国民党反动政权覆灭。

第五节 辽沈决战胜利与人民政权建立

一、辽沈战役前国共双方态势

1946年10月初,国民党军开始进攻南满解放区。至10月中旬,先后占领了柳河、金川、辉南、清原、山城镇、兴京,进而打通沈吉铁路。对于国民党军的大举进攻,驻守南满的东北民主联军采取积极防御的战术方针,集中兵力打运动战,诱敌深入,寻找薄弱之处狠狠打击敌人。10月30日,东北民主联军第四纵队对进至宽甸西北之新开岭的国民党五十二军二十五师发起战役攻击。此役于11月2日结束,全歼二十五师8900余人,活捉该师师长李正谊。这是东北战场上第一次全歼敌人一个完整主力师,给深入南满解放区的国民党军以迎头痛击。11月9日,中共

---

① 朱诚如主编《辽宁通史》第5卷,辽宁民族出版社,2010,第416页。

中央军委发出指示电,专门表扬了这次战役,并指出:战役上必须集中兵力,战术上亦须集中兵力。① 新开岭战役虽然取得了胜利,但并没有改变南满敌强我弱的战场态势。10月30日,国民党军占领宽甸、通化、桓仁,继续向临江地区进攻。

此时,南满的东北民主联军被压缩在长白山麓,南满根据地只剩下临江、濛江、抚松、长白4个县,根据地人口只有20余万,地域狭窄,回旋余地小,形势于我军极其不利。东北局对南满的形势极为重视,为了统一和加强对南满地区斗争的领导,中共中央东北局决定成立中共辽东分局(亦称南满分局),陈云任书记,肖华任副书记。陈云11月27日到达临江,12月初正式组成中共辽东分局。12月6日,根据中共中央东北局的决定,撤销辽东省委,组建辽东分局,将原来的辽宁省分委、安东省分委、辽南省分委分别改称辽宁省委、安东省委和辽南省委。以上三省委及旅大地委,均归辽东分局领导。分局书记陈云,副书记肖华,委员有萧劲光、江华等。

12月11日,辽东军区师以上干部在七道江召开会议。会议由萧劲光司令员主持。会议主要围绕形势与作战问题进行广泛讨论,讨论中对于坚持南满斗争还是放弃南满北上问题出现了分歧。13日,陈云从临江连夜赶到七道江参加会议。在广泛听取不同意见的基础上,陈云就坚持南满斗争的战略意义作了重要发言。会议最后决定,"坚持南满,一人不走,以积极防御的作战行动,粉碎敌人进攻。"② 这次会议统一了干部的思想,为保障南满斗争的胜利奠定了基础。会议于14日结束。

1947年,随着东北民主联军"三下江南,四保临江"战役的胜利,东北整个战局发生了重大变化:国民党在军事上由进攻转为防御,而东北民主联军则由防御开始转向进攻。

国民党为了挽回在东北战场上的颓势,不得不走马换将。7月8日,东北保安司令长官杜聿明离开东北,郑洞国代理其职务。7月12日,国防部参谋总长陈诚到东北视察,为接替熊式辉预做准备。8月28日,陈诚正式取代熊式辉出任东北行营主任。

陈诚到东北后采取众多措施,希望能改变国民党军在东北的不利局面。首先,

---

① 中共辽宁省委党史研究室编《中共辽宁党史大事记(1919—1949)》,中共党史出版社,1991,第184页。

② 同上书,第190页。

他撤销东北保安司令部，作战指挥由行辕直接掌握。东北行辕与东北保安司令部机构重复，东北行辕本就是东北最高军政机构，有统筹东北军政活动的权力，但东北保安司令长官也是东北最高军事长官，这就政出多门，难免相互掣肘。陈诚撤销东北保安司令部，将军事指挥权完全掌握在自己手中。其次，他对当时东北的军政人员甚为不满，于是人事安排上进行了大调整。他把东北保安副司令长官郑洞国调为挂名的行辕副主任，将参谋长兼沈阳警备司令赵家骧调为东北军区锦州第二军事训练处长，"陈明仁固守四平街有功曾得青天白日勋章，陈诚来了却给他撤职查办的处分"①，辽宁省主席徐箴同时被撤换。再次，大力惩治腐败，杜绝贪污。他相继查办了汽车兵团团长冯恺，日本俘侨管理处处长李修业，枪毙了不战而逃的本溪保安司令李耀慈，罢免了沈阳市长金镇。第四，采取措施恢复东北国统区生产。10月3日，陈诚下令废除《东北经济紧急措施方案》，废除后则输入输出任其自由贸易。11月1日，东北行辕政治、经济两委员会合并为东北行辕政务委员会，陈诚兼任主任委员，王树翰为副主任委员。第五，扩充军队，调整部署。陈诚针对战线过长、机动兵力不足的问题，将主力部署在长春、沈阳和锦州一线，以军为单位重点防御，实行"依托重点、向外扩张"的机动防御。

从1947年5月13日开始，东北民主联军连续发起了夏、秋、冬三季攻势，历时170多天，共歼敌30万，攻克城镇76座，扩大解放区40万平方公里，将国民党军主力部队压缩到中长路、北宁路上的长春、沈阳和锦州几个孤立据点。屡战屡败的陈诚因健康原因返回南京，本打算在东北一展身手，结果却以失败告终，黯然离职。蒋介石在沈阳的军事会议上决定成立东北"剿匪"总部，在锦州成立冀热辽边区作战机构，联系华北、东北两个战区。1月17日，卫立煌就任东北行辕副主任兼"剿匪"总司令，同时调郑洞国、范汉杰等为副总司令。

二、辽沈决战胜利和辽宁全境解放

1948年，在全国五大战场中，东北战场的形势对东北人民解放军最有利。东北

---

① 郑洞国：《从猖狂进攻到放下武器》，载全国政协文史和学习委员会编《文史资料选辑》第6卷第20辑，文史资料出版社，2011，第50页。

人民解放军在军事力量和经济力量上都已超过了敌人,同国民党军进行大会战的条件已经具备;同时,东北国民党军犹豫不决、举棋不定的态势,对于人民解放军把战略决战的方向首先指向东北战场也是十分有利的。

1948年2月7日,在东野冬季攻势还在进行时,毛泽东主席就提出了下一步作战方面问题。他致电林彪、罗荣桓、刘亚楼并刘少奇、朱德,提出:"下一步作战由两个方向,一是打抚顺、铁岭、法库之敌,一是打阜新、义县、锦西、绥中、山海关、昌黎、滦州等地之敌",但毛泽东为防止东北国民党军撤入关内,特别强调"对我军战略利益来说,是以封闭蒋军在东北加以各个歼灭为有利"①。林彪复电表示,"我们同意与亦认为将敌堵留在东北各个歼灭,并尽量吸引敌人出关增援。这对东北作战及对全局,皆更有利。今后一切作战行动,当以此为准"。但林彪认为,"只要吉林、长春敌被我抓住和未歼灭前,沈阳的敌人是不会退的"②。中共中央和东北野战军领导虽然认识到应将国民党军封堵在东北,不能使其入关,但是在主要作战方向上并不一致。

毛泽东认为,东北野战军下一步作战应考虑以主力转至北宁线,截断国民党军从陆上撤向关内的退路,并伺机歼灭敌人。而林彪和东北局考虑的是南下北宁线或入关作战,道路和补给均有困难,而且由于国民党军采取集中兵力守大城市的方针,东北主力南下或者到处扑空,或者遭遇强敌而无法消灭,那么身后的敌人必然带来极大的威胁。所以他们拟打长春,采取围点打援的策略。

9月3日,东北野战军向中央军委报告新的作战计划,"以靠近北宁县的各部,突然包围北宁线各城,然后待北面主力陆续到达后,进行逐一歼灭敌人,而以北线主力控制于沈阳以西及西南地区,监视沈阳敌人,并准备歼灭由沈阳向锦州增援之

---

① 《毛泽东提出封闭蒋军在东北加以各个歼灭致林彪、罗荣桓、刘亚楼等电(1948年2月7日)》,载中国人民解放军历史资料丛书编审委员会《中国人民解放军历史资料丛书·辽沈战役》,解放军出版社,1993,第49页。
② 《林彪关于决将敌堵留在东北各个歼灭致毛泽东电(1948年2月10日)》,载中国人民解放军历史资料丛书编审委员会《中国人民解放军历史资料丛书·辽沈战役》,解放军出版社,1993,第50页。

敌或歼灭由长春突围南下之敌"。① 9月5日，中央军委提出，东野"秋季作战的重点应放在卫立煌、范汉杰系统，不要预先设想打了范汉杰几个师以后，就去打傅作义指挥的承德十三军"。② 中央军委设想，从9月到翌年6月的10个月内，为求歼灭卫立煌集团，准备进行3次大战役。如东野在锦、榆、唐作战期间，沈、长之敌倾巢援锦，可在该地区连续大举歼敌，争取将卫立煌全军就地歼灭。因此要求东北野战军，"（一）确立攻占锦、榆、唐三点并全部控制该线的决心；（二）确立打你们前所未有的大歼灭战的决心，即在卫立煌全军来援的时候敢于同他作战；（三）为适应上述两项决心，重新考虑作战计划并筹办全军军需（粮食、弹药、新兵等）及处俘事宜。"③ 经过中央军委和东野领导层的反复讨论，辽沈战役的作战方针终于确立。这一方针的特点是：东野主力南下，首先截断北宁线，封闭蒋军在东北，然后运用攻锦打援的策略，争取将卫立煌集团就地歼灭。形象地讲，这一战略就是"关门打狗"。

9月12日开始，东北野战军按预定计划，首先在北宁线发起攻势。至9月29日，东北野战军先后攻克昌黎、北戴河、绥中、兴城，切断了辽西走廊，完成了对锦州、义县的包围。10月1日，东野开始进攻义县，经过4个小时激战，全歼国民党第九十三军暂编第二十师，打通了通往锦州的门户。

东北野战军对北宁线的攻势展开后，蒋介石意识到东北国民党军撤退的大门有被关闭的危险，深感形势严重，严令东北"剿总"总司令卫立煌从沈阳派兵增援锦州，并派参谋长顾祝同赴沈阳督战。蒋介石与卫立煌及其他高级将领，最后制定了如下行动方案："令范汉杰固守锦州，以求吸引与消耗东北野战军主力；以华北"剿总"第六十二军、第九十二军1个师、独立第九十五师，以及山东烟台的第三

---

① 《林彪、罗荣桓、刘亚楼关于预定作战计划致中央军委电（1948年9月3日）》，载中国人民解放军历史资料丛书编审委员会编《中国人民解放军历史资料丛书·辽沈战役》，解放军出版社，1993，第97页。

② 《中央军委关于秋季作战重点应放在卫立煌、范汉杰系统致林彪、罗荣桓、刘亚楼电（1948年9月5日）》，载中国人民解放军历史资料丛书编审委员会编《中国人民解放军历史资料丛书·辽沈战役》，解放军出版社，1993，第100页。

③ 《中央军委关于攻占锦榆唐及打前所未有的大歼灭战致林彪、罗荣桓、刘亚楼电（1948年9月7日）》，载中国人民解放军历史资料丛书编审委员会编《中国人民解放军历史资料丛书·辽沈战役》，解放军出版社，1993，第103页。

十九军两个师迅速海运葫芦岛，会同锦西、葫芦岛原有的第五十四军等4个师，共11个师组成"东进兵团"，由十七兵团司令官侯镜如指挥，增援锦州；以沈阳地区的新一军、新三军、新六军、第七十一军和第四十九军主力，共11个师另3个骑兵旅，组成"西进兵团"，由第九兵团司令官廖耀湘指挥，先向彰武、新立屯攻击，威胁东北野战军的侧背，然后伺机协同'东进兵团'夹击东北野战军主力于锦州城下；东北'剿总'副总司令郑洞国所率第一兵团则伺机由长春向沈阳突围。"①

中央军委和毛泽东主席及时判明了蒋介石的企图。9月29日，中央军委电示林彪、罗荣桓、刘亚楼，要求东北野战军应力求在援敌迫近之前迅速攻克锦州，指出，这是取得战役主动权的关键。电报指出："我们觉得首先攻占锦州是有较大把握的，并且是于全局有利的。"② 东北野战军领导在复电中也认为，"锦州是敌薄弱而又要害之处，故沈敌必大举增援，长春敌亦必乘机撤退。""故此次锦州战役可能演变成全东北之大决战，可能造成收复锦州、长春和大量歼灭沈阳出援之敌的结果。我们将极力争这一胜利。"③

10月9日至13日，东北野战军开始扫清锦州外围据点。10月14日11时，对锦州发起总攻。15日拂晓前，各路攻城部队在白云公园、中央银行地带会师，捣毁了国民党东北"剿总"锦州指挥所及第六兵团司令部。激战至15日18时，全歼老城残敌，历时31小时的锦州攻城战结束。锦州之战共歼灭国民党军10万余人，东北"剿总"副总司令兼锦州指挥所主任范汉杰，第六兵团司令官卢浚泉、副司令官杨宏光，第九十三军军长盛家兴均被俘获。

在锦州攻坚战的同时，东北野战军第四纵队、第十一纵队等部在塔山地区进行了阵地防御战。塔山东临渤海，西接虹螺山，位于锦州、锦西之间，距锦西10余公里，距锦州外围不足20公里，是北宁线从锦西增援锦州的必经之地。10月10日，国民党"东进兵团"在7架飞机、2艘军舰和数十门重炮掩护下，以3~5个师

---

① 中国人民解放军历史资料丛书编审委员会编《中国人民解放军历史资料丛书·辽沈战役》，解放军出版社，1993，第18页。
② 《中央军委关于作战重心应放在攻占锦州、义县、锦西三点致林彪、罗荣桓、刘亚楼电（1948年9月29日）》，载中国人民解放军历史资料丛书编审委员会编《中国人民解放军历史资料丛书·辽沈战役》，解放军出版社，1993，第133页。
③ 《林彪、罗荣桓、刘亚楼关于攻锦州兵力部署致中央军委电》，载中国人民解放军历史资料丛书编审委员会编《中国人民解放军历史资料丛书·辽沈战役》，解放军出版社，1993，第137页。

的兵力，轮番向塔山阵地实施猛烈进攻。解放军第四纵队在第十一纵队的配合下，经过六昼夜激战，以伤亡3000人的代价顽强抗击了国民党"东进兵团"。至10月16日，蒋介石鉴于锦州已经失守，下令"东进兵团"撤回锦西。至此，塔山阻击战取得了胜利。

攻取锦州，奠定了东北野战军夺取辽沈战役全胜的坚实基础。中共中央于17日发出贺电："庆祝你们此次歼敌十万解放锦州的伟大胜利。这一胜利出现于你们今年秋季攻势的开始阶段，新的胜利必将继续到来。望你们继续努力，为全歼东北蒋匪军队，完全解放东北人民而战。"① 10月17日，长春国民党守军撤退无望，第六十军军长曾泽生率部起义。21日凌晨，东北"剿总"副总司令郑洞国放下武器，长春和平解放。

廖耀湘兵团按照蒋介石的命令从沈阳出发救援锦州。他害怕解放军围点打援，因此没有直接救援锦州，而是于10月11日占领彰武，10月15日占领新立屯，打算切断东北野战军后方补给线。随后，廖耀湘进至黑山以东，此时锦州解放。蒋介石判断锦州战役后解放军伤亡较大，为了将东北国民党军撤出东北，他下令打通陆路通道，要求"西进兵团"进攻锦州。廖耀湘对此不以为然，他回忆道："首先，我认为蒋介石与东北解放军求决战的方针，现因情况变化，应该放弃；辽西兵团不能继续向锦州前进。因为塔山战役亦证明不能再依靠葫芦岛东进兵团的援助，东北解放军的兵力和战力已十分强大，辽西兵团是水上漂流着两不靠岸的无根的浮萍。'退回沈阳'，战术上虽然背三条大水，仍然是一个可实行的方案。但在战略上，我认为这是一个慢性自杀的方案，充其量，不过得到长春守军的结果，所以我不主张退回沈阳。'向营口撤退'，这是我过去的主张，现在我仍然认为是一个利多而害较少的方案。"② 廖耀湘经过反复权衡，最后决定采取由新立屯经黑山、大虎山以东和以南地区直接退往营口。

10月18日至19日，东北野战军获悉廖耀湘兵团一部已占领新立屯并继续南进的新情况，判断沈阳国民党军可能经锦州或营口实行总退却。认为廖耀湘兵团如按

---

① 《中共中央贺锦州解放电（1948年10月17日）》，载中国人民解放军历史资料丛书编审委员会《中国人民解放军历史资料丛书·辽沈战役》，解放军出版社，1993，第194页。

② 廖耀湘：《辽西战役纪实》，载全国政协文史和学习委员会编《文史资料选辑》第6卷第20辑，文史资料出版社，2011，第69页。

第十四章　国共在东北的政治较量与辽宁解放

蒋介石命令强行向锦州攻击,"则我们来不及先歼锦、葫之敌,而只有先歼灭由沈阳向锦州前进之敌"。①据此,向中央军委建议:采取诱敌深入的方针,在辽西的新立屯、黑山、沟帮子地区打大歼灭战,各个歼灭总退却之敌。19日,中央军委复电东野,"如果在长春事件之后,蒋、卫仍不变更锦葫、沈阳两路向你们寻战的方针,那就是很有利的。在这种情形下你们采取诱敌深入,打大歼灭战的方针甚为正确"。②并指示,要部署有力兵团于营口地区,"只要此着成功,敌无逃路,我们就在战略上胜利了。"③

10月21日,廖耀湘指挥第七十一军2个师、新一军1个师、新六军1个师及整编二〇七师第三旅共5个师的兵力,从彰武、新立屯南下。23日,国民党军在200门重炮和数十架飞机的支援下,向黑山、大虎山25公里弧形正面的解放军阵地展开猛攻,企图夺取黑山、大虎山之间约9公里的南下通道。东野第十纵队、第一纵队第三师和骑兵第一师等,以与阵地共存亡的决心,进行了顽强抗击。国民党军虽然多次以整团整营进行集团冲锋,但均未能得逞,阻击部队经艰苦奋战,终于守住了黑山、大虎山阵地,为东北野战军主力回师歼灭廖耀湘集团赢得了宝贵的时间。

连续攻击失败使廖耀湘信心受挫。他于25日晚下令全军向营口方向撤退,但行至台安附近遭到东野第八纵队第二十三师和奉命由盘山北进的独立第二师的阻击。廖耀湘误以为遭遇东野主力,从而判断退往营口之路已被东野截断,于是改变计划。26日,他按卫立煌的命令急令各军向沈阳撤退。此时,廖耀湘集团的部署陷入混乱。

东野第六纵队经强行军于25日夜进至北宁线之厉家窝棚、姚家窝棚,切断了廖耀湘集团回撤沈阳的退路。26日,东野全线出击,在黑山、大虎山、新民地区对廖兵团展开围歼战。第三纵队一部歼灭了在胡家窝棚的廖耀湘兵团部,使敌人丧失

---

① 《林彪、罗荣桓、刘亚楼关于敌活动动向及我军对策致中央军委电》,载中国人民解放军历史资料丛书编审委员会《中国人民解放军历史资料丛书·辽沈战役》,解放军出版社,1993,第212页。
② 《中央军委关于应充分注意敌从营口撤退致林彪、罗荣桓、刘亚楼电》,载中国人民解放军历史资料丛书编审委员会《中国人民解放军历史资料丛书·辽沈战役》,解放军出版社,1993,第213页。
③ 《中央军委关于急速截断沈敌向营口退路致林彪、罗荣桓、刘亚楼电》,载中国人民解放军历史资料丛书编审委员会《中国人民解放军历史资料丛书·辽沈战役》,解放军出版社,1993,第217页。

了统一指挥。解放军乘机向敌纵深勇猛穿插,实施分割围歼。在东北野战军强大攻势面前,国民党军兵败如山倒,纷纷投降。战至 28 日拂晓,辽西围歼战结束,东北野战军全歼廖耀湘兵团 5 个军 12 个师(旅)及特种兵部队共 10 余万人,其中包括被称为国民党军"五大主力"的新一军及新六军主力。国民党军第九兵团司令官廖耀湘、新六军军长李涛、七十一军军长向凤武、第四十九军军长郑庭笈、新一军副军长文小山等人被解放军俘获。东北野战军迅速歼灭廖耀湘兵团,对于全歼东北国民党军、解放全东北具有决定性意义。10 月 28 日,中共中央发出贺电:"庆祝你们此次在辽西地区歼灭东北敌军主力五个军十二个师的伟大胜利。东北我军在两个星期内连获锦州、长春、辽西三次大捷,使敌人损失二十六个整师,共约三十万兵力,对于全国战局贡献极大。尚望激励全军,再接再厉,为全歼东北匪军,解放沈阳而战。"①

东野各部队迅速向沈阳进发。10 月 31 日,完成对沈阳的包围。11 月 1 日拂晓,对沈阳发起攻击。当天中午,第八兵团司令官周福成放下武器。至 11 月 2 日,沈阳全城解放。同日,解放军解放营口。除刘玉章率五十二军军部及所属第二十五师等几千人乘船从海路撤逃外,其余 1.4 万余人被全部歼灭。辽沈战役以东北野战军取得全胜而宣告结束。

辽宁人民为东北解放战争胜利作出了巨大的贡献。1948 年,辽宁省有 8 万人参军,辽北省有 3.6 万人参军,安东省有 3.9 万人参军。据不完全统计,在辽沈战役期间,辽宁地区参战民工达 247 万人次,出动担架 20.3 万副,参战大车 22.3 万台,缴纳公粮 181 万余吨。在战役期间,还承担接收东北人民解放军伤员 1 万余名和国民党军战俘 4 万名的任务。② 辽宁人民以实际行动有力地支援了东北解放战争。

三、城市面貌改造和社会秩序重建

辽宁全境解放,标志着辽宁历史翻开了新篇章。辽宁人民在党中央、东北局和

---

① 《中共中央贺辽西大捷电(1948 年 10 月 28 日)》,载中国人民解放军历史资料丛书编审委员会《中国人民解放军历史资料丛书·辽沈战役》,解放军出版社,1993,第 251 页。
② 辽宁省地方志编纂委员会办公室主编《辽宁省志·政府志》,辽海出版社,2005,第 389 页。

第十四章　国共在东北的政治较量与辽宁解放

辽宁地区各级党组织的领导下,积极建设新辽宁,为全国解放战争贡献力量。

1948年11月3日,东北行政委员会颁发保护城市各阶级人民利益的《约法八章》布告,主要内容是:保护城市各阶层人民生命财产不受侵犯;保护私人工商业;没收官僚资本;保护各国教堂及其人员、一切外侨及其财产;城市一切公共设施不许破坏;所有原在机关、团体、学校供职的人员均照常供职,一律予以保护;所有流通市面之各种蒋币,一律停止使用。布告还号召藏匿民间的国民党军官兵要向人民解放军各部队及当地政府投诚报到。①《约法八章》的发布对于恢复战后社会秩序、稳定民心起到了积极的作用。

11月23日,中共中央东北局在沈阳召开扩大会议,通过了具有重要意义的文件《关于全东北解放后的形势与任务的决议》(以下简称《决议》)。《决议》分析了东北全境解放之后的新形势,指出:在东北解放区内部,以人民战争消灭国民党反对派,以强力剥夺封建地主富农以及敌伪官僚资本的财产的任务,已经或即将完成了。现在已经开始了新的时代,即是在新的条件新的基础上进行经济建设的新的时代。同时,东北必须支援全国解放战争,争取全国革命彻底胜利,并使巩固新东北、建设新东北与争取全国胜利的任务密切联系起来。②《决议》明确指出,东北党组织必须把经济建设的任务放在压倒一切的地位,动员千百万劳动大军掀起生产建设热潮,为增加东北物资财富和军需品供应积极工作。

东北局扩大会议之后,辽宁地区各省委先后召开会议,传达东北局扩大会议精神,制定辽宁地区党组织今后的工作路线。从此,辽宁解放区工作重心由战争走向建设,由农村转向城市,开始了经济建设新时期。这是辽宁地区党和政府工作重心一次具有历史意义的重大转变。

1949年4月21日,东北行政委员会对东北各省、市行政建置重新进行了调整,并将各级民主政府一律改称人民政府。至1949年9月,辽宁地区设有辽东、辽西省人民政府,沈阳、鞍山、抚顺、本溪四个东北行政区直辖市人民政府和旅大行政公署。省政府以下设有市县人民政府,并设有专员公署作为省人民政府的派出机

---

① 中共辽宁省委党史研究室编《中共辽宁党史大事记(1919—1949)》,中共党史出版社,1991,第263页。

② 徐文才、王占德主编《中国共产党在辽宁(民主革命时期)》上,辽宁人民出版社,1991,第332页。

构。①

根据中共中央的指示,东北局于 1948 年 6 月 10 日发出了《关于保护新收复城市的指示》,指出:过去"我们长期没有城市,感受没有城市的痛苦。现在我们有了城市,就应当爱护城市,发挥城市的作用,使城市生产更多的军需品来支援战争,来繁荣解放区的经济"。② 为了更好地统一思想,加强党对城市工作的领导。1948 年 8 月中下旬,在哈尔滨召开了东北第一次城市工作会议,集中研讨的主题是,"如何认识城市地位,动员一切力量,发展城市生产,集中统一,加强党的领导。"③ 根据东北局、东北行政委员会的指示和第一次城市工作会议精神,人民军队每解放一个城市,立即成立军事管制委员会,接管敌伪企业、机关、学校,保护民族工商业;组织广大职工迅速恢复生产;镇压反动势力,肃清反革命残余势力。

此时,辽宁大部分工厂陷入停顿状态,大批工人失业,加上物价飞涨,饥寒交迫的工人们生活十分困难。同时,作为国民党在东北反动统治的中心,沈阳还有大量敌伪残余、反动分子。辽宁解放后,如何对大城市进行恢复和改造是一个严峻的问题。解放军入城后,立即在大和旅馆旧址成立了沈阳特别市军事管制委员会(以下简称沈阳市军管会),由陈云任军管会主任,伍修权和陶铸任副主任,朱其文任沈阳市市长,何侠被任命为沈阳市公安局局长,开始对城市进行管理。

(一)彻底摧毁反动势力

打击敌特犯罪分子,建立稳固的革命秩序,是当务之急。沈阳市军管会和人民政府采取坚决行动,镇压扰乱社会治安、破坏生产建设的特务和犯罪分子,"逮捕敌特首要分子,捕获敌特各系统组、台长以上 60 人及重要职务特务 472 人(此外有 1020 名特务向我登记自新),缴获电台 101 部。"④ 公安部门大力侦破和破获刑事犯罪案件,"10 个月共破获强盗案 534 件,盗匪 1248 人;盗窃案 4147 人,盗贼 4822 人;伪造印信冒充我军政工作人员进行敲诈勒索案 76 件,案犯 135 人;捕获

---

① 辽宁省地方志编纂委员会办公室主编《辽宁省志·政府志》,辽海出版社,2005,第 145 页。
② 徐文才、王占德主编《中国共产党在辽宁(民主革命时期)》上,辽宁人民出版社,1991,第 334 页。
③ 同上书,第 335 页。
④ 同上书,第 336 页。

偷拆交通器材等违法乱纪案犯 1000 余人；收缴长短枪 1316 支，各种子弹 2000 余发"。① 这些措施稳定了社会秩序，为恢复生产创造了良好的条件。

（二）清除社会丑恶现象

为了改变城市面貌，清除旧社会的流毒遗害，人民政府进行了全面禁毒和取缔娼妓的行动。辽宁是旧中国制毒贩烟比较严重的地区。各地解放后立刻开展禁毒工作，印发宣传布告，取缔烟馆，设立戒烟所，严厉打击制毒贩毒活动。到 1949 年末，辽西省共查出毒贩 261 名，2159 名吸毒者中已经戒毒的 1440 名，正在强制戒毒的 450 名②，禁毒工作取得初步成效。对于娼妓问题，1949 年 6 月，沈阳市公安局颁发《妓馆业暂行管理办法》，规定妓馆业主必须履行申报登记和批准手续；必须在许可地点经营；无证游妓不得留客营业；不准对妓女订立一切契约和以收养为名收买幼女为雏妓；不准拖延给妓女定期病检和妨碍妓女从良改业。③ 禁毒运动和取缔娼妓，对于扫除旧社会顽疾，建立社会新风俗起到了重要作用。

（三）对困难群众进行救济

接收沈阳后，每名职工领到东北银行地方流通券 10 万元作为生活维持费，并对职工实行水费、电费半价优待，发放临时工薪。同时对贫民发放救济粮和棉被等，如沈阳市大东、南市、沈河、铁西四个区，共有 11680 名贫民获得了救济。沈阳解放后成立的救济委员会，拨粮 16.9 万斤，提供衣服 1.7 万件，安定了民心，稳定了社会秩序。④

---

① 徐文才、王占德主编《中国共产党在辽宁（民主革命时期）》上，辽宁人民出版社，1991，第 336—337 页。
② 辽宁省地方志编纂委员会办公室主编《辽宁省志·政府志》，辽海出版社，2005，第 399 页。
③ 同上。
④ 同上书，第 145 页。

（四）迅速恢复工商业

东北全境解放后，人民政权全部接收了国民党官僚资本的厂矿企业。1948年11月3日，东北工业部作为沈阳市军管会的经济处进驻沈阳，负责接收国民党四大企业系统的企业（即资源委员会、资源委员会东北电力局、生产管理局、中纺公司），"依据'自上而下、按照系统、原封不动、整套接收'的方针，共接收了四大企业系统在沈阳及沈阳外围各地的35个单位406家厂矿及3所学校，计有各种机器设备12516台、动力设备1728台、运输设备229台。职工技术人员及学生总数为7807人，其中技术人员286人。"① 由于解放前夕地下党组织和工人坚持护厂斗争，人民政权接收方法得当，职工群众积极配合，沈阳的接收工作进行得非常顺利。11月18日，沈阳市军管会召开了百余名专家、技师参加的座谈会，听取这些专家对恢复生产的意见。1949年1月5日，沈阳市军管会又举行沈阳各大国营企业工人代表座谈会，听取工人对恢复生产的意见。陈云出席并主持会议。他提出，工人要以主人翁的态度，大家挑担子、出主意、想办法，把工厂办好，提高生产、改善生活。要忍受暂时困难，支援前线，彻底消灭反动派，建设幸福的将来。②

广大职工积极响应号召，掀起了立功创模运动。沈阳第一机床厂在一周内就有300名工友捐献各种器材千余件。沈阳铁西修配厂停放的200余台汽车，因为缺少零件无法修理。职工通过捐献零件，很快修复了汽车，支援了前线。各厂矿开展以发明创造、技术改进为内容的创造新纪录运动，有力地调动了职工的生产积极性。鞍山市委、市政府和总工会联合发出《告全市同胞书》，组织动员全市广大工人和人民群众为尽快恢复鞍钢生产，发起了全市献交器材的运动。仅一个月，就捐献重要器材1123种15万余件，一般器材6.2万余件，总价值108.26亿元（东北币）。至1949年末，辽宁的国营企业全部恢复生产。③ 辽宁工业企业的生产效率也大幅提升，特别是军工产品，如钢铁产业"生铁完成了162%，钢锭完成了152%，钢坯完

---

① 朱建华主编《东北解放区财政经济史稿》，黑龙江人民出版社，1986，第211页。
② 陈云：《在沈阳工人代表大会上的讲话》，载中共中央文献编辑委员会编《陈云文选》，人民出版社，1983，第275页。
③ 辽宁省地方志编纂委员会办公室主编《辽宁省志·政府志》，辽海出版社，2005，第393页。

成 163%，钢材完成了 118%"。①

在沈阳市委领导下，商业经济也得到了大力发展，市场逐步走向繁荣。沈阳市委作出《关于建立与发展本市消费合作社的指示》。从 1949 年 2 月建立合作社至 10 月底，发展合作社 225 个，从而有力地保障了职工生活和市场物价稳定。沈阳市委在充分发挥国营商业企业领导作用的同时，积极扶植私营商业发展，"据 1949 年 8 月统计，全市私营商业由解放前的 8700 余户增至 21284 户，摊贩 4076 户"②。

在各级党组织和人民政府的领导下，依靠工人阶级，团结知识分子，使辽宁工商业迅速恢复和发展，有力地支援了全国解放战争。

四、深入开展新区土地改革

随着辽宁全境解放，新解放区的土地改革也陆续展开。新区的土地改革，是在彻底打垮了地主阶级的靠山国民党反对派，老区的土地改革胜利完成基础上进行的。由于有了充分的斗争经验，加之中共中央对新区土地改革有了明确的指示，因此新区的土地改革工作方法有了很大改进，政策制定也有了很大的提高。

1948 年 11 月 12 日，东北局根据中共中央 2 月 15 日《新解放区土地改革要点》的指示精神，结合东北地区革命斗争的特点，发布了《关于新区土地改革的指示》（以下简称《指示》），指出："在东北全部解放的形势和基本区土改的影响下，新区客观上已具备实行土改的条件，要求各省抽调干部，迅速着手土改工作。"③

东北的新解放区包括沈阳、长春的四郊，吉林省 25 个区，辽北省 55 个区，辽宁省辽中、盘山、台安三县及辽阳海城的一部分，安东省 10 个区，辽西省 48 个区，热河省 35 个区，总人口约 700 余万，土地约 3000 万亩。

《指示》指出，党应向干部和群众反复说明土地改革的直接目的是发展生产。

---

① 徐文才、王占德主编《中国共产党在辽宁（民主革命时期）》上，辽宁人民出版社，1991，第 346 页。

② 中共沈阳市委党校地方党史研究室编《中共沈阳地方党史（民主革命部分）》，沈阳出版社，1989，第 264 页。

③ 中共辽宁省委党史研究室编《中共辽宁党史大事记（1919—1949）》，中共党史出版社，1991，第 264 页。

在土地改革中，必须注意把土地改革和救济灾荒、组织冬季生产相结合。鉴于老区土地改革中曾经出现的"左"倾错误，《指示》强调在土地改革中必须注意策略。要确实掌握总的打击面不得超过总人口的 10%。对于大地主、恶霸、富农，在没收其土地财产后，应按平分原则分给其同样的一份土地，给予生活出路；对于小地主及旧式富农，只征收多余的土地、耕畜、农具和粮食，一律"不挖底产，不赶大院（注：不没收房屋）"；对于佃富农，在其获得土地后，可征收其多余的牲畜，其他均按富裕中农看待；对于中农（包括富裕中农）绝对不得侵犯，对于缺少土地和耕畜的中农分给其应得的一份。禁止打人，除了特务、汉奸分子、封建头子外，不得乱加扣押。绝对不准斗争工商业者。①

《指示》要求，对于新区的土地改革，各省负责同志必须亲自掌握，在方式方法上可以采取自下而上地发动群众和自上而下的政府法令相配合。要在土地改革过程中注意在组织雇农团和农会的基础上，建立区村两级人民代表会议，使之成为当地最高权力机关，彻底摧毁旧的统治机构。

东北局动员了大量干部下乡。据不完全统计，仅县以上经过短期训练就参加新区土改的干部达到 5000 余人，除了少数老干部外，90% 以上是经过土地改革斗争的老区农民干部和少数贫苦知识分子。各地用积极分子训练班、雇贫农大会、农民代表会等方式向群众宣讲，号召分地，启发觉悟，讲清政策，划分阶级。②

至 1949 年 3 月，新解放区的土改顺利结束。通过土改，消灭了新解放区封建地主阶级的经济基础，使农村的贫苦农民获得了土地及其他生产资料。据统计，新解放区无地和少地农民，平均每人获得约 3 亩土地，土地多的地方每人分到 4~5 亩地，"如沈阳市郊的 4 个区，579926 人共分地 2941564 亩，平均每人分 5 亩多。长春市郊 3 个区，约 110481 人，分地 529500 亩，平均每人 4 亩 8 分"。③

在土改过程中，农村中原有的保甲等反动统治机制被打破，培养了大批积极分子和农村干部，开始建立以贫雇农为骨干、团结中农的区村政权。这些积极分子经过土改运动的锻炼，成为农村基层政权的主要力量。新解放区的土改运动认真执行

---

① 《中共中央东北局对新区土改的指示》，载东北解放区财政经济史编写组《东北解放区财政经济史资料选编》第 1 辑，黑龙江人民出版社，1987，第 426-427 页。

② 中共中央东北局：《新区土地概况》，载东北解放区财政经济史编写组《东北解放区财政经济史资料选编》第 1 辑，黑龙江人民出版社，1987，第 438 页。

③ 朱建华主编《东北解放区财政经济史稿》，黑龙江人民出版社，1986，第 132 页。

了党的政策,取得了成功。在土改运动后,广大翻身农民踊跃参军,支援前线,检举匪特,巩固后方,奠定了解放战争最终胜利的群众基础。

五、支援关内解放战争

东北全境解放不久,1948年11月23日,东北局在沈阳召开扩大会议。会议"总结了东北三年解放战争获得胜利的基本经验,分析了东北全境解放后的新形势,提出了全力建设新东北和支援全国解放战争的任务"①。会议通过了《关于东北解放后的形势与任务的决议》。遵照东北局的指示,辽宁解放区对全国解放战争进行了全面的支援。

辽沈战役结束不久,东北野战军按照中央军委的指示,百万大军挥师入关,与华北解放军并肩作战,共同发起平津战役,消灭了傅作义集团,解放了平津。辽宁解放区各级党组织领导全省人民,掀起了支援子弟兵入关作战的高潮。如锦州市人民政府就支援入关部队粮食300万斤、谷草40万斤,并组织民工2842名随军入关,承担警戒和抢救伤员等工作。

东北人民解放军入关后,辽宁解放区承担起支援军事物资的任务。大量武器弹药源源不断运往关内,"仅大连建新公司一家,1949年生产炮弹64万发、子弹3000万发,各种火药300吨,雷管10余万个,引信50余万个,还生产了部分迫击炮和200余支冲锋枪,以及大批性能优良的其他军工产品,全部运往关内战场。"②此外,辽宁的军工企业还生产了军装、单兵帽、单胶鞋、军毯,以及军用毛巾、袜子等物品,全部用于支援关内我军作战。

在经济支援方面,为了关内解放区尽快恢复和发展生产,仅1949年一年,东北解放区就调运给中央粮食80万吨、木材150万立方米、钢铁20万吨,支援华北解放区粮食20万吨,支援关内解放战争物资302万吨。根据东北局的决定,辽

---

① 中共辽宁省委党史研究室编《中共辽宁党史大事记(1919—1949)》,中共党史出版社,1991,第265页。

② 徐文才、王占德主编《中国共产党在辽宁(民主革命时期)》上,辽宁人民出版社,1991,第349页。

解放区支援关内机车几十台、客车百余辆、货车数百辆，有力地支援了关内解放区经济恢复和建设。

随着全国解放战争的顺利发展，大片国统区获得解放，新的解放区迫切需要有经验的干部开展工作。中共中央决定从东北抽调5.3万名党政干部随军南下①，其中从辽宁解放区抽调人员万余名，大连单独抽调300余名积极分子经整训后南下。这些干部和积极分子南下后，积极开展工作协助解放军在新的解放区摧毁国民党反动统治机构，建立新的人民政权，为推动全国解放战争的历史进程发挥了重要作用。

---

① 中共辽宁省委党史研究室编《中共辽宁党史大事记（1919—1949）》，中共党史出版社，1991，第265页。

/ 第十五章

近代辽宁政治人物传略

第一节
晚清辽宁政治人物

增祺（1851—1919），字瑞堂，伊拉里氏，镶白旗满洲人，晚清将领，地方重臣。光绪二十三年（1897）擢福州将军，充船政大臣，兼署闽浙总督。光绪二十四年（1898）任盛京将军。在任期间，"招集流亡，商民复业。颇留意吏治，先后增设洮南、海龙、辽源、开通、靖安、西安、西丰等府县。凡牧厂、围场及蒙荒，逐渐放垦。奉省财政素绌，徵榷一切，向无定章，咸丰后始办货釐，光绪初始办盐釐。增祺锐意清理，筹办粮、酒、烟、药各税，明定规章，变通盐法，就厂徵税，岁入渐增。尤严治盗，以增官设治为弭盗清源之本。"①

光绪二十六年（1900）俄军攻陷奉天，他逃亡新民，随后在俄国胁迫下签订了《奉天交地暂且章程》，事发后被革职查办，《奉天交地暂且章程》被废除。旋仍留任，其间招降张作霖。宣统元年（1909）任广州将军。奉旨接替袁树勋担任两广总督。宣统三年（1911）参加皇族内阁，担任弼德院顾问，随后去职。八年后去世，谥号简悫。

日俄战争期间，增祺首先设立机构，救济难民，并召集流亡民众，创办粥厂，解决难民口粮问题。与俄国照会，为难民争取了更多生机。多方筹资，接济难民。在赈济过程中安民生、慰民心，使众多难民得以幸免于难。②

---

① 赵尔巽等撰《清史稿》卷四五三，中华书局，1998，第12601页。
② 苏全有、李惠：《增祺与日俄战争前后的兵灾赈济》，《大连大学学报》2008年第5期，第8页。

赵尔巽（1844—1927），字公镶，号次珊（一说字次珊，号无补），正蓝旗汉军旗人，奉天铁岭人，清末政治家。同治十三年（1874）进士及第，授翰林院编修，历任安徽、陕西各省按察使，又任甘肃、新疆、山西布政使，后任湖南巡抚、户部尚书。光绪三十一年（1905）出任盛京将军，宣统三年（1911）任东三省总督。民国成立后担任奉天都督，不久辞职。民国三年（1914）任清史馆总裁。民国十四年（1925）任善后会议议长。

赵尔巽治奉期间奏明朝廷请求裁撤盛京五部，并且裁撤奉天府府尹。奉天财政存在政出多门的弊端，盛京户部金银处、粮饷处、税捐总局并立，各自为政，不利于财政的统一。因此，赵尔巽将三者合并，成立奉天财政总局，"为全省财政之机关，凡关于财政者，皆隶属之"①。由赵尔巽管辖奉天全省的财政事务有利于提高行政效率，而且避免了很多弊端。赵尔巽还鼓励垦务，经过实施放垦政策，奉天省耕地由280万亩急剧增至6300万亩，从而使财政状况大为好转。赵尔巽在整合税务机关的基础上，完善税制，对商税、盐务进行整顿，设立牛马税总局、官盐总局，严防偷税漏税，从而增加了奉天的税收。

赵尔巽还整顿奉天警务，饬令督办奉天警务学堂，将培养的受过专业训练的警员充实到各地，提高了警察队伍的素质。

赵尔巽先后设立奉天府、法库门厅、辽中县等地方治所，为奉天由军府统治向行省体制改革迈出了重要的一步。在内外交困中，他对奉天的地方政治、经济、文化教育等各个方面进行了大刀阔斧的改革，并取得了显著的成就。这些改革对于推进地方进步、维护国家权力，都有着积极的作用。

徐世昌（1855—1939），北洋政府总统。光绪十二年（1886）进士，先授翰林院庶吉士，后授编修。光绪二十三年（1897），袁世凯奏请由徐世昌兼任新建陆军稽查全军参谋军务营务处总办。光绪二十六年（1900），八国联军攻入北京，慈禧太后和光绪帝西狩，徐世昌随行护驾，受到青睐。光绪三十一年（1905），徐世昌奉旨入值军机处，任军机大臣，署理兵部尚书。随后清政府任命其为钦差大臣、东三省总督兼管东三省将军事务。

徐世昌提出《通筹东三省全局折》，实行政治体制改革，确立总督一人负责制，

---

① 张富良：《赵尔巽执政奉天略论》，《学习与探索》2014年第12期，第173页。

简化办事手续,提高工作效率。大力推行政治体制改革,规定行政公署内以总督为长官,巡抚为次官,皆如各部堂官,同时确立"民政"为工作中心,在督抚之下分设二司七厅。进行司法体制改革,"首以行政、司法分权为要务"。变置地方官制,增设府县。整饬吏治,破格用人。徐世昌任东三省总督期间,东北面貌焕然一新。

1918年由段祺瑞安福国会选为总统。1922年被直系军阀赶下台。抗日战争全面爆发后拒任伪职。编著有《清儒学案》等。①

第二节
北洋时期辽宁政治人物

图 15-1　张作霖②

张作霖（1875—1928）,字雨亭,汉族,奉天海城（今属辽宁）人。奉系军阀首领。

张作霖自幼出身贫苦农家,早年投身绿林,后接受招安,协助清廷剿灭其他土匪势力,升任奉天巡防营前路统领。辛亥革命爆发后,东北革命志士酝酿响应。张作霖闻变,急率部进驻省城,与赵尔巽合谋镇压革命。1912年9月,张作霖被北洋政府任命为陆军中将和第二十七师师长,逐步控制了奉天军政大权。1916年,黎元洪任命张作霖为奉天省督军兼省长。1918年7月,张作霖被徐世昌任命为东三省巡阅使。1920年,在直皖战争中奉军助直倒皖,张作霖进入北京。1921年,被任命为蒙疆经略使,辖热察绥三特区,进京组织梁士诒内阁。1922年,第一次直奉大战奉军惨败,张作霖退回关外,宣布东三省独立,自

---

① 辞海编辑委员会编《辞海》第6卷,第7版彩图本,上海辞书出版社,2020,第4979页。
② 常城主编《张作霖》,辽宁人民出版社,1980。

任保安总司令。1924年，第二次直奉大战爆发，因冯玉祥发动北京政变，直系失败，奉系控制北洋政府。1925年，奉军进入上海，势力达到鼎盛时期。此时发生了郭松龄反奉事件，尽管在日军帮助下张作霖打败了郭松龄，但是奉系集团元气大伤。

1926年，随着国民革命逐渐兴起，吴佩孚到北京与张作霖商讨"讨赤"计划，孙传芳也北上归附奉系。在天津召开的军事会议上，张作霖称安国军总司令。为了维持北洋政府的反动统治，张作霖残酷镇压北方的工人运动，于1927年4月6日在北京下令杀害李大钊等20余名共产党人和革命者。1927年6月，组织安国军政府，自称"中华民国陆海军大元帅"。张作霖和"满铁"社长山本条太郎就"满蒙新五路协约"达成秘密谅解，但是仅以私人身份签订，为日后交涉留有余地，即"如果有利用日本的必要，他不惜任何牺牲，允许日人所提条件，迨事过境迁，感到对他不利时，他就拒不承认或借故拖延，不肯履行诺言"①。

1928年5月，北伐军对奉系展开全面进攻。6月2日，张作霖宣布退出北京。6月4日晨，张作霖乘火车途经奉天皇姑屯车站时，被日本关东军预先埋设的炸弹炸成重伤，当日在奉天死去。②

张作相（1881—1949），奉系军阀集团重要人物，东北政务委员会委员，东北边防军副司令长官兼吉林省主席，国民政府国策顾问，东北行营政治委员会委员，东北"剿总"副总司令，国民党吉林省党务指导委员会主任委员。绿林出身，与张作霖一起投靠盛京将军增祺，任巡防营第一营管带。民国时张作霖部被改编为奉天陆军第二十七师，张作相任炮兵团团长。1917年任陆军第二十七师第五十四旅旅长，署理第二十七师师长。1925年代理吉林军务帮办兼吉林省省长，晋升陆军上将。1928年张作霖被炸身亡后，东北三省议会联合会推荐张作相出任东北三省保安总司令，他坚辞不就，力主张学良出任总司令，表示"老帅已逝，子承父业，顺理成章，自己当全力辅佐"③，甘居副职。随后出任吉林省保安司令兼吉林省省长。1929年任东北边防军副司令长官兼东北政务委员会委员。1930年中原大战爆发，

---

① 罗靖寰：《我所知道的张作霖对日外交》，载天津市政协文史资料研究委员会编《天津文史资料》第2辑，天津人民出版社，1979，第21页。
② 辞海编辑委员会编《辞海》第7卷，第7版彩图本，上海辞书出版社，2020，第5559页。
③ 《北洋时期东北四省区军政首脑》，载陈志新、赵希兰等编著《沈阳文史资料》第21辑，沈阳市政协文史资料研究委员会办公室，1994，第309页。

张作相主张闭关自守、休养生息、扩充实力。张作相在吉林任职期间修筑吉敦铁路、兴办教育，颇有政绩。1930年张学良率东北军进关，将东北军政大权交给张作相署理。1931年九一八事变爆发当晚，张作相因服丧未在沈阳，没能及时作出反应，随后张作相经锦州到北平。1933年出任国民政府军事委员会北平分会委员。同年2月，任华北第二方面军总司令兼第六兵团总指挥，在热河督师。热河失守后，南京政府追究失利的责任，逼迫张学良下野。张作相愤而辞职，赴天津隐居。抗战期间，日伪多次派人劝说张作相出任伪职，被其严词拒绝。抗战胜利后，张作相出任东北行营政治委员会委员，但并未实际参与政务。1948年锦州战役，张作相被俘。林彪知道情况后派专人将他送到天津。1949年，张作相在天津病逝。

王永江（1871—1927），奉系军阀集团代表人物，文治派领袖。少年时期饱览群书，才思敏捷，精通医道。20岁时以县试第一名考取优贡，步入仕途。1916年出任奉天省督军署高级顾问，随即担任全省警务处处长兼奉天警察厅厅长，得到张作霖的信任。1917年，张作霖委任王永江为奉天省财政厅厅长兼东三省官银号督办。王永江到任后勇于任事，整顿税制，选任干吏，严惩腐败，使奉天财政收入迅速好转，资金得以充实。王永江将东三省兴业银行、奉天兴业银行与东三省官银号合并，组成新的东三省官银号，资本为奉大洋2000万元。合并后的东三省官银号具有名副其实的官银号资格。奉天省自1875年以来40余年间，历届财政当局苦心经营而未能竟其功者，王永江仅用数年时间即整顿有序，不仅填补了前任积累下的赤字，而且到1921年省库结余1100余万元。[①]

1922年，王永江出任奉天省省长，先后参与创办奉天纺织厂、东北大学，修建沈海与洮昂铁路。王永江着力改造奉天，目的是打造一个模范省份；但是张作霖念念不忘扩军备战，数次入关参与军阀混战，特别是第二次直奉大战后，奉系军队急剧扩张，军费暴涨，导致东北货币贬值，物价飞涨，民众怨声载道。王永江数次向张作霖进言，希望他能够轻武修文、休养生息，但是张作霖没有听取他的意见。1926年1月，心灰意冷的王永江以探望双亲为名告假回乡，随后向张作霖提交了辞职信。张作霖接信后大惊，先后派袁金铠、张学良等人到金州请王永江出山；但王永江心志坚定，一概不见。1926年7月，张作霖亲自前往拜见，依然没有说服王永

---

① 胡玉海、张伟：《奉系人物》，载胡玉海主编《奉系军阀全书》2，辽海出版社，2000，第92页。

江。1927 年 11 月，王永江在金州去世，终年 56 岁。

杨宇霆（1886—1929），奉系军阀集团重要人物，士官派领袖。至日本陆军士官学校第八期学习，学成回国后历任陆军第三镇炮兵队队官、管带，东三省讲武堂教官，陆军部一等科员，东三省军械厂兵器科科长、管带、弹药队长，荐升厂长，晋升陆军炮兵上校。1916 年，杨宇霆担任奉天省督军署参谋长，晋升陆军少将；再迁奉军总司令部参谋长、警备副司令兼清乡会办、陆军混成旅旅长。后辞职入京，为总统府侍从武官兼咨议及陕西省署高级顾问、西北边防司令部参议。后回归奉系，历任奉天省督军署参谋长、奉天总司令部参谋长、东三省巡阅使署总参议、兵工厂督办、江苏督办兼省长，晋升陆军上将。杨宇霆襄助张作霖多年，出谋划策，参与机要，堪称奉系的头号智囊，是东三省政坛上炙手可热的显赫人物。张作霖被炸身亡后，张学良继承父位，杨宇霆的地位依然举足轻重。自他从日本归国踏入仕途开始到被杀为止，"历官乡邦垂二十年"①。后杨宇霆与张学良产生矛盾。杨宇霆坚决反对东北易帜，认为张学良不应该服从蒋介石。与此同时，杨宇霆以周公自居，对张学良进行训诫，批评其少不经事、难当大任。这引发了张学良的强烈不满。日本人利用双方矛盾诽谤杨宇霆，挑拨两人的关系。1929 年 1 月 10 日晚，杨宇霆与黑龙江省主席常荫槐向张学良提出成立东北铁路督办公署的要求，张学良推说晚餐后再议。张学良随后召见警务处处长高纪毅。当晚前来议事的杨宇霆和常荫槐被高纪毅、谭海率领的 6 名卫士击毙在大帅府老虎厅，史称"杨常事件"。

郭松龄（1883—1925），奉系集团著名将领。早年以优异成绩考入奉天陆军小学堂。1906 年进入奉天陆军速成学堂学习，在这里逐步产生民主革命思想。郭松龄以优等成绩毕业后充任盛京将军衙门卫队哨长，受到陆军统领朱庆澜的赏识，长期追随在朱的左右。1909 年，朱庆澜调入四川驻防，任陆军第三十四协协统，郭松龄随他一起入川，任第六十八标连长。朱庆澜军中聚集了一批同盟会会员，郭松龄

---

① 《杨宇霆碑铭》，载辽宁省政协文史资料研究委员会编《辽宁文史资料》第 15 辑，辽宁人民出版社，1986，第 141 页。

在方声涛、叶荃的介绍下加入了新军同盟会。① 1911年，四川发生保路运动，升为第六十八标第二营营长的郭松龄拒绝镇压请愿的群众，被四川总督赵尔丰撤销职务，在朱庆澜的恳求下才得以复职。武昌起义后，川籍将领发动兵变，朱庆澜被迫离川，郭松龄也辞职回到奉天。1912年考入北京将校研究所。1913年考入中国陆军大学，毕业后任北京讲武堂教官。1917年赴广东参加护法军政府，任广东警卫军营长，转任韶关讲武堂教官。护法运动失败后，郭松龄回到奉天，任东三省陆军讲武堂战术教官，并结识了在讲武堂学习的张学良。经张学良举荐，被张作霖任命为奉军第八旅旅长，与张学良的第三旅组成联合司令部。第一次直奉战争中，奉军全线溃败，只有张学良和郭松龄指挥的东路部队表现出色，打破了吴佩孚乘胜出击、突破山海关的计划。1924年第二次直奉战争中，张学良与郭松龄分别任第三军军长、副军长，突破九门口长城，击溃直军，取得胜利。张作霖任命张学良为京榆驻军司令部司令，郭松龄为副司令。随后，奉军大举南下，郭松龄不愿参加内战，提出退回关外、保境安民，但其建议未被张作霖采纳。同时，郭松龄遭到杨宇霆等人的排挤，"陆大派"和"士官派"的矛盾激化。1925年，郭松龄到日本观摩秋操，得知张作霖决意与国民政府开战，郭松龄愤慨至极，决定联络冯玉祥共同反奉。同年11月，郭松龄在滦州誓师，同时杀掉姜登选，发表反奉宣言。郭松龄率7万大军攻克山海关，夺取绥中、兴城，冲破连山防线，拿下锦州。奉军退至辽河东岸固守。在郭军向前突进时，冯玉祥和李景林在平津大打出手，没有有效地保护好郭军的后路。在郭军攻打新民县巨流河时，日本关东军突然发动袭击，郭军后方被从黑龙江赶来的吴俊陞切断，日军飞机轰炸郭军阵地。郭军不敌，一败涂地。郭松龄和夫人化装逃跑。12月24日在新民被俘，25日在被押往辽中后被枪杀。

常荫槐（1888—1929），奉系军阀集团代表人物。字瀚襄（亦作汉香、翰香、翰襄），祖籍山东寿光，后迁至吉林省梨树县刘家馆子乡。常荫槐1910年毕业于奉天法政学堂，之后随其兄常荫廷至黑龙江，充任黑龙江都督府军需科额外科员。常荫槐工作勤勉，不久转入黑龙江陆军一师司令部任少校军法官。1921年，他随同许兰洲到哈尔滨任剿匪司令部参谋长。1922年第一次直奉战争时，常荫槐任骑兵司令

---

① 任松、武育文：《郭松龄》，载辽宁省政协文史资料研究委员会编《辽宁文史资料》第16辑，辽宁人民出版社，1986，第1页。

部参谋长。结果奉军骑兵一败涂地，常逃回关外。当时奉军大败，关内外溃散的军队难以收束，散兵游勇军纪涣散。张作霖知道常办事果断、为人严肃，于是提拔他为军警执法处处长。常受任后，"能破除情面，弹压溃兵，遇有违法乱纪者不管何人，均严加惩办。"张作霖回到奉天后，因为胡匪四起，社会治安受到严重影响，所以派常为奉天全省清乡总办。常深感张作霖知遇之恩，全力任事。

1925年，常荫槐任京奉铁路局局长。1926年兼任奉军第三、四方面军军团部政务处处长、交通司令。1928年又一度兼任奉海（奉天——海龙）铁路局督办和关税自主委员会委员等。常荫槐采取严厉果敢的手段，多年紊乱的京奉铁路经他一番大刀阔斧的整顿，面貌为之一新，路局秩序井然，收入大增，京奉铁路成为全国模范路局之一。1927年，张作霖就任"安国军"政府陆海军大元帅，潘复组阁，常荫槐出任交通部次长代行部务。常主持交通部后对部员优礼有加，而对觊觎中国路权的列强态度强硬。当时日本曾强迫张作霖签订新五路条约，甚至威胁若不签约奉军休想出关。常荫槐主持部务，力主不签字，有意采取回避政策，令日本的阴谋最终没有得逞。张学良就任东三省保安总司令后，日本要求东北当局承认和履行张作霖生前签署的有关铁路的"密约"，常仍表示拒不承认屈辱的"密约"。日本人对常荫槐极其不满，而时论则认为常荫槐对于维护东北路权和铁路建设"功不可没"，"令人钦佩"[①]。1928年8月，东北交通委员会重新改组，郑谦任委员长，常荫槐任副委员长（实际负其责）。常荫槐重视专家和工程技术人员，使工作效率大幅提高。与此同时，常荫槐任黑龙江省省长，励精图治，颇有作为。常荫槐精明能干，办事负责，"当时在东北人的心目中是最有本领的人才之一"。常荫槐与杨宇霆关系密切，与杨一起密谋削弱张学良在东北的领导地位。常态度骄横，经常让张学良大为难堪。1929年1月10日，杨宇霆、常荫槐逼迫张学良成立东北铁路督办公署，当晚被张学良派人击毙在大帅府老虎厅，史称"杨常事件"。

---

① 胡玉海、张伟：《奉系人物》，载胡玉海主编《奉系军阀全书》2，辽海出版社，2000，第198页。

第三节
东北军集团中的辽宁政治人物

图 15-2　张学良

张学良（1901—2001），字汉卿，号毅庵，乳名双喜、小六子。奉天海城（今属辽宁）人。中华民国陆海空军副司令，奉系军阀集团首领张作霖的长子，东北军领袖，中国国民党爱国将领。

1901年6月3日生于奉天海城，少年时代在新民县由举人崔骏声讲解"四书五经"。17岁时参与支持奉天基督教青年会的活动。1919年入东北陆军讲武堂第一期炮兵科学习，被任命为暂编奉天陆军第三混成旅步兵第二团团长。1920年担任奉天陆军第三混成旅旅长。1922年第一次直奉战争爆发时，张学良担任东路军第二梯队司令，指挥第三、第八两个旅和一个混成旅，与吴佩孚所部激战于北京附近的信安、唐家铺一带，将直军击溃。随着奉军西路军的失利，奉军全线崩溃。张学良率领东路军撤退，指挥第三、第八两个旅坚守山海关石门寨，阻止直军的追击。同年6月17日，和孙烈臣作为奉军代表，与直军代表王承斌、杨清臣在秦皇岛海面英舰上签订和约。以山海关为两军分界线，双方自6月19日撤军，第一次直奉战争结束。随后出任东三省陆军整理处（后改为整训处）参谋长，负实际整编之责。原所辖第三、第八旅改编为第二、第六旅，为各旅之冠，成为奉军的骨干。

1924年，继任第二十七师师长。是年9月，第二次直奉战争爆发，任第三军军长，与第一军合组为联合军，在山海关、九门口一线与直军激战；10月，所辖奉军

---

① 沈伟一、王守勋、王庆丰、郝维政主编《九一八事变图片集》，对外贸易教育出版社，1987。

突入九门口，此时冯玉祥倒戈，发动"北京政变"，导致直军失败。

1927年2—3月，率第三、第四军团所辖的6个军，沿京汉线南下，消灭吴佩孚部下靳云鹏部队于郑州、开封之间，以期与北伐军对抗。10月，任总指挥，所部4万余人与傅作义所率晋军第四师展开涿州之战。翌年初，经谈判解决，收编傅军全部。

1928年4月，与杨宇霆率第三、第四方面军，在京汉路和正太路，同再次北伐的冯玉祥、阎锡山部作战。5月，从保定回北京劝张作霖罢战议和，撤兵关外。5月30日，离开保定北上抵达北京，奉军放弃保定，退往琉璃河。6月4日，闻张作霖在皇姑屯被炸，遂离京到滦州布置军事。6月17日，秘密抵达奉天市奔丧。6月19日，张学良就任奉天督办，公布张作霖的死讯，宣告停止军事、休养生息等政策。7月4日，出任东三省保安总司令兼奉天省保安司令。7月10日，派邢士廉、王树翰等人为代表赴北京香山谒见蒋介石，商谈南北妥协条件。8月，日本首相田中义一派特使林权助赴奉天市吊唁，其间欲迫使张学良对南北统一作观望态度，张回答愿使中国统一，并以民意为依归。10月，被国民政府任命为国府委员。12月29日，发表通电，宣布东北易帜，服从国民政府，遵守三民主义。12月31日，被国民政府任命为东北边防军司令长官。是年8月，兼任东北大学校长，捐款增建校舍，以高薪聘请名流学者担任教授。

1929年1月7日，任正式成立的东北政务委员会委员兼主席。1月10日，枪杀杨宇霆、常荫槐。翌日，致电南京国民政府，宣布杨、常罪状。3月，兼任国民政府国防委员会委员。5月，搜查哈尔滨苏联领事馆，封闭中东路职工联合会。7月7日，抵达北平，第一次与蒋介石会晤，协商中东路的对策。7月10日，其部队占领中东路，查封苏联远东贸易局、煤油局、商船局、商业联合会。8月，发布对苏动员令，派兵6万，任王树常、胡毓坤为东、西两路总指挥，增强边境军事力量。11月，未报请南京政府同意便接受苏方条件，恢复冲突以前中东路状态，释放苏方被俘人员。

1930年6月，在中原大战开始一个多月后，被南京国民政府特任为陆海空军副司令。蒋介石极力拉拢，以增加倒阎、冯的实力。9月1日，被北平扩大会议推为国府委员。9月4日，拒绝扩大会议推其为国府委员。9月18日，发出通电（巧电），呼吁和平，拥护中央。9月21日，派东北军12万人入关，到达天津。9月23日进驻北平。10月在沈阳就任中华民国陆海空军副司令。11月到达南京，和蒋介石讨论华北善后问题，蒋让其全权处理，同时其被南京国民政府推为国府委员。

1931年1月，受南京国民政府明令褒奖，当月设副司令行营于北平，节制东北、华北八省的军政。7月下旬，致电东北将领，谴责石友三，讨伐石友三的战争正式开始。① 8月16日，接蒋介石"铣电"，"无论日本军队此后如何在东北寻衅，我方应不予抵抗，力避冲突。吾兄万勿逞一时之愤，置国家民族于不顾。"② 9月6日，致电辽宁省省长臧式毅、边署参谋长荣臻："对于日人，无论其如何寻事，我方务须万方容忍，不可与之反抗，致酿事端。"③ 9月18日晚，日军炮轰北大营，九一八事变爆发。日军占领沈阳后，张学良召集东北高级将领开会，认为日本人图谋东北由来已久，现在既已听命于中央，所有军事、外交，只应速报中央，听候指示。9月19日晨，召集顾维钧、汤尔和等东北外交委员会委员，咨询东北外交。9月21日，邀请平津名流李石曾、胡适、朱启钤、潘复、曹汝霖、陆宗舆、王克敏、王揖唐以及东北军高级将领于学忠、万福麟等人磋商东北问题。两次会议后，迷信南京政府和国联的思想更为加深。12月，致电南京国民政府，请辞陆海空军副司令职。国民政府准其辞职，改任北平绥靖公署主任。

1932年4月，与国联调查团团长李顿会晤，申诉东北历来是中国之一部分，谴责日本对中国经济发展与政治统一的破坏。8月8日，致电国民政府，请辞北平绥靖公署主任。8月16日，国民政府准其所请，以军事委员会委员资格代理北平军分会委员长职务。1933年初山海关失守后，调商震第三十二军、宋哲元第二十九军和王以哲、万福麟所部增援热河。2月，和宋子文等人赴热河视察，与张作相、汤玉麟、宋哲元、万福麟等人发表抗日通电。3月7日，致电南京国民政府，引咎辞职。3月11日通电下野，表示始终以巩固中央、统一中国为职志。4月，从上海乘渡轮赴欧洲考察，先后参观意大利、法国、丹麦等国。

1934年1月自欧回国。2月，被国民政府任命为豫鄂皖三省"剿匪"司令。3月，就职后调原华北的东北军南下，"围剿"豫鄂皖边区工农红军。1935年3月，被国民政府特派为军事委员会委员长武昌行营主任。4月，被国民政府晋升陆军上将。10月，任西北"剿匪"总司令部副总司令，在西安设司令部，负具体实施之责。在陕北"剿共"过程中，东北军屡战屡败，张学良也不愿意继续参与内战，逐

---

① 张学良：《致东北将领电》，载毕万闻主编《张学良文集》第1册，新华出版社，1992，第467-468页。

② 《致东北各军事长官电》，载毕万闻主编《张学良文集》第1册，新华出版社，1992，第473页。

③ 《致臧式毅等电》，载毕万闻主编《张学良文集》第1册，新华出版社，1992，第479页。

渐产生了"联共抗日"的想法。

1936年12月4日,蒋介石到西安督战,张学良与西安绥靖公署主任、第十七路军总指挥杨虎城共同向蒋劝谏停止内战,遭到蒋的拒绝。蒋介石命令张学良、杨虎城立即进攻陕北红军,否则将部队调往福建、安徽。12月12日,张学良、杨虎城包围蒋介石驻所华清池,发动兵谏,西安事变发生。当天,张、杨两人发表救国八项主张。在中国共产党的积极参与和斡旋下,各方达成了和平解决西安事变的协议,为建立抗日民族统一战线奠定了基础。协议签订后,张学良护送蒋介石回南京,随即被扣押。此后张学良被辗转囚于多地,1946年被送到台湾,一直过着幽禁生活。1988年,蒋经国去世,李登辉上台。1990年6月,张学良被全面恢复人身自由。1993年获聘为东北大学名誉校长、校董会名誉董事长。1995年离台赴美国夏威夷居住。2001年10月,在夏威夷首府檀香山逝世,享年101岁。

王家桢(1897—1984),东北军集团重要人物,张学良的主要智囊。字树人,出生于吉林省双城县(今黑龙江省哈尔滨市双城区)。王家桢早年自北京大学法学科肄业后前往日本留学,毕业于庆应义塾大学经济科。回国后历任北京政府交通部法律编辑局书记官、广州大元帅府秘书。1927年返回奉天后,先后担任北京政府外交部秘书、东北边防军司令长官公署外交机要处主任等职,成为张学良的心腹。1928年,蔡智堪通过王家桢将"田中奏折"交张学良后公开。1929年,张学良派王家桢与日方交涉,支付床次竹二郎50万银元,试图通过影响日本内阁选举而改变中日关系。1930年,王家桢出任国民政府外交部常务次长,并任特派威海卫接收专员、日本租界收回委员会委员长。1931年起相继担任外交部顾问、中国出席国际联盟会议代表、中央政治委员会外交委员会委员、东北行营经济委员会委员等职务。1935年出任监察院监察委员。1938年当选第一届国民参政会参政员。1945年作为代表团顾问出席联合国成立大会。1946年当选"制宪"国民大会代表,历任东北行辕经济委员会委员、东北生产管理局局长、东北政务委员会常务委员等。中华人民共和国成立后,加入中国人民外交学会,任中国人民外交学会副研究员、中国国民党革命委员会中央委员、第二届至第六届全国政协委员。1984年12月28日,王家桢在北京逝世。

王卓然（1893—1975），东北著名爱国人士，张学良的得力助手、核心幕僚。王卓然出生在奉天抚顺莲岛湾村一个普通农民家庭。1911年考入奉天两级师范学校，其间他参加青年基督教会，先后结识了张学良、阎宝航、杜重远、卢广绩等东北进步人士并成为挚友。1919年秋，王卓然考入北平师范大学，两年后毕业返回奉天任教育厅视学。1923年秋，获官费到美国纽约哥伦比亚大学留学深造。其间，王卓然为使美国人民广泛了解中国历史和现状，准备了介绍中国历史和日本侵华罪行的讲稿，假期在美国讲演，足迹遍布美国各地。1928年，王卓然回到奉天，刚刚主政的张学良聘请他担任东北大学教授、东三省保安总司令部谘议兼作自己子女的家庭教师。从此，王卓然成为张学良的得力助手、核心幕僚和文胆。

1931年九一八事变时，王卓然正在北平陪伴张学良。是年9月27日，他与流亡关内的东北爱国人士高崇民、阎宝航、卢广绩等在北平成立了东北民众抗日救国会，并被选为执行主任委员。该救国会得到了张学良的暗中支持，在东北民众抗日斗争中起到了重要的组织和领导作用。救国会派车向忱、高鹏等人负责与东北抗日义勇军联络，有力地指导了义勇军的对敌斗争。

东北民众抗日救国会成立后，王卓然创办《覆巢》报（后更名为《东方快报》）并担任报社社长。他支持长子王福时翻译埃德加·斯诺手稿，帮助出版了《外国记者西北印象记》，后来又支持王福时陪同斯诺夫人到延安采访毛泽东、朱德等中共领导人，在《东方快报》上连载王福时撰写的《陕北归来访问记》。1933—1936年，王卓然受张学良推荐，担任东北大学秘书长。1936年西安事变结束后，张学良送蒋介石回南京。王卓然连夜赶写《张学良到底是个怎样的人》，宣传张学良、杨虎城将军的抗日救国主张。1937年七七事变爆发，王卓然与东北抗日救亡总会的领导们相继到达重庆，其被推选为国民参政会参政员。他站在抗日的立场上，呼吁国共合作、团结抗日、释放张学良将军。王卓然的提案得到了周恩来、董必武、邓颖超等共产党参政员的支持。1945年抗战胜利后，王卓然参加了由宁武、阎宝航等创立的东北政治建设协会，呼吁停止内战、和平建设国家。1946年5月4日，王卓然与许德珩等科技界、文化界知名人士发起成立九三学社，争取和平民主。1947年，中国对日本贸易开放。王卓然受东北商界委派，赴日本担任驻日贸易代表。1949年中华人民共和国成立后，王卓然捎信给周恩来总理，请求回国工作。1951年5月，他历经磨难回到祖国。回国后，王卓然用自己的积蓄在北京、天津两地创办两所儿童科学教育馆和3所幼儿园，从事科普工作。1955年，周总理亲自安排他到国务院参事室担任参事，从事文字改革和科普工作。1975年逝世。

第四节
中国共产党早期在辽政治人物

任国桢(1898—1931),中共奉天支部创建者。1898年生于奉天安东县滨江村。1919年在北京大学读书时参加五四运动,1924年加入中国共产党。1925年,受中共北方区委派遣,到奉天开展党的地下工作,领导了奉天学生声援五卅运动的"六十"运动。同年9月,成立中共奉天支部,任国桢任书记;12月,因策应郭松龄反奉而被捕。出狱后历任中共哈尔滨县委书记、中共满洲省委候补常委、中共山东省委书记、中共北平市委书记等职。1931年10月,受党派遣到太原,拟任中共山西特委书记,因叛徒出卖,被捕后被阎锡山杀害。

图 15-3 任国桢①

陈为人(1899—1937),湖南省江华瑶族自治县百家尾村人。中共早期党员,革命烈士,中共满洲省委第一任书记。

1918年,陈为人就读于衡阳省立第三师范学校。1920年夏,在上海参与筹组中国社会主义青年团。1920年末,赴莫斯科东方劳动大学学习,其间加入中国共产党。1921年底回国后,任北方职工运动委员会书记。1922年9月,作为中央特派

---

① 中共辽宁省委党史研究室编《历史永远不会忘记——辽宁人民抗日斗争图文纪实》,辽宁人民出版社,2005。

图 15-4　陈为人①

员到山东工作。1923 年 3 月，他受李大钊委派到东北开辟党的工作。陈为人等抵达哈尔滨后，积极传播马克思主义，扩大党的影响，为东北地区中共组织的发展培养了一批革命骨干。1924 年后，陈为人先后在上海区委和北方区委从事工运工作。

"八七"会议后，中共中央北方局即派陈为人到东北筹组满洲省委。在陈为人、吴丽石等的努力下，1927 年 10 月，中共满洲临时省委正式成立。陈为人任书记兼秘书长、宣传部长。1928 年 1 月，在东北地区第二次党员代表大会上，陈为人继续任书记。同年 9 月，陈为人主持召开了东北地区第三次党员代表大会。会议决定，中共满洲临时省委更名为中共满洲省委，陈为人任省委书记。中共满洲省委成立后，积极开展工农群众运动，恢复和发展党的组织。至 1928 年底，先后恢复和建立了奉天市委、沈北区委、辽阳区委、关东县委等党的组织，共有党员 270 余人。此间，在陈为人领导下，先后出版了《满洲通讯》《满洲红旗》《满洲工人》等刊物；还通过短训班等方式，培养了一批党的基层干部。1928 年 12 月 24 日，陈为人等 14 人在奉天市召开省委扩大会议时，不幸全部被捕。虽经严刑拷打，但他们始终未暴露身份。由于敌人未获任何证据，陈为人等于 1929 年 7 月全部获释。出狱后，陈为人被调回上海，参与举办中央军事干部训练班。后来，又担任中央党报《上海报》（后更名《红旗报》）经理。1931 年春，他再次被捕。1931 年底，经党组织营救，获释出狱。1932 年下半年，陈为人受中共中央派遣，负责中央文库管理工作。他在与党组织失掉联系的极端困难条件下，保卫了中央文库的安全。陈为人两次入狱，身体遭到严重摧残，终因医治无效，于 1937 年 3 月 13 日在上海病逝，年仅 38 岁。为了表彰他对中国革命作出的杰出贡献，在 1945 年召开的党的第七次全国代表大会上，追认陈为人同志为革命烈士。

刘少奇（1898—1969），原名绍选，字谓璜，曾化名胡服，湖南宁乡人。马克思主义者，中国无产阶级革命家、政治家、理论家，中国共产党、中华人民共和国的主要领导人之一，中华人民共和国开国元勋。

---

① 中共辽宁省委党史研究室编《历史永远不会忘记——辽宁人民抗日斗争图文纪实》，辽宁人民出版社，2005。

1921年赴莫斯科东方大学学习，同年加入中国共产党。1929年6月4日，出任中共满洲省委书记。在担任满洲省委书记的8个多月时间里，刘少奇从思想建设、制度建设到组织建设等方面，采取了一系列行之有效的措施，使满洲省委由原来"异常脆弱"的状况逐步坚强起来，为领导东北人民的革命斗争提供了坚强的组织保证。通过艰苦细致的工作，东北各地原有的党团组织已基本恢复，群众斗争正处于山雨欲来风满楼的局面。刘少奇拖着尚未康复的病体决定发动和组织奉天产业工人罢工，以推动全东北群众革命斗争的开展。1929年8月22日下午，刘少奇为进一步调查罢工准备工作，与同伴孟坚去奉天纺纱厂，不幸被捕。在近一个月的时间里，刘少奇等人辗转奉天纺纱厂、奉天警察局商埠地三分局、奉天高等检察处。经过与敌人机智周旋，这三个地方的三次审讯均未果，最终奉天高等检察处判刘少奇"取保释放"①。同年9月中旬，刘少奇出狱。在同志的掩护下，他顺利回到省委秘书处。1930年3月，党中央来信催促他离满返沪。3月下旬，刘少奇离开东北。刘少奇作为中共满洲省委书记，出色地完成了党中央交给的任务，在东北地区党的革命运动中写下浓重的一笔。

此后刘少奇曾任中共湘区委员会委员、中华全国总工会党团书记、中共中央书记处书记和军委副主席、中央军委总政治部主任、中央工作委员会书记、世界工联副主席等职。中华人民共和国成立后，担任人民革命军事委员会副主席、全国人大常委会委员长、中华人民共和国主席等职。1966年"文化大革命"开始后，他受到错误批判和林彪、"四人帮"反革命集团等的迫害，于1969年11月12日逝世。1980年中共十一届五中全会为他平反昭雪、恢复名誉。③

阎宝航（1895—1968），字玉衡，奉天海城人，近代东北著名社会人士，中国共产党优秀党员。1921年被奉天基督教青年会聘为青年部干事，组织"星期三会""启明学社"等团体，讨论新文学，学习马克思列宁主义，探讨救国之路。阎宝航是奉天基督教青年会的灵魂人物，他"积极开展各种活动，对青年进行科学文化知识的爱国主义教育。因而，很快地就以青年会为核心，团结了一批进步青年"。青年会干部郭纲去广州开会，带回了一些宣传马克思列宁主义的书籍。

---

① 邓谦：《抗日灯塔——满洲省委》，载赵杰主编《血肉长城——义勇军抗日斗争实录》（上），辽宁人民出版社，2001，第287页。

② 沈伟一、王守勋、王庆丰、郝维政主编《九一八事变图片集》，对外贸易教育出版社，1987。

图 15-5　阎宝航①

阎宝航就和吴竹邨、苏子元、郭纲等一起学习和讨论。这是辽宁青年接触马克思列宁主义的开始,为以后辽宁地区党组织建立打下了基础。后来党派任国桢、韩乐然等人来奉天市时,都是以青年会为据点开展工作的。②

1931年9月27日,阎宝航联合高崇民、王化一等东北各界人士在北平成立了"东北民众抗日救国会",会场设在西单奉天会馆,以"抵御日人侵略,共谋恢复失地,保护国家主权"为宗旨。这个抗日组织在成立期间为反对日本帝国主义的侵略做了大量实际工作。当时阎宝航不辞辛苦到南京、上海等地宣传九一八事变后东北人民的抗日救国活动,以及各地抗日义勇军奋起抗战的情况。回北平后又在北平西山开办训练班,为抗日救国培养人才。③ 1937年,组织成立"东北抗日救亡总会"并任常务委员,受中共北方局领导。同年9月加入中国共产党。1941年参加组织中国民主革命同盟。1945年加入中国民主建国会。1946年任东北行政委员会委员、辽北省人民政府主席。新中国成立后,历任外交部办公厅副主任、全国政协常委、全国政协文史资料委员会委员。

第五节

解放战争时期中国共产党在辽政治人物

林彪(1907—1971),湖北黄冈人,原名祚大,字阳春,号毓蓉,中国军事

---

① 辞海编辑委员会编《辞海》第4卷,第7版彩图本,上海辞书出版社,2020,第2732页。
② 卢广绩:《回忆阎宝航同志》,载辽宁省政协文史资料研究委员会编《辽宁文史资料》第10辑,辽宁人民出版社,1982,第29页。
③ 同上书,第34页。

家。

1907年12月5日生于湖北黄冈。1923年6月加入中国社会主义青年团。1925年考入黄埔军校第四期,同年转入中国共产党。1926年10月毕业后在国民革命军叶挺独立团任排长,参加了北伐战争。1927年8月参加南昌起义。起义军在广东潮汕地区失败后,随朱德、陈毅转战闽粤赣湘边界。1928年1月参加湘南起义。同年4月随部队上井冈山,先后任红军第四军二十八团营长、团长,参加了巩固和发展井冈山革命根据地的斗争。1929年1月随军挺进赣南、闽西,3月任红四军第一纵队司令员。1930年6月任红四军军长。1932年3月任红一军团总指挥(后称军团长),率部参加了长沙、赣州、漳州、南雄水口、乐安宜黄等重要战役和中央苏区历次反"围剿",多次指挥所部担任主攻任务。1934年10月率红一军团开始长征,参加突破国民党军四道封锁线和强渡乌江等作战。1935年1月参加了遵义会议,会后指挥所部参加四渡赤水、巧渡金沙江、强渡大渡河、夺占泸定桥等作战。同年9月任陕甘支队副司令员兼第一纵队司令员,到达陕北后率部参加了直罗镇战役和东征战役。1936年6月任中国人民抗日红军大学(后改称抗日军政大学)校长,后兼政治委员。抗战爆发后任八路军第115师师长,率部挺进华北前线,同聂荣臻指挥了平型关战斗。1938年冬赴苏联就医。1942年2月回国。①

1945年8月抗战结束,毛泽东指派林彪为山东军区司令员。9月,赴任途中的林彪接到中央电令,改任冀热辽军区司令员。10月31日,中央决定成立东北人民自治军,任命林彪为总司令。林彪遂奉命转赴东北,于10月底抵达沈阳。此后,任东北人民自治军总司令,东北民主联军总司令,中共中央东北局书记,东北军区、东北野战军司令员,并兼任东北军政大学校长等职。进入东北初期,根据形势变化,向中央军委提出缩短战线的建议并被采纳。而后,林彪参与领导建立东北根据地,并组织和指挥了四平、新开岭、三下江南、四保临江等战役,扭转了我军在东北前期不利的局面。1947年,先后发动夏季、秋季、冬季攻势,歼灭国民党军30余万人,为在东北进行战略决战创造了条件。此后,曾对中央军委南下作战的指示迟疑不决,直至1948年7月才初步定下实施辽沈战役的决心。9月,首先攻克锦州,随后果断进行辽西会战,围歼国民党军西进兵团,取得辽沈战役的决定性胜利。

---

① 《林彪》,中国政府网,https://www.gov.cn/govweb/test/2007-11/16/content_807455.htm,访问日期:2023年11月7日。

1948年底率部入关，与罗荣桓、聂荣臻一起指挥平津战役。1949年3月起任第四野战军司令员等职，先后指挥了湘赣、衡宝、广东、广西等战役。新中国成立后，先后任中南军政委员会主席、中南军区兼第四野战军司令员、国防委员会副主席、国防部部长、中共中央军委副主席等职。1955年被授予中华人民共和国元帅军衔。"文革"中与陈伯达、黄永胜、吴法宪、叶群、李作鹏、邱会作等结成反革命集团，同江青反革命集团互相勾结，有预谋地诬陷迫害党和国家领导人，阴谋夺取党和国家的最高权力。1971年9月8日，下达反革命武装政变手令，妄图谋害毛泽东。政变阴谋败露后，于9月13日乘飞机外逃，在蒙古国温都尔汗坠机身亡。1973年8月20日，被开除党籍。1981年1月25日被中华人民共和国最高人民法院特别法庭确认为"林彪、江青反革命集团案"的主犯。①

图15-6　罗荣桓②

罗荣桓（1902—1963），原名慎镇，字雅怀，号宗人，湖南衡山南湾村（今属衡东）人，中国无产阶级革命家、军事家，中国人民解放军创建人和领导人。

1927年加入中国共产主义青年团，后转为中国共产党党员。同年参加湘赣边界秋收起义。曾任中国工农红军第四军政委、第一军团政治部主任、八路军一一五师政委。1945年6月，罗荣桓当选为中共第七届中央委员。10月24日，罗荣桓接到中央的电报，要他"率轻便指挥机关，日内去东北"。进军东北后，历任东北人民自治军第二政治委员、东北民主联军副政治委员。1946年后，任中共中央东北局副书记、东北人民解放军副政治委员、东北军区第一副政治委员、东北野战军政治委员。他强调打破和平幻想，准备长期作战，积极贯彻中共中央"让开大路，占领两厢"的战略方针，曾提出发动群众、创建东北根据地的建议。他组织领导了东北地区大兵团作战中的政治工作。作为政治委员，罗荣桓对东北解放战争形势与任务的分析和部队政治思想工作的总结，为取得辽沈战役及之后平津战役的胜利起到重要作用。中华人民共和国成立后，罗荣桓任人民革命军事委员会副主席、解放军总政治部主任兼总干部部部长、国防委员会副主席、全国人大常委会副委员长、

---

① 辞海编辑委员会编《辞海》第4卷，第7版彩图本，上海辞书出版社，2020，第2687页。
② 《罗荣桓传》编写组编《罗荣桓传》，当代中国出版社，2006。

中共中央政治局委员。1955 年被授予中华人民共和国元帅军衔。① 1963 年 12 月 16 日因病在北京逝世。

彭真（1902—1997），原名傅懋恭，山西曲沃人。中国无产阶级革命家、政治家，国务活动家，中国共产党和中华人民共和国领导人。

1923 年加入中国共产党，曾任中共天津市委书记、中共中央北方局组织部部长。抗日战争时期，任中共中央晋察冀分局书记，参与创建晋察冀抗日根据地。1941 年到延安。历任中共中央党校副校长、中共中央组织部部长、中共中央书记处候补书记。抗日战争胜利后，中共中央确定了"向北发展，向南防御"的方针，成立了以彭真为书记的东北局。彭真率东北局进入东北时，东北正处在苏联红军管制下。面对牵涉美苏、美蒋、苏蒋、苏我、国共两党关系等矛盾重重、错综复杂、变化急剧的形势，彭真严肃地执行中共中央、中央军委的决定、指示和命令，领导东北局和东北民主联军总部，团结来自四面八方的干部，一边粉碎国民党反动派的军事进攻，一边坚持不懈地放手发动群众，壮大人民力量，迅速扩大部队，建设民主政权，建立根据地，创建了广大的东北解放区，奠定了东北解放战争胜利的基础。中华人民共和国成立后，任中共北京市委书记、北京市市长、全国人大常委会副委员长、全国政协副主席、中共中央书记处书记、中共中央政法小组组长。"文化大革命"中遭到错误批判，1979 年中共中央决定予以平反。后任中共中央政法委员会书记、全国人大常委会委员长。是中共第七、八、十一、十二届中央政治局委员。长期主持政法工作，对促进和加强社会主义法制建设作出重大贡献。②

陈云（1905—1995），原名廖陈云，江苏青浦（今属上海）人。马克思主义者，中国无产阶级革命家、政治家，中国共产党、中华人民共和国的主要领导人之一，中国社会主义经济建设的开创者和奠基人之一，以毛泽东同志为核心的中国共产党第一代中央领导集体和以邓小平同志为核心的中国共产党第二代中央领导集体的重要成员。

1925 年参加五卅运动。同年加入中国共产党。大革命失败后，在上海从事农民运动和工人运动。曾任中华全国总工会党团书记、中共中央白区工作部部长、中央

---

① 辞海编辑委员会编《辞海》第 4 卷，第 7 版彩图本，上海辞书出版社，2020，第 2862 页。
② 同①书，第 3312-3313 页。

政治局委员。1935年在遵义会议上积极支持毛泽东的正确主张。1937年后,任中央组织部部长、中共中央东北局副书记、中华全国总工会主席。抗战胜利后,担任中共中央东北局副书记兼东北民主联军副政委、东北军区副政委、东北财政经济委员会主任、沈阳特别市军事管制委员会主任。进军东北之初,东北的党内干部中有许多人对形势缺乏清醒的认识;在和与战问题上模糊不清;留恋大城市,忽视农村工作,缺乏长期斗争准备。在这个决定东北前途命运的关键时期,时任中共中央东北局北满分局书记的陈云,凭借敏锐的政治头脑和丰富的实践经验,得出与中央一致的结论,从而为建立东北根据地作出重大贡献。1946年12月,辽东军区在七道江召开军事会议,主要讨论南满所面临的严峻形势及今后作战方针问题。会议一开始就在是否坚持南满根据地问题上发生了严重分歧。由于会议对去留问题未达成统一,因而影响了具体作战方针的最终确定。在此危急关头,陈云冒着暴风雪从临江赶到七道江,主持了会议。陈云有理有据的分析和果断干脆的决定,统一了认识,会议一致通过了巩固长白山区、坚持敌后斗争的总的战略指导思想,以及正面与敌后战场相配合,内线与外线、运动战与游击战相结合的作战方针,从而顺利解决了要不要坚持南满根据地这一重大问题。陈云先后担任东北局财经办事处主任、东北财政委员会主任,为解决根据地的财经困难,作了可贵的探索,制定了行之有效的政策,为统一东北财经工作作出了重大贡献。沈阳解放后,陈云担任沈阳特别市军事管制委员会主任等职,有条不紊地完成了接收工作。

  中华人民共和国成立后,任政务院副总理兼财经委员会主任,主持全国的财政经济工作。1950年后,任中共中央书记处书记、国务院副总理兼国家基本建设委员会主任、中共中央副主席、中央财经小组组长。60年代初,对恢复遭到严重困难的国民经济,作了卓有成效的努力。"文化大革命"中除保留中共中央委员名义外,被解除一切领导职务。1975年当选为全国人大常委会副委员长。1978年后,任中共中央副主席、中央纪律检查委员会第一书记、国务院副总理、中央顾问委员会主任。参与制定和实施新时期党的路线、方针和政策,并提出执政党的党风问题是有关党的生死存亡的问题等重要思想。1995年4月10日,陈云因病在北京逝世。[1]

---

[1] 辞海编辑委员会编《辞海》第1卷,第7版彩图本,上海辞书出版社,2020,第526-527页。

第六节
解放战争时期国民党在辽政治人物

熊式辉（1893—1974），字天翼，别署雪松主人，江西安义人。国民党二级陆军上将，政学系代表人物。

1908年毕业于江西陆军小学。1911年升入南京陆军第四中学，并加入中国同盟会。参加了辛亥革命。1913年入清河陆军预备学校，继升入保定陆军军官学校。毕业后，参加讨袁、护法战争。1921年被广东军政府参谋部保送赴日本陆军大学深造。1924年毕业回国，任广州滇军学校教育长，国民革命军独立第一师、第十四军党代表，第一师师长，第十三军副军长，淞沪警备司令，江浙皖三省"剿共"总指挥，江西省政府主席兼国民党省党部主任委员，南昌行营主任。1935年被选为国民党第五届中央执行委员。

图15-7　熊式辉①

抗日战争全面爆发后，任国民党国防委员会委员。1941年奉调重庆，任中央设计局秘书长。1942年3月出任驻华盛顿中国军事代表团团长。次年回国，任中央设计局局长兼中央银行监事长。1945年6月，根据《雅尔塔协定》，作为中方军事代表之一，随宋子文赴莫斯科参加中苏会谈，并与苏联缔结《中苏友好同盟条约》。

1945年9月任国民党东北行辕主任及行辕政治委员会主任委员，主持东北"接收"及对苏谈判。东北"接收"与关内"接收"不同，它不是从战败的日军、伪军手中接收，而是从以战胜者自居的苏军手中"接收"，移交速度由苏军决定。因此，熊式辉坐等苏方谈判结果，缺乏主动争取东北的打算。况且熊式辉在东北关系

---

① 何虎生、高晓林编著《金陵秋梦：国民党主要高官的最后结局》，中国工人出版社，2002。

素浅，更无准备，一向自负的他对东北军事代表兼行政长官一职有畏惧之感。由于缺乏信心，熊式辉不能放开手脚工作。在人事安排上，东北行辕内部忙于分赃抢权，人事纠纷影响了国民党对东北"接收"的进度。1946年3月，蒋介石要求熊式辉全力进行武力"接收"，而熊式辉却没有指挥军事的权力。蒋介石将军事"接收"东北的失败归因于熊式辉指挥不力，希望杜聿明重返前线。1947年8月，熊式辉被免去东北行辕主任职务，改任总统府战略顾问委员会委员。1949年后去香港、澳门、曼谷。1954年迁居台湾。① 1974年6月21日病逝于台中。

图15-8　陈诚②

陈诚（1898—1965），字辞修，浙江青田人，国民党一级陆军上将。

1924年任黄埔军校特别官佐。后任国民政府军第十一师师长、第十八军军长。九一八事变后，任第二路、第三路军总指挥，参加对中央苏区的"围剿"。1935年授中将衔。次年加上将衔。抗日战争全面爆发后，任第三战区前敌总司令兼第十五集团军总司令，参加指挥淞沪会战。1938年任军事委员会政治部部长、武汉卫戍总司令兼湖北省政府主席、第九战区司令长官，参与指挥武汉会战。1939年授二级上将衔。次年7月调任第六战区司令长官。1943年2月任中国远征军司令长官，制订滇缅作战计划。不久因病辞职。1944年任第一战区司令长官、军委会军政部长。

1947年8月，被委任为东北行辕主任。抵达沈阳宣誓就职，随即开始着手整编东北地区的国民党军队。面对各军不得不拆散建制，以师、团、营为单位分别据守的不利态势，陈诚认为只有增兵这唯一方法才能改变当时的局势。只有稳定防线，才有可能发起进攻，从而完成蒋介石赋予的任务。因此，陈诚根据以往的整军经验，力排众议，大胆起用东北地区的保安部队，将这些部队正规军化。在之后的一个月里，东北13个保安区被改编为12个野战师，分拨给各正规军的军级单位指挥。陈诚又将东北的两个交通警察总队改编，组成一个野战师。此外，为了解决补充兵源的问题，陈诚又将东北地区接连遭到打击、几乎陷于停顿的吉林、辽东、辽

---

① 辞海编辑委员会编《辞海》第6卷，第7版彩图本，上海辞书出版社，2020，第4959页。
② 何虎生、高晓林编著《金陵秋梦：国民党主要高官的最后结局》，中国工人出版社，2002。

西、辽北等师、团管区业务工作重新督办恢复起来，征募新兵予以训练，做好随时补充野战军的准备。虽然国民党部队越扩越多，但是战斗力却大打折扣。陈诚主掌东北军政仅8个月，在战场上却连战连败，各军都遭受了不同程度的减员，再加上武器装备大量损失，后方补给不畅通，使他准备实施的反击计划彻底流产，国民党军队彻底丧失了东北战场的主动权。最终他以生病为由离开沈阳，狼狈地以辞职方式返回南京。

1947年，陈诚被授予一级上将衔。1948年任台湾省政府主席兼台湾警备总司令。国民党败退台湾后，任台湾当局"行政院院长"、副领导人及国民党副总裁等职。① 1965年3月5日，陈诚因肝癌在台北去世。

卫立煌（1897—1960），又名辉珊，字俊如，安徽合肥人，国民党高级将领，陆军二级上将。

民国初年参加合肥光复军。1917年任孙中山卫士、警卫团排长。翌年，调粤军第二支队为连长、营长、团长。1925年粤军编成国民革命军，任第一军第三师第九团团长、第十四师师长。1927年起任国民革命军第九军

图 15-9　卫立煌②

副军长，1929年任国民党军第四十五师师长，1931年起任第十四军军长，曾在蒋介石指挥下，率部进攻大别山革命根据地。抗日战争初期，先后任第二战区副司令长官兼前敌总指挥及第一战区司令长官等，积极主张抗日，指挥忻口战役。1938年到延安，对中国共产党有了较深的了解。历任第一战区司令长官、河南省政府主席兼冀察战区总司令、军委会西安行营主任。1943年冬任中国远征军司令长官，在滇西、缅北给予日军重创，名声大振，后任陆军副总司令。1946年9月出国考察，次年底回国。1948年初被蒋介石任命为东北行辕代主任兼东北"剿总"总司令。卫立煌到东北后，集中兵力，固守要点。不管各地守军如何告急，不管蒋介石如何一再电令其派兵解围，他总是把兵力集中于沈阳、锦州、长春附近，拒不出战。蒋介石对卫立煌不肯出兵、坐守沈阳的策略十分不满。严令卫立煌只留少数兵力守沈阳，把主力部队向南开，打通沈锦路，严守锦州。卫立煌不接受蒋的命令，因此，蒋卫之间的矛盾越来越尖锐。1948年10月30日沈阳解放前，蒋介石派专机将卫立

---

① 辞海编辑委员会编《辞海》第1卷，第7版彩图本，上海辞书出版社，2020，第511页。
② 何虎生、高晓林编著《金陵秋梦：国民党主要高官的最后结局》，中国工人出版社，2002。

煌接至北平。1949年，卫立煌去往香港。1955年，卫立煌回到北京，后任全国政协常委、国防委员会副主席、民革中央常委。① 1960年1月17日在北京病逝。

杜聿明（1905—1981），字光亭，陕西米脂人，国民党陆军中将。

1924年6月入黄埔军校第一期学习，毕业后在国民革命军东征讨伐陈炯明中初露头角，历任军校教导团副排长，武汉分校学兵团中尉连长，中央陆军军官学校中队长，教导第2师营长、团长，第十七军第二十五师旅长、副师长等职，曾参加北伐战争、长城抗战、淞沪抗战。1939年11月任第五军军长，率部参加桂南会战，指挥桂南昆仑关对日作战，重创号称"钢军"的日军第五师团。

1945年10月18日，蒋介石任命杜聿明为东北保安司令长官，杜聿明建议要"接收"东北，非用武力不能解决。1945年11月5日，杜聿明急飞重庆向蒋介石报告，请求迅速抽调兵力，由美舰掩护从葫芦岛或营口强行登陆。11月14日，杜聿明下达向山海关进攻的命令，决心在东北民主联军主力部队未到达之前夺取要点，然后兵分两路继续向绥中追击前进，之后占领兴城、锦西、葫芦岛三个要点。3月16日因病动手术割去左肾。4月16日返回沈阳。国共谈判破裂后，杜聿明制定了"南攻北守"的全局作战指导原则。8月，派副司令郑洞国负责指挥对热河省的全面进攻，"扫荡"热河境内的东北民主联军。10月，又派第五十军进攻安东、通化等重要城市。该军第二十五师在新开岭战役中被全歼。杜聿明仍坚持既定的"扫荡"方针，向临江进攻，部队再一次遭受沉重打击。至此，东北国民党军开始走下坡路。1947年5月15日，北满的东北民主联军渡江南下，展开了大规模的夏季攻势。在东北民主联军铁拳锤击下，杜聿明迭遭惨败，一筹莫展，以至忧郁成疾，于7月8日离开东北，到上海医治。1948年9月12日，东北野战军发起了辽沈战役。10月初，完成了对锦州的包围，切断了东北国民党军通往关内的唯一通道。蒋介石为了挽救败局，赶紧将杜聿明调回沈阳。10月15日，杜聿明急忙从徐州飞抵沈阳。次日，锦州便失守。1948年10月23日，廖耀湘第九兵团向黑山发起猛攻，即遭到解放军的毁灭性打击。至26日，廖兵团即被全歼。27日凌晨，蒋介石派专机到葫芦岛接杜聿明去北平，商讨对策。11月2日，沈阳解放。随后蒋介石任命杜聿明为徐州"剿总"副总司令。

---

① 辞海编辑委员会编《辞海》第6卷，第7版彩图本，上海辞书出版社，2020，第4553页。

1949 年杜聿明在淮海战役中被俘，1959 年被特赦释放。曾任全国政协常委、全国政协文史资料研究委员会文史专员。① 1981 年 5 月 7 日，因肾衰竭在北京逝世。

廖耀湘（1906—1968），别号建楚，湖南邵阳人，国民党陆军中将，国民党军第九兵团司令。

黄埔军校第六期毕业后留学法国，回国后参加了南京保卫战。1939 年担任国民革命军新编第二十二师师长，1940 年，同杜聿明率领中国远征军赴缅甸作战。1946 年 1 月，廖耀湘奉命率新六军开赴东北战场，参加内战。东北民主联军在"让开大路，占领两厢"的战略方针指导下，主动放弃一些大城市，机动转移。新六军长驱直入，占领本溪、四平等要地，又于 5 月 22 日占领长春。1947 年 1 月至 10 月，东北民主联军北满、南满部队密切配合、协同作战，采用围点打援、远程奔袭、运动反击和伏击战等灵活多变的战术，集中优势兵力，以"零打碎敲、蚂蚁吞象、快刀割肉"的方式大打歼灭战，打得新六军元气大伤。

1948 年 9 月，东北人民解放军主力发动辽沈战役，包围锦州。蒋介石命令以 11 万人组成西进兵团，任命廖耀湘为兵团司令，企图与葫芦岛方面的国民党军配合夹击解放军，以解锦州之围，但未能得逞。锦州解放后，廖耀湘受命从黑山、大虎山一带突围，与锦西北的国民党军会合，企图重占锦州。为此，廖率部与东北人民解放军展开了三天血战。10 月 26 日，人民解放军主力将廖耀湘兵团包围。经过两天一夜激战，全歼了这支拥有 10 余万人的美式机械化兵团，廖耀湘被俘。

1961 年 12 月，廖耀湘作为特赦战犯被释放。被特赦后，先后任北京文史资料研究委员会专员、第四届政协全国委员会委员。"文化大革命"中受到冲击，1968 年 12 月 2 日因心脏病突发逝于北京。

---

① 辞海编辑委员会编《辞海》第 2 卷，第 7 版彩图本，上海辞书出版社，2020，第 971 页。

参考文献

一、档案、文件集、报纸等

[1] 清实录[M].影印版.北京:中华书局,1987.

[2] 纪昀,等.钦定四库全书[M]上海:上海古籍出版社,1987.

[3] 清朝通典[M].杭州:浙江古籍出版社,1988.

[4] 明太祖实录[M].上海:上海书店,1982.

[5] 中国历史第一档案馆.鸦片战争档案史料[M].天津:天津古籍出版社,1992.

[6] 齐思和,林树惠,寿纪瑜.中国近代史资料丛刊:鸦片战争[M].上海:神州国光社,1954.

[7] 筹办夷务始末[M].北京:中华书局,1979.

[8] 朱寿鹏.光绪朝东华录[M].北京:中华书局,1984.

[9] 中国史学会.洋务运动[M].上海:上海人民出版社,1961.

[10] 故宫博物院.清光绪朝中日交涉史料[M].北京:故宫博物院,1932.

[11] 戚其章.中日战争丛刊续编[M].北京:中华书局,1993.

[12] 日本外务省.日本外交文书:明治时代[M].东京:外务省,1963.

[13] 戚其章.中日战争丛刊[M].上海:上海人民出版社,1957.

[14] 王铁崖.中外旧约章汇编[M].北京:生活·读书·新知三联书店,1982.

[15] 孙瑞芹.德国外交文件有关中国交涉史料选译文[M].北京:商务印书馆,1960.

[16] 世界知识出版社.国际条约集:1872—1916[M].北京:世界知识出版社,1986.

[17] 王彦威,王亮.清季外交史料[M].北京:书目文献出版社,1987.

[18] 吉林省社会科学院历史研究所.1900—1901年俄国在华军事行动资料[M].董果良,译.济南:齐鲁书社,1982.

[19] 北京大学历史系中国近现代史教研室.义和团运动史料丛编[M].北京:中华书局,1977。

[20] 故宫博物院.义和团档案史料[M].北京:中华书局,1959.

[21] 关捷,董志正,田久川.日俄战争史料集[M].大连:东北财经大学出版社,2004.

[22] 辽宁省档案馆.日俄战争档案史料[M].沈阳:辽宁古籍出版社,1995.

[23] 新民丛报,1903.

[24] 万国公报,1902.

[25] 褚德新,梁德.中外约章汇要:1689—1949[M].哈尔滨:黑龙江人民出版社,1991.

[26] 全国图书馆缩微中心.清末日俄战争善后档案[M].北京:全国图书馆文献缩微复制中心,2008.

[27] 中国近代经济史资料丛刊编辑委员会.中国海关与义和团运动[M].北京:中华书局,1983.

[28] 盛京时报,1911—1914.

[29] 中国社会科学院近代史研究所中华民国研究室.日本外交文书选译:关于辛亥革命[M].北京:中国社会科学出版社,1980.

[30] 中国第二历史档案馆.中华民国史档案资料汇编:第三辑 军事[M].南京:江苏古籍出版社,1991.

[31] 东方杂志,19卷.

[32] 辽宁省档案馆.奉系军阀档案史料汇编[M].南京:江苏古籍出版社,1990.

[33] 辽宁省档案馆.中华民国史资料丛稿:电稿 奉系军阀密电[M].北京:中华书局,1985.

[34] 向导,1925.

[35] 申报,1927.

[36] 晨报,1927.

[37] 民国日报,1927.

[38] 中央日报,1928.

[39] 季啸风,沈友益.中华民国史史料外编:前日本末次研究所情报资料[M].桂林:广西师范大学出版社,1996.

[40] 京报,1928.

[41] 天津市政协编译委员会.日本军国主义侵华资料长编:《大本营陆军部》摘译[M].成都:四川人民出版社,1987.

[42] 大公报,1928.

[43] 东北文化社年鉴编印处.东北年鉴[M].沈阳:东北印刷局,1931.

[44] 中国第二历史档案馆.中华民国档案资料汇编:第3辑 外交[M].南京:江苏古籍出版社,1997.

[45] 王建朗.中华民国时期外交文献汇编:1911—1949[M].北京:中华书局,2015.

[46] 中国第二历史档案馆.中华民国史档案资料汇编:第五辑 军事[M].南京:江苏古籍

[47] 中共辽宁省委组织部,中共辽宁省委党史研究室,辽宁省档案馆.中国共产党辽宁省组织史资料[M].沈阳:内部发行,1995.

[48] 中央档案馆,辽宁省档案馆,吉林省档案馆,等.东北地区革命历史文件汇集[M].北京:中央档案馆,1988.

[49] 中央档案馆.中共中央文件选集[M].北京:中共中央党校出版社,1989.

[50] 日本外务省.日本外交文书昭和战前特集:满洲事变[M].东京:外务省发行,1977.

[51] 中共辽宁省委党史资料征集委员会.凌青绥抗日游击根据地[M].沈阳:辽宁人民出版社,1986.

[52] 中共中央党史资料征集委员会,中国人民解放军辽沈战役纪念馆建馆委员会,《辽沈决战》编审小组.辽沈决战[M].北京:人民出版社,1988.

[53] 中国社会科学院近代史研究所翻译室.中华民国史资料丛稿 译稿 马歇尔使华:一马歇尔出使中国报告书[M].北京:中华书局,1979.

[54] 中国人民解放军历史资料丛书编审委员会.中国人民解放军历史资料丛书:辽沈战役[M].北京:解放军出版社,1993.

二、著作

[55] 辽宁省地方志编纂委员会办公室.辽宁省志:政府志[M].沈阳:辽海出版社,2005.

[56] 赵尔巽,等.清史稿[M].北京:中华书局,1977.

[57] 丹涅特.美国人在东亚[M].姚曾廙,译,北京:商务印书馆,1959.

[58] 魏源全集编辑委员会.魏源全集[M].长沙:岳麓书社,2004.

[59] 格林堡.鸦片战争前的中英通商史[M].北京:商务印书馆,1961.

[60] 辽宁省地方志编纂委员会办公室.辽宁省志:海关志[M].沈阳:辽宁人民出版社,2002.

[61] 辽宁省地方志编纂委员会办公室.辽宁省志:大事记[M].沈阳:辽海出版社,2006.

[62] 章开沅.清通鉴[M].长沙:岳麓书社,2000.

[63] 王树楠,等.奉天通志[M].东北文史丛书编委会,点校.沈阳:沈阳古旧书店,1983.

[64] 关捷,唐功春,郭富纯,等.中日甲午战争全史[M].长春:吉林人民出版社,2005.

[65] 信夫清三郎.日本外交史[M].北京:商务印书馆,1980.

[66] 沈予.日本大陆政策史:1868—1945[M].北京:社会科学文献出版社,2005.

[67] 井上清.日本军国主义[M].北京:商务印书馆,1985.

[68] 戚其章.甲午战争史[M].上海:上海人民出版社,2014.

[69] 宗泽亚.清日战争[M].北京:北京联合出版公司,2014.

[70] 顾廷龙,叶亚廉.李鸿章全集[M].上海:上海人民出版社,1987.

[71] 木森.旅顺大屠杀[M].北京:警官教育出版社,1993.

[72] 中国人民政治协商会议辽宁省委员会文史资料研究委员会.辽宁文史资料:第9册[M].沈阳:辽宁人民出版社,1984.

[73] 陆奥宗光.蹇蹇录[M].伊舍石,译.北京:商务印书馆,1963.

[74] 翁同龢.翁同龢日记[M].陈义杰,整理.北京:中华书局,1997.

[75] 王芸生.六十年来中国与日本[M].北京:生活·读书·新知三联书店,1980.

[76] 董志正,田久川,关捷.日俄战争始略[M].大连:东北财经大学出版社,2005.

[77] 井上清.日本历史[M].天津市历史研究所,校译.天津:天津人民出版社,1976.

[78] 约瑟夫.列强对华外交[M].胡滨,译.北京:商务印书馆,1959.

[79] 哈尔滨铁路分局研究组,中国社会科学院历史研究所史地组.中俄密约与中东铁路[M].北京:中华书局,1979.

[80] 维特.俄国末代沙皇尼古拉二世:维特伯爵的回忆录[M]//张开,译.马丽芬,韩悦行,傅敏.大连近百年史见闻.沈阳:辽宁人民出版社,1999.

[81] 马洛泽莫夫.俄国的远东政策:1881—1904[M].北京:商务印书馆,1977.

[82] 中国人民政治协商会议辽宁省暨沈阳市委员会文史资料研究委员会.文史资料选辑:第一辑[M].沈阳:辽宁人民出版社,1962.

[83] 戈利岑.中东铁路护路队参加1900年满洲事件纪略[M].北京:商务印书馆,1984.

[84] 中国社会科学院近代史资料编辑组.杨儒庚辛存稿[M].北京:中国社会科学出版社,1980.

[85] 罗曼诺夫.日俄战争外交史纲:1895—1907[M].上海:上海人民出版社,1976.

[86] 夏东元.郑观应集[M].上海:上海人民出版社,1982.

[87] 周秋光.熊希龄集[M].长沙:湖南人民出版社,2008.

[88] 杨公素.晚清外交史[M].北京:北京大学出版社,1991.

[89] 克里斯蒂.奉天三十年:1883—1913 杜格尔德·克里斯蒂的经历与回忆[M].张士尊,信丹娜,译.武汉:湖北人民出版社,2007.

[90] 恽毓鼎.恽毓鼎澄斋日记[M].史晓风,整理.杭州:浙江古籍出版社,2004.

[91] 辽宁省财政志编审委员会.辽宁省财政志:1840年—1985年[M].沈阳:辽宁省财政志编审委员会,1993.

[92] 徐世昌.东三省政略[M].李澍田,等点校.长春:吉林文史出版社,1997.

[93] 徐世昌.退耕堂政书[M].北京:中国书店,1984.

[94] 傅孙铭,等.俄国侵华史简编[M].长春:吉林人民出版社,1983.

[95] 中国人民政治协商会议吉林省委员会文史资料研究委员会.吉林文史资料选辑:第四辑 张作霖等奉系军阀人物资料专辑[M].长春:吉林人民出版社,1983.

[96] 中国人民政治协商会议全国委员会文史资料研究委员会.辛亥革命回忆录[M].北京:中华书局,1963.

[97] 胡玉海,里蓉.奉系军阀大事记[M].沈阳:辽宁民族出版社,2005.

[98] 陶菊隐.北洋军阀统治时期史话[M].北京:生活·读书·新知三联书店,1957.

[99] 陈志新,赵希兰,邵桂花,等.沈阳文史资料:第二十一辑[M].沈阳:政协沈阳市委员会文史资料委员会,1994.

[100] 东亚同文社.对华回忆录[M].胡锡年,译.北京:商务印书馆,1959.

[101] 辽宁省政协文史资料研究委员会.辽宁文史资料:第二十一辑[M].沈阳:辽宁人民出版社,1987.

[102] 车维汉,朱虹,王秀华.奉系对外关系[M].沈阳:辽海出版社,2000.

[103] 辽宁省政协文史资料研究委员会.辽宁文史资料:第二十五辑[M].沈阳:辽宁人民出版社,1987.

[104] 郝秉让.奉系军事[M].沈阳:辽海出版社,2000.

[105] 雷麦.外人在华投资[M].北京:商务印书馆,1959.

[106] 陶菊隐.吴佩孚传[M].上海:上海书店,1998.

[107] 胡玉海.奉系纵横[M].沈阳:辽海出版社,2000.

[108] 中国人民政治协商会议辽宁省委员会文史资料研究委员会.辽宁文史资料:第六辑[M].沈阳:辽宁人民出版社,1981.

[109] 常城.张作霖[M].沈阳:辽宁人民出版社,1980.

[110] 马尚斌.奉系经济[M].沈阳:辽海出版社,2000.

[111] 广东省社会科学院历史研究室,中国社会科学院近代史研究所中华民国史研究室,中山大学历史系孙中山研究室.孙中山全集[M].北京:中华书局,1981.

[112] 冯玉祥.民国丛书:第五编 我的生活[M].上海:上海书店,1996.

[113] 中国人民政治协商会议辽宁委员会文史资料研究委员会.辽宁文史资料:第十四辑[M].沈阳:辽宁人民出版社,1986.

[114] 中国人民政治协商会议文史资料研究委员会.文史资料选辑:第十八辑[M].北京:中国文史出版社,1991.

[115] 中国人民政治协商会议辽宁委员会文史资料研究委员会.辽宁文史资料:第十六辑[M].沈阳:辽宁人民出版社,1986.

[116] 草柳大藏.满铁调查部内幕[M].刘耀武,凌云,舟徒,等译.哈尔滨:黑龙江人民出

版社,1982.

[117] 麦柯马克.张作霖在东北[M].毕万闻,译.长春:吉林文史出版社,1988.

[118] 全国政协文史资料委员会.文史资料存稿选编:晚清北洋[M].北京:中国文史出版社,2006.

[119] 中国人民政治协商会议天津市委员会文史资料研究委员会.天津文史资料选辑:第二辑[M].天津:天津人民出版社,1979.

[120] 中国社会科学院近代史所.国外中国近代史研究:第17辑[M].北京:中国社会科学出版社,1990.

[121] 猪木正道.吉田茂传[M].吴杰,等译.上海:上海译文出版社,1983.

[122] 中国人民政治协商会议文史资料研究委员会.文史资料选辑:第五十一辑[M].北京:中国文史出版社,1962.

[123] 中国人民政治协商会议辽宁委员会文史资料研究委员会.辽宁文史资料:第二十二辑[M].沈阳:辽宁人民出版社,1988.

[124] 中国人民政治协商会议北京市委员会文史资料研究委员会.文史资料选编:第6辑[M].北京:北京出版社,1980.

[125] 中国人民政治协商会议广东省委员会文史资料研究委员会.广东文史资料:第二十二辑[M].广州:广东人民出版社,1982.

[126] 来新夏,等.北洋军阀史[M].天津:南开大学出版社,2001.

[127] 北京市政协文史资料委员会.北京文史资料选辑:第一辑[M].北京:北京出版社,1978.

[128] 中国人民政治协商会议沈阳市文史资料研究委员会.沈阳文史资料:第十二辑 张作霖史料专辑[M].沈阳:中国人民政治协商会议沈阳市文史资料研究委员会办公室,1986.

[129] 杨奎松.中国近代通史:第八卷 内战与危机:1927—1937[M].南京:江苏人民出版社,2007.

[130] 中国人民政治协商会议辽宁省暨沈阳市委员会文史资料研究委员会.文史资料选辑:第一辑[M].沈阳:辽宁人民出版社,1962.

[131] 关宽治,岛田俊彦.满洲事变[M].王振锁,王家骅,译.上海:上海译文出版社,1983.

[132] 胡玉海,张伟.奉系人物[M].沈阳:辽海出版社,2000.

[133] 西村成雄.张学良[M].史桂芬,等译.北京:中国社会科学出版社,1999.

[134] 毕万闻.张学良文集[M].北京:新华出版社,1992.

[135] 韩信夫,姜克夫.中华民国大事记[M].北京:中国文史出版社,1997.
[136] 全国政协文史和学习委员会.回忆张学良和东北军[M].北京:中国文史出版社,2017.
[137] 中国人民政治协商会议辽宁省委员会文史资料委员会.辽宁文史资料:第十五辑[M].沈阳:辽宁人民出版社,1986.
[138] 林久治郎."九一八"事变[M].王也平,译.沈阳:辽宁教育出版社,1982.
[139] 佟德元.转型博弈与政治空间诉求:1928—1933年奉系地方政权研究[M].北京:中国社会科学出版社,2015.
[140] 马尚斌.奉系经济[M].沈阳:辽海出版社,2001.
[141] 徐文才,王占德.中国共产党在辽宁:民主革命时期[M].沈阳:辽宁人民出版社,1991.
[142] 中国人民政治协商会议辽宁省委员会文史资料委员会.辽宁文史资料:第十辑[M].沈阳:辽宁人民出版社,1982.
[143] 中共辽宁省委党史研究室.中共辽宁党史大事:1919—1949[M].北京:中共党史出版社,1991.
[144] 刘功成,王彦静.20世纪大连工人运动史[M].沈阳:辽宁人民出版社,2001.
[145] 安振泰.中共辽宁党史人物传:第二卷[M].沈阳:辽宁大学出版社,1991.
[146] 松冈洋右.动荡之满蒙[M].东京:先进社,1931.
[147] 姜念东.历史教训:"九·一八"纪实[M].长春:吉林文史出版社,1991.
[148] 中国人民政治协商会议辽宁省委员会文史资料委员会.辽宁文史资料:总第三十辑"九·一八"大事记[M].沈阳:辽宁人民出版社,1991.
[149] 赵东辉,苏燕."九·一八"全史:第一卷[M].沈阳:辽海出版社,2001.
[150] 吉林省政协文史资料委员会.东北的沦陷与抗战:1931—1945[M].长春:吉林人民出版社,2014.
[151] 政协沈阳市委员会文史资料研究委员会.沈阳文史资料:第七辑"九·一八"事变专辑[M].沈阳:政协沈阳市委员会文史资料研究委员会,1984.
[152] 陈觉.九一八后国难痛史[M].沈阳:辽宁教育出版社,1991.
[153] 北京文史资料委员会.文史资料选编:第12辑[M].北京:北京出版社,1982.
[154] 日本政府参谋本部.满洲事变作战经过概要[M].田琪之,译.北京:中华书局,1982.
[155] 中国人民政治协商会议辽宁省委员会文史资料委员会.辽宁文史资料:总第三十一辑"九·一八"纪实[M].沈阳:辽宁人民出版社,1991.

[156] 冯玉祥.我所认识的蒋介石[M].哈尔滨:黑龙江人民出版社,1980.
[157] 顾维钧.顾维钧回忆录[M].中译本.北京:中华书局,1983.
[158] 溥仪.我的前半生[M].北京:群众出版社,1982.
[159] 中国人民政治协商会议辽宁省委员会文史资料委员会.辽宁文史资料:第七辑[M].沈阳:辽宁人民出版社,1983.
[160] 姜念东,伊文成,解学诗,等.伪满洲国史[M].长春:吉林人民出版社,1980.
[161] 张洪军."九·一八"全史:第三卷[M].沈阳:辽海出版社,2001.
[162] 东北抗日联军斗争史编写组.东北抗日联军斗争史[M].北京:人民出版社,1991.
[163] 朱诚如.辽宁通史[M].沈阳:辽宁人民出版社,2010.
[164] 中共辽宁省委党史研究室.历史永远不能忘记:辽宁人民抗日斗争图文纪实[M].沈阳:辽宁人民出版社,2005.
[165] 中国人民政治协商会议辽宁省委员会文史资料委员会.辽宁文史资料:第二十四辑 辽宁解放纪实[M].沈阳:辽宁人民出版社,1988.
[166] 中共中央文献研究室,中央档案馆《党的文献》编辑部.中共党史风云录[M].北京:人民出版社,1990.
[167] 《彭真传》编写组.彭真年谱[M].北京:中央文献出版社,2002.
[168] 伍修权.我的历程[M].北京:解放军出版社,1984.
[169] 中共中央文献研究室.刘少奇年谱[M].北京:中央文献出版社,1996.
[170] 伍修权.往事沧桑[M].上海:上海文艺出版社,1986.
[171] 中国人民政治协商会议全国委员会文史和学习委员会.文史资料选辑:合订本 第十四卷[M].北京:文史资料出版社,2011.
[172] 中共中央文献研究室,中共南京市委员会.周恩来一九四六年谈判文选[M].北京:中央文献出版社,1996.
[173] 王胜利,等.大连近百年史人物[M].沈阳:辽宁人民出版社,1999.
[174] 中共中央文献编辑委员会.陈云文选[M].北京:人民出版社,1983.
[175] 刘统.东北解放战争纪实:1945—1948[M].北京:人民出版社,2004.
[176] 朱建华.东北解放区财政经济史稿[M].哈尔滨:黑龙江人民出版社,1986.
[177] 军事科学院军事历史研究部.中国人民解放军全国解放战争史[M].北京:军事科学出版社,1993.
[178] 中共中央党史研究室.中国共产党历史:第一卷 1921—1949[M].北京:中共党史出版社,2011.
[179] 中国人民政治协商会议全国委员会文史资料委员会.文史资料存稿选编:十九 军

政人物[M].北京:中国文史出版社,2002.

[180] 中国人民政治协商会议辽宁省委员会文史资料委员会,中国民主建国会辽宁省委员会,辽宁省工商业联合会.辽宁文史资料:第26辑 工商专辑[M].沈阳:辽宁人民出版社,1989.

[181] 东北解放区财政经济史编写组.东北解放区财政经济史资料选编:第2辑[M].哈尔滨:黑龙江人民出版社,1987.

[182] 傅波,曹德全.抚顺编年史[M].沈阳:辽宁民族出版社,2004.

[183] 中国人民政治协商会议全国委员会文史和学习委员会.文史资料选辑:合订本 第六卷[M].北京:文史资料出版社,2011.

[184] 中共沈阳市委党校地方党史研究室.中共沈阳地方党史:民主革命部分[M].沈阳:沈阳出版社,1989.